TopBook
饕书客

一个人，遇见一本书

战场、宫闱、教堂

权力侵蚀灵魂后的黑暗

寻找信仰的微光

罗马帝国的衰亡与基督教的兴起如何改变世界

罗马之墟

RELICS OF ANCIENT ROME

陈力舟 著

陕西新华出版传媒集团 陕西人民出版社

图书在版编目（CIP）数据

罗马之墟 / 陈力舟著 .—西安：陕西人民出版社，2018
ISBN 978-7-224-12686-0

Ⅰ.①罗… Ⅱ.①陈… Ⅲ.①罗马帝国—历史 Ⅳ.①K126

中国版本图书馆 CIP 数据核字（2018）第 047408 号

出 品 人：惠西平
总 策 划：宋亚萍
出版统筹：韩 琳
策划编辑：王 凌 关 宁
责任编辑：王 倩 张启阳
整体设计：哲 峰 杨亚强

TopBook
饕书客

罗马之墟

作　　者　陈力舟
出版发行　陕西新华出版传媒集团　陕西人民出版社
　　　　　（西安北大街147号　邮编：710003）
印　　刷　陕西金和印务有限公司
开　　本　787mm × 1092mm　16开　27印张
字　　数　410千字
版　　次　2018年8月第1版　2018年8月第1次印刷
书　　号　ISBN 978-7-224-12686-0
定　　价　68.00元

神为你创造了终将毁灭的世界，

也创造了终将死去的你。

——奥古斯丁

自序 preface

罗马是法律人的故乡。

有人曾问我，为什么会对罗马史感兴趣，这就是我的回答。尽管中国曾拥有过滥觞于战国李悝的《法经》、终结于《大清律》的中华法系，可今天影响我们这个社会的法律体系，追根溯源，只能是罗马法——恩格斯誉之为“商品生产者社会的第一个世界性法律”。孕育了罗马法的古罗马究竟有过怎样烈火烹油、鲜花着锦之盛？又是如何落得白茫茫一片大地真干净？像我这样一个以法律为有涯人生之业、以历史为无益消遣之事的人，很难抑制对这个上古帝国的兴趣。

十多年前，我就搜罗了一些描述古罗马的书籍，实在不能算多。最后，我发现，自己感兴趣的，不是古罗马的崛起，反倒是它的衰亡。这固然是受爱德华·吉本那部鸿篇巨制的影响，除此之外，有没有别的原因？

几个世纪来，罗马衰亡命题的讨论一直属于史学界的显学。可是，最后的结论却如沃尔特·艾萨克森所言：“几乎有多少历史学家，就有多少个罗马衰亡的原因。”德意志、英格兰未必能真正领会这段历史的宿命意味，甚至自命传承罗马流风遗韵的法兰西也不行。因为日耳曼民族是踏着罗马的废墟走上世界之巅的。罗马衰亡的历史，对他们来说却是崛起的历史。兴高采烈的兀鹰再怎么聪慧，也无从领悟亡魂的奥秘，它们在意的，只是爪喙下正在腐朽的尸身。拉丁民族也不行，尽管他们是罗马人的嫡派后裔，可罗马在意大利的衰亡是5世纪的事，漫长的时间已经把血脉之力稀释得很淡很淡了，对他们来说，罗马恍如远古的神话。帝国衰亡时上演的一出出大戏，已很难引起真切的内心共鸣。断壁残垣，就屹立在罗马故地的城邑和乡野，但是意大利人的体验能逃过《桃花扇》终曲所唱的么：“眼看他起朱楼，眼看他宴宾客，眼看他楼塌了!这青苔碧瓦堆”——

罗马衰亡的悲凉之雾，能呼吸领会之，唯中国人而已。

这没有什么奇怪的。历史上，能与“罗马”相匹敌的概念，只有“华夏”。它们居于各自的天下之中，俯视四极八荒的夷狄，同时拥有海纳百川的胸怀。在中国，叫“夷狄入中国，则中国之”；在罗马，是万国归化罗马、万神并祀于神殿的历史景观。更重要的是，在罗马衰亡千余年后，华夏也步其后尘。正如唐德刚先生那个脍炙人口的比喻“历史三峡”，自鸦片战争起，我们这个东方古国被迫开始了一段惊涛骇浪、死人如麻的航程。

当我读到早期基督徒深入底层罗马民众，去宣扬“弥赛亚”的时候，总是会想到八九十年前，中国同样有一群热血沸腾的年轻人，带着拯救民族的使命感，走到工农群众中去；罗马帝国将基督徒的博爱曲解为淫乱与无耻，与“共产共妻”的无耻歪曲，本质并无不同；十二使徒大多以身殉道，前三百年的历代罗马主教慷慨赴死者比比皆是，从容坚定，与我所熟悉的牺牲者又是何其相似！我内心深处，读这样的历史毫无违和感。同样，在血腥的镇压终告过去后，已统治意识形态、左右政治局势的基督教遭遇更为严峻的问题：教士腐化堕落速度之快，令人瞠目结舌；为了权柄，教会内部宗派林立、势不两立；教义之争的外衣，掩盖不住你死我活、刀光剑影的争斗；排除异己，迫害异端，焚烧书籍，砸烂古老文明留下的一切美丽雕像、建筑，甚至面目狰狞地将那个时代最伟大的知识分子拖过街头、千刀万剐……这一切，难道我们陌生么？将共产主义与基督教进行比较，并非什么新鲜的观点。神学家梯利希就曾提到，马克思从基督教及犹太教那里获得了弥赛亚的前瞻，以革命的方式，在经济基础上建立他的“弥赛亚”国。但是，中国人的体验是独特的，因为他们用近百年的时间，去复写了那段湮没千年的历史。

“残山梦最真，旧境难丢掉”——带着这样的历史体验，读罗马帝国衰亡史，自应别有心得。

唐先生曾预言，“要通过这个可怕的三峡，大致也要历时两百年。自1840年开始，我们能在2040年通过三峡，享受点风平浪静的清福，就算是很幸运的了。”

如能承其吉言，这段航程眼看就要结束了。

查士丁尼将罗马复兴曲解为帝国复兴，从而给西方世界造成灾难性后果。就算是查理大帝，神话背后同样是白骨累累，充满了不仁不义的情节。可是，今天的人却有意无意地忽略与回避了。在风雨飘摇的年代，我们满心愤怒地埋葬了大清帝国，并宣告这是华夏大地上最后一个帝国；面对外侮，饱受屈辱的中国人又振臂高呼“打倒帝国主义”。但是，存在于我们内心的帝国是否真的被打倒了？或者说，民族复兴，是否能同帝国复兴画上等号。在这个世界上独立之精神，自由之信仰，还有谦卑的姿态，能欣赏的不多，能实践的少，奉行终身的更少。在罗马帝国是如此，在更广阔的世界亦是如此。

这本书以审尸闹剧和娼妓政治为结尾，没有能留给读者一个光明的结局，很是遗憾，甚至可以算是败笔。希望现实的世界，不要在如此黑暗的段落画上句号。

如果有人再次问我，为什么会对罗马史感兴趣，也许应该回答他：我眼中，一切的历史都是中国史，因为

——中国才是我的故乡。

最后，要感谢本书的编辑关宁和美编杨亚强。因为她的建议，略显枯燥的文字因色彩和名画的点缀，更具美感。感谢我的师友白劭翔律师惠赐罗马史书籍，使本书的引子和第一、二、四章内容更为丰满。我是 2012 年秋开始动笔写作的。当时，内子 Gloria 正带着尚未出生的爱女 Grace 彳亍于罗马帝国的残山剩水、断壁残垣间——这是本书灵感的源泉！感谢她们。

目录 contents

引子

introduction

照夜焚城郭

当罗马成为帝国

“世界诞生，荷马高歌”——

正如文豪雨果所言，西方历史追根溯源，一定要寻至《荷马史诗》。海神的婚宴上，诸天神祇纷纷受邀莅临，只有阋神向隅。她愤懑地往筵席上投了一颗金苹果，上面赫然镌刻着几个字：“送给最美之女神。”谁才能拥有这枚金苹果？神后朱诺、智神弥涅耳瓦和爱神维纳斯争执不下。最后，神帝朱庇特说：“伊达山的松林中，居住着英俊的帕里斯，让他来裁判。”

帕里斯是特洛伊王子。在呱呱坠地前，母亲梦见他化为熊熊烈焰，将整个特洛伊城化为灰烬。这个凶兆让父母狠下心，将孩子抛弃在荒山。母熊用乳汁哺育弃婴，让他长成美少年。

为了金苹果，神后朱诺许诺给予帕里斯权柄和功业；智神弥涅耳瓦愿赐予他力量与智慧；而爱神维纳斯开出的条件是让王子赢得美人的芳心。结果，帕里斯将金苹果献给了爱神……维纳斯兑现了自己的诺言，让倾倒众生的尤物海伦对帕里斯一见倾心。两人私奔，激怒了海伦的丈夫，还有他的兄长迈锡尼王阿伽门农，更有他们身后的一众英雄。

尘世间的英雄们冲冠一怒为红颜，连诸天神祇也卷入风波。多少爱恨情仇、生离死别的情节，以“特洛伊之战”的题目在天地间徐徐展开。就在英雄们扬帆远征前的献祭典礼上，一条血红的蛇从祭坛下爬出，吞噬了鸟巢里的一只雌鸟和八只雏鸟，最后化为一方顽石。

——卜者说，这喻示了远征的人们围城九年，最后在第十年攻下特洛伊。

这是怎样的十年呀！苍茫大地恍如修罗场一般，积尸如山，白骨累累，却只是诸神眼中的人间喜剧。月神戴安娜睚眦必报、日神阿波罗骄傲护短、火神伏尔肯心灵手巧，而战神马尔斯与智神弥涅耳瓦针锋相对……这就是诸神的天空。

当木马被拖入特洛伊城，毁灭这座城的火焰终于熊熊燃烧——第十年了。

帕里斯的堂兄弟伊涅阿斯是美神维纳斯的私生子，靠母亲的庇护，所经之处刀枪无碍、火焰倒卷。可他却在兵荒马乱中与爱妻失散。伊涅阿斯循原路折回，在废墟间寻寻觅觅，直到遇见妻子的亡魂。她来给丈夫指明了未来的方向：

何以让自己纵情于无谓的悲伤？

已经发生的事是神的庙算。

奥林匹斯的至尊不许你带我离开特洛伊

伴你远行

你将渡过重洋流亡到很远的地方

你将去西方

台伯河缓缓流过肥沃的田畴

两岸住着强壮的人们

那里有快乐和一个王国在等着你

……

听从亡妻的叮咛，伊涅阿斯远涉风涛，千里流亡。他曾经流连于北非，痴迷迦太基女王伊丽莎。神帝朱庇特让神使墨丘利去告诫伊涅阿斯，不让他蹉跎岁月。因为，伊涅阿斯将引领意大利，使之成为一个孕育领袖人物和战功彪炳的地方，他将延续足以自傲的宗祧，将天下置于法令之下……

伊涅阿斯逃离特洛伊

听了墨丘利传达的神帝口谕后，伊涅阿斯悄悄离开迦太基，北渡沧海，直到一个半岛出现在前方。人们称它为“意大利”，意为牛犊之地。伊涅阿斯几经辗转，最后在半岛西岸选择了一个落脚处。妻子口中的台伯河在此入海。

他和她的子孙们就在台伯河下游一带繁衍生息，瓜瓞延绵。

转眼数百年过去。伊涅阿斯的后裔努米特统治着这个蕞尔小邦。当年伊涅阿斯从沦陷的特洛伊城带出的黄金，则由努米特的兄弟阿穆里乌斯继承。兄弟俩一个享有权力，而另一个拥有财富。可是，阿穆里乌斯得陇望蜀，觊觎王位。努米特黯然退位。卜者预言，他的女儿西尔维亚所生之子，会从篡位者手中夺回王权。所以，阿穆里乌斯逼侄女出家，成为一位守贞的火神女祭司。

谁知西尔维亚珠胎暗结，生下了一对孪生子。据说，是战神马尔斯让她受孕的。阿穆里乌斯知道后，命奴隶将两个新生儿从帕拉丁山丘抛入台伯河。神奇的是，汹涌波涛将他们冲上岸。嗷嗷的啼哭吸引山林里逡巡的一头母狼来到婴儿身边……

是的，雷同的情节在弃婴帕里斯的故事中出现过。只不过，母狼代替了母熊，开辟罗马的前言代替了毁灭特洛伊的预言。母狼和她腹下两个吮吸狼奶的婴儿，构成了罗马的创世神话。

两兄弟一个叫勒莫斯，一个叫罗慕路斯。长大后，他们都成了顶天立地的大英雄，推翻阿穆里乌斯。王权还给了外祖父努米特。他们则在六十里外的台伯河东岸开基立国。

彼时，台伯河乌啼月落，东岸七丘荒烟蔓草，弥散着鸿蒙初开的蛮荒气息：阿文廷山、西莲山、埃斯奎里山、奎里尔诺山、维弥纳山、卡匹托尔山和帕拉丁山……哪一座将被选为新城址呢？这对孪生兄弟争得不可开交：罗慕路斯选择帕拉丁山，而勒莫斯更青睐阿文廷山——这场争执的核心是：苍茫大地，谁主沉浮！

按照上古遗俗，苍鹰是沟通神明与世俗的使者。所以，兄弟俩最后决定用古老的鸟卜来裁决：谁的视野中出现苍鹰雄姿，就听谁的。

就这样，罗慕路斯和勒莫斯分道扬镳，转身各自朝一座山丘走去。兄弟俩是否意识到，当他们将背影留给对方的一瞬，就此红尘两分，生死睽违。

许久过去，寥廓天宇中空无一物，不要说苍鹰，连燕雀也不见踪影。

突然，勒莫斯看见天际出现了六个小黑点。转瞬之间，苍鹰的雄姿就清晰可辨。他身边爆发出一阵震耳欲聋的欢呼声。就在此时，远方的山丘也传来了同样的欢呼……据说，罗慕路斯看到了十二只苍鹰展翅高飞。

有人说，勒莫斯第一个看见苍鹰，是上苍垂青的宠儿；也有人说，罗慕路斯看到的苍鹰数目足足比兄弟多了一倍，才是真正的胜利者。双方争执不下。鸟卜没有能避免兄弟阋墙。勒莫斯当场殒命。他的追随者血染山丘。这真是让人肝肠寸断的时刻呀！从襁褓时起，罗慕路斯和勒莫斯就同生共死。他们曾一起匍匐在母狼的腹下吮吸甘美乳汁；一起手刃宿敌，得报大仇；他们还曾筚路蓝缕，共同在台伯河畔开出一番新的气象来……我想象不出世间还有谁比这对孪生兄弟更为

母狼哺育罗慕路斯和勒莫斯

亲密。他们最终要以如此血腥的方式，了却那一段不堪闻问的尘缘。

罗慕路斯踏过兄弟的尸骨，把王座安放在血迹斑斑的大地上。在当年兄弟俩被抛下河的帕拉丁山，罗慕路斯建起了崭新的城，用他自己的名字来命名

——罗马。

早在此时，帝国的暗影就已笼罩着这片土地。择址之争，是“罗马帝国”真正的诞生日。虽然，罗马远离当时天下的中心雅典与斯巴达，不过是偏居西海一隅的蕞尔小邦，远远配不上帝国名号，我们还只能称其为“王政罗马”。可是，这场纷争已经反映了帝国最显著的几个特征：权势的垄断、暴力的滥用——权势与暴力锻造出来的“罗马帝国”中，母狼乳汁所象征的亲情，还有苍鹰所象征的天命或神意，不足挂齿。

在罗慕路斯的国度里，暴力操于三军，而权威由元老院来象征。在元老院中，部落硕老、家族耆宿济济一堂。他们的背后是各自的门阀，拥有着无与伦比的影响力。簪缨世家的巨擘骄子们在元老院中演讲、辩论、聆听与思考……左右着罗马的方向。如果说三军崇尚令行禁止的集权，元老院体现的就是制衡。

三军与元老院，或者说，暴力与权威是两大国之重器，分握在罗慕路斯的左手与右手，共同支撑起了一个王政罗马。

那一日，御宇三十八年之久的罗慕路斯一如往常，亲临校场，检阅麾下的强兵劲卒。突然，狂风骤起，整个校场天昏地暗，日月无光，仿佛冥冥中的神明在发怒。待到风止云停，光明重现大地，刚才高踞上座、不可一世的罗慕路斯却消失了，生不见人，死不见尸。

群龙无首的罗马一片混乱。无根无凭的谣言、入骨入心的诅咒和言不及义的指责漫天飞舞，比校场上的那场飞沙走石还要凶猛。每一个权贵都被怀疑是弑君犯上的罪人，偏偏谁也无法洗刷自己的嫌疑。最后，罗慕路斯生前的密友普罗库拉斯元老站出来，当众庄严起誓，声称自己曾听罗慕路斯亲口说，他将御风归去，羽化成神……

这个白日飞升的故事就是真相么？我不相信。一场阅兵典礼上的政变也许贴近真相。可没有人在乎：元老们洗脱了嫌疑，虽然他们中间就藏着真正的凶手；

三军避免了流血；而黎民百姓得到了解释，哪怕十分牵强。但获益最多的，却是王政罗马：罗慕路斯封神，意味着王权不仅行之于俗世，甚至侵入了思想、信仰，要去统治人们的灵魂。

颇有趣味的是，罗慕路斯的封号是法神，神名叫奎里纳斯。君王生前用法律来统治俗世，死后凭借法神之名统治灵魂——早在罗马诞生之初，罗马之王就意图建立对俗世和灵魂的双重统治，绝对的统治。

血淋淋的真相，就掩盖在王政神话的离合光芒里。

罗慕路斯归天后，王座空缺了一段时间。最后，人们推举隐居乡间、耕读自娱的努马为王。初登王位，这位新王就脱下罗马王的紫袍，遣散了护驾的三百护卫，轻装简从，独居在幽林中。人们传说，努马在林泉间聆听神的旨意。每一次走出幽林，他总会有新的奇思妙想。努马为罗马带来了历法、礼仪和四十三年宁静岁月。最重要的是，他梳理了罗马神祇的谱系：

双面的门神雅努斯掌出入，他的神庙大门在三军出征时开启，收兵后关闭；战场上，罗慕路斯传说中的父亲战神马尔斯庇护着浴血奋战的将士们；智神弥涅耳瓦、土神萨图恩、火神伏尔肯和神使墨丘利分掌士、农、工、商；月神戴安娜受到猎户的顶礼膜拜；她的兄长日神阿波罗掌礼乐诗书和医药；酿酒人家崇拜酒神巴库斯；主掌财货的是财神克瑞斯 ；主妇的神明是灶神维斯塔 ；浩瀚沧海的主宰是海神尼普顿；比沧海更为浩瀚的苍穹则归神帝朱庇特直辖；神后朱诺掌婚姻和生育；他们的长兄冥神普路同独居幽冥地狱，统治着黑暗的另一个世界……

这就是罗马的神明：秩序井然，各居其位。每个行业都有自己的保护神，每个生活细节都离不开专掌的神明。低贱如娼妓窃贼、琐碎如夫妻琴瑟不调、荒唐如偷香窃玉，竟然有各神明庇护。神通广大的神祇们如同高可擎天的石柱，支撑起了罗马人的精神天空，让他们感到自己栖居在一个有序的世界里。

如果说罗慕路斯缔造了王政罗马，那么努马就缔造了一个神祇罗马。两个罗马合体，才是完整的。

不过，王政罗马只存在了两百多年。

罗慕路斯是否死于政变，我们存疑。第六代罗马王塞尔维乌斯·图利乌斯被弑书于青史，则无可置疑。弑君凶徒，恰恰就是他的爱女，还有驸马塔克文。为了攫取王权，这对枭獍残忍地谋杀了塞尔维乌斯·图利乌斯。自勒莫斯与罗慕路斯兄弟阋墙后，权力再一次证明了它吞噬亲情的邪恶能力。

数年后，塔克文率军出征。在营中的一次聚会上，罗马诸将争相夸耀妻子的贤惠，互不相让。最后，他们决定并辔疾驰回罗马，看看谁的夫人能当得起丈夫的赞美。结果，贵妇们饮宴嬉游、纸醉金迷，只有大将柯拉廷努斯的妻子鲁克丽丝率侍女秉烛纺绩。她赢得的赞美，却惹起了塔克文之子塔昆纽斯的觊觎。就在诸将回营歇息后，淫念熏心的王子潜出了大营……

在她的居室与他的欲望之间的铁锁，
被他用强力胁迫，一把一把都松脱；
但它们开启的时候，都将这暴行叱责，
促使这潜行的窃贼有些顾忌和忐忑；
门槛把门扇磨响，想要惊醒熟睡者；
夜间游荡的鼬鼠，觑见他，尖声叫着，
这些都令他悚惧，但他仍寻求不舍。
一扇一扇的门儿，没奈何给他让道；
一股一股的风儿，钻出缝隙和孔窍，
……

莎士比亚的诗歌《鲁克丽丝受辱歌》将一个充满悲剧色彩的黑夜画卷徐徐在我们眼前展开。

横遭玷污的鲁克丽丝悲恸欲绝，身着丧服，在父亲和丈夫面前控诉了塔昆纽斯的暴行后，引刀自刎。美人香消玉殒，刺激了罗马人本已麻木的神经。他们不仅唾弃塔昆纽斯的淫心秽行，也想到了他父亲的傲慢自大、穷兵黩武，还有昔年的弑君恶行……生而自由的罗马人为什么要忍受这一切?

香魂杳渺，却硬生生地动摇了奠基于罗慕路斯的王政罗马。

鲁克丽丝受辱

义愤填膺的人们抬着鲁克丽丝，走向罗马城的中心。他们要把骇人听闻的罪行公之于众，要推翻这不义不公的暴政。此时，需要有一位英雄勇敢地站出来，登高一呼。扮演这个角色的人，叫布鲁图斯，先王塞尔维乌斯·图利乌斯的遗孤。父王被弑时，年幼的他逃过一劫。身负国仇家恨的布鲁图斯不得不装疯卖傻，消除塔克文的杀心。蛰伏了多年后，他终于等到了复仇的机会。

布鲁图斯击败了塔克文。不过，他没有取彼而代之，加冕为新的罗马之王；也没有选择以血还血的对等报复，只是放逐了杀父仇人。布鲁图斯知道，一个新的罗马需要的不是鲜血，而是和解与共存——

这个罗马，是“共和罗马”。

三军还在，元老院也还在，只不过，布鲁图斯将它从百人扩大到了三百人，新进贤达与旧家耆宿并肩问政。支撑起王政罗马的暴力与权势并没有改变，但它们不再集于一个人的两只手。在这个罗马中，没有唯我独尊的王者。取而代之的，是民众选举的两位执政官，入则理政断案，出则统兵征战，权柄在握，但任期不过一年。建规立制与铨选官吏则权归元老院。

鲁克丽丝的丈夫柯拉廷努斯与布鲁图斯一起，当选首任执政官。

被废黜的塔克文并不甘心失败。他看到，王政罗马依然有吸引力。习惯于臣服的奴才，对旧主存有幻想。他们需要依附，需要有人发号施令，才能生存。魂灵与肉体都很强大的健全之人才懂得珍惜共和罗马。这样的人并不多。这就是王政罗马复辟的机会。

塔克文试图依靠邻国的刀剑夺回王座。让人诧异的是，罗马城内密谋迎回废王的保王党中，竟然有布鲁图斯的两个儿子。父亲不肯复辟王政，意味着他们空有王族血胤，却无缘王位。众志成城的罗马人最终在布鲁图斯的率领下，挫败了塔克文，还有他的外援和内应。

布鲁图斯亦凭借奠基共和罗马的不世功业名垂青史。只不过，他失去了两个儿子。

自然，共和罗马远非一个理想国。所谓共和，暂时还是少数人在历史舞台上翩翩起舞，引吭高歌；沉默的大多数，只能在台下仰望他们。可是，这样一个国度，远胜过“以天下之利尽归于己，以天下之害尽归于人”的王政罗马。

布鲁图斯这样的共和精英，也证明了自己有足够的智慧来引领普罗大众，将罗马推上文明巅峰。在罗马拓土开疆、威加海内的岁月里，以元老为首的共和精英们付出了难以想象的代价。一个最有力的证据，就是元老阵亡的比例远远高于三军勇士。正是有这样的精英，才令千年一出的盖世名将汉尼拔最后也对罗马俯首，屈服于“苟日新，日日新，又日新”的蓬勃朝气，还有屡败屡战、越挫越勇的坚韧。

罗马，这座七丘之城，发端于帕拉丁山，却把整整七个山丘装进了一座城中。这也是一座千年之城：公元前6世纪，罗马是一座城；前4世纪，罗马是半个亚平宁半岛；前2世纪，罗马是半个地中海；从公元前后之交开始，罗马是整个地中海，是西方人眼中的整个天下——“山河千里国，城阙九重门”，何等壮丽的罗马呀！

小亚细亚的神母西比莉、波斯人的日神密特拉和埃及人的冥神俄赛里斯，还有许多被征服者信仰的神祇被接纳到罗马的神殿。既然娼妓、盗贼都可以拥有自己的守护神，新入版图的人为什么不能供奉庇护他们千百年的神祇？罗马人是战胜者，却以海纳百川的胸怀接受了战败者的神。所以，罗马人信仰的是真正的万神教。

可是，正如剧集《罗马》开场白所说：“自最后一个王被逐出罗马城的四百年后，罗马共和国统治着许多民族，但自己却内患重重。罗马城内，普通民众和贵族间纷争不断……”

面对层出不穷的内忧外患，以至于纷繁复杂的大千世界，元老的智慧捉襟见肘，又失去了新发于硎的锐气。但是，他们岂肯就此让出舞台，丝毫没有意识到华丽的话语已经掩饰不住貌似神圣的孱弱。舞台下的大多数早将他们看穿。所谓斯巴达克起义，不过是民众在肆无忌惮地喝倒彩。

精英沉沦，民众鼓噪——共和罗马走向解体。

曾经苍鹰盘旋的七丘之城已经沦落到这种地步：燕雀般平庸的共和精英们对自己的智慧一无信心，转而祈求天降圣人，挽救他们眼中的末世；燕雀般平庸的民众无法取代共和精英，同样祈求天降圣人，来挽救末世——

天下无道，圣人生焉。

在这样一个燕雀成群的时代，恺撒应运而生，如“鸿鹄高飞，一举千里，羽翼已就，横绝四海”。元老与民众只能仰望恺撒，就像燕雀在七丘下的荒草乱木中，仰望盘旋天穹的罗马之鹰。还记得么，当年正是十二羽苍鹰开启了罗马的王政时代。在王政罗马死亡四百六十六年后，天穹是否会再次回荡起声声鹰唳，为王政罗马招魂?

在共和罗马，三军的统帅必出自元老院。他们往往以元老的资格出任执政，执掌三军。交卸兵权后，他们又回归元老院，以前执政的身份安享资深元老应有的尊荣。元老院是三军统帅的出处，也是他们的归宿。至于三军士卒，则自民间征发，又回归民间，平时耕种于野，闻鼙鼓则操戈出征，兵民也是一体。

但是，这种征兵制已然腐朽。恺撒的姑父马略改征兵为募兵。招募来的虎狼之士以征战杀伐为生，与士、农、工、商完全割裂。从此，罗马三军自成体系。将士们只俯首听命于招募他们的统帅。离开了统帅，谁也指挥不了骄兵悍将。恺撒手握兵权，也就成了无冕的罗马之王。

这已经成为共和精英们心头最沉重的巨石。他们眼看着恺撒功成名就，“终身执政官”“终身保民官”“祖国之父”等一长串熠熠生辉的尊号集于一身。他的画像被供放在高高的神龛上，自己则在高高的黄金象牙座上独揽大权，完全不容他人置喙。几个元老谄媚地提议授予恺撒“神圣统治者”尊号时，他傲慢地用沉默来侮辱这些只知阿谀奉承的小人。执政官安东尼做得更为露骨，献花恺撒，尊他为王。当恺撒宣布将东征安息的时候，连地位一向超然的太卜令也公然预言：“只有王者才能征服安息”……

恺撒早已接到密报，3月15日将会有人行刺自己。可他对警告如过耳秋风。当这位无冕之王一如往常，坐上元老院的黄金象牙座时，一群身藏短剑的人悄悄包围了他。如此凶险的局面，恺撒竟然无知无觉，笑着问：“现在不就是3月15日么？”

突然，长袍一角被紧紧攥住。一个人仿佛要请求什么似的，堵在恺撒面前。

这就是动手行刺的暗号。众人一拥而上。一时间，殿堂上刀光剑影。手无寸铁的恺撒奋力扯过长袍，纵身跃起。就在千钧一发之际，一柄短剑刺入他的大腿。恺撒回头一看，忍不住发出惊呼："啊！还有你，布鲁图斯！"

是的，就是他。四百六十六年前的那个布鲁图斯一手奠定了共和罗马。这个自称是他后裔的人仿佛宿命安排一般，出现在了共和罗马行将就木的时刻。

布鲁图斯曾不止一次地对抗恺撒，甚至不惜投靠恺撒的政敌，哪怕那个人是自己的杀父仇人。他仿佛有一种直觉，预感到恺撒将是共和罗马的埋葬者。在挽救共和罗马的使命感召下，自己的私仇微不足道。不可思议的是，恺撒一次次地原谅了布鲁图斯，甚至将他引为心腹。在他的遗嘱中，布鲁图斯作为继承人，位列次席。看见最信赖的人对自己拔刀相向，恺撒心死如灰，颓然放弃了抵抗。他用紫袍蒙面，听任刺客们刀砍剑刺……

恺撒曾经说过："我宁愿在渔村里当啬夫里长，也不愿平庸地走进罗马。我来到了，我看见了，我胜利了。突如其来的死是最好的死法。"——一语成谶。

站在恺撒的尸身前，布鲁图斯能感受到众人异样的目光。在罗马城，恺撒对他的厚爱不是什么秘密。这使布鲁图斯觉得有必要解释点什么。他告诉世人："我爱恺撒，但我更爱罗马！"

布鲁图斯所爱的，是共和罗马——他祖先所缔造的。但他的表现与祖先相去

恺撒遇刺

甚远。老布鲁图斯废黜了罗马王塔克文，却没有杀死他。小布鲁图斯选择了最极端、最卑劣的方式——暴力，来对付还不是罗马王的恺撒。这远不是手段取舍的差异。这反映出的，是内心强大与否。老布鲁图斯坚信共和罗马是大势所趋，而自己的智慧足以挫败塔克文的任何挑战。所以，他不屑于用消灭对方的肉体来赢得胜利。在小布鲁图斯身上，这种自信荡然无存。他根本不敢同恺撒在阳光下公平竞争，鬼鬼祟祟地把短剑藏在华丽的袍服下。

这样的人走出溅满鲜血的元老院后，岂能奢望民众的欢呼？

卑劣的刺杀，反衬了恺撒的高贵。死亡，使一个瓦解共和罗马，复辟王政罗马的人瞬间拥有了伟岸的历史形象，堪比神明。恺撒死了，可他的帝王梦得到了更多人的认可。可以说，布鲁图斯一剑杀死了恺撒肉身，也杀死了共和罗马。

恺撒的亡灵夜夜入梦，折磨着布鲁图斯脆弱的灵魂。失败的下场早已注定。引剑自刎前，布鲁图斯黯然留下了最后的话语："我要逃，是的，不过这次不是用脚，而是用手。"

——死亡，对失败者来说不失为一种成功的脱逃。

王政罗马最终在恺撒的甥孙也是养子的奥古斯都手上复活。不，此时的罗马北至多瑙河与莱茵河，南及撒哈拉沙漠，西临大西洋，东揽新月沃地，浩瀚的地中海都变成了"罗马之池"。这个地跨三洲的庞然大物，应该可以称为"罗马帝国"了。

元老院的权势和三军的暴力这两大国之重器，现在结合于奥古斯都一身：对三军来说，奥古斯都是乾纲独断的皇帝；对元老院来说，他是位列首席的元老，也就是"元首"。奥古斯都一再声称自己再造共和，可苍白的语言无法掩盖他的帝王梦。他把自己塑造成了罗马帝国的人格化身。

可奥古斯都还不满足。权力的一个重要特征，就是无限地扩张。这位八表经营的开国帝王集所有神明的祭司于一身。但这还不够。他不仅要像恺撒一样统治尘世，还希望自己能像奥林匹斯山巅的天神一样，统治灵魂。

所以，奥古斯都要创立属于帝国的神祇谱系，使帝国成为一种信仰，让神祇罗马成为帝国一块特殊的版图。

正是在这个时代，诗人维吉尔完成了史诗《伊涅阿斯纪》。他遣词造句，穿针引线，将罗马的历史追溯到了特洛伊的那场焚城烈焰，追溯到《伊利亚特》的结尾，《奥德赛》的开端。

努马缔造神祇罗马时，定下了神的名讳与头衔、等级和神通，唯独少了感人的情节与历史厚重感。这些都要靠希腊的神话来填补。所以，罗马的创世神话枝枝蔓蔓，有太多重叠与矛盾。

比如，南帖撒罗尼亚的埃涅尼亚城、西西里岛的埃里克城和赛格斯特城，甚至毗邻罗马、与之互为世仇的埃涅亚德城都声称自己才是伊涅阿斯创建的城邑和最后的归宿；也有传说，创建罗马的不是伊涅阿斯，而是特洛伊流亡者中的一位奇女子，名叫罗玛。她不堪忍受漂泊海上的风涛之苦，毅然焚船登陆，建造了一座新城——“罗马”因此得名；有人说罗玛是伊涅阿斯的续弦，有人说是女儿，还有人说两人并无瓜葛，罗玛是大力神赫拉克勒斯之女；此外，有人说罗慕路斯是伊涅阿斯的外孙，有人说是罗玛的外孙，还有人干脆说罗慕路斯是伊涅阿斯之子。直到瓦罗，罗慕路斯与伊涅阿斯之间才开始被插入十几代人，以便能符合历史纪年。还有神话说，罗马并非源自伊涅阿斯和罗慕路斯，而是伊涅阿斯旧日的宿敌奥德赛所创。两人同样在特洛伊之战后漂泊海上——奥德赛邂逅山林女神，生下罗马努斯。这才是罗马人真正的始祖……

在罗慕路斯诞生的篇章中，同样充满了不确定性：传说阿鲁巴的王看见炉火中耸立起一根硕大的阳具，他劝女儿与这幻象交媾，必能生下半人半神的英雄。女儿羞涩地拒绝后，一个有心的婢女李代桃僵，生下了一对双生子。这与火神祭司西尔维亚与战神马尔斯春风一度，生下罗慕路斯兄弟的故事何其相似。在另一段神话里，让处子受孕的是炉膛中迸发的火星。又比如森林中的母狼为这对双生子哺乳，可后来抚养兄弟俩的养母拉伦提娜的绰号也叫“母狼”。

所有这一切，让罗马的创世神话如此可疑。可又有什么关系呢？在维吉尔的手上，美神维纳斯的私生子伊涅阿斯就像一条丝线，从《荷马史诗》的华丽织锦上抽出来，自顾自编出别样的锦绣。充满了人间烟火气息的罗马生活与诸神出没的《荷马史诗》被维吉尔在血缘和精神上紧密联系在一起。一切枝枝蔓蔓，在如椽巨笔下黯然失色，只有我们讲述的那条主线熠熠生辉。

曼妙的笔墨连起了尘世中的罗马帝国与苍穹上的神祇罗马——这样的世界才是完整的。

与其说伊涅阿斯或罗慕路斯创造了罗马，不如说是维吉尔创造了罗马。但他也只是奉命而行。授意维吉尔的，是奥古斯都。只有他，才配得上如此尊荣。所以，维吉尔接下来就要用书写神话的笔，为奥古斯都唱出赞歌。在群臣中，唯独他能领会上意。所以，维吉尔终生深蒙圣眷。

罗慕路斯曾经封神，但这多少带有一点偶然性，是他神秘失踪后安抚人心的烟幕。奥古斯都封神却是精心谋划、悉心操作的结果。他很清楚，自己能临御天下，全赖养父恺撒余荫。所以，奥古斯都首先要神化恺撒。

在治军理政的闲暇时光，恺撒写过无数锦绣文章，与西塞罗并称两大文宗。现在，这些文字被养子付之一炬。奥古斯都唯恐辞章暴露了恺撒作为一个活生生的人的情感与弱点，妨碍他把养父塑造成完美的神祇。同样，奥古斯都也不忘销毁自己从前写下的诗歌和戏剧，只留下记载功业、德行和言论的《行述》。为了神化权力，帝王可以毁掉自己作为人的真情实感、奇思妙想，还有作为它们载体的笔墨文字。对自己的灵魂，他们尚且如此果断地出手，更遑论他人。

等到奥古斯都结束四十年统治，溘然长逝时，元老院如其所愿，授予他神格。这位帝王的陵墓边矗立着青铜柱，上面镌刻的铭文是：

“神皇功业”！

奥古斯都不仅建立了帝国的第一皇朝尤里乌斯－克劳迪朝，还开了皇帝封神之先河。从罗慕路斯封神，到恺撒和奥古斯都封神，都是权力的内在逻辑在发挥作用。帝王们奢望世人不仅是屈服，更要膜拜他们手中的权力。他们要建立的，是一个对肉体与精神、尘世与天国进行双重统治的罗马帝国。

如果一切皆如奥古斯都所愿，罗马帝国意味着罗马历史的终点。

可是，有一个婴儿在伯利恒简陋的马厩里呱呱坠地——对罗马，对纪年，对整个历史来说，这都是一个无可置疑的起点。

维吉尔在《牧歌集》中描写过一个婴儿，“将接受神的生命；他将看见伟人

耶稣降生

中的神灵。 神灵中的伟人。他将会把自己显现于他们。”后人认为，诗人的预言就是针对这个马厩里的婴儿。所以，维吉尔不信仰基督，却被基督徒们尊为能预知未来的圣哲。教士常常从他的诗文中抽出一句，来占卜未来。

奥古斯都是不可能知道这一切的。他缔造的罗马帝国仅仅几十年，就堕落到了不堪入目的地步。他为自己建造的神殿，终将化为败垣芳草，空廊落叶……

接替奥古斯都君临天下的，是他的养子与驸马提比略。养父在位时压抑的生活，造就了新皇帝的怪诞性格和阴郁气质。不过，他多年来肩负重任，治军理政都颇有心得，还算守成之主。下一位皇帝，是奥古斯都另一位养子之孙，绰号“卡里古拉”。这是一位穷奢极欲、暴戾成性的帝王，“骄怒之兵屡动，土木之功不息”，仅仅一载光阴，就将提比略数年积攒下来的盈余靡费一空。有一次，卡里古拉牵着爱马出现在元老院，对满堂权贵说：“朕要提名此马进入元老院，与诸公共事。”——西方的指马为人，与东方的指鹿为马，有着相同的荒唐意味。敢于犯颜直谏的人大多惨遭杀戮，连尸身也喂了狮虎。卡里古拉留下的名言竟然是“你杀的人越多，你的敌人就越少”。

亲耳聆听这句话的，是阿格里庇娜公主。夫婿惨死在猜忌心极重的皇兄之手后，公主也难逃厄运，被流放荒岛。

卡里古拉被弑后，皇叔克劳迪登基称帝，又被皇后鸩杀。弑夫恶妻，就是曾流落荒岛的阿格里庇娜公主。这同样是一个翻云覆雨的人物。在她的步步算计下，克劳迪的原配身败名裂。最终，阿格里庇娜如愿以偿嫁给了自己的叔父，成为母仪天下的皇后。可她仍不满足，处心积虑，要将自己同前夫所出之子推上帝座。在获悉克劳迪属意他自己的儿子后，阿格里庇娜悄悄将毒蕈投入御膳里……

皇后将紫袍披在自己与前夫生的儿子尼禄身上。

为了爱子，阿格里庇娜可谓机关算尽。但权力之争，很快就让这对天家母子反目成仇。理由很简单，阿格里庇娜最喜欢挂在嘴边的话就是“是我把你推上皇位”。借母亲泛舟出游之机，尼禄精心策划了一场“意外”。如他所愿，御船倾覆了。可阿格里庇娜流亡荒岛多年，水性娴熟，竟逃出生天，爬上了河滩。尼禄失去了耐心，命三个恶奴将母亲乱刀分尸。

你可以想象，这样一个灭绝人性的凶徒盘踞帝座，对罗马来说将是何等灾难。弑母之后，尼禄又踢死有孕在身的皇后，屠戮不肯顺服自己的皇亲国戚、恩师挚友、重臣名将……无所顾忌。他最喜欢无缘无故地塞给大臣一张羊皮纸，上面御笔亲书几个字：“卿若自裁，朕无异议。”

尼禄杀的人越来越多，斗兽场里的狮虎都吃腻了人肉。最后，他做出了一个最疯狂的决定：杀死罗马。

据说，尼禄这么做，是为了再现千年前特洛伊城沦陷时史诗般壮丽的场景。苏维托尼乌斯的《罗马十二帝王本纪》中提到，尼禄的亲信们在那个夜晚携带焦油，擎着火把，在罗马城中四处点火。

月华和火光交相辉映，火光中星辰闪烁——如此壮丽的景象激发了尼禄的奇

罗马大火

思妙想：能与罗马大火相提并论的，恐怕只有特洛伊城沦陷时的冲天火光了。宿命般的，烈焰焚城的壮丽画面再一次出现。

当年，奥古斯都曾踌躇满志地宣称：“我接手的是一座砖砌罗马，留下的却是一座大理石罗马。”罗马帝国建造的能力远远超过了共和罗马。可他没有想到，明君用一代人时间建造的大理石罗马，暴君一夕之间就可以让它化为焦土

——这同样是共和罗马做不到的。

千年前，罗马精神上的先祖伊涅阿斯扶老携幼，在火星纷飞、灰烬浮沉的夜风中仓皇出走；千年后，罗马皇帝尼禄和孌童们泛舟阿格里帕湖上，远眺冲天火光。也有人说，他伫立于梅塞纳斯园的塔楼上，在七弦琴的伴奏下，引吭高歌《特洛伊的劫掠》……

这是神秘的轮回么？ 不，在集大权于一身的帝王眼中，世事总如独角戏，由得他肆意发挥。“筑时驱尽千夫力，崩处空为数里尘”——你看那焚城的照夜火焰，不过是舞台的背景。

罗马，是在罗马皇帝的狂歌中化为丘墟的。

第一章

chapter one

麦风清泠吹

罗马帝国压迫神圣罗马

如火如球的夕阳西下，暮天中绽放出万道红光。士卒们走到彼得跟前，要脱下他的衣裳。正在祈祷的彼得突然立起身来，高举右手。刽子手被他的风采震慑，迟疑不敢上前。信众们无不屏息凝神，等待彼得发言。刑场上一片深沉的寂静。

他伫立高处，用右手画了个十字，以祝福和告别的口吻说道："这个城和这个世界"

……

我从显克维奇的不朽名著《你往何处去》中，摘录下了使徒彼得受刑的一个片段，作为故事的开端。这么多年来，这部史诗的结尾一直在我脑海中萦回不去。

在那个黄昏，使徒彼得一定会想起他的师尊。三十四年前，耶稣也是被刽子手钉死在橄榄山的十字架上。在《新约·约翰福音》里，耶稣说："我实实在在地告诉你们，一粒麦子不落在地里死了，仍旧是一粒。若死了，就结出许多籽粒来。"

耶稣就是落地的第一粒麦子。

彼得还记得那一日，一名叫朗基努斯的百人将举起手中的长矛，刺入先师遗体，验看受刑人死了没有。当耶稣的一滴血溅入朗基努斯的眼睛，那一颗暴虐的心突然有了一种完全不同的体验：圣洁、温暖，充满了爱……后来，这位百人将卸去铁衣，放下屠刀，出家为僧。只将那柄沾染了基督之血的矛留在了尘世间。

临刑前的使徒彼得一定也希望，自己流出的血能唤醒另一个迷途的灵魂。

在耶稣的十二使徒中，最先殉难的是大雅各布。在那场将死刑强加于他的审判中，他感化了诬告自己的人。最后，两人一同慷慨赴死。临刑前，那位卑微的诬告者，同时也是高贵的同行者恳求使徒宽宥自己。大雅各布平静地回答他："平安归于您。"

他们都是麦粒，在死亡之风吹拂过大地时轻轻地坠落，等待着承载着他们生命遗蜕的泥土孕育新的籽粒。

不只是彼得和大雅各布，耶稣的十二使徒都如成熟的麦粒，纷纷落下：彼得的兄弟安德烈被钉死在斜交叉的十字架上，这种十字架因此得名"圣安德烈十字架”；天竺的石柱上钉着腓力；前去收尸的巴多罗买被剥皮斩首；多马也是在东天竺被处磔刑；马太死于埃塞尔比亚人的刀戟下；达太与奋锐党的西门在波斯一座坍塌的庙宇中罹难；耶稣在尘世的兄弟小雅各布也未能幸免……就连接替叛徒犹大而跻身十二使徒的马提亚最终亦为乱石砸死，如果不死，就再补上一刀。

十二使徒中，唯有约翰寿终正寝。他的最后时光，是在流放地，一座地中海的荒岛上度过的。就在那里，约翰看见“从东、从西、从南、从北将有许多人来、聚集成群。他们将与慈爱的救主同在，永永远远欢聚在一起，共度无穷的美好岁月，再也无痛苦、死亡，和眼泪！”

面对暴力与死亡的使徒们自有一番平安喜乐。因为有信仰，因为有爱，因为他们的灵魂是自由的。是麦子，就要朝着这片承载着生命的大地，自由落下。所以，我们的视野里风吹麦浪。

多少年后，世人奉耶稣为“神”，而尊使徒们为“圣”。二者合起来，就是——神圣。

千年后的1157年，这个词被用于修饰一个帝国时，它专指基督教：唯有耶和华，可以称神；唯有信奉耶和华，可以封圣。

我不信奉他们的神，也不像显克维奇笔下的基朗，为了摆脱空虚而皈依基督教。因此，我对“神圣”的理解，并没有这样的桎梏。不管是基督教，还是当时作为基督教对立面的新柏拉图主义、新毕达哥拉斯主义，或者斯多葛学派，只要致力于探究世界的本原、人生的真谛和爱的奥义，在我看来就是神圣的，特别是当他们用生命和鲜血来诠释和坚持的时候。

这种神圣，不必囿于教派，甚至可以超越宗教范畴，附丽于哲学、艺术和学术。它更无关乎身份、行业与地位。耶稣三十岁前当木匠，使徒彼得、安德烈是加加利海的渔人，大雅各布和约翰兄弟是穷乡僻壤的富家子，而马可当过不足挂齿的风尘俗吏，奋锐党的西门是他的对头……可他们最终因信仰而超凡入圣。

不过，我也承认，在我要讲述的故事中，这种神圣在多数时候是诉之于宗教话语，也就是基督教。

尼禄无法读懂这种神圣。在罗马皇帝眼中，使徒们如蜉蝣般渺小，如蝼蚁般

彼得殉难

卑微。在他的淫威下，多少腰金衣紫的权贵蝼蚁般死去。处决彼得又能给暴君带来什么心理负担呢?

可正如《你往何处去》里说的，“尼禄像一阵狂风、一阵暴雨，或者像火灾、战争和疠疫一样，就这么消失了。可是彼得建立的教堂至今依然屹立在梵蒂冈山丘上，统治着罗马和全世界。”

独立之精神，自由之信仰——在我心中，这是“神圣罗马”的应有之义。

如果还有什么补充的话，就是谦卑的姿态。尽管耶稣被信徒视为神之子，而彼得只是肉体凡胎；耶稣是师，彼得是徒；彼得曾因劝阻师尊为信仰受难，被耶稣斥为魔鬼；在师尊被捕后，他三次否认自己与耶稣本是旧识；在耶稣受难后，彼得更是选择了逃避。经历了种种磨难后，曾经懦弱的灵魂最终可以坦然面对死亡和十字架。在我这样一个基督教徒眼中的外教人看来，这一刻他和耶稣是平等的。

当彼得将头颅最后一次转向罗马城时，夕阳余晖恍如离合神光。大地染金，仿佛无尽的麦田。金色的天空与金色的大地共同构建起历史画卷中最壮丽的背景，烘托着神圣的殉难时刻。可他依旧如此谦卑。

临刑前，使徒彼得告诉世人：“我不配像我主耶稣基督那样钉在十字架上。”所以，他是头下脚上地被钉死在十字架上的。如果说独立之精神、自由之信仰构成了信仰之“信”，那么谦卑姿态，就是信仰之“仰”。《新约·雅各书》说：“神阻挡骄傲的人，赐恩给谦卑的人”，就是这个意思。

使徒彼得遇难，正是因为焚毁罗马城的那场大火。

余烬未熄，尼禄就将焚城的罪名强加于基督徒身上，以转移民愤。数百无辜的男女惨遭严刑拷打。在徒具形式的审判后，他们被押赴刑场，有的套上兽皮，推入斗兽场，遭恶犬撕咬；有的捆在石柱上点天灯；还有的钉上十字架……我们说过，使徒彼得是头下脚上被倒着钉死的。

今夜，野火侵掠后的大地上焦黑一片，却落满了麦粒。

让尼禄始料未及的是，人们相信他才是纵火者，而基督徒只是替罪羊。对尼禄焚城，史书一向存有争议。许多方家认为，那不过是虚妄的谣言。我也觉得尼禄没有点燃熊熊烈火。可是，这重要么？如果朝廷对真相都抱持着无所谓的态度，又怎能埋怨不实的流言漫天飞舞！将这位暴君塑造成纵火元凶的，正是他自己。

尼禄的杀戮，开启了罗马帝国与基督教的神圣罗马颉颃对峙的三百年的序幕。

在此之前，朝廷虽然对基督教抱有敌意，但不曾真正迫害过教徒。耶稣受难的元凶，是心怀嫉妒的犹太教祭司。使徒殉教，也多是异教教士所为。相反，朝廷一直将基督教视为犹太教的支派之一。为了分化犹太教，他们还有意无意地庇护过基督徒。

从尼禄将纵火与反人类罪名加之于基督徒身上开始，罗马教难不断。但是，这绝非暴君的心血来潮。

恺撒本人最重视的头衔，是大祭司。在最后也是最辉煌的生命时光里，他一直居住在大祭司简陋的石室内。接替恺撒的奥古斯都生前并未封神，直到死后才位列神祇。卡里古拉在位时，罗马帝王就没有那么谦抑了。他在帕拉丁山兴造宫室时，竟然将神庙置为自家门房。如此一来，神祇岂非被公然贬为宫廷的司阍？此举令整个罗马一片哗然。如非在位短短四年就遇弑殒命，我相信卡里古拉一定会在生前将自己抬上神龛。接替卡里古拉的克劳狄也是崩逝后封神的。只不过，哲学家塞涅卡刻薄地指出他死后没有成为神，而是变成了一个南瓜……克劳狄的继承人尼禄是第一位谋求在生前封神的皇帝。

——在试图统治灵魂的路上，尤里乌斯 - 克劳迪与诸帝越走越远。

可是，基督教坚信耶和华是唯一的真神，断绝了帝王封神的可能性。罗马诸帝试图在肉体和灵魂上对臣民进行双重统治，或者说同时掌控罗马帝国和神圣罗马，遇到了基督教的挑战。帝王们悍然操刀应战。

这才是三百年喋血惨剧的深刻根源。

尼禄的倒行逆施，最终断送了尤里乌斯 - 克劳迪朝的江山社稷。取代它的是弗拉维朝。前两位帝王韦思帕芗和提图斯专注于稳定政局，消弭尼禄暴政的影响，对基督教采取了放任的态度。不过，他们生前都没有自居神明。传说，韦思帕芗临终前才留下一句话："朕自觉将要成为神了。"

到图密善在位时，弗拉维朝对罗马帝国的统治趋于稳固。这使他能腾出手来，控制神圣罗马。

这位与尼禄恶名相埒的暴君强迫臣民尊自己的父亲韦思帕芗和兄长提图斯为神，为自己封神铺平了道路。皇室被抬高为神族。只尊耶和华为神的基督徒则被他视为眼中钉。图密善的所作所为，几乎就是尼禄的翻版。就是他，将耶稣十二使徒中唯一的幸存者约翰流放荒岛。图密善以各种莫须有的罪名收押、杀戮基督徒，连自己的表亲，还有前执政这样的显赫权贵都未能逃脱被处决的厄运。所以，《新约·启示录》用"恶魔的数字六六六"来隐喻这位暴君。

如果说有什么值得庆幸的，就是这个黑暗时代很快结束了。

太卜令预言，图密善将在 96 年 9 月 18 日四时驾崩。这个暴君因此而焦虑不安，担心步恺撒的后尘。直到近臣告诉他，时过六时，图密善这才如释重负，欣然离开寝宫。孰料，这位近臣早已被暗中收买。在暴君毫无提防的情况下，刺客悍然出手，一击中的。

图密善殒命，弗拉维朝灭亡。几经波折后，年过花甲的涅尔瓦被推举为帝，开创安东尼朝。饱受图密善的暴虐后，天下苍生都希望这位历事数朝的元老能宽厚待人。新君虽在元老院中名望素著，却在军中缺少根基。为了弥补这一缺憾，膝下无子的涅尔瓦收养了大将图拉真为嗣。

此举也奠定了这个朝代的基调：元老院与三军和衷共济。

图拉真临御天下时，罗马帝国的版图达到极限。后来，元老院迎接每一代新帝时，欢迎词总是"愿陛下比奥古斯都更幸运，比图拉真更英明"。从宅心仁厚的涅尔瓦到天纵神武的图拉真，再到多才缜密的哈德良、垂拱而治的安东尼和哲人皇马可·奥勒里乌斯，连续五位明君小心翼翼地操纵着两大国之重器，保持三军与元老院的微妙平衡，使罗马帝国臻于海晏河清的治世。

在这个风清月明的年代，基督教在众人眼中却是黑暗的存在。

神祇罗马秉承希腊遗风，诸神皆在，且七情六欲俱全。像《荷马史诗》这样的生动文字，记载了神与人无数有血有肉、跌宕起伏的故事。相比之下，基督教信奉唯一的神，且非常抽象，教义显得怪异。再加上当时基督徒的生活圈相对封闭，入教后需严守教中隐秘，外教人极易产生误解。在他们看来，基督徒是惧怕阳光的生灵，公开场合一声不吭，却总是躲在阴暗角落里喋喋不休，或者像蝙蝠一样出没在黑夜。

在《新约·约翰福音》里记载了耶稣的一段话：“我实实在在地告诉你们，你们若不吃人子的肉，不喝人子的血，就没有生命在你们里面。吃我肉、喝我血的人，就有永生，在末日我要叫他复活。我的肉真是可吃的，我的血真是可喝的。吃我肉喝我血的人，常在我里面，我也常在他里面。”

这本是耶稣陈述他对世人的悲悯与牺牲。可经过居心叵测的人解读，成了基督徒食人吮血的铁证。百姓不了解基督教的圣餐将面饼喻为耶稣的肉，而葡萄酒为耶稣的血，分而食之，以为基督徒杀婴吮血，以残尸献祭神明。基督徒们互称兄弟姐妹，被误传为他们聚众乱伦。别有用心的造谣者将用餐礼形容为酒池肉林式的狂欢，还煞有介事地说，基督徒将一只犬拴在灯台的立柱上。等到酒酣耳热之际，被逗弄得上蹿下跳的狗打翻灯台。烛火熄灭后的黑暗中，男男女女宽衣解带，跟每一个触碰到的异性疯狂交媾……

不明真相之人厌恶基督教。可是，塔西佗明知尼禄诬陷基督徒，却依然指责受迫害者。他振振有词地说，与其说基督徒受难是因为纵火，不如说是因为他们憎恨人类。

史学巨擘尚且如此，更遑论旁人。

所谓谣言止于智者，五明君自然不会轻信流言蜚语，将基督教归入诲淫诲盗的邪教。他们不齿于尼禄、图密善之流的暴君行径，以海纳百川的胸怀容忍异见。涅尔瓦很早就下旨，禁止臣民指基督徒为叛逆。但是，五明君对这个来自东方的宗教也无丝毫好感。正是从涅尔瓦开始，皇帝身后封神在罗马成为惯例。他们自然不欢迎持一神论的基督徒。最能体现安东尼朝对基督教态度的，是图拉真给一位太守的训示：不告不理。

后人指责这个训示逻辑混乱，自相矛盾：如果基督教是邪教，朝廷何必如此消极？如果不是，岂能容许他人讦告诬陷！其实，这恰恰反映了五明君对基督教的矛盾心态：他们鄙薄这个来自东方的宗教为“轻信者的愚蠢”，却又对其所蕴含的“反叛精神”感到不安。所以，极端狂热的基督徒即使在安东尼朝

伊格纳修斯被投入斗兽场

的盛世中，依然有遭受诛戮的危险。曾被使徒彼得指定为安条克主教的伊格纳修斯就是被图拉真下旨投入斗兽场的。他留给试图营救自己的罗马教众一段话："我是神的麦粒，被野兽的牙齿磨为齑粉，做成基督洁净的饼。"

多少年后再读这段文字，只觉得"细麦落轻花"般，让人为之心动。

马可·奥勒里乌斯在位时，罗马帝国已经隐约感受到山雨欲来风满楼了。东征安息的大军带回了瘟疫，席卷全国。北方蛮族屡屡犯边入寇，烧杀掳掠。哲人皇的后半生征尘仆仆，转战在漫长边境。他的名著《沉思录》就是在颠簸的马背上构思的。最后，马可·奥勒里乌斯积劳成疾，驾崩于军中。他溘然长逝的地方，是后世的维也纳。

马可·奥勒里乌斯之子康茂德有着狮虎般强健的体魄，却不愿像父亲那样，在北疆风雪中为国拼杀。他宁愿屠狮戮虎，将精力虚掷在罗马城的壮美斗兽场。最后，纵情声色犬马的康茂德被一个角斗士所弑。此后的百年中，篡逆者层出不穷。他们弑主自立，随后又死于后来者刀下。前后几十位帝王"其兴也勃焉，其亡也忽焉"。今日的煌煌紫袍，不过是明日的裹尸布。能寿终正寝的帝王，竟然只有区区三位。像马可·奥勒里乌斯这样深孚众望的明君尚且不能阻挡蛮族铁蹄，更遑论"你方唱罢我登场"的乱世诸帝了。

正如史学家狄奥所说：罗马的历史现在从黄金王国堕落为铁锈王国，恰似当年的风流放荡让罗马人堕落沉沦——"忆承平日，繁华事，修成谱，写成图……"

在充斥着天灾人祸的黑暗 3 世纪，一个针对基督徒的谣言不胫而走："因为基督徒轻视祖国神祇，他们招致了灾难，比如瘟疫、洪水、饥荒、蛮族入侵。"愚昧软弱的罗马人对频频爆发的灾祸束手无策，却诿罪于基督徒，借欺凌他们来发泄心中邪火。每次灾异都会引发"将基督徒喂狮子"的叫嚣。

这并非新事。《新约·彼得前书》就劝诫过信众："你们在外邦人中，应当品行端正，叫那些毁谤你们作恶的，因看见你们的好行为，便在鉴察的日子归荣耀给神。"——在黑暗 3 世纪诵读使徒彼得的这段话，别有滋味。

康茂德遇弑后的混乱终结于塞维鲁。当时，他受命镇守多瑙河，麾下将士都是同蛮族厮杀多年的勇士，锐不可当。凭借这支虎狼之师，塞维鲁逐鹿天下，最终问鼎。为了证明自己的正统性，塞维鲁攀龙附凤，自称是马可·奥勒里乌斯的养子，却遭到一名元老的无情讥诮："他终于找到了父亲。"

登基前，塞维鲁就拥有元老头衔，君临天下却完全仰仗三军鼎力相助。这位新皇出身北非寒门，再加上生性粗鲁不文，与重视门第、风度的元老院衮衮诸公格格不入。他对元老院的尊重只停留在口头上，转过身来就磨刀霍霍，用锋刃来回应衮衮诸公们的轻蔑。塞维鲁留给皇子最重要的一句话是"结好将士，不必问他人死活"——后来，这成为3世纪诸多罗马帝王的金科玉律。

五明君小心翼翼地维护的平衡，就这样被打破了。

塞维鲁的故乡北非迫害基督徒冠绝天下。北非人视塞维鲁为他们的偶像，对基督徒胆敢拒绝崇拜皇帝极端愤怒。塞维鲁对此倒是不知情，本人也不太仇视基督教，这多少与皇后朱莉娅·多姆娜有关。她是东方的名门闺秀，知书达理。受妻子熏陶，塞维鲁对神圣罗马还算宽容。

为庆贺次子盖塔的降生，皇帝下旨举办竞技盛典，一位十六岁的色雷斯羊倌勇猛绝伦，连败十六人，让三军都记住了他的名字：马克西米努斯。两日后，塞维鲁又一次邂逅这个勇士。当时，这位粗鄙少年正与军中同袍为琐事争执，被带到御前时还出言不逊。为了给马克西米努斯一个深刻的教训，皇帝惩罚他徒步跟随。不承想，塞维鲁策马狂奔数里，竟然也没将马克西米努斯甩下。皇帝好奇地问他："色雷斯人，你还能与人争斗么？"

结果，马克西米努斯连败七人，赢得了塞维鲁的青睐，留在御前听用。

二十二年后，塞维鲁远征不列颠时中道崩殂于约克。按他的遗旨，两位皇子卡拉卡拉、盖塔继承皇位，共治天下。

塞维鲁自己崇尚三军的暴力与集权，儿子又怎能懂得权力制衡的意义？他希望的兄友弟恭、棠棣交辉终归是镜花水月。卡拉卡拉伏兵宫闱，当着母亲朱莉娅·多姆娜的面，乱刀砍杀弟弟盖塔。在安抚了三军后，他现身元老院，宣布盖塔为叛逆。面对青锋白刃，元老们只能缄默。

元老们的退让，让卡拉卡拉对元老院更为轻慢。尽管他瘦弱不堪，却喜欢亲近赳赳武夫。在行军时，他甚至纡尊降贵，亲身去扛沉重的鹰帜。从血雨腥风中

卡拉卡拉与盖塔手足相残

杀出来的将士们能够分辨谁是真正的强者。卡拉卡拉不过是乔装成强者的孱弱少年，根本不配统率虎狼之师。卡拉卡拉的性命最终断送在他宠溺的武夫之手。皇位落入了统领卫士的卫尉马克里努斯手中。

此时，马克西米努斯已是一名百人将。他深感塞维鲁皇帝的知遇之恩，拒绝效命新皇，解甲归田。

不过，马克西米努斯的田园生活只维持了短短一年。朝廷再起波澜。

卡拉卡拉遇弑后，朱莉娅·多姆娜经受不住如此沉重的打击，也倒下了。这位太后命运多舛，先是目睹两个儿子骨肉相残的人伦惨剧，接着仅存的骨血也死于非命。这断送了一个母亲的生趣。朱莉娅·多姆娜之妹朱莉娅·梅萨在宫廷无依无靠，不得不黯然返乡。这个女人颇有当年阿格里庇娜之风。她诡称自己的女儿与卡拉卡拉有私情，外孙埃拉伽巴路斯实为先皇之子。一时间，流言四起，朝野震惊。

埃拉伽巴路斯荒淫无道

恺撒曾留下一句名言：“没有人愿意看到事实的全部，人们往往只希望看到自己想看的现实。”埃拉伽巴路斯身上是否有塞维鲁的血脉，无人深究。关键是，不满现实的将士们找到了起兵反叛的理由。一个值得注意的细节是，“埃拉伽巴路斯”本意为日神，并非新皇的本名。但史书中一直这么称呼他。日神为三军所奉之神。可见，埃拉伽巴路斯母子把命运寄托在三军的拥戴上。

马克里努斯兵败身死，埃拉伽巴路斯则靠着真假难辨的传言登基称帝。无论传言真假，他都是与卡拉卡拉亲缘最近的人。所以，马克西米努斯这位忠于先帝的宿将再度出山。初次觐见新皇，年方弱冠的埃拉伽巴路斯竟很轻佻地问他："听闻卿能力敌三十人而气不长出。不知能否夜御三十女？"

马克西米努斯听后，一言不发，默然告退。一个蛮族出身的羊倌，也对所谓贵人的无耻感到不齿。在朱莉娅·梅萨的劝慰下，这位昔日勇冠三军的壮士勉强留了下来，此后却再未觐见。四年后的一场政变中，荒淫的埃拉伽巴路斯横死当场，投尸台伯河。他的姨表兄弟亚历山大被拥立为新帝。

比起望之不似人君的埃拉伽巴路斯，亚历山大沉稳内敛，颇思有所作为。经历了两位昏君的统治后，罗马国势渐颓。亚历山大对东方安息和北方蛮族选择了退让，触怒了军中的鹰派人物。趁皇帝出巡莱茵河，他们在莱茵河西的重镇美因茨再次悍然弑君。随驾出征的诸军鸦飞雀乱。塞维鲁朝绝嗣。谁会是新的王者？

东方淑女朱莉娅·多姆娜身上的风流蕴藉，传到卡拉卡拉、盖塔兄弟，蜕变成鬼祟的阴谋气质，埃拉伽巴路斯和亚历山大兄弟的童年都是在民风孱弱的东方度过。在骄兵悍将看来，他们无不沾染了阴柔气质，朝政则操控在朱莉娅·梅萨之手。这样的朝廷阴柔有余，阳刚不足。将士们心目中的帝王，应该拥有鹰扬虎视、睥睨天下的英武形象。他们选中的人，就是马克西米努斯。

这个选择并不符合元老院的意愿。马克西米努斯来自色雷斯的穷乡僻壤，家境贫寒，又是蛮族。塞维鲁登基前已经跻身元老院。马克西米努斯是小小百人将。所以，他被称为"帝座上的第一个野蛮人"。

某种程度上说，这种看法不算错。马克西米努斯就是凭借着野兽般的直觉来施政的。对外敌的软弱，是亚历山大遇弑的直接原因。所以，他断然出兵，血洗蛮族，在三军中赢得一片喝彩。但是，用这种直觉来处理罗马为何衰亡这样的复杂命题，就远远不够了。

在马克西米努斯看来，朱利娅·梅萨姐妹和她们的后裔把东方软弱淫靡之风带到了宫廷，是罗马堕落的根源。所以，马克西米努斯大肆摧折东方势力，排斥一切与东方有关的宗教、习俗。凡是亚历山大优待的，就是他要苛待的。发源于耶路撒冷的基督教也在扫荡之列。塞维鲁朝诸帝对基督教的宽容，成了他迫害基督徒的理由。

耶稣复活后，将教导信徒、施洗的权责交付十二使徒。这就是基督教会的滥觞。当然，教会之称是一百多年后才有的。十二使徒云游天下，居无定所，所以又在信众中指定了一些修习有成之人，在他们不在时代行其职；如果他们离世，必须有人接替他们的职位。这样，基督徒分为教士和信众；教士又分为主教、司铎和执事。使徒保罗还为教士制定了最初的戒律。马克西米努斯的屠刀，就是指向基督教高阶教士。多名主教殉难。罗马主教彭提安被逐出罗马。

更糟的是，小亚细亚半岛恰在此时发生地震。基督徒再次被当成是引起天灾的罪魁祸首，遭到民间自发的杀戮。

马克西米努斯如一阵肆虐的狂风，所过之处，遍地麦粒。

也正是疯狂的杀戮，使基督徒们越来越坚信，当痛苦的威胁压倒一切时，耶和华将见证一切肉体上的苦难；殉道者将获得永生，就像受难的耶稣一样。杀戮与苦难反过来唤醒了信徒们内心的狂热。他们的奋不顾身显示出精神的伟力，反倒让更多原本不信教的人开始相信基督的力量。

在成熟的麦子落下之地，转眼“芃芃麦苗长”。

马克西米努斯的屠刀没有能毁灭神圣罗马。他的粗暴残忍，却让元老院无法忍受。当出身名门的戈尔迪安在北非称帝的时候，他们立即表示拥戴。不过，戈尔迪安没有能赢得三军支持，很快就兵败身殒。被激怒的野蛮皇帝不肯放过元老院，挥师南下，直扑罗马城。

这暴露了马克西米努斯对罗马帝国的权力架构缺乏基本的认识。元老院与三军固然存在裂痕，但远没有到你死我活的地步。无论是将士还是百姓，可以纵容，甚至支持他击败、杀死元老院推举的皇帝人选，却不能容忍他将矛头直指元老院。前者不过是帝位之争，后者却是要颠覆罗马帝国固有的架构。所以，上自元老骑士，下到黎民百姓，众志成城，在阿奎莱亚城下挡住了马克西米努斯的脚步。军心动摇了。不愿同元老院决裂的将士们发动兵变。马克西米努斯空有拔山举鼎之能，最终饮恨。

在短短一年时间里，元老院先后推出五位皇帝，无不出身望族。有四位因无法震慑骄兵悍将，惨遭杀害。只剩下戈尔迪安之孙，与他同名，称戈尔迪安三世，年方十三。整个罗马兵荒马乱，一片狼藉。元老院却束手无策。这让军中将士看透了所谓名门高第的孱弱和元老的腐朽，他们甚至开始怀念马克西米努斯。不管怎么说，野蛮的皇帝不失枭雄本色，远比元老院中那群行尸走肉更适合号令天下。

长时间的动荡让所有人都厌倦了。加上戈尔迪安三世只是个懵懂少年，没有什么明确的政治倾向，罗马帝国在他的治下，度过了六年平静时光。244年，戈尔迪安三世御驾亲征波斯。随驾的卫士故态复萌，弑君犯上。

这一次，大食人菲利普——又一名来自异族的卫尉紫袍加身。

菲利普能践祚称帝，全赖三军的鼎力支持。可他在位时所做的一切，似乎就是为了结好元老院。菲利普发誓不再流放元老，还将元老院被塞维鲁皇帝下放给诸郡太守的权力又收了回来。他甚至自削权力，同意皇帝提出法案，必须事先通过辅政的尚书台。菲利普似乎在尝试着重树元老院的重要地位，实现安东尼朝曾有过的均衡。也许，他认为唯有如此，才能中兴罗马。

对基督教，菲利普也恢复安东尼朝的宽容。他允许信徒们迎回被马克西米努斯流放他乡的前罗马主教彭提安的遗体。

248年，距离罗慕路斯建立罗马城正好一千年。鲜花、美酒、角斗士……菲利普决心打造一场旷世盛典，来标榜自己是罗马的中兴明主。可他没有发现繁华表象下的深重危机。将士们看到自己拥立的皇帝倒向元老院，怒火中烧，感到被抛弃了。罗马三军向来信仰日神，最为仇视基督教。菲利普被指责为伪装起来的基督徒。为了换取东方的和平，菲利普将美索不达米亚拱手让与波斯，这更让三军哗然。

就在此时，北方蛮族哥特人大举入侵。菲利普派京兆尹德西乌斯奔赴多瑙河御敌。这成了三军反叛的导火索。愤怒的将士们相信，皇帝此时正在罗马城与元老、贵族们觥筹交错、纸醉金迷，他们将紫袍披在了与自己并肩战斗的德西乌斯身上。

得知兵变的消息后，菲利普又惊又怒，立刻率军北上。

最吊诡的是，三军是因为菲利普偏袒元老院而抛弃他，元老院却因为菲利普出身低微，起于行伍，在千钧一发之际也抛弃了他。自以为左右逢源的皇帝最终却发现，自己既没有赢得元老院，也没有掌握三军，两手空空，只身面对德西乌斯。菲利普黯然自戕。

真正能手握三军和元老院这两大国之重器的，反倒是德西乌斯。他少年投军，多年戎马倥偬，赢得军中同侪的认同。妻子来自罗马门阀，弥补了德西乌斯出身边郡的缺陷。在数年前，德西乌斯就跻身元老院，风评颇佳，任京兆尹时更赢得了罗马名门望族的赞许。他最终赢得了元老院和三军的一致拥戴。此时，德西乌斯正值盛年，颇思有所作为。面对东方如日中天的波斯和北方方兴未艾的蛮族，德西乌斯将整军备战放在了首要位置，大刀阔斧地整肃军纪，调整兵力布局，强化多瑙河一线的防御。

正是这样一位强势帝王，再一次剑指神圣罗马。

在德西乌斯看来，罗马帝国暮气日深，无力抵御外侮的根源就在于东方宗教流毒天下。他曾留下一句名言：“朕宁愿接受一个与自己为敌的皇帝，也不愿意在罗马看到一位主教。”

这句话，让无数的基督徒战栗。众多教士被杀。自尼禄之后，罗马诸帝虽时有反基督教的举措，但针对的是传教的教士，并不迫害信众。就算是教士，百年中也只有十二人殉教。罗马大火后的恐怖记忆在基督徒的心中已被淡化到几无痕迹。他们缺少使徒彼得面对死亡的无畏。

250 年，德西乌斯下旨，定下了一个忏悔日。未在忏悔日前宣布自己信仰罗马神祇的人将会被籍没家产，锒铛入狱，直至被处决。官吏们奉旨将百姓召集到神庙里。每个人都要上香献祭，否则就会被指为基督徒。这套方法自图拉真一朝就已存在。当时只是郡守们用来甄别被人告发的基督徒。现在，德西乌斯却扩大到所有人。

罗马主教法比亚努斯和安条克主教巴比拉先后殉难。许多教士就算逃过死刑，也饱受酷刑折磨。面对帝王的雷霆之怒，基督徒屈服了。罗马诸郡涌起大规模的退教风潮。

就在人们以为基督教劫数难逃之时，德西乌斯驾崩了。当时，北方蛮族再度南犯。他不敢怠慢，携长子御驾亲征。在多瑙河南岸的默西亚，德西乌斯父子双双阵亡，连尸身都沉入多瑙河下游的沼泽深处。

群龙无首的罗马诸军推举默西亚太守加卢斯为帝，来收拾残局。德西乌斯的阵亡，使三军士气低落，不堪再战。加卢斯也急于回罗马城，争取元老院对他皇帝身份的承认。所以，他匆匆与哥特人议和。在任命埃米利安努斯为新的默西亚太守后，加卢斯下旨班师回朝。

此时的罗马人血性尚存，岂甘屈服于蛮族。加卢斯与哥特人媾和，触怒了多瑙河诸军。他们再次兵变，拥立埃米利安努斯为帝。莱茵河诸军则拥立了出身罗马一流门阀的瓦勒良。一时间，罗马帝国三帝并峙。

此时，一场空前的瘟疫横扫罗马全境。与天灾相伴的，是蛮族从多瑙河下游和黑海水路并进；另一支蛮族则破日耳曼长城，长驱直入——煌煌罗马，似乎已经走到了山穷水尽的地步。

当无数人涌入神殿，祈求罗马诸神的庇护时，基督徒们却无动于衷。在他们看来，蛮族入侵没有什么了不得，因为他们总有一天会领悟到基督教的真谛。现在发生的悲剧，不过是蛮族皈依前神对世人的考验。饱受蛮族蹂躏的罗马百姓愤怒了，愤然谴责基督徒的漠然。

在群情汹汹的背景下，加卢斯再下严旨，重申先帝德西乌斯的反基督立场。罗马主教科尔内留斯被流放，接替他的路齐乌斯也同遭厄运。因德西乌斯意外殒命而中断的教难再掀高潮。

虽然，加卢斯后来败给了埃米利安努斯，而埃米利安努斯又败给了瓦勒良，但是，基督教的处境并未好转。

瓦勒良的所作所为，与当年的德西乌斯如出一辙：一是整肃军旅；再就是镇压基督教——他们都认为，只有这样才能挽救濒危的罗马帝国。

起初，瓦勒良并未针对基督教。据说，一次意外事件改变了他的态度。当时，一个皈依基督教的元老阿斯托里乌斯在恺撒里亚戳穿当地祭司一个所谓的“神迹”，触怒了信仰罗马神祇的元老。阿斯托里乌斯与瓦勒良之子伽里恩努斯情同手足。所以，皇帝承受了巨大的压力，他决定洗刷自己。另外，还有人认为，当年德西乌斯反基督教，背后的谋主就是瓦勒良。现在，他从幕后转到了台前。

在瓦勒良的第一道敕令中，对不肯祭祀罗马诸神的基督教教士处以流刑。第二道敕令则要求处决坚守自己信仰的高阶教士。对信众中的贵族，瓦勒良夺爵削官、罚没家财；如果仍不悔改，他们也将被处死。可见，瓦勒良并未像德西乌斯那样，对基督徒施行无差别镇压，而是试图区别对待，分化瓦解神圣罗马。

在这场教难中，最负盛名的殉教者是罗马主教西克斯都斯二世。他在主持一场葬礼时，被当场斩首。然而，基督教并没有屈服。当迦太基主教西普里安被判死刑后，守在郡守府前的基督信徒爆发出一阵惊天动地的呼声：“我们愿同他并肩赴死！”

260年，从东方传来了惊天噩耗：御驾亲征的瓦勒良沦为波斯的阶下囚。罗马帝国仿佛坠入了无疆的黑暗。

在接下来的一段时间里，蛮族南犯，波斯西侵，瘟疫又再次横行。瓦勒良之子伽里恩努斯在八年中苦苦支撑，也挽救不了颓势。镇守莱茵河的大将波斯图穆斯杀害了皇帝的长子后割据河西州郡，自立为帝。统领东方诸军的奥迪纳图斯本是忠于伽里恩努斯的，却被外甥谋害，遗孀齐诺比阿悍然立子为王，垂帘听政，割据东方。罗马帝国再次分裂。

史书上记载，名城亚历山大里亚领取口粮的人口中，十四岁到八十岁的人数与当年鼎盛时四十到七十岁的总人数相等。这就是说，超过一半的人没能熬过天灾人祸的摧残。要知道，亚历山大里亚绝非最悲惨的地方。

黑暗时代已经吞噬了天下过半的生灵。

德西乌斯阵亡与瓦勒良蒙尘波斯，为我们清楚地标出了百年乱世的最低谷，却也成为一道清晰的分水岭。在此之前，军中大将固然多次紫袍加身，但元老院也多次推出自己认可的皇帝。我们见过像塞维鲁这样出身元老院，却偏袒三军的皇帝，也见过菲利普这样靠三军拥戴上位的皇帝竭力结好元老院。元老院与三军在政治生活中等量齐观，共同左右着罗马帝国。

身陷绝境的罗马人无可逆转地倒向了军方。他们开始迷信武力，迷信集权，相信只有最强悍的人才能带领这个帝国脱离无边苦海。

三军无情地抛弃了兢兢业业的伽里恩努斯，选择了克劳狄乌斯二世。他曾因大破蛮族中最强悍的哥特部而名震天下，被誉为“哥特征服者”。罗马需要的，就是这样一个看起来更强悍的皇帝。

可惜，克劳狄乌斯在位一年半就病殁军中。元老院推举他的兄弟昆提鲁斯继位。军中大将拒不受命。

这场政治风波暴露出了元老院与三军观念上的根本分歧。克劳狄乌斯兄弟与元老们素无渊源。元老院推举昆提鲁斯，完全是因为他与先帝血脉最近。三军看重的却非血脉，而是能力。所以，将士们认可扬威多瑙河的德西乌斯，而不认可他留在罗马监国的次子；认可威震莱茵河的瓦勒良，不认可他的儿子伽里恩努斯；同样道理，他们绝对不会仅仅因为昆提鲁斯的血统，就像认可他的皇兄克劳狄乌斯一样，奉他为主。

三军这一次选择了统率骑兵的大将奥勒良。

短短四年中，奥勒良东擒齐诺比阿，西定莱茵河，使三分天下再次归于一统。他高筑墙、改币制、兴武备，力图振作，被视为罗马的中兴明主。接着，奥勒良风尘仆仆地踏上了东巡之路，意图亲征波斯，报瓦勒良蒙尘之耻。让人扼腕叹息的是，一代英主在色雷斯遇弑，中途崩殂。

也许是奥勒良的枉死触动了军中诸将，让他们意识到以下犯上之风猖獗。他们痛定思痛，反躬自省，将翊戴之权归还元老院。这一次，元老院竟然不知所措。奥勒良身后无嗣，也没有手足。他们无法依据血缘来选定皇帝。三个月中，元老院与三军书札往返，还是举棋不定。元老们尸位素餐，暴露无遗。帝位空缺近半年之久。直到再拖不下去了，元老院才勉强提名塔西佗为帝。

其实，这是最不合适的人选。贵为元老的塔西佗既未曾领军出征，也不曾身膺封疆，战功、政绩都是一片空白。被推上帝位的时候，他年逾古稀，去日无多。只能说，塔西佗是元老院不负责任的过渡之选。即位未满一年，就在东巡途中溘然长逝。

竞逐皇位的有两位：一个是塔西佗同母异父的兄弟弗洛里安努斯；另一个是深受东方诸军拥戴的大将普罗布斯。结果，血统再一次完败给武力。

潘诺尼亚和伊里利亚地瘠民贫，又濒临多瑙河。驻军众多，加上蛮族频繁入侵，造就了此地浓厚的尚武之风。瓦勒良蒙尘波斯，但他慧眼识人，在军中提拔起一批将种，几乎都来自此地：克劳狄乌斯、奥勒良、普罗布斯……还有此后半个世纪的罗马诸帝。他们出身寒微，毫无背景，凭借着过人的勇武从万千将士中脱颖而出。这些边城儿率领铁骑，来去如风，取代了传统的重装步卒，成为战场的主宰。他们野心勃勃也生气勃勃，完全压倒暮气沉沉的元老院，左右了罗马帝国百年风云。

普罗布斯就是奥勒良的翻版。登基后，他转战四方，北逐哥特，西败日耳曼诸部，战绩赫赫，最后却依然无法逃脱被刺的命运。288 年，普罗布斯亲登木塔，督促士卒屯田。几个心怀叵测的士卒悄悄地靠上前来。片刻之后，塔身轰然倒塌……等到人们在废墟里找到普罗布斯的遗体时，发现他身被数创。

从卡拉卡拉开始，军中将士犯上弑君就屡见不鲜。但是，奥勒良之前诸帝都是因触动三军利益，被军中大将所弑。换而言之，弑君是三军的集体行为。但是，奥勒良出身行伍，深得军心。他训斥了随行的小吏几句，就惨遭杀害。同样，普罗布斯也是死在几个好逸恶劳、不愿屯田的恶徒手上。两帝被弑，并不符合三军的整体利益。所以，弑君凶徒或被五马分尸，或被斩首，一一伏法。区区走卒小吏，就敢视帝王性命如草芥，罗马帝国以下犯上之风，不堪如斯。这也是军权畸重的必然后果。如果将军可以凭借兵权对帝王生杀予夺，小人物又为什么不能靠匹夫之怒，践踏已经被践踏的秩序？象征秩序、传统的元老院走向没落，暴力是成败是非的唯一准则。

普罗布斯罹难后，诸将没有再询问元老院的意见，径直推举大将卡鲁斯为帝。

瓦勒良皇帝蒙尘后，讨伐波斯就成了罗马帝国孜孜以求的目标。谁能击败波斯，一雪前耻，谁就能坐稳罗马帝位。奥勒良和普罗布斯都是在备战中途驾崩的。卡鲁斯即位后，也同样用兵东方。他册封长子卡里努斯和次子努梅里安为共治皇帝。长子监国，卡鲁斯与次子挥师东征。此时的波斯，已经失去了开国时的锐气。

罗马军连战连捷，一鼓作气攻入波斯都城泰西封，强渡底格里斯河，意图全取美索不达米亚。就在三军用命、诸将争先的大好局面下，御帐在沙漠遭雷殛，卡鲁斯皇帝意外驾崩。

罗马军不得不在努梅里安的率领下班师北归。人马抵达宿营地时，众将却始终不见他从御辇上下来。人们撩开帷帐，发现努梅里安不知何时已悄然崩逝。

所有的疑点都集中到努梅里安的岳父阿普尔斯身上。他是皇帝最亲近的人。可是，阿普尔斯却说自己多日未能觐见努梅里安，因为近侍以皇帝卧病为由，将他挡驾。事情越发扑朔迷离。众说纷纭之际，有一名大臣越众而出，剑指阿普尔斯。他的名字叫戴克里先。

这位出身寒门白屋的农家子在从军后步步高升，年过而立就官拜卫尉，掌握护驾卫士。戴克里先斥责阿普尔斯弑君，不由分说，挥剑将他斩杀。整件事透着嫁祸于人、杀人灭口的阴谋气息。没有证据表明戴克里先是幕后的黑手。但同样没有证据来洗白他——反正，真相已经无人关心。

在军中众将的拥戴下，戴克里先紫袍加身。

此时，卡鲁斯的长子卡里努斯还坐镇西方。但他无法赢得军中将领的支持，败亡只在朝夕之间。284 年，卡里努斯被卫士所弑。皇权落入戴克里先一人之手。如何避免重蹈先前诸帝覆辙，不成为以下犯上风气的牺牲品，是新皇最迫切着手解决的问题。他给出的答案是：诸君分立。

从卡拉卡拉遇弑开始，太多野心勃勃的篡逆者踩着帝王的尸体上位。帝王死亡后的权力真空，留给他们太多幻想的空间。有些帝王尽管生前就立下共治皇帝或皇储，但多是自己的子弟，缺乏震慑潜在篡逆者的能量。所以，戴克里先决定从此处入手。践祚称帝后，他先是册封马克西米利安为共治皇帝，接着又封君士坦提乌斯和伽勒里乌斯为皇储。

戴克里先辖东方，也就是小亚细亚半岛、西新月沃地和埃及，定都尼科米底亚，防御强大的波斯。皇储伽勒里乌斯坐镇距离多瑙河不足百里的塞尔曼，辖多瑙河以南的巴尔干，震慑多瑙河北的蛮族。两人共治东罗马。在西方，多瑙河上游往南，越阿尔卑斯山脉至亚平宁半岛和与之隔海相望的北非，包括地中海上的科西嘉、撒丁、西西里诸岛均归西帝马克西米利安，驻跸米兰城。皇储君士坦提乌斯则统治北起莱茵河，南到伊比利亚半岛的广袤疆域，外加不列颠，都城在莱茵河西的特里尔城——罗马帝国四君共治，他们的都城近迩边疆，以示天子守国门。

罗马主教投海殉教

分疆而治，使马克西米利安等三人远离戴克里先，想要对他不利，只能以堂堂之师角逐沙场，而不能靠暴起伤人的鬼蜮伎俩。反过来，有机会接近戴克里先的小人如有异心，要考虑下手之后有没有实力面对其他三位君王的怒火。所以，戴克里先首创"四君共治"并不是因为罗马帝国疆域辽阔，无法一人独裁。

和瓦勒良后的诸帝一样，四位君王均是多瑙河南的边城儿，都出身寒门白屋，起于行伍，也都唯戴克里先马首是瞻。马克西米利安一介武夫，缺少政治智慧，不足以挑战戴克里先的地位，也无意挑战。其他二人的资历、名望更是相去甚远了。戴克里先巧妙地使自己成为唯一名副其实的至尊。他的梦想，就是建立一个中央集权的帝国。四君共治的表象，多少掩盖了这一点。

"国之大事，在祀与戎"。所以，罗马皇帝除身兼大祭司外，重在征伐之事，政务多依赖元老院。相应地，罗马诸郡有帝辖郡和院辖郡之分。沿边诸郡，以防御外侮为重，屯聚重兵，郡守由皇帝御旨亲封，多为能征惯战的武将。内地诸郡归服王化已久，不动兵戈，只有少量驻军，郡守由元老院任命，多数是娴于政事的能吏。但是，蛮族近百年来频频内犯，导致原先的内地诸郡也饱受刀兵之苦。为了统兵御敌，郡守多改为武将。这样，院辖郡和帝辖郡此消彼长，元老院权力日蹙。

元老院本为储才养望的地方，有志于仕途的才俊们先通过选举，出任公职，取得入元老院资格，在院中学习政事，然后外放诸郡，经过一番历练，最终成为国家栋梁。现在，随着院辖郡减少，这条青云之路变得越来越窄。坐守京城的元老们失去地方历练的机会后，眼界日狭，渐渐变成井底之蛙，再没有前朝元老出将入相、胸怀天下的气魄。

今日罗马的多数郡守，都是戴克里先所看重的军中大将。他们上马领军、下马安民，事实上已从单纯治民理政的郡守变为集军政大权于一身的州牧。

君主从一名增为四名，包括尚书省在内的宫廷从一个增为四个，都城也从一处增为四处，三百年来没有什么变化的士兵员额在十年间翻了一番。现在，州牧们权力日重，幕僚掾属也多了起来……最终这些都转化为沉重的财政负担，让罗马不堪重负。自奥古斯都开国起就奉行的“广征薄赋”换成了苛捐重税。可这无异于饮鸩止渴。越来越多的工匠离开了作坊，商贾离开了店肆，农夫离开了田园，无数的耕地被抛荒——民生凋敝反过来又造成了难以遏制的通货膨胀。

面对如麻乱局，行伍出身的戴克里先只懂得把权力当成快刀。

按历史学家的考证，朝廷滥用权力，任意阉割自由经济，在圣明的图拉真时代就初露端倪。他的继任者哈德良皇帝将财权收归朝廷，随意豁免债务，使举债成为罗马人最明智的选择，对奢靡之风推波助澜；塞维鲁皇帝铸造劣质银币，导致通货膨胀无法抑制，罗马税制倒退回实物制，瓦解了规模经济……不过，戴克里先登峰造极。他将行会、商会收归国有，严厉控制航运贸易，还强推所谓的货币改革；接着，朝廷厉行限价之策，武断地为所有商品都制定最高价，谁敢超越限价交易，谁就要遭到刑罚惩处。最令人发指的是，戴克里先下诏将工匠束缚在作坊、商贾束缚在店肆、农夫束缚在土地……世代不变。这样，罗马人失去了自由择业和自由迁徙的权利，而失去了自由的罗马走向了僵化和陈腐。

戴克里先以为权力是万能的。可万能的权力要解决如此之多的问题，却捉襟见肘。他的应对之策，就是攫取更多的权力。所以，戴克里先理想中的帝国，是中央集权的。这样一个帝国，需要被神化的皇帝。

与臣民保持距离，能够神化一个人。

众所周知，罗马人洗好沐浴，蔚然成风。在五明君时代，宫中也有华美的浴池。但是，皇帝们更愿意到公共浴池，借裸裎相对的洗浴，拉近与黎民百姓的距离。这是戴克里先所不能想象的。他宁可独自一人，面对浴池的粼粼碧波，还有波光中自己的倒影。

先前诸帝与百姓都穿着白袍，也没有冠冕。只在举行登基仪式时，皇帝才会像战功卓著的英雄一样，头戴橡叶编制成的冠冕。他们无意从穿着上将自己同臣民区别开。卡里古拉、尼禄这样的暴君喜欢穿着奇装异服，不过，他们这么做是因为离经叛道的少年心性，不见得蕴藏什么政治含义。人到中年的戴克里先选择了象征高贵的银线紫袍，还用金银来锻造冠冕上的橡叶和月桂叶，再镶嵌上珠宝，绝非个人奢侈癖好，或者一时心血来潮。他就是要用衣着的不同，刻意凸显帝王的高贵。

几百年来，皇帝只要没出巡或出征，时常驾临元老院，与元老们共商国是。但是，戴克里先绝迹元老院。如果要议政，元老们只能入宫请见。

无论奥古斯都、五明君这样的圣明皇帝，还是尼禄、康茂德这样的暴君，总有一些亲近的亲贵或重臣，可以自由出入皇宫，与皇帝坐而论道。在戴克里先一朝，这是绝对看不到的。他独居深宫，等候臣子觐见。没有皇帝的恩准，谁也无法一睹龙颜。无论是元老还是平民，在皇帝面前都失去了座位。他们只能在高踞帝座的戴克里先面前，小心翼翼、字斟句酌地解释自己的观点，听候圣裁。最具有象征意义的是，任何人都不再用“第一公民”来称呼皇帝，而改为主上——从前，皇家奴仆才使用这个称呼。

因此，不少人认为戴克里先才是罗马第一位真正意义上的皇帝。此前的罗马诸帝只是“元首”。

可戴克里先还不满足。他要借助神祀，统治罗马人的灵魂。柔媚的埃及人曾在节日的演讲词中说：“山巅的神祇垂怜苍生，将大陆与瀚海的统治权都付与神一样的戴克里先。他抹去了曾被禁锢于九幽狱的百姓痛苦回忆”——这就是戴克里先所追求的形象。

要确立皇帝神一般至高无上的地位，就要铲除蛊惑人心的邪魔外道，那就是基督教徒心目中唯一的神耶和华。

京兆尹审讯基督徒

盐野七生总结说："也许是皇帝们的危机意识在作祟，认为人民不信仰传统的罗马诸神，也就是不信罗马帝国。"回首过去的百余年历史，学者们不难发现，越是偏好中央集权的皇帝就越是卖力地镇压基督教徒。我们有理由相信，戴克里先本身对基督教并没有多少厌恶感，他的妻子普丽斯卡、爱女瓦莱莉娅都是教徒，所以，戴克里先血洗神圣罗马，只能在帝王权欲中寻找原因。

303 年秋，登基逾十九年的戴克里先与马克西米利安联袂造访罗马城。这是他首次踏入七丘之城。

古都壮丽依旧，但早已被罗马诸帝所遗忘。多达四个的宫廷分布在莱茵河畔、多瑙河畔和小亚细亚半岛。貔貅之师，还有热衷于攀龙附凤的功名之士云集在手握权柄的四位君王身边。谁管罗马城百年寂寥？只有凯旋大典按旧例，必须在这座名义上的都畿举行。内忧外患的罗马百年来又何曾有过可资夸耀的武功？

不过，戴克里先以功迈前人的中兴圣主自诩。在他看来，自己剿除丑类、廓清四海，使动荡百年的罗马暂时回复平静，还是配得上一次盛大的凯旋大典。

自瓦勒良蒙尘波斯后，内忧外患使得伽里恩努斯焦头烂额，父仇不能报，更不用说继续发动教难了。他选择与基督教和解，将籍没的教会财产和教徒家财也悉数发还。自此罗马帝国与神圣罗马相安无事四十年。几乎习惯了安逸的基督徒们没有想到，这次凯旋大典既是戴克里先抵御外敌的句号，也意味着他腾出手来，开始镇压罗马帝国最大的内患基督教。

戴克里先的第一道敕令是命各地毁寺焚像，拥有职位和名誉的信徒被剥夺职位和荣誉，为皇帝服务的信徒被剥夺自由，而所有基督徒被剥夺公民权。敕令一下，罗马诸郡反叛此起彼伏。

在戴克里先的都城尼科米底亚，一位勇敢的基督徒当众烧毁敕令，绕着广场狂奔，高呼“基督教必然胜利”。虎狼之吏立刻将他锁拿，明正典刑。此人成为此次教难中的第一位殉教信徒。

接着，火焰在皇宫中两次腾空而起。第二次的起火点，距离寝宫不远。

还记得尼禄时代的那场焚城烈焰么？它几乎毁灭了半个罗马。皇帝就把纵火的罪名强加于基督徒身上。证据？不需要证据。证据是弱者的护身符和武器。像尼禄和戴克里先这样高踞权力巅峰的绝世强者，他们所想象出来的事实，就是事实。

听说宫殿被焚后，戴克里先龙颜大怒。他突然想起几年前的一次祭祀中，不少宫人宦官当着自己的面手画十字，对罗马诸神面露不屑之色。戴克里先认定，自己要镇压的敌人其实就在身边。一场大规模的搜捕和刑讯在宫闱展开。宫里的基督徒要么处决，要么放逐，很快被清扫一空。

皇帝强迫所有人到神庙里上香献祭，以甄别基督徒。这和

掀起教难高潮的戴克里先

当年德西乌斯如出一辙。连皇后普丽斯卡和公主瓦莱莉娅也不能例外。

戴克里先绝不能容忍他眼中的邪教染指军权。所以，他对军旅中的基督徒清洗最为彻底。接受伽勒里乌斯的提议，戴克里先下诏逮捕信奉基督的所有将士，除非他们放弃信仰，改向日神献祭。为了活下去，许多基督徒屈服了。但是，一个名叫乔治的卫士挺身而出，拒绝抛弃基督。

戴克里先的心为之一颤。乔治的父亲曾是他麾下最忠诚的将领，镇守卡帕多西亚。十几年前，乔治失去了父亲，单身奔赴行在，请求觐见皇帝。戴克里先张开双臂欢迎这个年方十四的少年，像父亲一样将他拥在怀中。乔治勇冠三军，风头无二。没想到，就是这样一位被戴克里先视同子侄的爱将竟然是一名虔诚的基督徒。

皇帝犹豫了，他不想失去如此出色的一个年轻将领。戴里克先拿出土地、官

乔治屠龙

阶、黄金和美女，只希望换取乔治的虔诚。但是，他低估了信仰的力量。

在《巨镜》和《黄金传说》中，乔治因为信仰而获得无穷的力量。当恶龙肆虐大地，强迫善良的领主献出爱女的时候，乔治身骑白马、手持屠龙枪，从天而降。在一番浴血搏杀后，穷凶极恶的龙被杀死，喷了一地的龙血恰好在白雪皑皑的大地上画出一个触目惊心的十字架。这个白底红十字被称为圣乔治十字架，经狮心王理查之手，画在英格兰的国旗上。屠龙的乔治也成为后世英国的守护者。

传说毕竟只是传说。303 年 4 月 23 日，现实中的乔治被刽子手押上尼科米底亚的城墙。此前，他被籍没全部家产，饱受严刑拷打。在戴克里先漠然的目光中，这传说中的屠龙勇士被斩下头颅。

在如此凶悍的打击下，高阶教士们纷纷屈服。罗马、北非的主教跪倒在神庙前，承认信奉基督教是一种罪。反倒是市井中的基督徒们不甘屈服，纷纷树起反帜。对此，戴克里先的反应依然是高举屠刀。在强横的镇压下，武力反抗很快就偃旗息鼓。戴克里先十分自负地颁发了第二道、第三道敕令：无数基督教士锒铛入狱；皇帝命封疆大吏们强迫教士们祭祀罗马诸神，服从者当场开释，抗拒者饱受酷刑后，押赴刑场。等待他们的，将是断指、挖眼、吞铅、杖毙、绞杀、斩首、焚烧、钉十字架，还有野兽的践踏与吞噬。

戴克里先以为，他能解决掉所有的基督徒，就像农夫有力的手掌，轻而易举地搓下麦穗上的所有麦粒。可放眼望去，罗马的天空下“开门不成出，麦色遍前坡”。

距第一粒麦子落地，不过三百年。

戴克里先决定祭出更恐怖的手段。在第四道敕令中，他一改朝廷自图拉真皇帝以来反对匿名控告的立场，鼓励匿名控告者风闻言事，揭发藏匿的基督徒。可以说，罗马残存的开明风气一扫而空。

罗马帝国与神圣罗马的冲突进入了最高潮。

掩卷阖目，我的灵魂仿佛回到了那个年代。属于使徒彼得的黄昏已经过去，最恐怖的黑夜长夜未央。那是一座壮丽斗兽场，被无边的黑暗和无边的喧嚣所笼罩。千万人的喧哗如同地底火山的轰鸣，千万人的挥手如同怒海潮涌。疯狂的肉体、扭曲的灵魂填满了看台上的每一寸空间。他们是在等待着欣赏这个时代最流行的表演么？我置身其中，听得见野兽般的喘息、恶鬼般的嘶嚎，也闻得见让人窒息的汗臭——堕落尘世间，却仿佛不在人世间。

唯一的光柱落在了斗兽场中央。

长长的挠钩将几具尸体从平台上拖走。奴仆们匆匆上场，将银白的大理石粉撒在一大摊还未凝固的污血上。原本一片狼藉的平台立刻光洁如新，只是掩不住血腥气味。一场新的表演就要开始了。几名恶形恶状的刽子手从拱门下的低矮房室中走出来，拖曳着一张罗网。透过网眼，我看见了两位一丝不挂的女子：一个年方花信，另一个体态丰腴，是还在哺乳的少妇。粗糙的网绳勒在她们的肌肤上，留下了道道触目惊心的血痕。为什么要把如花似玉的生命拖上这个死亡平台？

她们唯一的罪就是——信仰基督。

人群中突然爆发出震天的叫喊声。他们要为两个可怜人鸣不平么？不，罗马人介意的是：刽子手至少要为受刑人保留一袭蔽体的衣裳——这就是他们的仁慈。至于信仰基督是不是罪有应得、罪当至死，就不考虑了。

刽子手匆匆将两个女子拖回拱门下的牢笼。片刻之后，他们重新回到了平台，回到了众人的目光中。女人被草草地罩上一件衣裳，可没有衣带，怎能遮蔽得了裸体。不过，看台上的看客们发出了满意的声音，开始全神贯注地等待行刑开始。

颤抖的乳房、鲜红的蓓蕾，还有乳头渗出的一滴白色乳汁……一切都充满了圣洁的气息，却将在片刻后被疯牛的犄角和蹄子蹂躏、践踏、变成尘土里的一地泥泞。我的耳畔回响着德尔图良对如狼似虎的官吏们说过的话：“你们折磨我们，虐待、审判、撕裂我们……你们如果害我们，我们将变成更多人，因为信徒的血是新信徒的种子！”

在斗兽场的远端，一头双目通红的疯牛在栅栏后喘着粗气，狂躁不安地跺着硕大的蹄，尖锐的犄角摇啊摇。

在它的前方，又一粒麦子就要落地。

第二章

chapter two

残梦夜魂断

罗马帝国与神圣罗马合体

他在耶和华面前生长如嫩芽，如根出地。他没有佳形美容，我们看见他的时候，也没有美貌使我们羡慕他……

望着耶稣，罗马皇帝君士坦丁久久没有说话。他的形象，与《新约·以赛亚书》描写的别无二致，鬈发有着未熟栗子的颜色，颌下的胡须掩不住年轻的面容——在君士坦丁时代，绘画与雕塑中的耶稣都是这样一副年轻牧人的形象。此刻，耶稣就站在他面前，用平和而充满感染力的口吻说道："相信唯一的神。遵循他的教诲，就可以赢得胜利。"

转身离去前，耶稣向皇帝透露了一个制胜的秘诀……

当那虚影缓缓消失在无尽的虚空中，君士坦丁猛然睁开了双眼。虎帐寂寂，秋鼙声寒，恰是残月西斜的深夜时分。他才意识到，自己刚刚从一场大梦中醒来。守夜的亲随们闻声入帐，只看见陛下若有所思地坐在御榻上，久久没有说话。梦中邂逅耶稣，使君士坦丁开始重新思考自己的人生和信仰。

卅载往事一幕幕，流光剪影在眼前掠过：

君士坦丁的父亲君士坦提乌斯长年戍守在多瑙河一线。在尼沙瓦河畔那座名叫内索斯的小城，时任百人将的君士坦提乌斯邂逅了红袖当垆的海伦娜，一见倾心。这位女子的出身，历史上有太多传说。爱她的人称海伦娜是蒙尘的贵人，本是不列颠岛上的凯尔特王之女，所以有一头夺目的红发；恨她的人说海伦娜是风尘女子，天生狐媚，勾引了君士坦提乌斯。事实上，海伦娜不过是市井人家的女儿。两人喜结连理后，生下了君士坦丁。君士坦丁怀念尼沙瓦河畔的故乡，青山绿水留下了他稚气的笑声和蹒跚学步的身影；怀念和父母在一起，其乐融融的童年。

君士坦丁依稀记得父亲自达尔马提亚太守调任日耳曼尼亚时，阖家离开了尼沙瓦河，沿着蜿蜒的罗马大道一路向西。君士坦提乌斯不让儿子与海伦娜共乘四轮马车，年幼的君士坦丁只能骑在小马上，风尘仆仆地跋山涉水，来到摩泽尔河畔。他记得特里尔雄伟的雉堞与谯楼，还有戍边的雄兵劲卒。在这座边城里，小君士坦丁与父亲一道闻鸡起舞；一道在竞技场看饿虎狂狮撕咬、吞噬蛮族俘虏；一道在水池里沐浴，再走进烟气蒸腾的蒸汽室……还记得在一场抵御蛮族的战事告捷后，城里举行了盛大的凯旋式，父亲骄傲地同紫袍金冠的西帝马克西米利安并辔而行。

毫无疑问，父亲对儿子的影响非常之大。

和罗马三军将士一样，君士坦提乌斯信奉日神。他曾经按照古老的风俗，将自己缚住，跳入注满了兽血的坑里，以这种方式表达对日神的虔诚。在尊奉日神的军营中长大，君士坦丁自然而然地拥有同样信仰。可他早已从母亲海伦娜那里，知悉世界上还有另外一种宗教——拒绝信奉奥林匹斯山上的诸天神祇，还有光怪陆离的山妖水怪，耶和华才是他们心目中唯一的真神。在君士坦丁的少年时代，海伦娜就将基督徒那里听来的种种神迹，还有感人肺腑的福音故事，一段段讲给儿子听。

君士坦丁之梦

温馨的时光终于还是一去不回。

从遥远的宫廷传来了让人激动万分的消息：东帝戴克里先有意选择君士坦提乌斯和伽勒里乌斯为皇储，分镇一方，四君共治。两位皇储出身寒微，难以服众，所以，戴克里先将爱女瓦莱莉娅嫁给伽勒里乌斯，同时安排君士坦提乌斯迎娶西帝马克西米利安的继女狄奥多拉公主。这样，皇帝与皇储间结为翁婿之好。

这次政治婚姻最大的受害者，自然是君士坦提乌斯的糟糠之妻海伦娜——君士坦丁的母亲。

最终，君士坦提乌斯选择了江山，放弃了旧爱。海伦娜黯然下堂。对年已十八的君士坦丁来说，生活的这一重大变化祸福难测：他成了皇子，却不得不奉旨离开另结新欢的父亲，远赴尼科米底亚，效命于东帝戴克里先。这既是为了避开尴尬处境，也是为父亲充当质任。海伦娜则回乡隐居。

父亲的雄健身姿、母亲的福音故事，现在都远离了君士坦丁。他不得不独自面对不可测的未来。

在东帝戴克里先驾前，君士坦丁度过了整整十二年。年届而立的他龙行虎步，视瞻不凡，被许为将门虎子。不知是倦政，还是先前诸帝不得善终的宿命警示，东帝戴克里先御极廿载，终于在一场重病痊愈后，放下手中的权柄，旧山归隐。在他的劝说下，西帝马克西米利安同时隐退。皇储伽勒里乌斯和君士坦提乌斯依序晋位为东、西帝。空出来的两个皇储之位，戴克里先给了同样出身寒微、起于行伍的大将代亚和塞维鲁。他们和先前四君一样，来自名将辈出的巴尔干半岛。

此时，君士坦提乌斯与续弦狄奥多拉所生之子年纪尚幼，身边缺少得力之人。所以，他将暌违多年的长子召回特里尔。英气勃勃的君士坦丁很快就赢得父皇帐下诸将的好感。次年，君士坦提乌斯在出征不列颠岛时暴崩，军中宿将都希望君士坦丁子承父位。但是，东帝伽勒里乌斯坚持西帝必须由塞维鲁递补。不过，他也不能轻拂众意，勉强同意君士坦丁晋位皇储，跻身共治四君之列。

可以说，君士坦丁是被以莱茵河将士为首的西方诸军推上宝座的，所以，他不能不尊重将士们的信仰。终其一生，君士坦丁都没有放弃万神教大祭司之位。在他颁行的钱币上刻有“不败日神”的铭文。是日神，将君士坦丁与麾下将士结合为一体。君士坦丁在御榻上辗转反侧，久久不能入眠。深更时分，君士坦丁才在秋风寒蛩声中沉沉入梦……这注定将是历史上最负盛名的梦。

日神，还是耶和华?

君士坦丁终于做出了一个重大的决定，低沉着嗓音，命亲随们召集众将……

当曙光初现、红日东升，君士坦丁和他的貔貅之师就将迎来一场决定命运的生死之战。芦苇萋萋的台伯河东岸，从罗马城疾驰而来的马克森提乌斯已经在狭窄的空地上列阵。

君士坦丁虽贵为皇子，却因母亲海伦娜被父亲休弃，处境尴尬。相比之下，马克森提乌斯是马克西米利安皇帝的嫡子，身世比君士坦丁更胜一筹。他的妻子还是此时的四君之首伽勒里乌斯之女。也正因如此，马克森提乌斯岂甘向隅独伤！君士坦丁晋位皇嗣三个月后，马克森提乌斯在罗马城杀害京兆尹，拥兵自立。

戴克里先以来，四君分踞四城，独独冷落了七丘之城；再加上日渐沉重的苛捐杂税、日渐减少的自由，罗马城的门阀早就对当朝诸帝心怀不满，立刻聚集到马克森提乌斯旗下。不甘寂寞的马克西米利安也再度出山，欲助爱子一臂之力。

西帝塞维鲁愤然兴兵讨逆。可是，他麾下兵将多是马克西米利安的旧部，心怀故主，根本不愿意与少主为敌。塞维鲁兵败被擒，自尽身亡。东帝伽勒里乌斯大怒，挥师西进意大利，依然一胜难求，不得不请归隐的戴克里先出面斡旋。最终，马克西米利安听从了戴克里先的劝告，再度隐退。伽勒里乌斯的挚友李锡尼接替兵败身死的塞维鲁，成为西帝。马克森提乌斯的帝王梦破灭。他不甘自去帝号，依然盘踞罗马城，窃号自娱。

马克西米利安意兴阑珊，北上特里尔城，造访君士坦丁，却发生了一场意想不到的风波。起初，两人相谈甚欢。马克西米利安欣然将女儿福斯塔公主嫁给君士坦丁。和父亲一样，君士坦丁此时已有结发妻子，也同样是一位孩子的父亲。他做出了同父亲一样的选择，休妻再娶。迎娶公主，会让他在权力之路上走得更远。

盛大的婚礼上冠盖如云，高朋满座。谁会想到，这对翁婿很快就反目成仇。

因蛮族进犯莱茵河，君士坦丁领军御敌。对权力一直无法割舍的马克西米利安发觉特里尔空虚，竟起鸠占鹊巢之意。不过，他太过高估自己对莱茵河诸军的影响力了。马克西米利安的势力范围囿于意大利和北非，在北方没有多少根基。反观君士坦提乌斯父子，经营高卢已有两代，根深蒂固。获悉岳父夺权，君士坦丁当机立断，与河东的蛮族媾和，以迅雷不及掩耳之势回师南下。势单力孤的马克西米利安无法抵挡君士坦丁的雷霆一击，兵败身死。

就这样，君士坦丁成了马克森提乌斯的杀父仇人。

一年后，东帝伽勒里乌斯驾崩。他是神圣罗马最凶残的敌人，曾多次屠戮基督徒。直到身染沉疴、恶疾缠身，伽勒里乌斯的立场才开始动摇，下旨结束对神圣罗马的肆意摧残。不过，教士们认为这是迟来的悔悟。伽勒里乌斯死后，西帝李锡尼驾临塞尔曼城，改称东帝。西方只剩下君士坦丁和马克森提乌斯一真一伪的两位君王。所谓“一山不容二虎”，两位曾经的皇子注定要用刀剑来决定自己的命运。

李锡尼与君士坦丁之间很快就达成了默契 ：寒门薄祚的李锡尼需要与帝室联姻，称帝才算名正言顺，而君士坦丁同父异母的妹妹君士坦提娅是最好的联姻对象；但李锡尼必须支持君士坦丁征伐马克森提乌斯，才能抱得美人归。

312 年春，君士坦丁率军自罗讷河，取道苏萨谷，穿越阿尔卑斯山，杀入亚平宁半岛。苏萨谷的雄关坚城没有能阻挡北方劲卒的脚步。从关隘上溃败下来的残兵败将把君士坦丁南下的消息传遍了意大利。除了维罗纳城外，诸城望风而降。君士坦丁兵不血刃就席卷波河两岸。秋风起时，他已率雄师沿着弗拉米尼亚大道南下，直逼罗马城。

开战以来，马克森提乌斯丧师失地，败绩累累，连最得力的将领也在维罗纳城的鏖战中阵亡。不过，他实力犹存，未伤根本。马克森提乌斯的兵力是对手的两倍以上，依托罗马坚城足以自守。如果君士坦丁不能一战定乾坤，优势将转入他手中。富庶的意大利钱粮无虞，自己又是内线作战，熟悉山川形势。最重要的民心未失。自马克森提乌斯称帝以来，收买人心；加上父亲马克西米利安坐镇意大利二十年，遗泽犹在，他僭号称帝，却颇得民心。

反观君士坦丁，久镇山北、河西，在意大利可谓人地生疏。兵力远少于对手的情况下，他在战场上稍有闪失，就是溃败之局。君士坦丁能依仗的，是七年来追随他力敌蛮族的百战精锐，他们能征惯战，绝非马克森提乌斯麾下未经战阵的士卒可比。

当诸将奉诏赶到御帐后，接到了一道莫名其妙的旨意：在盔甲和盾牌上镌刻上象征基督徒的两个字母。后来，这两个字母拼出的符号，也被画在罗马的战

君士坦丁在米里维桥击败马克森提乌斯

旗上，号称“拉伯兰旗”。

君士坦丁郑重其事地告诉他们，神圣的符号将令他们成为命运之战的胜者。

台伯河东的战场狭隘泥泞、芦苇丛生，根本不利于大军的展开，马克森提乌斯的兵力优势在如此局促的战场上无从发挥。开战伊始，他的人马就如剪不断、理还乱的蓬麻。久历战阵的君士坦丁立刻捕捉到绝好战机，一骑当先，杀向敌军。传说，他手中持有的，正是当年朗基努斯刺穿耶稣肉身的那杆矛。君士坦丁相信，沾满基督之血的长矛会带给他胜利。

——这杆矛后来被尊为“命运之矛”。

在铁骑肆无忌惮的冲击下，马克森提乌斯的士卒无法列阵御敌，辙乱旗靡，弃甲曳兵。溃军豕突狼奔，很快就冲垮了自家的后列军阵。面对山崩海啸般的人流，压阵的马克森提乌斯无力回天，很快就被狂涛巨浪般的人马裹挟西走……可是，涛涛台伯河就在他们溃逃的方向上，河上舟楫零落，只有一座米里维桥孤零零地横跨两岸。

狭窄的桥身被争相逃命的败兵堵死了。未能过桥的士卒遭到追兵无情屠戮。如果他们绝望地跳入台伯河，也难逃一死。谁能穿着沉重的甲胄泅水逃命？无数生命很快就被波涛吞噬……第二天，人们从河中捞起了马克森提乌斯的尸首。

就在几天前，罗马城的黎民百姓和元老还信誓旦旦要效忠马克森提乌斯，现在却已将他遗忘，转头对昂首入城的君士坦丁发出震天的欢呼。元老们谄媚地递上了劝进表，恭请君士坦丁由皇储晋位皇帝，还在马克森提乌斯营造的煌煌殿堂上为新皇帝立起坐像。在帕拉丁山丘和西里欧山丘间的空地上，一座壮丽的君士坦丁凯旋门巍然矗立，铭刻下这场胜利。

比凯旋门更美的，是历代基督徒的颂扬声。因为，君士坦丁的一场沙场惊梦改变了罗马帝国，更改变了神圣罗马。

就在罗马城的纷争与庆典都尘埃落定后，君士坦丁在诸将的簇拥下匆匆北上，在米兰会晤东方皇帝李锡尼。313年6月，两人联名颁布了《米兰敕令》：

自今日始，关于基督教的旧法一概无效。凡基督教信仰者均可无条件保留信仰，不受干预。

这样，戴克里先的反基督国策被彻底颠覆。罗马帝国自尼禄以来对基督教时断时续的迫害终于画上了句号。此时，远在亚得里亚海畔的逊帝戴克里先有何感受，我们无从知晓。他已经走到了生命的尽头。

在东帝李锡尼迎娶君士坦提娅公主后，东皇储代亚也盘算着联姻帝室，以巩固自己的地位。他看中了戴克里先的女儿瓦莱莉娅。自伽勒里乌斯驾崩后，公主居孀独处。不知何故，瓦莱莉娅拒婚。代亚恼羞成怒，强行拘禁了她。戴克里先的妻子普丽斯卡恰好前来看望爱女，竟同遭厄运。惊闻妻女身陷囹圄后，戴克里先慌忙遣使东来。代亚根本没有将旧主戴克里先放在眼中，籍没了瓦莱莉娅的家产后，将母女俩流放。

戴克里先此时终于品味到日暮途穷的悲凉滋味。他已经成了无足轻重的人物。所以，君士坦丁与李锡尼颁布《米兰敕令》时，根本无须顾虑戴克里先。

代亚悍然兴兵西犯，使东帝李锡尼不得不匆匆离开米兰城，抵御强敌。这场生死角逐，在特兹拉姆城决出胜负。决战开始前，李锡尼称自己梦见天使在云端祈祷。这和君士坦丁在米里维桥之役前夜的梦简直异曲同工。

最终，代亚兵败身死。是李锡尼兵强马壮，还是天使梦中显灵，就不得而知了。

被流放的普丽斯卡和瓦莱莉娅获悉仇人丧命，欣喜异常。她们上表请见东帝李锡尼，希望能发还家产。

在瓦莱莉娅看来，李锡尼与亡夫伽勒里乌斯曾是军中袍泽，私交甚笃。当年，他能越过皇储一阶，超擢为西帝，全赖伽勒里乌斯向父亲戴克里先进言。伽勒里乌斯驾崩前，又将名列首位的东帝之位传给李锡尼，可谓恩重如山。

瓦莱莉娅出身皇室，却对帝王家的刻薄寡恩缺少认识。她所依仗的旧日恩情，在皇帝看来轻若鸿毛。瓦莱莉娅忘了，代亚不也是父亲与亡夫一手提拔起来的？这依然不能阻止代亚狠下心肠，迫害两位恩人的妻子。

李锡尼拒绝召见普丽斯卡和瓦莱莉娅。到了这时，母女懵懂如故。失望之余，她们渡海西入巴尔干半岛，希望能回到戴克里先身边。一队人马在希腊等待两人已有多时。他们手上，握有李锡尼的一道诏旨：赐死这对母女。

对出身寒门的人来说，与皇室女子结亲与被皇帝收养，同为通向帝座之路。所以，君士坦提乌斯父子都抛弃了糟糠之妻，从皇室中另择新妇；李锡尼迎娶君士坦提娅、代亚向瓦莱莉娅求婚莫不是出于这样的政治需要。无论是李锡尼还是代亚，都不会容忍他人有机会染指这对出身皇室的母女，从而觊觎皇位。为了断绝这种可能性，他们罔顾旧日恩义、今时道义，拘禁、流放，最后残忍地杀害了普丽斯卡母女。

也许直到此时，普丽斯卡和瓦莱莉娅的双眼才穿越迷雾，洞悉了人性的丑恶与集权帝国的狰狞。李锡尼、代亚们所看重的无上权柄，又正是她的丈夫、她的父亲戴克里先所锻造的。只是他自己也没有能力阻止权力肆虐。

两位曾经的皇后引颈受戮的刑场，是塞萨洛尼基的中央广场。面前的爱琴海，像她们的眼睛般蔚蓝、澄澈……

现在，罗马只剩下两位皇帝——不，应该说：还有两位皇帝！

最后的龙争虎斗在东帝李锡尼和西帝君士坦丁之间上演。从表面上看，两人势均力敌，以阿尔卑斯山东麓、亚德里亚海为界，东西并峙。近百年来，北方蛮族是罗马的最大外患，因此，莱茵河西诸军与多瑙河南诸军的战力冠绝当时。这就是为什么李锡尼凭三万多瑙河精锐，就可以轻取代亚的七万亚细亚驻军。两大强兵，君士坦丁与李锡尼各有其一。战局并未呈现胶着之态：首战潘诺尼亚，李锡尼丢掉了都城塞尔曼；再战色雷斯，他将整个巴尔干半岛都丢了。最重要的是，多瑙河诸军或死或降，丧失殆尽。

君士坦丁久经沙场、熊韬豹略，远非李锡尼可比。

在此局势下，君士坦提娅不得不出面，在丈夫和兄长间斡旋。最终，双方划海而治：黑海、马尔马拉海和爱琴海往西尽归君士坦丁；李锡尼暂时保住了海东的小亚细亚、西新月沃地和埃及。表面上看，君士坦丁尚能顾及兄妹之情，其实，这不过是他为积蓄力量争取时间。此时，北方的日耳曼诸部频繁进犯，也牵扯了君士坦丁的精力。

在迎娶马克西米利安皇帝的公主福斯塔之前，君士坦丁与原配育有一子，名叫克里斯普斯，已经成年。现在，父子俩不得不分守多瑙河和莱茵河，全力抵御日耳曼的冲击。

直到七年后，君士坦丁终于稳定住北疆局势。东西二帝的决战就此拉开序幕。

陆路决战在巴尔干半岛最东边的哈德良堡展开，双方各有十几万大军投入战场。在这场天昏地暗的厮杀中，君士坦丁身中箭矢，几乎殒命沙场。最后他还是

君士坦丁大战李锡尼

从尸山血海中杀出，击溃了数量占优的敌军。李锡尼败走博斯普鲁斯海峡出口处的小城拜占庭。此时，西方水师也在当年瓦莱莉娅受刑的塞萨洛尼基集结。已晋位皇储的克里斯普斯扬帆北上，直取博斯普鲁斯海峡。海战依然以李锡尼失败告终。在丧失了制海权后，三面临海的拜占庭陷入了重围。李锡尼弃城东奔小亚细亚半岛，在西军的追击下，再损两万余士卒。

此时的李锡尼甚至失去了逃亡的勇气，守在戴克里先的旧都尼科米底亚，等待最后的结局。他的妻子君士坦提娅不得不再次出面。君士坦丁告诉妹妹，李锡尼已经没有同自己媾和的资格了。昔日不可一世的东帝只能黯然脱下紫袍，接受被放逐的命运。不知是不是巧合，君士坦丁为李锡尼安排的流放地，正是瓦莱莉娅母女殒命的塞萨洛尼基。第二年，一群如狼似虎的士卒闯入这位废帝的府邸，声称他勾结蛮族，图谋造反。欲加之罪，何患无辞。只是，受刑人换成了李锡尼——

同样是无逻辑的权力逻辑，同样是殷红的血，还有同样蔚蓝的爱琴海……

李锡尼怆然就死，君士坦丁终于可以傲视天下了。他延续了戴克里先之策，将所有的权力攥在手中。在整个西方，从没有一个人拥有如此之大的权力：从奥古斯都到尼禄，到五明君……罗马皇帝都不曾真正乾纲独断；戴克里先实现了中央集权，可他毕竟还要与三位君主共治天下。

只有君士坦丁唯我独尊！

这一年，这位千古一帝已届知天命之年。出身寒微而被丈夫遗弃的海伦娜重新回到了人们的视野。这一次，她是以太后之尊步入宫廷，也是罗马皇室首位基督教徒。有人说，君士坦丁是在母亲的影响下，才成为首位信奉基督教的皇帝；甚至可以大胆揣测，正是父亲抛妻弃子，让君士坦丁伤透了心，才会抛弃父亲的日神，转而信奉母亲的耶和华。

这恐怕是误解。本质上，这对父子是同类，都是以权力为生命的动力，还有终极依归。因此，君士坦丁理解父亲的选择。

那么，是因为米里维桥之战前夜的一场旧梦么？

耶稣显灵，赋予我们的故事神秘情节与神圣光环。这是基督徒所喜闻乐见的。作为一个外教人，我要拒绝这个答案。

神迹最初记载于337年成书的《君士坦丁本纪》，对皇帝满纸溢美之词。作者尤西比乌主教说，君士坦丁入睡前，就与三军将士一起目睹了十字架出现在黄昏落日上。发光的十字架旁，写着“以此你要获胜”几个字。可是，在他自己的另一部著作里，只提到皇帝向基督徒的神祈祷，后来又在罗马城竖立了一座雕像，是君士坦丁右手执十字架，下书铭文：赖此解放罗马。对这场梦，尤西比乌主教只字未提。这实在很反常。

所以，那场梦是后人的虚构与附会。

不过，逐鹿天下的群雄中，君士坦丁确实更受基督徒的支持。原因要追溯到他父亲身上。早在戴克里先大掀教难的时候，马克西米利安和伽勒里乌斯都全力以赴，大肆镇压基督教。四位君主中唯独君士坦提乌斯毫不热心，只是象征性地拆毁了一些教堂，没有捕杀教士和信众。等到戴克里先隐退，他连教堂都不拆了。与此形成鲜明对比的是，伽勒里乌斯和代亚在东方继续铁腕镇压基督教。所以，基督徒对君士坦丁抱有很深的期望，希望他能继承父亲的温和之策。马克西米利安曾经追随戴克里先，残酷迫害基督徒。他的儿子马克森提乌斯虽然改弦更张，不再仇视基督教，却以极大的热情支持神祇罗马。所在，在君士坦丁与这对父子的角逐中，基督徒站在了他这边。终止教难的《米兰敕令》是李锡尼与君士坦丁共同颁布的，李锡尼甚至还排名在前。但是，他落实《米兰敕令》，发还基督徒和教会财产的力度却远不如君士坦丁。这是因为李锡尼所统治的东方从教堂抄没的财物远比西方多，他无力像君士坦丁那样在最短时间内物归原主。等到东西二帝决裂，李锡尼又重拾戴克里先压制基督徒之策。所以，他无法赢得基督徒的心。

君士坦丁能问鼎天下，基督教的支持不可忽视。但这依然不能完美地解释他为何会选择基督教。过河拆桥、卸磨杀驴是帝王的惯用伎俩。

史家佐西穆斯为我们提供了另外一个版本。

326年，皇储克里斯普斯下狱，天下震动。自十七岁起，他就是父亲最得力的臂助。当君士坦丁在多瑙河一带抵御北方蛮族和东帝李锡尼时，克里斯普斯坐镇莱茵河，表现可圈可点。决战李锡尼时，他与父亲分领水陆大军，战功赫赫。这位文武兼备，却又不失谦逊的皇子深受黎民爱戴，却引起了父亲的猜忌。在李锡尼战败后，种种迹象表明克里斯普斯处境不妙。君士坦丁与福斯塔所出之子年纪尚幼，身无寸功，却同样得到了皇储之封，替代克里斯普斯出镇地方，削弱了异母兄长的权柄。等到李锡尼身亡后，克里斯普斯鸟尽弓藏，被软禁于宫闱。

325年10月，君士坦丁下旨称有人试图颠覆朝廷，鼓励官民大胆揭发潜伏的叛逆。任何时代都不缺少擅长揣摩上意的小人。不过，这群人深谙宫廷阴谋，一开始并未将矛头对准深孚众望的皇储。但是，克里斯普斯的许多挚友、心腹纷纷因各种莫须有的罪名被杀、被黜，等到羽翼被剪除，厄运就落到了他自己身上。

有人将克里斯普斯被害归咎于他的继母福斯塔。在他们看来，福斯塔就是第二位阿格里庇娜。为了替三个年幼的儿子扫清通向皇位的最大障碍，她唆使夫君对克里斯普斯下毒手。痛失长孙的太后海伦娜随后报复了福斯塔。在她的安排下，有人揭发皇后私通宫中马监。表面上，君士坦丁对这起宫闱秽事不闻不问。直到有一日，福斯塔沐浴时突然发现浴室的大门紧锁，滚烫的蒸汽很快就将她吞噬……也有人说，皇后是被剥去衣裳后丢弃山林，葬身虎狼之吻；还有人说，与福斯塔私通的不是卑贱的马监，就是克里斯普斯……《罗马帝国衰亡史》则认为，一切都是子虚乌有之事。在君士坦丁驾崩后三年，福斯塔还曾在宫中生活。

真相究竟如何，谁也无法说清了。能说清楚的，只是帝王的猜忌之心。天真的诗人奋笔疾书，卖力地歌颂天家父慈子孝，希望能让君士坦丁回心转意，父子重归于好。大胆的诗人把讽刺诗贴上宫门，讥笑帝王的虚伪与残忍。

哪一首诗，都改变不了命定的结局。

326年，君士坦丁登基二十年。皇帝下旨还都罗马城，举行庆典。在普天同庆的假象掩盖下，饱受酷刑折磨的克里斯普斯被悄然处决。去年李锡尼被诛时，君士坦提娅苦苦哀求兄长放过自己的儿子，小李锡尼因此逃过一劫。这一次，君士坦丁借口外甥卷入克里斯普斯一案，还是痛下毒手，斩草除根。

几年后，君士坦丁称自己轻信谗言，冤枉了长子。为了表示哀痛，他辍朝四十日，还为克里斯普斯竖了一尊金像，镌刻上铭文："献给蒙冤的爱子"。神祇罗马的传说里充满了杀子、乱伦与冤情，无法化解君士坦丁心中的悔恨。所以，他皈依基督教，试图通过向耶和华忏悔，获得内心最后的安宁。

母亲、梦和忏悔……三个别有意味的答案啊。我不敢断言，它们是错误的，却深知这绝非答案的全部。能左右君士坦丁这样一个政治人物选择的，必定是十分现实的利弊权衡。人性的作用，微乎其微。正如《旧约·传道书》所言：“多梦和多言，其中多有虚幻。”帝王生涯，尽是做戏般的虚情假意。

君士坦丁选择基督教，是因为他看到了先前诸帝未发之覆。

神祇罗马的话语，洋溢着市井生活的烟火气：门神、灶神、牧神、农神……乃至鸡鸣狗盗之神、娼妓商贾之神；当然，还有爱神和小爱神。他们和寻常罗马百姓一样，贪财好色、耍弄小聪明，有七情六欲，懂人情世故，常常为鸡毛蒜皮的生活琐事而口角，乃至大打出手；还会偷情、出轨、抓奸。这样的宗教，是人情味十足的城邦孕育出来的，跟一个地跨三洲又渐渐集权的帝国格格不入。可以说，当罗马成为帝国，神祇罗马的衰弱已成必然之势。大权独揽的皇帝需要适合他的神话。

更致命的是，神祇罗马里满是反抗与颠覆的情节：在人间，烝母的俄狄浦斯杀父称王；在天上，普罗米修斯违背君命，从奥林匹斯山上盗走了火种；更骇人听闻的是，神帝朱庇特是靠弑君弑父上位的，而被弑者当年从自己父亲手中夺得神帝之位，还割下父亲的阳具，丢入大海，在泡沫里诞生了爱神维纳斯……天真烂漫、古风犹存的共和罗马或许能够欣赏这样的情节，一个高度集权的罗马帝国怎能容忍如此无君无父的神话！

相比之下，使徒保罗的教诲更加适合帝国：“在上有权柄的，人人当顺服他；因为没有权柄不是出于神的。凡掌权的都是神所命的。所以抗拒掌权的，就是抗拒神的命，抗拒的必自取刑罚。”

基督教创始于耶稣。但真正定规立制的，是使徒保罗。《新约全书》二十七卷、十四卷被认为出自他的手笔。在写给提多的信中，保罗不忘告诫他：“你要提醒众人，叫他们顺服做官的、掌权的，遵他的命，预备行各样的善事。”——君士坦丁认为，自己就是世人应当顺服的掌权者。他敏锐地发觉了基督教对罗马帝国的真正价值。

也许，君士坦丁并非首位觉悟的帝王。我甚至大胆揣测，先前诸帝对神圣罗马的态度摇摆、暧昧，与此不无关系。只不过，植根于古老传统，又充满生活情趣的神祇罗马让他们难以割舍。

三百年血肉横飞的抗争中，改变的不仅仅是罗马帝国，神圣罗马也悄然蜕变。断指、挖眼、吞铅、杖毙、绞杀、斩首、焚烧、钉十字架，还有野兽的践踏与吞噬，夺走了太多太多勇敢的生命。敢于直面鲜血的人越来越少。毕尔麦尔的《古代教会史》就曾感叹基督徒在德西乌斯发动教难时，没有表现出很大的抵抗力。当时的罗马主教法比亚努斯被杀后，他遗留下的法座竟然无人敢坐，空缺了一年多。

面对朝廷的高压态势，越来越多的基督徒开始强调自己对罗马帝国是无害的，是恭顺的良民。最有名的，就是被尊为神学鼻祖的德尔图良。他生于北非，也殁于北非，是北非学派的巨擘，对基督教教义贡献良多，就连耶稣诞生之后的经典被称为“新约”，也是自他而始。德尔图良大谈基督徒们应为所有皇帝祈求长生，祈求帝国安定、三军勇猛、元老院忠诚……在献给罗马皇帝的《护教篇》中，他解释道：“我们为陛下、为整个帝国祈祷，还有另一个更大的理由，因为我们知道，那可怕的天地末日，幸亏仰赖罗马帝国方始延期来临。”——总之，德尔图良强调神圣罗马与罗马休戚与共。他的言论在基督徒中得到了越来越多的认同。

此时的基督徒早已超越了渔父樵夫、贩夫走卒和风尘俗吏，接纳了越来越多的达官贵人、乡绅豪强，还有饱读诗书的学者。德尔图良之父，就是一名百人将。耶稣和他的十二使徒所体现的独立之精神，自由之信仰，在他们身上了无痕迹。谦卑的姿态倒是还有，不过只是对帝王的谦卑。

这样一些基督徒，纷纷上陈情表，表白自己忠君之意。神圣罗马的独立与自由悄悄沦丧。这种转变，德西乌斯、瓦勒良和戴克里先可能没有意识到。从特里尔城、从母亲海伦娜那里接触基督教的君士坦丁却深有感触。

对一个集权帝国来说，古老的神祇罗马与基督教的神圣罗马孰优孰劣，罗马诸帝也许并非后知后觉。神祇罗马早已根植于罗马人的心中。或者说，罗马人本就是一个从特洛伊大火的神话中走出来的民族。割舍一段流传千年的民族神话和它背后蕴藏的文化，罗马诸帝无心无力。但是，对君士坦丁这样一位敢于大刀阔斧地改造罗马帝国的雄主来说，一切都不是问题。

基督教的顺服，只是君士坦丁接纳它的原因之一。更吸引这位万世一帝的，恐怕是教会的构架。

经历了三百年变迁后，基督教会已成为一个庞然大物。

早先各地的犹太教徒将学问精深、德望素著的耆宿大贤奉为长老，指点众人领悟教义，渐渐形成长老团。脱胎于犹太教的基督教也是如此。在《新约全书》中，也有“主教”名目。不过，主教与长老，没有高下之分，是两个可以互换的称谓。位居首席的长老在信徒们中更具魅力，地位凸显，明显高过次席以下的长老。很快，就只有他独享“主教”名号，其他长老演变为“司铎”。十二使徒中的小雅各布就是耶路撒冷的主教。只不过，在那个年代，一人为尊只是偶尔出现的情况。如小雅各布非耶稣在尘世的同胞兄弟，恐怕也难以享有如此超然的地位。最早鼓吹主教独裁的，是那位葬身狮吻的伊格纳修斯。他被使徒彼得指定为安条克主教，任职长达四十年，极为强势，凌驾于诸位长老之上。不过百年时光，各地主教均成为本地教会的当然核心。这种演变，是不是让人有似曾相识之感？

是的，罗马皇帝本是元老院的首席元老，最终却凌驾于诸位元老之上，取得了唯我独尊的地位。在教会中，主教位比皇帝。伊格纳修斯主教直率地称其他司铎们构成了教会的“元老院”。大权独揽的主教们还需要“尚书台”，来帮助自己操持教会事务。这就是七位执事。在《使徒规诫》中，他们被称为主教的“耳与口，心与灵”。

可见，教会与帝国存在着结构上的同质性。

最初的教会出现在耶路撒冷、罗马、亚历山大里亚这样的通都大邑和各州郡的治所，彼此没有任何隶属关系。这是教会的“城邦”时代。随着基督教的传播，从水村山郭到边邑戎城，都有了自己的教会。这些教会往往是从郡治的教会派生出来的，因此听命于后者。它们共同组成了教区。郡治的教会主教则被尊为本教区的大主教。教区与州郡的疆界是完全重合的。州郡的政要通常每年会举行“州郡之会”。小亚细亚的主教们也依样画葫芦，举行“主教之会”。很快，各教区群起效法。可以说，教区就是神圣罗马的州郡。在东方，教区在 3 世纪就已格局完备。西方要略晚一些。

就连大主教，也已分出了品级。罗马主教领袖欧洲，亚历山大里亚主教在非洲拥有无与伦比的影响，而亚洲各教会尊崇安条克主教——后来，三位主教享有“宗主教”之名。以弗所、恺撒里亚、迦太基、色雷斯等教区的大主教们稍逊一筹。他们的地位介乎于三大宗主教与普通大主教之间。

如果说罗马帝国统治着山川大地，那么基督教的神圣罗马完全能够统治信仰的天空。因为，一个架构宏大、组织严密的教会控制灵魂的能力，远胜松散、低效、缺乏向心力的神祇罗马。从长老共治到主教独裁，从教会分立到教区形成——神圣罗马用三百年时间就走完了罗马帝国一千年才走完的集权之路。

如果说还差一步，就是神圣罗马还缺少一位乾纲独断的君主。

本来，罗马宗主教最有可能。罗马城是罗马龙兴之地和名义上的京城，一座阀阅林立、衣冠荟萃的名城，更是使徒彼得和保罗的殉难地。这些都彰显着罗马教区的不凡。那里的教会是使徒彼得所建，而他又是公认的使徒之首，所以，教士们尊罗马宗主教为“博爱中的首领”，而将罗马教会称为“彼得的圣训宝座和首席的教会”，或者干脆誉之为“金衣女王”。但是，罗马主教到目前为止，依然只是“平等的主教中的首席”，他还称不上神圣罗马的君主。

君士坦丁将神圣罗马看作一个没有帝王的“帝国”——这就是他的机遇。占据了教会至高的宝座，他就赢得了这个庞大的组织，并通过它实现历代罗马帝王梦寐以求的——对肉体与精神、尘世与天国进行双重统治。

335年，君士坦丁给参加推罗大会的主教们宣旨称：“皇帝所做的决定旨在维护真理，不得稍有违抗。”包括罗马宗主教在内的教士们均无异议。曾经对抗罗马帝国三百年的神圣罗马就这样臣服于皇帝。从君士坦丁开始，皇帝成为基督教最高典礼的主持者，还召集了号称普世大会的历次普世大会。基督教戒律也屡屡以皇帝之名颁行天下。上自宗主教，下到普通信众，均奉行不悖。

如果说前朝诸帝想摧毁神圣罗马，让罗马帝国的疆域从大地扩展到天空；君士坦丁则梦想身兼罗马帝国的皇帝和神圣罗马的圣君，让神圣罗马和罗马帝国合体。无论是摧毁，还是合体，目的都是双重统治。

所以，君士坦丁颁布了《米兰敕令》，并以最大的热情去践行。朝廷强迫臣

海伦娜太后发现真十字架

民们遵照基督教的习惯，比如禁止在星期日工作。君士坦丁声称：教士不应为俗事缠身，唯有专注于神圣之业，方能功在社稷。所以，朝廷不仅豁免了教士的兵役和徭役，还蠲免赋税，让他们全身心侍奉神。321年，君士坦丁又授予教会接受遗产的权利。这样，教会所敛聚的财富得以世代相传。接着，君士坦丁将历代皇帝留下的私财悉数捐给了教会。在他身体力行的倡导下，向教士捐献的风气盛行于罗马全境。在滚滚金钱的支持下，教会广建寺观，挥金如土的气势吸引了更多信徒的盲从。教士尤西比乌曾指出，世人对基督教趋之若鹜，不过是受皇帝的利诱。

君士坦丁大帝的母亲海伦娜也推波助澜。她亲自前往耶路撒冷朝圣，声称在那里找到了所谓“真十字架”，传说耶稣受难时高悬其上。许多史学家都认为，年迈的海伦娜不过是为她自己，为她的儿子在326年的那场人伦惨剧中的所作所为赎罪。不过，此次耶路撒冷朝圣还是在东方掀起了基督教热潮。在海伦娜的倡导下，壮丽的巴西利卡圣墓堂开始营造，伯利恒等诸多地方也纷纷大兴土木。

在经历了戴克里先时代最血腥的教难后，基督徒被突如其来的幸福感湮没了。教士与信徒毫无心理障碍地接受了皇帝的恩宠。反正，使徒彼得的教诲言犹在耳：

“你们为主的缘故，愿顺服人的一切制度，或是在上的君王，或是君王所派罚恶赏善的宰臣。”

免受歧视、减免税负、享受荣华，还有以基督的名义攫取钱财、欺压良善……无数人怀着这样或那样的动机，涌入大大小小的教堂。基督教感化了他们么？不，是他们在改变基督教。反抗暴政、靠反抗来争取现世天堂的神圣罗马消失了，代之以一个臣服于罗马帝国的神圣罗马。它宣扬顺服，来求得死后升入虚无缥缈的来世天国。

戴克里先只懂得用镇压神圣罗马来显示罗马帝国的强悍，却苦于无法从他试图捍卫的神祇罗马那里得到话语上的支持。相反，生活化的神祇罗马本能地抗拒帝国的强横。所以，万神教徒不顾朝廷的严旨庇护落难的基督徒，不绝于史书。君士坦丁的高明之处就在于让神圣罗马成为罗马帝国的补充，为集权提供话语支持。

——神圣罗马与罗马帝国合二为一。

众所周知，“神圣罗马帝国”之名出现在数百年后。可是，无论从哪个角度看，君士坦丁所缔造的都堪称是名副其实的神圣罗马帝国。当然“神圣”不过是“罗马帝国”的修饰语。

做完了这一切后，君士坦丁决定为被自己改造后的新帝国营造一座新京。最初，他考虑过特洛伊城的遗址。伊涅阿斯就是从这里出航，远涉风涛，流落到台伯河畔，繁衍出罗马人。现在，君士坦丁定都故国，使历史透出一种轮回之美，他的功业，也将因此被赋予大圆满的意味。

君士坦丁最后打消了这个念头。相传，他路经金角湾畔的一座小城拜占庭时，夜来独寝，又做了一个梦。君士坦丁梦见一位鹤发鸡皮的老妪突然重现青春，变成娉婷少女……他相信，这个奇异的梦暗示着罗马帝国将在此地迎来新生。所以，皇帝用那柄朗基努斯之矛，在拜占庭划下了新都的地址。

君士坦丁定都于拜占庭，是经过深思熟虑的，绝非梦的启示。此地地跨欧亚，北接黑海，南通地中海，远比偏居一隅的罗马城更适合充当大一统帝国的京畿。同时，拜占庭距离特洛伊遗址不远，又同罗马城一样，拥有七座山。所有这些，都暗示了新京与故都一脉相承。君士坦丁选址于此，兼顾了历史与现实。这座京城，理所当然地被命名为“新罗马”。只不过，人们更习惯用奠基者的名字来称呼它——君士坦丁堡。

在这座新的帝京里，最引人瞩目的无疑是凤阙龙楼、紫殿金梁，重重叠叠地堆砌着。“不睹皇居壮，安知天子尊”——这就是君士坦丁所追求的。只是，幽深永巷、暗晦宫室将藏下多少阴谋与悲剧，就要拭目以待了。

君士坦丁堡有雕梁画栋的皇宫、巍峨耸立的府邸，却没有了神祇罗马。基督教的教堂寺院取代了它。这就是君士坦丁心目中的世界，没有给万神教留下什么位置。他倒是保留了元老院。只不过，现在的元老院不再是精英参政的国之重器；“元老”仅仅是皇帝赐予忠顺臣工的荣衔，已没有任何实权，就像布满了君士坦丁堡的神祇雕像一样，装饰着一个完全不同的新世界。

337 年春，年过花甲的君士坦丁亲征波斯。“翠华摇摇行复止”，东出都门不过数百里，他就一病不起。

两年前，君士坦丁便开始规划身后事。长子克里斯普斯已殁。继后福斯塔所出三子君士坦丁二世、君士坦提乌斯二世和君士坦斯早被立为皇储。此外，近支宗室还有君士坦丁两位异母兄弟：弗拉维乌斯和尤里乌斯。他们都是君士坦提乌斯与狄奥多拉公主所出。两人膝下九子。其中，弗拉维乌斯的两个儿子独蒙异数：德鲁马特乌斯晋位皇储；汉尼拔里阿努斯则史无前例地受封亚美尼亚王，并赐金纹紫袍，还迎娶君士坦提娜公主为妻。他们与三位皇子均奉旨出镇一方。万里江山将由五人分治。

大渐之时，皇帝命尼科米底亚主教尤西比乌入宫，在病榻前为他施行洗礼。换句话说，这位改变基督教命运，而被基督徒奉为大帝的人成为基督徒，不过是咽气前的须臾工夫。基督徒们认为，洗礼能洗去世人的所有罪孽，而洗礼后犯下的罪将在世界末日接受审判。君士坦丁决意要在生命的最后一刻受洗。这样，他就不再有机会犯罪。他就是带着这种投机取巧的心态跻身基督徒行列的。

君士坦丁驾崩时，三子君士坦斯人在多瑙河，而长子君士坦丁二世远在莱茵河畔的特里尔城，没有能回京致哀守丧。次子君士坦提乌斯二世镇守小亚细亚、叙利亚和埃及，及时赶回了君士坦丁堡。德鲁马特乌斯和汉尼拔里阿努斯分别出

镇巴尔干半岛和美索不达米亚，已先期返京。此时，君士坦丁堡已是暗流汹涌。江山社稷只能归先帝嫡子、与外人无干的言论在朝野传播，引得人心摇动。可两位皇侄竟然毫无察觉。汉尼拔里阿努斯娶了君士坦提乌斯二世之妹君士坦提娜，而君士坦提乌斯二世又娶了汉尼拔里阿努斯的叔父尤里乌斯之女。几重渊源，使他们失去了应有的警惕。

奉安大典后，宫廷中风云突变。君士坦提乌斯二世抛出了一道“遗诏”。在这道真假难辨的诏书中，先皇遗言称自己被兄弟鸩杀，命皇子们为父报仇。宫中大哗。先前，人们只知道君士坦丁遗命君士坦提乌斯二世主持葬礼，并未听说有这道遗诏。

君士坦丁的两位异母兄弟百口难辩。未等案情水落石出，南军已刀剑出鞘。在这场宫闱喋血中，弗拉维乌斯和尤里乌斯及他们的七位子嗣罹难，包括皇储德鲁马特乌斯和亚美尼亚王汉尼拔里阿努斯。长公主的驸马奥普塔图里斯公爵、卫尉阿布拉维斯等先帝宠臣也同时遇害……只有尤里乌斯的两个儿子加卢斯和尤里安尚在冲龄，没有入宫，得以幸免于难。

杀戮后，君士坦丁堡陷入一片诡异的沉寂。身在京城的君士坦提乌斯二世竟然称自己对兵变一无所知。

一个月后，君士坦丁的三位嫡子在多瑙河畔会盟，他们行文罗马城和君士坦丁堡的元老院，索要皇帝之衔。很快，元老们同意了皇子们的请求。就这样，罗马帝国再次三分：君士坦丁二世领有包括莱茵河以西、西班牙和不列颠的西罗马；君士坦提乌斯二世除了原有封疆外，还得到了汉尼拔里阿努斯的全部领土，外加德鲁马特乌斯的色雷斯；君士坦斯的疆域包括原先划给他的意大利、北非和潘诺尼亚，还分到了德鲁马特乌斯的剩余部分，也就是巴尔干半岛大部——这一年，他们最大的刚过二十，最小的不满十八。

这次裂土分治时，德鲁马特乌斯与汉尼拔里阿努斯的食邑被君士坦提乌斯二世和君士坦斯瓜分，君士坦丁二世没有能染指。他一直耿耿于怀，希望君士坦斯能割让北非，作为补偿，遭到拒绝后，君士坦丁二世含怒兴兵，越阿尔卑斯山南下。

君士坦丁大帝尸骨未寒，儿子已束甲相攻。

此时，君士坦斯正出巡达契亚。不过，人地生疏的君士坦丁二世还是被守军击败，投尸河流。他的疆土最终都归君士坦斯所有。君士坦丁仅剩的两子在此后倒是相安无事。因为波斯西进、蛮族南犯，已让他们无暇分身。直到君士坦丁二世遇弑后十年，西帝君士坦斯步兄长后尘，死于非命。由于他宠幸宫中阉寺，让三军颇为不满。在前往巴黎的路上，蛮族大将马格嫩里努斯骤起发难，要废黜皇帝。君士坦斯闻风出逃，途中被弑，抛尸荒野。

听闻西方生变后，东帝君士坦提乌斯二世立刻同波斯媾和，回师平叛。他告诉座下的文武重臣，自己前夜梦见父皇抱着血淋淋的君士坦斯，用自己最熟悉的声音说："替朕报杀子之仇！"

但是，君士坦提乌斯二世之妹君士坦提娜却成了一个变数。在亚美尼亚王汉尼拔里阿努斯被杀后，公主居孀多年，对兄长心怀怨恨。她与马格嫩里努斯暗通款曲，意图报杀夫之仇、夺国之恨。如果娶了君士坦提娜，马格嫩里努斯将跻身皇室，完全有资格与君士坦提乌斯二世分庭抗礼。

这是君士坦提乌斯二世所不能容忍的。

东方的波斯咄咄逼人，皇帝无暇抽身西顾。这时候，他想到了堂弟加卢斯兄弟。当年宫廷喋血之后，两名孤儿交由教士管束。几年后，他们离开繁华的尼科米底亚，被遣送到狮虎出没的荒城马赛鲁。一道诏书，将加卢斯召回京城。君士坦提乌斯二世册封他为皇储，并将君士坦提娜嫁给他。加卢斯坐镇东方。这样，君士坦提乌斯二世就可以抽身西去，平定马格嫩里努斯之乱。

长时间的幽禁生活扭曲了加卢斯的灵魂。在监国的几年中，他行事乖张、残忍好杀，朝野都颇多怨言。加卢斯任意处死君士坦提乌斯二世留下的辅弼大臣，触怒了正在西方平叛的皇帝。为了铲除马格嫩里努斯，他暂时忍了下来。

最后，君士坦提乌斯二世在穆尔萨击败马格嫩里努斯。这是一场惨胜，五万多劲卒战死沙场。穆尔萨之役几乎耗尽了罗马元气。

扫平西方后，君士坦提乌斯二世终于可以对加卢斯下手了。354 年，加卢斯受召前往米兰城。他自知此去凶险，请妻子先行赶往行宫求情。不承想，祸不单行，君士坦提娜途中染病身亡。这样，加卢斯失去了最后的依仗。他没有能抵达米兰。君士坦提乌斯二世派出的宦官在途中拘捕了他。受尽酷刑后，加卢斯承认自己谋反。处决他的地方，正是当年君士坦丁处决克里斯普斯的地方。

两位皇储在同一个地方踏上黄泉路。

君士坦提乌斯二世膝下无子，亲族凋零，只能立加卢斯的弟弟尤里安为皇储。不过，君士坦提乌斯二世对新皇储猜忌心极重，将他派往兵微将寡，却要面临蛮族空前压力的莱茵河一带。尤里安显示出了惊人的才华。他身先士卒，在斯特拉斯堡重创了入侵的阿勒曼尼人，赢得军心和民心。君士坦提乌斯二世又借口东征波斯，要从西方抽调精锐，剪除尤里安的羽翼。消息传来，不愿万里从征的将士们群情激愤，用盾牌将尤里安高高抬起。莱茵河畔，他们的呼声响彻云霄：这就是我们至高无上的皇帝!

君士坦提乌斯二世立刻同波斯媾和，掉头西进，要像荡平马格嫩里努斯一样，打败尤里安。这一次，他没有得到神的青睐。尤里安已经赢得了多瑙河诸军的拥戴。罗马帝国最强大的两军都站在了君士坦提乌斯二世的对立面。在一连串打击下，这位阴鸷的皇帝一病不起。近支宗室几乎被他一手屠戮干净，所以，君士坦提乌斯二世只能在遗诏里承认尤里安为皇帝——他别无选择。

361 年 12 月 1 日，尤里安在欢呼声中步入君士坦丁堡。

让基督徒们惶恐的是，新帝颁布敕令，重建罗马神祇的庙宇，甚至对远在耶路撒冷的犹太教神庙也进行了重修。接着，他废止了君士坦丁父子优待基督教的种种敕令。米里维桥之役开始，君士坦丁用基督的拉伯兰旗取代罗马的鹰帜来当军旗。现在，尤里安又重拾鹰帜。他要用这种方式来宣布，自己继承的不是君士坦丁父子的罗马帝国，而是奥古斯都、图拉真和马可·奥勒里乌斯的罗马帝国。

愤怒的基督徒们斥责尤里安为“叛教者”。这是错误的。新帝从来就不是一位基督徒。但是，他也没有像尼禄、德西乌斯和戴克里先那样掀起教难，只是取消了给基督教的优待。当然，尤里安对基督徒没有好感，常常语带讥诮地称他们为“加利利人”——因为耶稣来自加利利的拿撒勒。

整个少年时代，尤里安都是在幽居生活中度过的。陪他度过寂寞时光的，是卷卷古希腊、罗马书籍和神祇罗马瑰丽的故事。精通古希腊哲学与荷马史诗的宦官玛多尼乌斯是尤里安的启蒙恩师。杀死他的父兄，囚禁他，给予他无尽悲痛的君士坦提乌斯二世倒是信仰基督。在这样的背景下，很难想象尤里安会成为一名基督徒。信仰基督教，不过是他为了生存而披上的伪装。

现在，尤里安用紫袍换下了伪装。

在尤里安心目中，最推崇的前辈是集哲人与帝王于一身的马可·奥勒里乌斯。在他亲笔撰写的戏剧《值得》中，罗马诸帝在奥林匹斯山的神祇面前夸功争胜。

尤里安与群臣争论

最后的胜利者就是马可·奥勒里乌斯。尤里安沉湎于哲学，擅长思辨，身上颇有古希腊先贤的流风遗韵。不过，他没有马可·奥勒里乌斯的从容大度，反倒多了几分尖酸刻薄。安条克人用绰号“山羊”来嘲笑尤里安一口乱蓬蓬的胡须，他就写了一部《厌胡者》，挖苦安条克人忘恩负义。在这部著作中，尤里安展现了他思想的深刻，对古代文化的精深造诣，甚至可以看出他对基督教经典见解不俗——一言以蔽之，就是智慧。

但是，人们还从《厌胡者》的字里行间，看到了作者的焦虑。

尤里安要整肃宫闱，铲除日益坐大的阉宦势力；要厉兵秣马，准备东征波斯；要重新恢复被君士坦丁父子破坏殆尽的罗马宗教宽容之风；让基督教教士们交出他们不该得的利益。在尤里安心中，还有一个宏伟的规划：重整神祇罗马，弥补当年奥古斯都没有做到的；模仿基督教的组织体系，缔造一个足以同基督教会抗衡的万神教会。皇帝相信，只有不同的宗教间实现均势，才能真正捍卫信仰的自由……相比于尤里安的雄心壮志，他的生命实在太短暂了。

363年春，尤里安御驾亲征波斯。最初，他势如破竹，顺幼发拉底河南下，连战连捷。不过两个月，罗马军就兵临波斯京城泰西封。此时，大军已经深入敌境。对是否渡河追击穷寇，帐前诸将大多持反对意见。尤里安本人也举棋不定。相传又是一个梦，决定了历史的走向。皇帝夜来独寝，梦见罗马神祇前来托梦，称“焚船弃渡，克尽全功”。

第二天，罗马军奉旨渡河，破釜沉舟，要一举踏平波斯。

363年6月26日，波斯军突袭罗马军的后部。未穿甲胄的尤里安身负重伤。当夜，皇帝大渐。在最后的时刻，他与两位哲学家平静地探讨着生与死的话题，声音渐渐地低下去、低下去……终于一瞑不视。传说，最后一位不信仰基督教的罗马皇帝留给世界的最后一句话是：

“你赢了，加利利人。”

尤里安大渐时，没有遗命指定继承人，君士坦丁氏也再无男性苗裔，所以，新帝人选成为焦点。几经波折后，平庸的卫尉约维安紫袍加身。当时，还发生了一个插曲：前往军中宣布新帝即位的使者口齿不清，将士们误将“约维安”听成

“尤里安”，还以为是受伤的皇帝痊愈，发出了一阵欢呼。

可是，这终究被证明是一场误会。

信奉基督教的约维安一改“叛教者”的做法，甚至变本加厉。他焚毁神祇罗马的书籍，威胁要处死万神教信众。拉伯兰旗也再一次取代鹰帜，飘扬在罗马三军头顶。尤里安人亡政息。

八个月后，约维安中毒暴崩。有人说是误食毒蕈，有人说是炭气中毒。

皇位落入了大将瓦伦提尼安手里。和前朝诸帝一样，他来自多瑙河南的巴尔干半岛，曾镇守过不列颠和北非。即位后，瓦伦提尼安又册封皇弟瓦伦斯为共治皇帝，坐镇东方。兄弟二人东西分治。西方屡受蛮族冲击。西帝瓦伦提尼安马不停蹄地辗转四方，抵御不断冲击边境的蛮族诸部，无暇理会宗教纷争。他是基督徒，但并不偏袒基督教，使神祇罗马得到了苟延残喘的时间。

375年冬，瓦伦提尼安驾崩。两位皇子格拉提安、瓦伦提尼安二世共治西罗马。格拉提安即位后最引人注目的举动，就是拒绝出任大祭司。自恺撒、奥古斯都开始，这个头衔专属于罗马帝王，曾寄托了他们多少雄心壮志，又带给他们多少神圣光环。恺撒最后的一段时光，就是在简朴的大祭司府邸度过的。现在，格拉提安弃之如敝履。

这也标志着罗马帝国与神祇罗马的彻底决裂。

燃烧了一千一百三十五年后，罗马广场中央的圣火终于熄灭了。黑夜笼罩着大地。在夜色中，无数神教庙被拆毁。公开的祭祀被勒令停止，人们只能偷偷地在家宅中祭祀古老的神祇。接着，格拉提安下旨拆除元老院前的胜利女神像。

这是罗马战胜他林敦后运回的战利品。每次元老们议事前，都要焚香奠酒，祈求胜利永远属于罗马。她曾是罗马精神的象征，因此也遭到了基督徒最强烈的嫉恨。君士坦提乌斯二世在位时，并未大规模拆庙毁像，但还是在教士的蛊惑下，扳倒了胜利女神像。等到尤里安登基后，重建神龛，迎回了神像。此后的约维安和瓦伦提尼安一世予以默认。直到格拉提安在位时，神像才再一次被迁离元老院。

此时，波澜壮阔的蛮族大迁徙已经拉开了序幕。东帝瓦伦斯领军镇压哥特人，兵败哈德良堡，葬身火海。这是罗马史上少有的惨败。谁能拯救东方？

格拉提安选择了前默西亚太守狄奥多西。狄奥多西之父曾任骠骑将军执掌骑兵，因北非郡守诬告，两年前被初登大宝的格拉提安下旨处决。狄奥多西也被迫隐退，避免被株连。照理说，格拉提安不应该起用他。可是，西帝已别无选择。"闻鼙鼓而思良将"，只有这位勇武过人的前默西亚郡守能力挽狂澜。风雨飘摇的时代，私怨宿仇只能放在一边。

379年1月23日，狄奥多西在一片凄风苦雨中首次以东帝身份巡视多瑙河一带的边军。他也不负众望，迅速稳定住了濒临崩溃的东方。

也许是辛劳过度，狄奥多西在登基后第一个寒冬病倒，不得不转往温暖的希腊养病。卧床的皇帝觉得自己去日无多，决定仿效君士坦丁父子先例，在临终前皈依基督教。塞萨洛尼基主教阿喀琉斯为狄奥多西举行洗礼后，他的病情竟然峰回路转，大有起色。痊愈之后，狄奥多西决意皈依基督教。380年，坐镇萨洛尼卡的狄奥多西在征伐哥特叛军之余，还不忘签发敕令，宣布基督教为国教，所有罗马人都必须成为基督教徒。

狄奥多西称帝，刺激了远在不列颠的将军马克西穆斯。他与狄奥多西是西班牙同乡，自视甚高，觉得自己的才华和功业都不在狄奥多西之下。不列颠孤悬北海，守军战力强悍，桀骜不驯，素有"暴君温床"的恶名。在马克西穆斯眼中，格拉提安兄弟不过是黄口小儿。真正的英雄岂甘雌伏于他们脚下？

格拉提安沉湎于畋猎，终日与东方草原来的阿兰猎手走马引弓，嬉戏玩闹，连服饰衣冠都模仿阿兰人。所以，史书将他与当年的康茂德相提并论。朝廷权柄落入奸人之手，卖官鬻爵之风盛行，朝野侧目。一个荒唐无能的帝王，遇到一个野心勃勃的臣子——西罗马的动荡已无可避免。

383年，不列颠传来了马克西穆斯兴兵作乱的消息。叛乱很快就在西方蔓延开来。身在巴黎的格拉提安目睹城中军民壶浆箪食，争相迎接叛军入城，知道大势已去，仓皇出逃。结果，他被莱昂郡守出卖，途中遇弑。

格拉提安是虔诚的基督徒。他的崩逝使神祇罗马幻想能挽回颓势。只是，万神教徒们没有想到东帝狄奥多西对基督教的狂热远超格拉提安。他们错误地选择了同基督教正面交锋。双方对决的焦点，依然是元老院前堂的那尊胜利女神像。

信仰神祇的元老们曾为重建胜利女神像四次向朝廷请愿。格拉提安拒绝接见他们。请京兆尹西马库斯上书瓦伦提尼安二世，请求重立胜利女神像，从而拉开了神祇罗马与神圣罗马终极之战的序幕。

西马库斯出身罗马望族，早年就晋位元老，深蒙瓦伦提尼安一世的赏识，奉职尚书台，是天子近臣。在瓦伦提尼安一世驾崩前不久，他出任阿非利加郡守。当时，狄奥多西的父亲在北非统兵，抵御沙漠里的敌寇。两人一个马下治民，一个马上治军，联手稳定了动荡的北非。不过，格拉提安似乎对他们没有好感。狄奥多西之父被处决，西马库斯也沉寂多年。直到狄奥多西入主西方，西马库斯才靠这一重渊源，出任京兆尹。长年驻跸君士坦丁堡的狄奥多西希望他能代自己坐镇旧京罗马。在格拉提安拒绝出任大祭司后，西马库斯是祭司之首，被尊为神祇罗马最后的“荣耀之火”。

在西马库斯的奏章中，笔墨着力于传统与宽容。他希望用优美的辞章唤回皇帝对古老传统的尊重，给予所有罗马神祇应有的宽容。

西马库斯引经据典，论证罗马在历史上多次逢凶化吉，是因为天神庇护，与他交锋的米兰大主教安布罗斯则针锋相对地称这是无稽之谈。如果诸神有灵，何以容忍强敌入侵？胜利是战士们奋勇作战赢得的，并非藏在献祭的牲礼中。他质疑蛮族入侵的日子里，元老院的胜利女神到底做了什么？安布罗斯还骄傲地宣称自己绝对不愿意与尼禄这样的暴君有同样的信仰。

从言辞上看，安布罗斯的反击是非常犀利的。但如此铿锵的字句如果放到更长的一段历史中验看，又显得苍白无力。

因为，安布罗斯无法证明他的神明比古罗马万神做得更多。后来的历史也证明，信仰基督教的皇帝们昏庸和残忍并不下于尼禄。安布罗斯更不会想到，当罗马人最终如他所愿抛弃古老的神祀，转而信仰基督之后，仅仅几十年，就将面临空前劫难。他声称基督将带给罗马和平，结果被证明是镜花水月。胜利的确没有藏在向万神献祭的牲礼中，同样也不藏在基督的十字架上。

可这些都不重要。狄奥多西皇帝支持了安布罗斯，西帝瓦伦提尼安二世自然没有异议。西马库斯黯然退场。后来，元老院还分别上书东、西二帝，试图挽回败局，均无济于事。不过，瓦伦提尼安二世并不热心于取缔神祇罗马。《萨洛尼卡敕令》在西方并没有真正落实。

自击败格拉提安之后，马克西穆斯盘踞阿尔卑斯山北。狄奥多西暂时也无力西进平叛，只能容忍现状。马克西穆斯得寸进尺，越阿尔卑斯山，南下意大利。西帝瓦伦提尼安二世年纪尚小，根本不能领兵抗敌。摄政太后查士丁娜将爱女加拉公主许配给东帝狄奥多西，换取他出兵平叛。388 年夏，东罗马军在东意大利的阿奎利亚大获全胜。马克西穆斯兵败被杀。

此时，罗马帝国在名义上有三位皇帝：狄奥多西和他尚在冲龄的长子阿尔卡狄乌斯，还有就是瓦伦提尼安二世。谁都清楚，狄奥多西才是罗马帝国的主宰。携大胜之余威，东帝驾临罗马城，直奔元老院。面对衮衮诸公，他咄咄逼人地抛出了自己的问题：罗马人应当信仰朱庇特，还是基督？

此时，罗马城的衮衮诸公不过是一群行尸走肉，根本无法对抗意气风发的狄奥多西。他们能清楚地感受到面前这位皇帝身上散发出来的强横气息。这是尸山血海的战场里锻炼出来的，让孱弱的灵魂不寒而栗。绝大多数的元老依然信仰着祖先留下的神祇。在他们眼中，基督教是下里巴人的宗教，是市井的信仰。可正是这样一群人，投票选择了基督教。因为他们不敢对皇帝说不。只有一位元老例外，他选择自裁，用生命为一个即将逝去的时代殉葬。可这改变不了什么。不肯屈服的西马库斯则以莫须有的罪名被放逐了。

在基督教定为国教后，狄奥多西带着满意的笑容离开了元老院。

392 年，意大利叛乱。无能的瓦伦提尼安二世仓皇东走，去投奔东帝狄奥多西。在塞萨洛尼基，他与护驾的近臣为琐事发生争执。第二天，人们发现这位落难皇帝横尸寝宫。

皇帝的紫袍披在了一位以文学知名的大臣欧根尼乌斯身上。他浸淫希腊典籍多年，在修辞方面造诣颇深。可能正是这个原因，这位新帝崇敬奥林匹斯山诸神。名义上讲，欧根尼乌斯是一名基督徒。可是，他完全倒向了神祇罗马。也可能是因为狄奥多西已经赢得了基督教徒的衷心拥戴，所以欧根尼乌斯只能改弦更张，去争取万神教徒的支持，希冀能与狄奥多西分庭抗礼。不管怎么说，屡遭失败的神祇罗马因他加冕而重新焕发光彩。失落多年的万神教徒们欢呼雀跃，将欧根尼乌斯视为救星。可是，东罗马军再次出击了。

——这是神祇罗马与神圣罗马的最后一次对决。

相传，那柄曾沾染过基督之血，又曾陪伴君士坦丁大帝征战天下的命运之矛落入狄奥多西的手中。这位虔诚的皇帝相信自己能戡定祸乱，扫除群凶，正是冥冥中有基督相助。

面对欧根尼乌斯和神祇罗马的挑战，狄奥多西的反击毫不犹豫。他册封次子霍诺里乌斯为共治皇帝，以此表明自己绝不承认欧根尼乌斯为帝。不过，皇位之争最终要在战场上见分晓。还是在阿奎利亚——狄奥多西击败马克西穆斯的旧战场，两天的激战之后，欧根尼乌斯步马克西穆斯后尘，被狄奥多西俘虏，并在战场上遭到处决。复兴神祇罗马的梦也随之消散得无影无踪。

这是狄奥多西的胜利，这更是神圣罗马的胜利。

再没有什么能阻止狄奥多西放手清洗神祇罗马了。就在阿奎利亚大战的前一年，举行了二百九十二届之多的奥林匹克竞技大会被朝廷勒令停止。狄奥多西不允许百姓以这种方式向神祇罗马致敬。在他看来，竞技所体现的力与美，违背基督灵肉分离的教旨。

卫尉西内吉乌斯奉旨封锁所有神庙，收缴祭器，捣毁神像。所有的庙产均被籍没，由皇帝、三军与基督教会瓜分。

头戴斗冠、手握三尾蛇的古神之像高踞宝座上，俯瞰苍生，已有千年了。现在，他的脚下满是虎视眈眈的基督徒。面对铁斧与巨锤，古神的信徒们只能喃喃地反复劝说他们：如果谁敢亵渎古神，天地将会在雷鸣电闪中倾覆，生命死亡，世界重归混沌……可无力的语言岂能阻挡无法无天的基督徒。

一个悍卒手执战斧，攀上神龛，朝着古神面孔奋力一击。在死一样的沉寂中，巨大的雕像轰然倒塌，四分五裂。当熊熊烈火吞没了古神伤痕累累的躯体时，狂热的基督徒们拖着他的四肢，走在亚历山大里亚的通衢大道上。他们就是要让神祇罗马的信仰者目睹自己的神祇被玷污、被践踏，却无能为力——连自己的塑像都保护不了的神祇，凭何庇护芸芸众生？

为这尊古神殉葬的，是三十万册图书典籍。

云游僧从沙漠、从乡村、从四面八方涌向一座座城邑，像蝗虫一样，所到之处，一片狼藉：无数壮丽的建筑被夷为平地；金银财帛被以神圣的名义哄抢；遍布街衢的精美雕像，哪怕并非神像，也被推倒、砸碎，实在砸不碎的，就削去鼻子……散布在各城的图书典籍毁损无遗，古典时代的许多皇皇巨著从此湮没于历史的烟尘中。亚历山大里亚的藏经阁是当时最具规模的，典籍汗牛充栋，最后都被送进炉灶，烧开了一池池浴汤。

当年，基督徒受到朝廷迫害时，曾有许多万神教徒冒着抄没家产、锒铛入狱的危险，将他们藏在家中。无论如狼似虎的胥吏如何恐吓，这些人还是拒绝出卖被通缉的基督徒。他们不承认耶和华是唯一的真神，却相信他至少是诸神中的一位，相信虔诚无罪。

基督徒却没有给予外教人同样的宽容。不肯改信基督教的人被殴打、凌辱，直到他们屈服；在梅诺卡，基督徒们声称用八天时间就让五百四十个犹太人改变信仰，手段是捣毁犹太会堂，将最顽固的犹太教徒活活饿死；不信基督的明教教徒，一批批被押上刑场……基督徒自以为真理在手、真神庇护，用最傲慢的姿态去俯视和践踏别人的信仰，践踏神祇罗马。难怪德国神学家乔基姆·卡尔会留下这样的话语："不因基督教而愤怒的人，不认识基督教。"

神圣罗马失去了谦卑——身为俗世中人，面对无尽苍穹、无上神明本应有的姿态。

所以，基督徒陷入癫狂毫不让人惊讶了。自诩反对偶像崇拜的他们现在到处收罗耶稣、使徒和殉道者的遗物，甚至疯狂地掘开了一座又一座坟墓，将使徒和殉道者正在腐烂的遗骸从棺木中取出，供奉在神龛上。作为一座新城，君士坦丁堡没有什么使徒遗物。皇帝下旨，让东方州郡将使徒安德烈和提摩太的遗体从坟墓中挖出，郑重其事地迁到京城的寺院中安放。这真是一种巨大的反讽：

基督教的使徒被他们的信徒掘墓曝尸！

殉道的斯蒂芬的墓葬被发掘时，万人围观。盛有斯蒂芬遗骸的第四口棺木重见天日时，基督徒们夸张地说整个大地都在震动，大家闻到天堂的气味，七十三名掘墓人罹患的疾病不药而愈。后来，教会得意地声称，斯蒂芬的遗骸每年都会生出一小瓶鲜血来，可以治愈世间一切顽疾。可是，谁也舍不得如此奢侈地浪费圣徒的血液，每个瓶子都被毕恭毕敬地送往各地供奉起来。

很难想象，曾经如此质朴、纯洁的基督教徒竟然堕落到对着一堆毛发、腐肉和骨灰顶礼膜拜的地步。如果你在此时推开教堂的大门，刺鼻的香烟、熏人的花香扑面而来，固然掩盖住尸骸腐烂的气味，却让人几欲窒息。神龛上巨烛如臂，火光摇曳，一片乱哄哄的景象。早年基督教简洁、朴素却不失庄重的仪式何处去了？

——“还似昔年残梦里”。

《新约·路加福音》里说，“情欲的事都是显而易见的，就如奸淫、污秽、邪荡、拜偶像、邪术、仇恨、争竞、忌恨、恼怒、结党、纷争、异端、嫉妒、醉酒、荒宴等类。”——我们在神圣罗马与罗马帝国合体后全都看得见。

好一片喧嚣声和尸臭啊！

我们已经很难说清楚，对骨骼、血液，还有各种各样的“圣物”膜拜的基督教与耶稣和十二使徒们的基督教是否是同一宗教。

神祇罗马一个很重要的特征是万事有神、万物有灵。从长空大地到日月星辰，从士农工商到饮食男女，无不有神灵主掌。每一座城邑乡村也都有自己的城隍土地。神圣罗马却坚信世间只有唯一的真神。

现在，罗马神祇是退位了。可基督教成百上千的所谓“圣徒”，取代了原来的诸天神祇、城隍土地。不仅每座城市都会有自己的守护圣徒，每个行业也都有，鼠窃狗偷、娼妓优伶都不例外。每个守护圣徒都有自己的祭祀日。当一年的日子不敷用于祭祀，无法独享一日的众多圣徒们只好共用 11 月 1 日。这就是万圣节的滥觞。

除了将守护神换成守护圣徒，我实在看不出神圣罗马是如何尊崇所谓唯一真神。

具有讽刺意义的是，让神祇罗马借尸还魂，把神圣罗马偷换概念的米兰大主教安布罗斯，却是基督教公认的圣人。他不断地向皇帝灌输这样的观念：只要官吏不迫害异端，就应被视为信仰异端；谁崇拜偶像，谁就犯了渎神重罪，十恶不赦。

穿过熊熊烈焰和癫狂人影，我分明看到，被拖曳在亚历山大里亚的通衢上的，不是泥塑石雕的古神像，而是一个活生生的女子。

衣裳早已被凶徒们扯碎了，裸露的肌肤刺激着禽兽们的神经，让他们热血上涌，面红耳赤。这就是仪态万方、恍如天人般的高贵女子的本相么？毁灭！这就是唯一的答案。寒光闪烁的铁钩硬生生地刺入裸露的胴体，白皙无瑕的皮肤和粉红的肉体瞬间如花般无声无息地绽开。是的，无声无息。绝望的呐喊早被一片喧嚣所湮没。独立于喧嚣之外的我什么都没有听见。

没有铁钩的人手持锋利如刃的蚌壳，饿狼般争先恐后地扑了上来，唯恐被排挤在这场罪恶的盛筵之外。蚌壳之下，螓首蛾眉、冰肌玉骨支离破碎……仿佛千年灵秀之气凝结成的所有美好都被割碎了，零落成泥碾为尘。凶徒们拖曳着残留的手臂和双腿，趾高气扬地走过亚历山大里亚，在前方不远处燃烧着火堆。在基督徒山呼海啸般的欢呼声中，女子最后的遗骸被抛掷到熊熊烈焰里，什么都没有了——和古神像毁灭的画面别无二致。

不，不是什么都没有留下。在大地上留下血迹，在书册里留下了名字——希帕提娅。

几十年来，亚历山大里亚一直是宗教纷争最激烈的地方。这座埃及名城几乎成了这个鼓噪时代的缩影。385 年，提阿非罗怀着对所谓异端的刻骨仇恨登上宗主教的法座，使宗教纷争从口舌之争滑向血色深渊。早年间的基督教热心扶危济困。这也是基督教在帝国打压下，仍能赢得底层民心最重要的原因。教会中一直设有安济坊，组织少壮，扶助病人、埋葬死者。可是，提阿非罗将这样一个慈悲为怀的机构改造成了可与州府衙役匹敌的鹰犬，用他们来镇压持不同信仰或不同观点的人。安济坊中诸人也因此被百姓视为亡命之徒，畏之如虎狼。提阿非罗手中最恐怖的力量，是五百云游僧。他们在沙漠深处接受肉体磨炼，也接受提阿非罗的洗脑。极具蛊惑力的宗主教让这群头脑简单、肌肉发达的教士深信用暴力毁灭一切异教与异端，是神的意旨。在他的指使下，五百云游僧和赌徒们杀人放火，以神的名义纵情行凶作恶。依靠这些爪牙，专横暴虐、杀戮由心的提阿非罗在埃及作威作福，有“教会法老”之称。

等到提阿非罗死后，继承他衣钵的是侄子西里尔。此人乖戾比叔父有过之而无不及，大肆鼓吹所谓净化信仰之战。他对基督教其他宗派毁寺逐僧，手段毒辣，还残酷地杀害犹太人，恶名昭彰，罪恶罄竹难书。不可一世的西里尔甚至对官府指手画脚，俨然以神使自居。当时的埃及州牧欧瑞斯提斯极端不满，上奏朝廷，弹劾宗主教。

恼羞之下，西里尔的爪牙阿摩尼乌斯竟然伙同云游僧，在路上围攻欧瑞斯提斯。堂堂封疆大吏被石头砸伤头颅，几乎丧命。逃过一劫后，他勃然大怒，下令缉拿凶徒。西里尔认为阿摩尼乌斯是教士，应该由教会发落，官府无权处置。欧瑞斯提斯不顾他的反对，处决了凶徒。西里尔针锋相对，封阿摩尼乌斯为圣徒。结果欧瑞斯提斯拒绝参加西里尔主持的礼拜。两人势同水火。

对位高权重的欧瑞斯提斯，西里尔是不敢公然下毒手的，就把魔爪伸向了与他私交甚笃的希帕提娅。

希帕提娅出身书香门第，哲学源自家学，上承柏拉图，苏格拉底在《教会史》里说 ：“她在文学与科学领域的造诣，远远超越与她同时代的哲学家。”希帕提娅和父亲一起修订了欧几里得的《几何原本》，还独自完成了《圆锥曲线》《算术》和《实用天文表》的注释。在她门前总是车水马龙、冠冕星罗。无数望族子弟均以希帕提娅的弟子自居——她貌美如花，有“柏拉图的灵魂，维纳斯的肉体”之美誉。

围绕在希帕提娅身边的诸多门生多出自名门，身居高位，本来可以成为基督教的柱石人物，现在却迟迟没有放弃神祇罗马。诗人眼中的“无瑕的星辰”，在西里尔之流看来，却是蛊惑人心的邪恶女巫。他们在与欧瑞斯提斯矛盾激化后，发现州牧大人频频造访这位深孚众望的女学者，小人们想当然地认为希帕提娅的蛊惑导致西里尔与欧瑞斯提斯决裂，削弱了神圣罗马的影响力。

几个月来，亚历山大里亚谣言四起，都是将希帕提娅描绘成祸国殃民的祸水和蛊惑人心的女巫。此时，她已不年轻。皓首穷经的书斋生涯使希帕提娅对现实的残酷缺乏足够的敏感。直到此时，她仍没有意识到大难将至。

就在半个时辰之前，希帕提娅平静地走出家门。旭日微现，夜色才褪，薄雾轻霭笼罩着亚历山大里亚。清晨是这座繁华城邑少有的宁静时刻。今天，希帕提娅要去博物馆做一场演讲。她优雅地提起裙裾，坐上七香车。

忽然，身后传来一阵骚动。希帕提娅回身一看，只见五百多黑衣人从四下涌来，将她围住。他们粗暴地将希帕提娅拽下车来，肆意殴打，最后揪着她的满头长发，拖进西赛隆教堂。狂热的基督徒们警告这位才女，如果还想活下去，就必须亲吻十字架。可是，希帕提娅断然拒绝……

“无瑕的星辰”在风暴中坠落，一地碎片。

尼奇乌主教约翰在他的《编年史》中，赞美西里尔宗主教摧毁了该城偶像崇拜最后的余孽。但是，启蒙时代的大家伏尔泰则认为希帕蒂亚之死是“西里尔的光头猎狗们所犯下的野蛮谋杀”。在查尔斯·米切尔创作的油画《希帕提娅》中，拖到了教堂里的希帕提娅衣服早被撕碎，残缕碎片落在了地上。祭坛上方，悬挂着巨大的基督像。他正举起自己的右手，是要这些化身魔鬼的狂徒停手，还是继续？

希帕提娅的死，让我想起耶稣受难前与罗马郡守彼拉多的对话：“你不对我说话吗？你岂不知我有权柄释放你，也有权柄把你钉上十字架吗？”

耶稣的回答是：“若不是从上头赐给你的，你就毫无权柄办我。所以把我交给你的那人，罪更重了。”

从某种意义上说，希帕提娅才是耶稣的追随者，面对死亡时仍保持着灵魂的高贵。基督教难时代最有名的教士德尔图良说，“你们的残忍就是我们的光荣。”对有着自己的信仰，坚持独立之精神、自由之信仰的外教人来说，又何尝不是如此？

西里尔和他的爪牙们比彼拉多身负更深的罪孽。哪怕他们自称基督徒，甚至被封圣，也改变不了这一点。正如吉本所说，他们“过于虔诚到丧失人性的程度”。

在希帕提娅遇害的那个清晨，我的思绪回到了使徒彼得就义的那个黄昏。

“就在这同一个晴和的傍晚——

“通往刑场的路很远，夜幕降临，苍山如血，渐渐没入黑暗中。晚归牛羊与农夫匆匆走在路上。嬉戏玩闹的垂髫童子望着这队路过的士卒。黄昏时刻，透明而又金光熠熠的穹庐充满了宁静恬适。苍茫大地上响起了一种和谐音乐，从人间直上九霄……保罗一听到这种乐声，心中满是平安喜乐，因为他想起了在乐声中还添加了另外一种至今从未听到过的声音。没有这种美妙的声音，整个世界就会

希帕提娅

变成‘玎珰的铜器或者哧嚓的铙钹’。

“他又想起他是怎样教导人们彼此相爱……保罗一生都在用这个真理去教诲众人。”

就在彼得殉难的同一天，保罗也慷慨赴死。三百年了，是不是使徒离开太久，让基督徒忘记了人们应当彼此相爱？还是《你往何处去》里的保罗，本就是显克维奇一厢情愿的虚构！我曾经把神圣罗马的“神圣”归结为独立之精神，自由之信仰，还有谦卑。但是，从罗马帝国接纳神圣罗马的这一刻开始，我们赫然发现，神圣不再。

面对神圣罗马渐渐显露的狰狞面目，神祇罗马发出了这样的质问：“为什么，我们外教人与基督邻居不能和睦相处呢？我们仰面所见，是同样的星辰；并肩所行，是同样的大地。在同一苍穹的覆盖下，每个人自己选择寻求最终真理的道路又有何关系？生存的奥妙玄机莫测，通向答案的道路也不止一条。”

——这就是我们曾经赋予“神圣”的内涵。可是，那些声称要永远追随基督和使徒的人要把其他通向答案的道路全部毁坏。他们没有意识到，自己毁坏的路，包括自己脚下的：从此，“神圣罗马”失落了它的应有之义，徒具形骸。

在后人看来，希帕提娅的殉难意味着“古典世界的消亡”。

……有人说，在蛮族摧毁罗马帝国的狂潮中，基督教保留了古典世界的火种。可他们忘记了，早在蛮族叩开帝国的关隘前，古典世界就已经毁于狂热的基督教徒之手。神殿化为丘墟，大地陷入黑暗——神祇罗马，罗马的一半，罗马的灵魂已死；只剩下另外一半，罗马帝国、罗马的身躯等待着蛮族的铁蹄长刀。

盐野七生将她叙述这段历史的书题名为《基督的胜利》。在我看来，显然是误读了。耶稣说：“我是好牧人，我认识我的羊，我的羊也认识我，正如父认识我，我也认识父一样；我为羊舍掉我的性命。”对一位好牧人来说，他的羊突然变成了狼，朝着没有变成狼的羊张开了血盆大口，又何谈基督的胜利？

胜利的是撒旦，把基督的羊群变成了狼。

基督，还在漫长时光的尽头，在末日审判的那一天，静静地，等待着真正属于他的胜利。

第三章

只为无明不了绝

神圣罗马宗派纷争

chapter three

颤抖的乳房、鲜红的蓓蕾，还有乳头渗出的一滴白色乳汁……一头双目通红的疯牛在栅栏后喘着粗气。我们在“麦风清冷吹”的结尾描绘的一幕，就发生在北非——当年，麦子落满了这片土地。

313年的《米兰敕令》颁布前，神圣罗马受到罗马帝国的打击，而北非被祸最惨。313年后，罗马帝国给予神圣罗马的恩宠，北非又受益最多。多道诏书的颁布，使教会财物可以代代传承。皇帝的恩赐，又带动了善男信女的捐献热潮。教会名下的田产、房舍和金银浮财暴增。“天下熙熙，皆为利来；天下攘攘，皆为利往”。如此巨大的利薮吸引了无数真真假假的信众投身教会。溃烂的血痂招来了一群青蝇。所以，学者以313年为界，先前的基督徒皈依多因信仰，此后是触手可及的利益把信众引到神龛前。

主教们带着累累伤痕走出牢狱，带着惊惶的灵魂走出沙漠，眼前呈现的仿佛是另外一个世界：焕然一新的寺院楼观，阡陌纵横的万顷良田，官吏们恭敬的表情及信众的欢呼、拥吻和奉献出来的金银珠玉……当时，罗马的首富曾放言：如果让我担任罗马主教，明天就皈依基督。

面对鲜血淋漓的十字架和安德烈十字架，还有朗基努斯的长矛、斗兽场上的狮吻和疯牛，基督徒们昂首挺胸。因为基督的血、使徒彼得夕阳下的身影都在指引着他们。让我们重温《新约·约翰福音》里耶稣的话吧：“一粒麦子不落在地里死了，仍旧是一粒。若死了，就结出许多籽粒来。”

当暴虐无明的帝国之风终于停歇了下来，麦子不死，籽粒不结！面对皇恩浩荡，谁能真正坚持独立之精神、自由之信仰，还有谦卑的姿态？

眼前富贵荣华，是魔鬼撒旦的罗网，不像皇帝的屠刀那么刚硬，而是柔软的，将基督徒悄悄禁锢而不自觉。许多基督徒惶恐了，迷惘了，唯恐一不小心失去了真正的自我。当无数或真或假的信徒涌入通都大邑的教堂，真正的基督徒却悄然离去，走进了山林、洞穴和沙漠，一住就是十几年，甚至几十年。他们中最著名的，是安东尼。

阿塔纳西乌斯宗主教——这段故事的主角后来为那位苦行僧立传，使我们可以详细地了解他的行迹。

父母早亡，使年幼的安东尼继承万贯家财。如果没有对基督的信仰，他将作为一名富家翁，在尼罗河西岸一处宁静乡村度过平凡人的一生。可是，《新约·马太福音》里的一段话改变了安东尼：“你若愿意成为完人，就变卖你所有的，分给穷苦民众。财富在天上，你还是随我而来。”安东尼决意听从教诲，散尽家财，只为年幼的妹妹留下一点，确保她衣食无忧。后来，连这点仅存的财富也被他放弃了。因为基督说过："不要为明天担忧。"

将妹妹托付给教会教养后，安东尼只身出走。他的后半生，是在沙漠的绿洲和墓地的废弃墓穴中度过的。簪蒿席草的修行，使安东尼赢得了圣徒之誉。他不过是当时众多选择了隐修的教士、信众中的一位。仅仅在埃及，就有三万人出走。

——隐修成为一种风气。

当时，最著名的隐修地有两处：一处是小亚细亚腹地荒凉的卡帕多西亚；再有一处，就是北非的撒哈拉沙漠。这里的荒芜和冷寂，和罗马帝国的繁华构成了一组别有意味的对照。

荒野和沙漠中的苦行僧们以贩履织席为生，这样就可以在编织芦苇时吟诵《诗篇》和《新约》。除了衣物和苇席，他们一无所有，依靠粗陋的面饼和果蔬果腹。有些极端虔诚的苦行僧甚至选择了废弃神庙的石柱作为修行之所，几十年端坐柱顶，以此标榜遗世而独立的人生姿态。罗马帝国没有流放他们，隐修教士是为了心目中的神圣罗马而自我流放。正是通过有意识地同扰攘红尘进行切割，他们保持了自己的独立与自由。

正是有这样一群人，我们才坚信神圣罗马依然存在。

这也就意味着，苦行僧们将自己与那些借神圣罗马之名安享富贵、追名逐利的主教和信众进行了切割。在旧有的宗主教、大主教和主教们的教区体系外，出现了许多苦行僧们的寺院和庵堂。他们制定和恪守清规戒律，按使徒保罗的教诲，"不住地祷告"。这些苦行僧的高洁赢得了信众的赞誉，也养成了崖岸自高的性格。他们视主教之位如粪土，不屑一顾。这也就罢了。许多苦行僧自觉高人一等，怀有"举世皆浊我独清"的心态，以基督教真正灵魂导师自居。比起耶稣与使徒那一代人，他们或许是保留了独立与自由，却丢失了谦卑的姿态。更糟糕的是，苦行僧们摒弃了《旧约》与《新约》之外的所有书籍，将他们认为与基督教信仰无关的哲学、文学和艺术均视为有害之物，在绝智弃辩的道路上越走越远。抛弃了当下的社会之后，苦行僧又抛弃了先人的智慧。这造就了一个偏执和愚蠢的群体，最终被他们鄙视的那些主教们玩弄于股掌之间。

还记得教会法老提阿非罗手下如狼似虎的五百云游僧兵么？还有伏尔泰口中

“西里尔的光头猎狗”，他们就是来自沙漠的苦行僧。提阿非罗和西里尔这样披着法衣的神奸巨蠹轻而易举地煽动起这些人的宗教狂热，对抗官府，残害百姓，无瑕的星辰希帕提娅就陨落在他们手上。

苦行僧们从红尘俗世中出走，是神圣罗马分裂的一种形式。分裂的两派所追求的并非同一目标，所以没有形成剧烈冲突。但是，留在红尘中的名利之徒也分裂了，他们的较量就远不是如此平和的。为了争夺罗马帝国恩赐的这场泼天富贵，基督徒揎拳捋袖，头破血流。

在历次教难中，众多基督徒在罗马帝国的屠刀下屈服：向万神教献祭的，被称为“悖道者”；而将经书上缴朝廷的，是“弃经者”。他们身负污点，被教难中坚持自己信仰的基督徒所鄙薄。如何对待这些人，一直是困扰教会的一大难题。有人持宽大态度，认为只要罪人真心忏悔，教会就应当接纳他们；也有人认为，叛教重罪只有神才能赦免，拒绝宽恕。

在这个沉重的话题背后隐藏的，无非名与利。

在教难中冒着被朝廷迫害风险、恪守信条的基督徒自觉苦尽甘来，要独占眼下的利益，不肯让悖道者和弃经者分润。可是，悖道者和弃经者人数众多，摒弃他们又让另一些基督徒觉得有损自己的势力。特别要注意的是，当年教难的矛头直指教会巨擘、名流，他们面对的压力，要远远大于寻常教众。所以，这些曾经执掌教会的当权人物沦为悖道者和弃经者的特别多；就算他们自己没有悖道、弃经，与之休戚与共的党羽屈服官府的不在少数。这些都成了污点。当年被边缘化的基督徒不是朝廷打击的重点，更容易逃避迫害，悖道、弃经者也就少得多。当劫难终了，他们自然要强调自己的纯洁和他人的污秽，试图颠覆神圣罗马原有的权力格局。可既得利益者又岂甘因为所谓污点，就将地位、权力和利益拱手相让？

这一次，又是北非上演了最激烈的名利之争——双方的目标是迦太基主教之位。

北非是帝国最富庶的地方，教徒奉献给教会的田产、财物非常可观。这些又都全都控制在以迦太基主教为首的教会手中。在西方教会中，迦太基主教仅位列罗马主教之后：名位或有不如，财势却有过之而无不及。富可敌国的财富，刺激着双方展开不死不休的争斗。

在戴克里先教难中，孟苏瑞斯主教持忍让态度。他认为反抗只能刺激朝廷再下狠手，荼毒无辜教众。所以，孟苏瑞斯暂停所有基督教活动，静候狂风暴雨过去。不过，他自己没有交出经文，只是用别的书籍偷梁换柱，交给官府；严格说来，他不算弃经者。有些狂热信徒依然指责孟苏瑞斯贪生怕死。最让他们反感的，是执事凯西里安。他秉孟苏瑞斯之命，严厉禁止基督徒探视被捕者，避免触怒朝廷。被捕的信徒获释后，对凯西里安恨之入骨。

孟苏瑞斯去世后，凯西里安被选为新的迦太基主教。但是，有七十名主教缺席祝圣礼，宣布不承认选举结果。他们的领袖，是来自努米底亚的多纳图。

这场剑拔弩张的争斗还掺杂了地缘因素。

北非的粮食产于努米底亚一带，通过迦太基的港口北运意大利。粮食的收益多半落入迦太基的商人囊中，努米底亚地主所得寥寥。在罗马帝国，他们也毫无话语权。迦太基与罗马沆瀣一气，把持政治权力，视努米底亚人为乡野村夫，一味排挤、打压。所以，两地积怨颇深。

正是在这种背景下，不满此次主教选举的人在努米底亚集会，指责凯西里安屈从暴政，迫害信徒。他们坚称祝圣礼无效。理由是，受邀为凯西里安行祝圣礼的教士中，有一位主教菲利克斯，是众所周知的弃经者。与会主教们据此认为凯西里安就任主教，没有经过合法的祝圣礼，另推马约里努斯为主教。

这次集会本身乌烟瘴气，充满了阴谋、暴力与交易。纷争中还掺杂了凯西里安与马约里努斯的家族私怨。面对努米底亚的挑衅，迦太基教士迅速做出反击，大肆揭发与会主教们的阴私。他们声称七十名主教受一个名叫卢西拉的孀妇蛊惑，犯上作乱。这个妇人与凯西里安私怨颇深，暗地里煽风点火。最致命的是，指责菲利克斯是弃经者的努米底亚主教中，有好几位自己才是真正的弃经者，有的甚至是悖道者。他们的领袖之一普尔普里乌斯更是恶贯满盈的暴徒，曾残忍杀害过两个侄子。对这些无法抹去的污点，他的同党视而不见。

就算是凯西里安的反对者中，也有不少人不以多纳图为然。蒂孔尼乌斯就直言不讳：只有到末日审判时才能分辨孰正孰邪，就像麦子和稗子，只有到了收割时才能区分；多纳图又何必代替神，去给别人定罪。

拥护马约里努斯的教士根本就不听，反将蒂孔尼乌斯开革了。

缺乏基督的宽容之爱，使基督徒们陷入了党同伐异的泥沼。迦太基教会出现了两位主教，互相攻讦，信徒彼此仇视。正如《新约·雅各书》里说的："在何处有嫉妒纷争，就在何处有扰乱和各样的坏事。"

这时候，反对凯西里安的主教们想到了皇帝。

冈萨雷斯教授在《基督教史》里提到过，"在最初几百年，赢得争论的唯一方法是缜密的论证和圣洁的生活。"但是，情况开始发生变化了。基督教的合法化使得基督徒们的神学争论有条件乞灵于皇帝的威权。多纳图一派毫不犹豫地这么做了，试图靠皇权来制服凯西里安。

获悉迦太基主教纷争后，君士坦丁命罗马主教米尔提亚德斯会同高卢的三位主教研判案情。米尔提亚德斯觉得事关重大，索性广邀意大利的十五位主教到罗马，共商案情。

历史上，东方教会倾向于严惩悖道者，轻罚弃经者。西方教会的情形比较复杂。在德西乌斯教难后，罗马教会的司铎诺瓦提安是鼓吹严惩的领袖。不过，他在主教选举中败给了克内里。从此，西方教会宽恕悖道弃经者的论点占了上风。在戴克里先教难中，罗马主教马瑟里努斯就曾上缴经书，是历史上最著名的弃经者。但是，他并未遭到过分的非难。所以，研判案情的十六位意大利主教最终的裁定没有支持多纳图。诸位主教认为，祝圣是否有效，在于参加者的身份是否为主教，与个人道德品质无关。菲利克斯位居主教，为凯西里安祝圣，并无不妥。

多纳图一党不甘失败，再次奏请皇帝御裁。

314年，君士坦丁给卷入纷争的官员写了一封信，声称将尘世之事都托付给朝廷，是神的旨意。他决心了断这段公案，以免无休止的争论惊动神明。如果说君士坦丁上次还是通过授权罗马主教为首的意大利教士行使裁决权，多少掩盖了直接插手神圣罗马的企图，这一次，他径直命阿非利加郡守厄里安努斯这样的世俗官吏来复核案情，赤裸裸地表明：皇帝决意借这场纷争，成为凌驾于神圣罗马之上的最终裁决者。

结果，菲利克斯主教被认定并非悖道弃经者，他的祝圣有效。几经踌躇后，君士坦丁裁定凯西里安为迦太基主教。

此时，马约里努斯已经亡故。他的拥护者们推举多纳图为主教，继续对抗凯西里安，被称为“多纳图宗”。他们的坚持，伤害了朝廷的脸面。被触怒的君士坦丁下旨驱逐多纳图宗信众。

对自命高洁的多纳图宗来说，这是教难结束后的教难。帝王的镇压反而激起了更疯狂的反抗。他们将君士坦丁视为暴君，是魔鬼追随者，因此揭竿而起。尽管多纳图宗言行不一，却赢得了北非众多底层民众的支持，自有原因。

对神圣罗马与罗马帝国合流，百姓早已心怀不满。在被罗马帝国残酷镇压的三百年中，基督教一直是流传于底层的宗教。耶稣是木匠、彼得是渔夫，还有贩夫走卒、风尘俗吏……他们都是从底层走来的。没有底层信众的支持，神圣罗马的独立与自由无从谈起。耶稣一生中的多数时间都混迹于穷苦贫病、鳏寡孤独的苦命人中间，正是遵循了他的教诲，安东尼才散尽家财，扶危济困。

《你往何处去》中，使徒保罗曾经问尼禄的大臣裴特罗纽斯：“你们的皇帝要是成了基督教教徒，你们不是可以感到更加安全，对你们的财产不是可以更加放心，不用整天那么害怕，也不用为明天而担忧了吗？”

现在，保罗的假设变成了现实。可罗马的芸芸众生是不是真的摆脱了尼禄暴政下朝不保夕的惶恐呢？

君士坦丁改弦更张，不过是将吸吮民脂民膏的上位者从朝廷扩大到教会。昔日满口平等、仁爱的主教、司铎转眼就把贫苦百姓抛诸脑后，与官吏们沆瀣一气，狼狈为奸。他们锦衣玉食，高卧玉堂金屋，可使徒保罗允诺的平安喜乐呢？依然不属于百姓。

更让人不平的是，豪门权贵们在罗马帝国镇压神圣罗马时袖手旁观，甚至为虎作伥。因为他们属于神祇罗马。等到教难结束，这些人摇身一变，成了道貌岸然的主教和貌似虔诚的信徒，瓜分属于神圣罗马的荣光与财富。

底层百姓也许不在乎悖道弃经者的污点，迦太基主教之争，却需要一个反抗的理由、一支可以追随的力量。

当时，北非的底层摩尔人有一支反朝廷、杀贪官的极端力量，自号“基督战士”。

多纳图也是摩尔人，很快就与之合流。这就诞生了多纳图宗的极端派别“圣墓宗”。

阴气森森的墓地，就是这个派别的聚集地。

这里埋葬着罗马帝国发动教难时殉难者的骨骸。他们是暴力的牺牲品，可是他们的墓碑却成了圣墓宗滥用暴力的精神支柱。这些人打家劫舍、放火杀人，以神圣罗马之名行魔鬼之恶。他们奉德尔图良的名言“殉道者在地上的死亡日，实际上是他们在天国的诞生日”为圭臬，鼓吹恐怖和暴力，搅起漫天风雨。

几年后，不胜其扰的君士坦丁颁布赦免诏，试图缓和矛盾。多纳图宗并不领情，在336年集结，与会主教达二百七十人之多。原本隐居沙漠的许多苦行僧此时也加入了多纳图宗，聚集在反罗马帝国的旗帜下。他们自诩是纯洁的殉道者教会，而将接纳悖道者和弃经者的教会贬低为“污点教会”，与之割席绝交。这与君士坦丁一统神圣罗马的愿望相悖。所以，忍无可忍的皇帝再次下旨流放多纳图宗信众。

更让君士坦丁震怒的是，多纳图宗声称朝廷无权介入教会。他们浑然忘了，正是自己最先将这场教会内的纷争呈报皇帝裁决，只是在结果不如意后，这些人才拒绝服判。在此后的几百年里，多纳图宗一直以罗马帝国的对立面存在于历史。

多纳图宗对抗朝廷

但是，这种对立不同于早先神圣罗马与罗马帝国的对峙。我相信，没有多纳图宗，罗马帝国也会插手神圣罗马。但是，多纳图宗的罪孽并不因此稍减。皇权干预教会，他们是始作俑者。以独立之精神、自由之信仰结构起来的神圣罗马大厦将倾。

迦太基雨覆云翻之日，东边的亚历山大里亚同样是鸮鸣鼠暴，纷乱如麻。

在戴克里先皇帝掀起的那场残酷教难中，亚历山大里亚主教彼得停止了城里所有基督教活动，暂避锋芒。局势日渐凶险，每日都有基督徒殉难的噩耗传来。为躲避搜捕，彼得主教仓皇出走。城中教徒群龙无首，陷入一片混乱。此时，南埃及的莱克波里主教米利都恰好身在亚历山大里亚，见此乱局，挺身而出，接管了主教权柄。获悉大权旁落后，彼得大惊，匆忙折回亚历山大里亚，以米利都窃夺权位为由，对他课以绝罚，也就是开除教籍。不甘受辱的米利都率拥戴自己的信徒另建教会，与彼得分庭抗礼。

就这样，神圣罗马在非洲的领袖之位也成了两派信众争夺的对象。

在这场争斗中，有一个人远比彼得和米利都更值得我们关注。他的名字叫阿里乌斯，也是摩尔人，故乡在北非的利比亚。阿里乌斯风度谈吐均让人折服，洁身自好，平易近人，再加上学识渊博，深受信众尊重。就连反对者也承认这位司铎极具个人魅力。阿里乌斯认为彼得主教在教难中贪生怕死，擅离职守，事后对米利都的处置又霸道无理。彼得恼羞成怒，将阿里乌斯的教职也革除了。

等到彼得被罗马皇帝戴克里先杀害，温和的阿基里斯接任主教，阿里乌斯的处境才有所好转，重新担任司铎。但是，很多教士仇视他，因为阿里乌斯拉开了基督教史上最重要的一次教义之争大幕。

我们知道，所有基督徒都承认，世上只有唯一的神。如果他们的圣父耶和华为神，那圣子耶稣又是什么呢？

安条克和亚历山大里亚分别为罗马帝国在地中海东岸和南岸的名城大邑，从埃及和叙利亚两种文化背景下来解释这个问题：亚历山大里亚持“三位一体”论，认为神是唯一的，圣父、圣子与圣灵是他的三个位格；但是，安条克城的基督徒多认为只有圣父才是神，而圣子耶稣是人。

神的本质，无疑是神学中最根本的问题。围绕着这个问题形成的分裂，是根本分裂。

早年，阿里乌斯负笈求学于安条克，是安条克学派宗师保罗的再传弟子。所以，他不认同流行于亚历山大里亚的“三位一体”论，还将安条克的旧说加以发挥，蔚然自成一家。

在基督教创立之初，耶稣本人并未自称为神。他的门徒们也没有视他为神。在他们的言论和书信中，这样的例证比比皆是。比如《新约·约翰福音》里，耶稣说“因为父是比我大的”；被钉十字架前，他的祈祷是“不要照我的意思，只要照你的意思”；十字架上受难的耶稣发出了这样的呼喊：“神呀神，你为什么离弃我！”他在向谁诉说，是自己，还是高于自己的神？待到耶稣被接到天上，坐在耶和华的右边……此时，本没有“圣父”与“圣子”一体之说。

时移事往，基督徒们开始狂热地神化耶稣，谁将创教者抬得越高，就越显得虔诚。反过来，谁不承认耶稣为神，谁就会成为万众唾弃的叛逆。对人云亦云的寻常信众来说，耶稣是神，还是心悟神意、身具神通的人，本无太大区别。对以钻研经典的基督徒来说，一个不容回避的矛盾就摆到了面前：基督教明明是一神教，又如何容得下耶稣与耶和华两位神明？

有些神学家借用了希腊古典哲学中一堆术语，如“位格”“本性”“存在”等，创“三位一体”说，称耶和华与耶稣是同一位神，掩盖神化耶稣与一神教之间的矛盾。像阿里乌斯这样的人则恪守基督教的一神原则，在卷帙繁多的经典中寻找文字，来证明自己是正确的。在他眼中，圣父自虚无中创造了圣灵，并借圣灵创造了世界；圣子也为圣父所创造，以拯救世界，是被造者中最先和最高者，被尊称为神，但不是神。

阿里乌斯与亚历山大争执的背后，是亚历山大里亚与安条克两城在神学上的分歧：安条克学派遵循字面解经法，强调经文的字面意思，我注经文，反对任意发挥；亚历山大里亚学派却鼓吹寓意解经法，脱离文字束缚，经文注我，喜好揣测经文纸面背后所谓的“寓意”，抨击安条克学派是“寻章摘句老雕虫”。

——两派的纷争由来已久，现在因阿里乌斯的出现而激化。

自负洞明真理的阿里乌斯将自己的见解写成了朗朗上口的诗歌，在亚历山大

三位一体

里亚四处传唱，走卒健仆、渔民水手无不耳熟能详。这就触怒了亚历山大里亚教会的当权者。他们污言秽语，指责阿基里斯主教纵容、庇护阿里乌斯，违背殉道的前主教彼得的生前愿望。阿基里斯不堪忍受辱骂，挂冠而去。新的主教名叫亚历山大。

遥想一千七百年前静谧的一个午后，亚历山大主教凭栏临风，寂寞地眺望着远方沧海的涛生云灭。百无聊赖之际，他突然被沙滩上一群黄口小儿吸引了目光。孩子们正在模仿主教洗礼。让亚历山大感到惊讶的是，一个其貌不扬、肤色黝黑的孩子扮演着施洗者的角色，竟然一丝不苟，中规中矩，对礼仪的熟悉程度超过了多数成年人。从黝黑肤色和埃及土著口音看，这个孩子不太可能来自上流社会。可他的专注打动了主教，亚历山大决定将早慧的孩子收入门下。他也没有想到，此举将影响未来几十年的历史。亚历山大无意中为阿里乌斯选定了一位命定的宿敌——阿塔纳西乌斯。

五年后，亚历山大与阿里乌斯就圣父与圣子是否一体再起争执。阿里乌斯拂袖而去。次日，他的拥趸涌上街衢，抗议主教仗势欺人。亚历山大于 321 年召集一百名主教，指责阿里乌斯所持理论是“贫民的一位一体论”的歪理邪说，再次革除了他的司铎之职。同时，支持阿里乌斯的两位主教、六位司铎和六位执事也被罢黜。亚历山大里亚已无阿里乌斯容身之处，他不得不北走尼科米底亚，投奔同窗挚友尤西比乌主教。

在教界，阿里乌斯不乏支持者。当年，他曾为莱克波里主教米利都仗义执言。米利都派正同亚历山大争夺主教之位，这次自然与阿里乌斯同仇敌忾。他们甚至想推举阿里乌斯为亚历山大里亚主教。许多低阶教职人士不满高踞上位的主教滥用权势，打压异己，对阿里乌斯同样抱有极大好感。出自安条克学派一脉的基督徒更是公然声援。高阶教士中，阿里乌斯也不乏支持者。除了同窗密友尤西比乌外，还有同名的恺撒里亚主教，都赞同阿里乌斯。前者是陪都尼科米底亚主教，在朝廷中交游广泛；后者是当时最负盛名的史学巨擘。他们的名望、权势，足以抗衡亚历山大主教。

神圣罗马陷入空前的分裂危机，终于惊动了朝廷。

此时，君士坦丁刚刚击败了李锡尼，将东罗马纳入版图。他深知亚历山大里亚教会的争论如果不平息，就会席卷整个教会。这并非君士坦丁所愿。政治上大一统的皇帝需要一个大一统的教会，并且臣服于自己。所以，君士坦丁泼墨挥毫，分别致信亚历山大与阿里乌斯。在信中，他将这场争论概括为一位大主教故弄玄虚地提出了一个问题，而一位自以为是的司铎自不量力地给出了答案。皇帝奉劝双方效法希腊先贤，理性争论。

真正的义理之争应该是心平气和的。连一介武夫出身的君士坦丁也看穿了阿里乌斯与亚历山大已陷入意气之争。不过，他高估了皇权的影响力。两位争论者对自己的神学造诣十分自负，在他们眼中，皇帝不过是红尘中庸庸碌碌的寻常信徒，玄奥的神学争议岂容他置喙？亚历山大四处联络同道，要压服对手；阿里乌斯则闭门著书，阐释自己胸中的真理，派人分送四方。后来，他的门徒将这些文章汇编为书，题为《盛筵》。

为了平息纷争，君士坦丁决定在小亚细亚的安卡拉城举行大会，东方主教踊跃出席，西方的主教因路途迢递，大多缺席。不过，米兰主教、高卢主教，还有迦太基主教凯西里安这些显赫人物均亲身与会。接替米尔提亚德斯荣任罗马主教的西尔维斯特没有亲临，但派两位司铎为特使。

大会之前，君士坦丁特意派主管教务的太常卿霍西乌斯了解案情。此人是伊比利亚半岛的科尔多瓦主教，和其他西方主教一样，服膺“三位一体”说。他的结论自然不可能对阿里乌斯有利。霍西乌斯主教不仅在亚历山大里亚公然支持了亚历山大，还北上安条克，倡议对倾向阿里乌斯的恺撒里亚主教尤西比乌实施绝罚。尤西比乌是史学名家，在教俗两界举足轻重，宫廷中的影响力不在霍西乌斯之下，将他推到对立面，极为不智。不少主教认为这位科尔多瓦主教狐假虎威。

君士坦丁也意识到轻佻的霍西乌斯难以掌控局势，下旨将会址改到毗邻尼科米底亚行宫的尼西亚。在写给主教们的信中，他称自己对神学的分歧全无兴趣，只是希望看到一个统一的教会。在米里维桥，君士坦丁一战定乾坤。现在，他也希望能毕其功于一役，在尼西亚之会上一统神圣罗马。

325 年 5 月 20 日，基督教历史上第一次普世大会在尼西亚拉开帷幕，与会主教人数不详。后来人为了给这次普世大会蒙上光环，称三百一十八名主教亲临尼西亚，与《旧约》中亚伯拉罕时代接受割礼的人数一致。据恺撒里亚主教尤西比乌的记载，亲临大会的皇帝君士坦丁“宛若天降使者”。他撤销了霍西乌斯擅自对恺撒里亚主教尤西比乌做出的惩罚，并指定两人与亚历山大里亚、安条克两大主教轮流主持尼西亚普世大会。身为主角的阿里乌斯只是被废黜的前司铎，无法正式参会。

是的，阿里乌斯没有资格。

耶稣曾经是木匠，彼得是渔夫，而马可是胥吏——真正的神圣罗马是用见识来甄别贤愚不肖的，官阶、身份和门第是罗马帝国的逻辑。现在，那些自称是耶稣信徒、彼得传人的主教们完全陷入了罗马帝国的思维定式，剥夺了下位者平等对话的权利。

与亚历山大主教展开论战的，是阿里乌斯的同窗挚友尼科米底亚主教尤西比乌。两人辩才无碍，势均力敌，均得到二十几名主教旗帜鲜明的支持。其他众多主教作壁上观。不过，他们才是左右大局的真正力量，是对垒双方竭力争取的对象。

有的史籍记载，阿里乌斯曾有机会在普世大会上当众解释自己对耶稣人性与神性的理解。不过，他的声音很快就湮没在一片谩骂和鼓噪声中。一些持三位一体论的主教态度极端，涌上前来，撕毁阿里乌斯手中的文稿，还掌掴阿里乌斯（也有人说，阿里乌斯没有资格与会，在大会中发言，并被撕毁文稿的，是尼科米底亚主教尤西比乌）。行凶之人竟然是美拉主教尼古拉。他素以扶弱济贫闻名，后来被教会尊为圣徒，也是圣诞老人的历史原型。在《新约·马太福音》中，耶稣的教诲是“有人打你的右脸，连左脸也转过来由他打”。现在，自命耶稣信徒的尼古拉是朝着别人的脸，高高扬起了手掌。

刚刚逃过绝罚的恺撒里亚主教尤西比乌提出了自己的信经版本，试图调和阿里乌斯与亚历山大的分歧。他清醒地意识到，要让多数人满意，必须抬高耶稣。所以，尤西比乌对耶稣不吝赞美之词：“神之神，光之光，生命之生命，独生子，首生于一切受造物，在万古之先为父神所生，万物也是藉着他造的。”双方均无异议。借如此冗长拗口的赞美，尤西比乌要回避纠纷的要害：耶稣是人，还是神？

还要悄悄把耶稣置于受造者之列。

可是，亚历山大身边一位身材瘦小的司铎眼露光芒。他就是当年海边模仿洗礼的孩子阿塔纳西乌斯。

这一次远赴尼西亚，亚历山大的这位得意门生随行侍奉。尽管年轻，阿塔纳西乌斯已著有《圣道成肉身》，在埃及基督徒中颇有名望。他一眼窥破恺撒里亚主教版本的要害，挺身而出，在宣称自己赞同尤西比乌的信经，同时，请求加上“耶稣与圣父同质，受生而非被造”云云。

从这一刻起，尤西比乌就意识到，自己小觑了眼前这个肤色黝黑的年轻人。

不承想，阿塔纳西乌斯穷追不舍，竟然提出在信经结尾补上一段反异端的咒诅，也就是要所有信徒诅咒持阿里乌斯观点的人。如此决绝的做法，让双方失去了最后和解的机会。东方教会中，能与开除阿里乌斯的亚历山大里亚教会分庭抗礼的，只有安条克教会。可是，安条克宗主教尤斯塔斯也附和亚历山大之流，这使得尤西比乌在一片喧嚣中显得势单力孤。

在一片鼓噪声中，主持大会的霍西乌斯让人记录下阿塔纳西乌斯修改后的信经，要求与会主教签名。他自己率先提笔。接着，代表罗马教会与会的两位司铎也在纸上签下了名字。为了解决东方教会纷争举行的尼西亚大会，竟然为几个西方教会主教所左右。

这显然不是恺撒里亚主教尤西比乌所希望看到的。被阿塔纳西乌斯修改后的信经面目全非，根本不是他的本意。经过一天的深思熟虑后，尤西比乌违心地在纸上签下了自己的名字。图穷匕见之时，他到底没有坚持到底的勇气。相比之下，另一位尤西比乌要强硬些。虽然他与尼西亚主教提阿格尼迫于压力，在核心问题上妥协了，但两人依旧拒绝接受阿塔纳西乌斯强加在末尾的四条反异端咒诅。

究其本心，君士坦丁根本就不关心耶和华与耶稣是否为一体这样的神学问题。他在意的是，神圣罗马不能在争吵中四分五裂。所以，答案必须是唯一的。

目睹霍西乌斯、亚历山大和阿塔纳西乌斯的强势表现后，君士坦丁决意支持三位一体论。这样，阿里乌斯一派大势已去。尼科米底亚主教尤西比乌和尼西亚主教提阿格尼双双被褫夺教职。几经挣扎后，他们屈服了。

这个时代最有学识的尤西比乌和最工于权谋的尤西比乌都没有坚守住本心，反倒是来自北非的两位利比亚主教坚持到底。最终他们和阿里乌斯一道，被课以绝罚，被放逐到荒凉的伊利里亚的穷山恶水。接着，君士坦丁又下旨焚毁阿里乌斯的著作，谁敢私藏，就将被处死。

焚书、杀人真能禁锢住信仰的自由么？神圣罗马已经走过了三百年血雨腥风，似乎不怕再多走一段。

在君士坦丁的支持下，尼西亚之会制定了统一的戒律，指定了统一的复活节时间，整理了统一的经文，还循旧例，正式承认罗马、亚历山大里亚和安条克的主教为宗主教，位列诸位主教之上，分治欧洲、非洲和亚洲。所以，尼西亚普世大会被基督教徒称为第一次普世大会。对米利都之争，尼西亚之会也进行了调停：米利都一派的基督徒须尊重亚历山大宗主教的权柄，而宗主教不能褫夺米利都一派主教和司铎的职位。

总之，君士坦丁要借尼西亚普世大会，缔造一个尊卑有序、理念相同的基督教会——一个大一统的神圣罗马。

这个愿望最终化为泡影。

尼西亚普世大会之后，米利都之争并没有尘埃落定，更遑论阿里乌斯宗了。与其说大会清算了所谓“异端”，不如说宣告基督教就此分裂为“阿里乌斯宗”，还有与之对立的“尼西亚宗”。

这次普世大会，也成了尼科米底亚主教尤西比乌人生的一个转折点。

就如冈萨雷斯在《基督教史》中所说，尤西比乌可能始终相信，只要清楚地阐明了他的教义，他就能说服出席的所有主教。可是，迎接尤西比乌的是愤怒的咆哮：“你说谎！亵渎神明！异端！”他精心准备的讲稿被撕毁，践踏在脚下。最终，尤西比乌在尼西亚信经上违心地签下了自己的名字。他不肯就此屈服。时隔一个月，尤西比乌公然与阿里乌斯携手出现在教堂，同领圣餐，以这种方式表达自己对同窗挚友的支持和对信仰的坚持。为了惩罚尤西比乌的胆大妄为，君士坦丁将他放逐了。

这一刻起，独立和自由的信仰者尤西比乌死了，一个玩弄权术、颠倒黑白的

阿里乌斯宗在第一次尼西亚普世大会上败北

政客尤西比乌粉墨登场。

这样的转变，深刻地造成了接下来半个世纪的神圣罗马的内部纷争。

尤西比乌需要寻找一个支点，重新撬动已经被尼西亚信经定型的局势，皇帝君士坦丁是最佳选择。可是，尤西比乌暂时无法赢得圣眷，所以，他采取了迂回之策，选择了君士坦提娜长公主。夫婿东帝李锡尼和爱子小李锡尼相继被诛，并没有影响君士坦提娜长公主在宫廷中的显赫地位。君士坦丁对丧子孀居的妹妹大约怀有一份难解的愧疚，给予格外的尊重。在君士坦提娜长公主的进言下，尤西比乌很快就被赦免召还，取代了尼西亚普世大会前表现不佳的科尔多瓦主教霍西乌斯，成为太常卿，执掌教务。

多年尔虞我诈的政治斗争，让君士坦丁的双手沾染了鲜血。仅皇室之中，岳父马克西米利安、内弟马克森提乌斯、妹婿李锡尼父子、继后福斯塔……甚至长子克里斯普斯都死在他的屠刀下。上了年纪后，君士坦丁外惭清议、内疚神明，如何洗去一身罪孽已成他的心病了。尤西比乌揣摩上意，进言称，洗礼可以洗涤罪孽。至于受洗的时间，他认为是临终前。尤西比乌告诉君士坦丁：洗礼的恩典只有一次，受洗时洗去往昔罪孽，受洗之后不慎犯下的罪孽却无法洗去；在人生的尽头受洗，这位尼科米底亚主教可以让他清清白白地魂归天国……

尤西比乌蛊惑君士坦丁用一种投机取巧的方法，来替代真诚的忏悔，使皇帝放下了压在心头的巨石。为了回报他的体贴，君士坦丁给予尤西比乌极大恩宠。从此，他在朝廷中的地位无法撼动。

经过尼西亚的挫折后，尤西比乌不再咬文嚼字，同尼西亚宗纠缠于义理之争。他将阿里乌斯的义理之争转变为权势之争。争斗的关键不是逻辑，而是

——人事。对阿里乌斯、尤西比乌等安条克学派一脉，安条克宗主教尤斯塔斯在尼西亚普世大会上没有雪中送炭，反而落井下石。这是阿里乌斯宗落败的关键。所以，尤西比乌决定拿这位宗主教祭旗。很快，尤斯塔斯就被控私行不检，还对海伦娜太后语出不逊。结果，朝廷将他流放，永不放还。接着，尼西亚宗另一巨擘安卡拉主教马吉罗也同遭厄运。接下来，尤西比乌将矛头指向了风头最劲的阿塔纳西乌斯。

就在尤西比乌被赦免的同一年，亚历山大病殁。阿塔纳西乌斯接任亚历山大里亚宗主教，可谓众望所归。他本人似乎无意于此，一度隐居沙漠，与苦行僧为伍。据说，著名的苦行僧安东尼还以自己的披肩相赠。这段渊源，也使阿塔纳西乌斯赢得埃及沙漠众多苦行僧的支持。直到数周后，他才在教士、信徒的支持下勉强升座。

在尤西比乌的游说下，君士坦丁对阿里乌斯宗已无多少反感。对他来说，两

大宗派和解，消除分裂才是最理想的。所以，君士坦丁御笔亲书，希望新任宗主教阿塔纳西乌斯能允许阿里乌斯重返亚历山大里亚城，却遭断然拒绝。君士坦丁不得已，只好召他入觐，再次劝说，依然无果。

这让尤西比乌意识到，阿塔纳西乌斯是阿里乌斯宗翻盘最大的障碍。

亚历山大里亚宗主教两度违逆圣意，皇帝已经十分不满，曾蔑称其为愚蠢的黑侏儒。尤西比乌需要的只是一个借口。此时，米利都一派同阿塔纳西乌斯的矛盾更加尖锐，彼此攻讦不断。鹬蚌相争，给了尤西比乌渔翁得利的良机。阿塔纳西乌斯愤然赴京，却一直无法觐见皇帝。最后，他在跸道上拦下御驾。这一鲁莽的举动让君士坦丁对阿塔纳西乌斯恶感更深，认定他是一名不可理喻的狂热教徒。所以，尤西比乌揭发阿塔纳西乌斯对君士坦丁心怀怨尤，试图煽动埃及平民阻断粮道时，皇帝深信不疑。

尼罗河下游是天下粮仓。京畿漕运，完全仰赖这里的供给。如果埃及动乱，整个罗马帝国将陷入危机。这一攻讦，触了君士坦丁的逆鳞。他愤然下旨，将阿塔纳西乌斯流放到莱茵河畔的特里尔城。

尼西亚普世大会后不过数年，三大宗主教，被逐两位。不得不说，尤西比乌心机、手腕均称一流，翻手为云覆手为雨，率领阿里乌斯宗东山再起。他自己更是权势熏天，让人侧目。君士坦丁下旨，将编纂基督教经卷的重任托付给尤西比乌。这就意味着，他可以将阿里乌斯宗的观点融入经卷。依靠权术，尤西比乌摆脱了尼西亚失败的阴影。此刻的他风光无限，俨然执神圣罗马之牛耳。但是，党同伐异也让两大宗派的斗争从义理之辩彻底堕落为权谋之争。

正如《旧约·箴言》里说的，“远离纷争是人的尊荣；愚妄人都爱争闹。”这场以阿里乌斯之名进行的教派之争，他本人倒渐渐成了局外人。

阿塔纳西乌斯被放逐后，阿里乌斯回到亚历山大里亚，发现自己依然是不受欢迎的人，只能黯然北返君士坦丁堡。迟暮之年的智者自知此生无望重返故乡。在阿里乌斯宗信徒眼中，只有权势赫赫的天子近臣尤西比乌、大主教尤西比乌。至于阿里乌斯本人，不过是蠖屈不伸的小小司铎，在多年前就被废黜。谁会关心他的生死苦乐？

一代宗师客死京城，无声无息。

青山泪湿，同是天涯——尼西亚之会上针锋相对的两个人，一死一逐，在各自的天涯各自吞下满满的酸楚。

阿塔纳西乌斯被放逐边城的同一年，正逢君士坦丁登基三十年，敕建圣墓堂也在耶路撒冷落成。皇帝下旨，召东方主教出席盛典，同时也允许阿里乌斯宗教士与会。显然，志得意满的君士坦丁想借此营造出四海升平的祥和氛围。安卡拉主教马尔克鲁斯知悉阿里乌斯宗也在受邀之列后，拒绝奉召出席。尤西比乌立刻唆使党羽指控他“大不敬”。结果，尼西亚宗再折一人。

337 年春，君士坦丁临终前接受洗礼。为皇帝施洗的，正是尤西比乌。换言之，被尼西亚宗奉为大帝的君士坦丁接受的，是阿里乌斯宗的洗礼。

君士坦丁大帝尸骨未寒，他的两位异母兄弟就阖门遇害，凶手是皇子君士坦提乌斯二世。这场宫变，也影响了尼西亚宗与阿里乌斯宗之争。君士坦提乌斯二世敢于悍然杀死两位叔父，最大的依仗就是，先皇遗言称自己被兄弟鸩杀，命皇子们为父报仇。可是，这道 “遗诏”真假难辨。这时候，尤西比乌站出来，力证遗诏真实。为先帝临终施洗的教士身份，使他的证词十分有力。君士坦提乌斯二世得以名正言顺地清洗政敌。尤西比乌显然在这次宫闱喋血事件中扮演了重要角色，甚至可能就是君士坦提乌斯二世的谋主。因年幼逃过一劫的加卢斯和尤里安都被交给他管束，尤西比乌权势之大、圣眷之深可见一斑。339 年，他出任京城君士坦丁堡的大主教。

君士坦丁大帝驾崩后，君士坦丁二世、君士坦提乌斯二世和君士坦斯兄弟三足鼎立。阿塔纳西乌斯遇赦返回亚历山大里亚，是出于君士坦丁二世的旨意。君士坦丁大帝的长子是尊奉尼西亚宗的。不过，他在与弟弟君士坦斯的争斗中兵败身殒。对尼西亚宗来说，这是一个噩耗。在尤西比乌的唆使下，君士坦提乌斯二世下旨，命信仰阿里乌斯宗的格里高利出任亚历山大里亚宗主教。阿塔纳西乌斯的拥护者拒不奉诏。朝廷悍然派出人马，护送新主教升座。亚历山大里亚乱象横生。身处风口浪尖的阿塔纳西乌斯偷渡地中海，北上罗马。

此时，罗马帝国为君士坦提乌斯二世和君士坦斯兄弟东西分治。西帝君士坦斯打败长兄君士坦丁二世后，三分天下有其二，风头还在东帝君士坦提乌斯二世之上。他对阿里乌斯宗并无好感。尼西亚宗信徒纷纷西走，在罗马城蝇攒蚁聚。341 年，罗马宗主教尤里乌斯集结教士，公开为尤西比乌排挤的阿塔纳西乌斯和前安卡拉主教马吉罗鸣冤。

但是，另有九十七位东方教会的主教齐聚安条克，指责马吉罗的学说是借“三位一体”说之形，藏“神格一位论”之实，也是异端邪说。其实，他们是要表达自己对罗马宗主教尤里乌斯插手东方教务的不满。无论是亚历山大里亚，还是安卡拉，都是东方教区，凭什么要西方的罗马宗主教来评判是非曲直？东方的主教们不承认罗马宗主教居高临下，凌驾于他们之上。

这时候，有谁还顾及三位一体教义的对错？过于惨烈的斗争已经无法简单地定义好与坏。

借着安条克大会的声势，东帝君士坦提乌斯二世严旨斥责西方教会，并下诏废止尼西亚信经。

在罗马帝国东西分治后，神圣罗马也出现了东西分裂的最初裂痕。

到了 341 年冬，阿里乌斯宗的旗帜性人物尤西比乌病故。君士坦丁堡主教之席空缺。自问有资格染指法座之人非常多。阿里乌斯宗教士争权夺利，使东方教会陷入危机。尼西亚宗才获得了喘息之机。

就在此时，阿塔纳西乌斯西游伊比利亚半岛，拜会隐居在科尔多瓦的尼西亚宗另一巨擘霍西乌斯。在他的鼓动下，耄耋之年的霍西乌斯上书东帝君士坦提乌斯二世，要求再度集结，解决宗派纷争。罗马宗主教尤里乌斯桴鼓相应，向西帝进言。这样，东西二帝下诏在萨迪卡，也就是后世保加利亚的索菲亚集结主教。继尼西亚普世大会之后，霍西乌斯主教再度成为主持。

围绕着阿塔纳西乌斯和马吉罗能否与会，东西方主教各执一词，互不相让。

三位一体，是东、西尼西亚宗所共同尊奉的，但是，侧重不同：东宗注重三位之分；西宗强调一体之论。在东宗教士看来，马吉罗受西方“一位一体”邪说的感染，背弃了三位之分。反过来，西宗认为东宗过分强调三位之分，容易给主张“三位三体”的阿里乌斯宗可乘之机。所以，他们毫无保留地支持阿里乌斯宗的头号宿敌阿塔纳西乌斯。

结果，东方的诸位主教退席抗议。

萨迪卡大会宣布恢复阿塔纳西乌斯的宗主教之位，还重订戒律教规、通过信经，与会主教集体签名，然后呈送罗马宗主教尤里乌斯审阅。没有东方主教的参与，萨迪卡之会成了西方主教们的自娱自乐。分裂的尼西亚宗也没有能集中力量，对抗阿里乌斯宗。如果说谁的收获最大，莫过于罗马宗主教。

阿塔纳西乌斯复职的议案交尤里乌斯审阅，后来被罗马教会归纳为一个惯例，凡有主教被撤职，都可以向罗马宗主教申诉，由其裁决解职是否有效。解职裁判权，使罗马宗主教得以任意干预其他教会，凌驾于诸位主教之上。这就成了后世教廷权力之滥觞。

东、西二帝也意识到萨迪卡大会不能解决问题，再次居中调停。等阿里乌斯宗的亚历山大里亚宗主教格里高利过世后，东方教会同意阿塔纳西乌斯复职；作为交换，西方教会不再要求马吉罗复任安卡拉主教。这场纷争才暂告一段落。

西帝君士坦斯为大将马格嫩里努斯所弑，君士坦提乌斯二世兴兵讨逆，在穆尔萨迎击对手。大战前夕，当地的主教瓦伦斯以最热切的姿态向神明祷告，祈求王师获胜。君士坦提乌斯二世最终赢得这场战役后，相信自己的胜利是神明赐福。这一战不仅使君士坦提乌斯二世一统天下，也使阿里乌斯宗继续得到罗马帝国的强力支持。因为瓦伦斯主教信奉的，正是阿里乌斯宗。此战之后，他一跃成为朝廷中最炙手可热的人物，风头之盛，不逊于当年的尤西比乌。

本来，君士坦提乌斯二世的妻子尤西比娅是虔诚的尼西亚宗。成为皇后以来，她最大的心病就是不能诞下子嗣。尼西亚宗教士声称祈祷可以求得神的怜悯，可尤西比娅始终梦熊无兆。失望之余，皇后转而皈依阿里乌斯宗。尼西亚宗就此失去了帝、后的支持。

占据上风的阿里乌斯宗自然不会放过宿敌阿塔纳西乌斯。

自复任亚历山大里亚宗主教后，“黑侏儒”已经成为尼西亚宗的旗帜性人物，影响力甚至超过了罗马宗主教。他拒绝接受“圣子与圣父相似”说，也就泯灭了与阿里乌斯宗和解的可能，反将本已如火如荼的宗派之争推向高潮。如此强硬的姿态，触怒了有心统一神圣罗马的朝廷。在瓦伦斯主教的煽动下，君士坦提乌斯二世决意再次罢黜阿塔纳西乌斯。

与东方诸教会不同，西方教会几乎都激烈反对阿里乌斯宗。在出手前，皇帝必须先驯服他们，避免阿塔纳西乌斯挟西方教会自重。为此，君士坦提乌斯二世接连在高卢的阿尔勒与意大利的米兰集结主教。在皇帝的压力下，与会诸僧纷纷谴责阿塔纳西乌斯，接受了“相似说”，放弃了尼西亚宗的“圣子与圣父一体”说。在尼西亚普世大会位列首席的霍西乌斯主教也被迫就范，才避免以近百岁的高龄被流放。罗马宗主教利贝里乌斯遭到放逐。他留出的空缺被君士坦提乌斯二世交给了菲利克斯二世。利贝里乌斯慌了，屈服于皇帝淫威，签署了赞同“相似说”的文书，才被赦回，却不得不与菲利克斯二世共掌罗马教会。

罗马宗主教妥协后，就轮到了亚历山大里亚了。

为了对抗朝廷，阿塔纳西乌斯煽动信徒闹事。不过，君士坦提乌斯二世早有提防，大军压境，将阿里乌斯宗的乔治送上宗主教的法座。阿塔纳西乌斯狼狈出逃，遁入沙漠。

主教独裁滥觞于伊格纳修斯。他强势主宰安条克教会四十年。在朝廷下旨逮问的时候，伊格纳修斯没有逃避，在使徒保罗当年出海传道的港口慨然登船西去。当他听说罗马教会策划营救自己的时候，去信阻止。在信中，伊格纳修斯发出了这样的呐喊：“让一切都来吧！火呀、十字架呀、与野兽搏斗呀……粉身碎骨、鲜血淋漓。我只祈求走向基督。”最后，伊格纳修斯求仁得仁，被斗兽场的饿狮吞噬。

当年，同是亚历山大里亚主教的彼得出走避难，被信众质疑、抛弃，造成了米利都分裂。不管有多少缺陷，他最终还是毅然折返亚历山大里亚，殉教而死……

三百年来，历次教难中有多少主教信众挺身而出，直面朝廷的审判与酷刑，以

尼西亚宗旗帜性人物阿塔纳西乌斯

血捍卫自己的信仰。

阿塔纳西乌斯的专横远过前安条克主教伊格纳修斯，名望高过前亚历山大里亚主教彼得。这种无畏，在他身上却已经看不到了。此时，不是基督教被斥为邪教的年代了。就算阿塔纳西乌斯被捕，朝廷最多也就是将他流放，绝不可能处之极刑。可是，养尊处优的阿塔纳西乌斯远不像他的言辞所夸耀的那么勇敢。这位身负天下之望的尼西亚宗巨擘不断地散布言论，煽动别人去同朝廷对抗，去流血、牺牲，他自己却只敢藏身沙漠混迹于苦行僧中，像丧家之犬般，逃避囹圄之苦、流放之痛……

面对屠刀与狮吻的勇气，终成绝唱。

继亚历山大里亚宗主教乔治升座之后，安条克宗主教也换成了阿里乌斯宗的尤多西斯。在三大宗主教中，阿里乌斯宗占据了两席半。就算如此，它也未能完全压倒尼西亚宗。自阿塔纳西乌斯逃亡沙漠后，领袖尼西亚宗的重任落在安卡拉主教巴西里斯库斯肩上。在君士坦提乌斯二世面前，他与瓦伦斯主教唇枪舌剑，针锋相对。阿里乌斯宗的强势，同样没能结束神圣罗马的分裂。这迫使君士坦提乌斯二世决定再次集结，争取所有主教接受“相似说”，消弭纷争。

西方诸位主教不敢违逆上意，首先抛弃了尼西亚信经。接着，在亚历山大里亚宗主教乔治和安条克宗主教尤多西斯的操纵下，阿里乌斯宗在东方也赢得胜利。360 年，君士坦提乌斯二世召集主教聚集京城。在刚刚调任君士坦丁堡主教的尤多西斯主持下，尼西亚信经按阿里乌斯宗的意见进行了删改。安卡拉主教巴西里斯库斯被罢黜。

正如教士杰罗姆后来所言：“整个世界都在叹息，惊讶地发现自己变成了阿里乌斯宗。”

可这是阿里乌斯宗的胜利么？不是，这是罗马帝国弄臣尤西比乌、瓦伦斯的胜利。这样的胜利如无根漂萍。此时，阿里乌斯宗自身也分裂成三支。其中两支主张耶和华与耶稣本质相似，也就是“相似说”；它们与持“相异说”，强调耶稣只有人性、没有神性的正统阿里乌斯宗也是对立的。

阿里乌斯宗和尼西亚宗沉湎于争斗时，他们共同的敌人已悄然浮现。

和父亲一样，君士坦提乌斯二世在大渐时接受了阿里乌斯宗主教的洗礼，皈依基督教。他驾崩后，堂弟尤里安践祚称帝。这也是历史上最后一位不信奉基督教的罗马皇帝。在他在位的几年中，无论阿里乌斯宗还是尼西亚宗都风光不再，渐渐沉沦。不过，尤里安撤销了君士坦提乌斯二世流放尼西亚宗诸位主教的旨意。阿塔纳西乌斯终于离开了沙漠深处的藏身之所。

重返亚历山大里亚的阿塔纳西乌斯吸取了教训，改变排斥“相似说”的立场，企图分化阿里乌斯宗。合纵连横的手腕，是尼西亚宗在未来的君士坦丁堡普世大会上彻底击败阿里乌斯宗的关键。就权势之争，这或许是明智的策略；可就经学来说，“相似说”本就是建立在父子异体的前提下的。

沉湎于争斗的阿塔纳西乌斯不知不觉背叛了自己。落败者固然失去的信仰自由，获胜者其实同样也没有得到。这就是可悲、可憎和可悲的现世。罗马的神圣已无从说起。

回顾这段历史，我们发现，不管是尤西比乌还是阿塔纳西乌斯我行我素，在对个人功利的追逐和狭隘意气的执迷不悟中，都遗忘了立身、立论的原则。

吸收了“相似说”而形成的模棱两可的观点，被称为“新尼西亚宗”。尼西亚宗因此声势复振。这也引起了尤里安的注意，决心要打压兴风作浪的阿塔纳西乌斯。感觉风声不妙，这位尼西亚宗领袖再次溯尼罗河而上，前往沙漠避难。追捕他的艨艟很快就劈波斩浪，赶了过来。可是，衙役们并不认得大名鼎鼎的阿塔纳西乌斯，还向眼前这个肤黑个矮的科普特土著问路。

“他就在你们前面，如果快些，还能追上。”阿塔纳西乌斯煞有介事地说道——后来，有人吹捧说这个回答很诚实。

衙役们信以为真，匆匆追向前去……

尤里安皇帝驾崩于波斯战场，基督教才在继位的约维安手上重振声势。他恢复了阿塔纳西乌斯的宗主教之职。约维安暴崩后，大将瓦伦提尼安紫袍加身，立兄弟瓦伦斯为共治皇帝。两人东西分治。

东帝瓦伦斯是狂热的阿里乌斯宗信徒，十分仇视尼西亚宗。

在朝廷的扶植下，阿里乌斯宗的卢修斯出任亚历山大里亚宗主教。刚刚遇赦回城的阿塔纳西乌斯再度逃亡，并遭朝廷通缉。这是他一生中的第五次，也是最后一次被逐。卢修斯清洗了亚历山大里亚的尼西亚宗。许多人被驱逐或罢黜。他们哀叹自己如“失去牧羊人的羊群，散落在山谷，听任饿狼吞噬”。

这次，阿塔纳西乌斯本人没有像前两次遁入沙漠，而是选择藏匿在亚历山大里亚郊野，等待追随他的信徒们向皇帝求情的结果。四个月后，东帝瓦伦斯勉强同意宽恕这位尼西亚宗巨擘，条件是他不得擅自离开亚历山大里亚。

就这样，阿塔纳西乌斯得以回到亚历山大里亚，并在那里了却残生。往来千里路常在，聚散十年人不同——他到底累了。

西帝瓦伦提尼安驾崩后，长子格拉提安继位，同时封幼弟瓦伦提尼安二世为共治皇帝，治意大利。瓦伦提尼安二世年方四岁，他的母亲查士丁娜摄政。这位太后同样是虔诚的阿里乌斯宗信徒。在她的庇护下，阿里乌斯宗在西罗马依然风光。但是，东罗马的情形却出现了意想不到的反转。

东帝瓦伦斯在哈德良堡阵亡。狄奥多西登基，成为东罗马新的皇帝。对阿里乌斯宗而言，这绝对是一场噩梦。

自尤西比乌出任君士坦丁堡主教开始，阿里乌斯宗一直在帝都占据上风。当狄奥多西首次莅临新罗马，一切都改变了。这位踌躇满志的新帝信奉尼西亚宗。他勒令信奉阿里乌斯宗的宗主教达摩费鲁斯皈依尼西亚宗，否则就放弃主教法座、府邸和所有的一切。达摩费鲁斯毫不犹豫地踏上了流亡之路。

在这座满是阿里乌斯宗信徒的京城里，狄奥多西用刀剑将尼西亚宗的格里高利送进巍峨的索菲亚教堂。阿里乌斯宗信徒们被无情地扫地出门。这一次，他们才是失去牧羊人的羊群。饿狼的血盆大口正在吞噬一切。

在诅咒、哭泣和吵闹声中，新的君士坦丁堡主教惶惶不安地升座了。后来，他自己都不得不承认这一天的君士坦丁堡“仿佛被风雨侵袭，或者遭到蛮族扫荡，满地狼藉”。

此时，有人在暗中觊觎主教之位。他叫马克西穆斯。此人交游广阔，在京城君士坦丁堡也颇有影响，因反阿里乌斯宗而深受阿塔纳西乌斯器重。阿里乌斯宗的卢修斯出任亚历山大里亚宗主教后，将其鞭笞驱逐。后来，他奔至米兰城，献书西帝格拉提安，得到了一纸赦书。当马克西穆斯取道陆路回亚历山大里亚时，途经君士坦丁堡。因为他曾受阿塔纳西乌斯青睐，格里高利大主教盛情款待了这位名噪一时的人物。可马克西穆斯却喧宾夺主，意图染指君士坦丁堡大主教之位。他自恃为西帝格拉提安看重，四处拉帮结派，根本没有将格里高利放在眼里。在一帮党羽拥戴下，马克西穆斯自封主教，还取得了当时的亚历山大里亚宗主教彼得的支持，声势日炽。君士坦丁堡教会有分裂之虞。

千钧一发之际，东帝狄奥多西出手了，下旨切责伪主教马克西穆斯，将他逐出京城。马克西穆斯惶惶如丧家之犬，再度西走，去投奔罗马宗主教达玛苏斯一世。

达玛苏斯一世无意为这样一个胆大妄为的狂徒开罪东帝。不过，他还是上书狄奥多西，请求集结主教，确认格里高利的主教资格。达玛苏斯一世醉翁之意不在酒。如果确定君士坦丁堡主教的大会是应他之请召开，将彰显罗马宗主教高于诸位主教的不凡地位。无论最后格里高利是否被认定为主教，达玛苏斯一世都可以赢得干预东方教会，彰显自己权威的机会。

狄奥多西本就有意集结主教，彻底清算阿里乌斯宗。收到达玛苏斯一世的奏章后，他便将君士坦丁堡主教人选列入议题。381 年 5 月，一百五十名主教在君士坦丁堡聚首。这是继尼西亚之后的第二次普世大会。与其说主教们关心教义的对错、戒律的立废，不如说多数人更在意自己的教职、私利，将心思都用在揣摩上意、党同伐异上。所以，君士坦丁堡普世大会充斥着粗鲁的争吵。吉本用黄蜂、喜鹊和鹅来比喻这些心胸狭隘、口舌厉害的主教们。真正关心教义的主教无法忍受一片喧嚣，只能退席。

奉旨主持大会的安条克宗主教米力提乌斯突然过世。所以，普世大会改由君士坦丁堡宗主教格里高利主持。

《旧约·箴言》说“暴怒的人，挑启争端；忍怒的人，止息纷争”。作为这个时代罕见的智者，格里高利希望自己就是那止息纷争的人。他冷静地看到东、西方教会之间裂痕隐现，力图弥合。君士坦丁堡大会号称历史上的第二次普世大会，可西方教会竟然无人出席。为了争取他们的认可，格里高利推荐保林努斯继任安条克宗主教，因为此人深受罗马宗主教青睐。但是，许多东方主教认为这是

君士坦丁堡普世大会上阿里乌斯宗一败涂地

对西方教会示弱，群起而攻之。有人甚至质疑他的主教身份。弥合东、西方裂缝的苦心不被理解，让格里高利十分失望。他黯然辞职，归乡隐修。

失去了忍怒的人，君士坦丁堡普世大会更是乌烟瘴气。趋炎附势的主教们推选朝廷重臣聂克塔里乌斯为君士坦丁堡宗主教，接替格里高利主持大会。

君士坦丁堡普世大会再次确认《尼西亚信经》“圣父与圣子同质”的立场，并肯定了圣灵“是从圣父所出，是与圣父圣子同受敬拜尊荣”。换言之，三位一体论得以最终确立。大会结束后，狄奥多西下旨重申，主教须奉《尼西亚—君士坦丁堡信经》，凡违背“三位一体信仰”者皆为异端。

阿里乌斯宗一败涂地。

狄奥多西一世宣布，不肯改宗的阿里乌斯信徒将被从所有寺院庙宇中驱逐出去。在此后的十五年中，皇帝十五次下诏迫害阿里乌斯宗、多纳图宗，还有他眼中的所有异端。不肯信奉尼西亚宗，持“三位一体”论的基督徒被禁止从事待遇优渥的职业，剥夺遗产，佩戴异端标志，忍受奚落和侮辱。举行和资助异端仪式的人将被处十镑黄金的罚锾，直至流放。就连举行仪式的楼宇房舍所有权也将灭失。屡犯者将被处死。狄奥多西甚至禁止任何人与被控传播异端的罪犯交往。这就是在黑暗中世纪赫赫有名的“破门令”之滥觞。他还设置所谓的“圣公所”，专司侦讯、审判和处置异端，是中世纪宗教裁判所的前身。

贵为太后的查士丁娜也无力庇护阿里乌斯宗。她的儿子瓦伦提尼安二世横死塞萨洛尼基后，狄奥多西毫无悬念地一统罗马。阿里乌斯宗已然无望赢得朝廷的支持。在皇权的疯狂碾压下，他们一蹶不振，在罗马帝国境内已是苟延残喘，去日无多。

但是，在罗马帝国之外阿里乌斯宗却是另外一番光景。这依旧种因于那位权势赫赫的尤西比乌。

340年，一群来自西哥特的使臣造访君士坦丁堡。在他们之中，有一位混血儿，名叫乌尔菲拉。他的母亲是希腊人，在西哥特战船洗劫爱琴海沿岸时遭掳掠，嫁人生子。所以，乌尔菲拉身兼西哥特和希腊血统，熟谙两种语言和两种文化。此时，君士坦丁堡主教就是尤西比乌。受他的熏陶，乌尔菲拉信奉阿里乌斯宗，并在第二年接受了祝圣礼，成为历史上第一位蛮族主教。

此前，西哥特，乃至所有蛮族以天地日月、星辰山川，乃至草木鸟兽为神，保留着上古迷信之风。自250年袭扰罗马帝国开始，他们可能通过被俘虏的罗马人接触到基督教，不过信众寥寥。乌尔菲拉以主教身份回西哥特传教，还曾不止一次遭到祭司迫害。不过，他没有气馁。

西哥特人不懂希伯来文、希腊文和拉丁文，无法诵读《旧约》和《新约》。现在，乌尔菲拉利用希腊字母，为哥特人创造出了文字，用来翻译这些基督教经典。西哥特成为第一个拥有文字的蛮族。他们用这种哥特文来阅读经文，从而走进了神圣罗马。直到今天，我们还可以看到乌尔菲拉翻译的哥特经文被用金银制作的字母镶嵌在紫纸丹书上。乌尔菲拉的译文文笔隽永、用词典雅，让哥特人折服。他的名声很快就超越西哥特，传扬到蛮族诸部。东哥特人、格皮德人也在西哥特的熏陶下纷纷改宗；接着是法兰克人、勃艮第人、汪达尔人……自然，这些蛮族接受的，是乌尔菲拉所奉的阿里乌斯宗教义。

就在乌尔菲拉行祝圣礼的那一年冬天，权倾天下的尤西比乌一瞑不视。他再怎么也不会想到，自己穷半生之力，机关算尽才维持住局面的阿里乌斯宗最终会一败涂地，要靠眼前这个身具一半哥特血统的年轻人，才得以延续下去。

皇帝狄奥多西的鼎力支持，使尼西亚宗在罗马帝国完胜阿里乌斯宗。然而，这还远不是结局。北方蛮族，带着他们的阿里乌斯宗信仰，很快就要叩开帝国的大门了。耶稣说过：“凡一国自相纷争，就成为荒场；凡一家自相纷争，就必败落。”

随着蛮族如狂飙、如怒潮般涌入罗马，尼西亚宗和阿里乌斯宗的角逐很快就要以另外一种形式上演。这是狄奥多西大帝如日中天的权力与乌尔菲拉主教春风化雨般的教化在隔空较量。罗马帝国将会崩溃，而神圣罗马又将如何面对一个天翻地覆的时代?

我们拭目以待。

第四章

chapter four

国破君亡不记年

罗马帝国在西方覆灭

“陛下，罗马丢了！”

霍诺里乌斯在宦官尖锐的嗓音中惊醒了，满脸倦容地抬起头来。这位西罗马皇帝年方二十六岁，却有着早衰的身躯和颓废的灵魂。宴饮、畋猎和女色他似乎都没有兴趣，霍诺里乌斯最大的消遣竟然是饲养家禽。先皇狄奥多西一世驾崩时，他不过十一岁。按照父亲的遗旨，罗马帝国再次一分为二：十七岁的兄长阿尔卡狄乌斯任东帝，霍诺里乌斯则得到了西方半壁。生于深宫之中、长于妇人之手的两位少年皇帝一个仿佛老僧般醉心神学，一个像村野老妪似的喜欢饲养家禽——不同的爱好，一样的昏聩无能。戎马半生的狄奥多西没有遗传给儿子一星半点英武气息。

听说罗马丢了，霍诺里乌斯不快地抛过来一句话：“这不可能！”

报信的宦官有些不解地抬起头来，望着半梦半醒之间的西帝。不到两年时间，两次烽火照西京。这番围城长达八个多月。罗马城外无援兵、内无粮草，沦陷只不过是时间问题。就在刚才，绝尘快马把城破噩耗带到拉文纳城。可是，足不出户的西帝何以如此肯定京城罗马没有丢？

只听霍诺里乌斯慢条斯理地说：“刚才它还在我手上啄食……”

霍诺里乌斯的鸡

宦官这才恍然大悟：原来，皇帝说的是他的宠物。仿佛为了验证霍诺里乌斯的话，一只红冠绿羽的锦鸡悠然地从墙角踱了过来，口中还发出“咕咕”的叫声——它的名字也叫“罗马”。

我们说的罗马，不是这只五彩斑斓到浅薄的山鸡，是以苍狼为开端、苍鹰为图腾的一段神话，是天地灵气之所钟，是百蛮饮泽、万国来王的天朝上国。它东抵幼发拉底河，西临大洋，南邻撒哈拉大沙漠，而多瑙河、莱茵河就是它的北界。

两河的分水岭在万木森然的黑林山。莱茵河出康斯坦茨湖后，从黑林山绕道西麓北流。黑林山与孚日山脉包夹出莱茵河谷，也就是阿尔萨斯。北出河谷后，莱茵河从阿登高原东侧流过，先后汇入摩泽尔河与马斯河，最后北流入海。

多瑙河则源出黑林山东麓，沿着阿尔卑斯山北侧的巴伐利亚高原浩荡东去，流入阿尔卑斯山脉、喀尔巴阡山脉、巴伐利亚高原与波希米亚高地围出的维也纳盆地；再往东，就是自阿尔卑斯和喀尔巴阡两山之间穿过的峡谷“匈牙利门”。多瑙河经峡谷东流入喀尔巴阡盆地。盆地西有阿尔卑斯山脉；南有迪纳拉山脉；东、西喀尔巴阡山脉在盆地东、北画出一道完美的弧线，与东南方向的南喀尔巴阡山脉形成一个夹角，也就是特兰瓦尼西亚高原。多瑙河从盆地西北角东流入盆地中的潘诺尼亚平原后，折向南流，再折向东，穿过铁门峡，流出盆地，从南侧流过瓦拉几亚平原，最后归入黑海。在英武的图拉真皇帝在位时，国势鼎盛的罗马帝国曾北出多瑙河，占据河北的特兰瓦尼西亚高原和西瓦拉几亚。国势日颓，使帝国最终舍弃河北之地，将疆界收缩回多瑙河。

在莱茵河与多瑙河的上游，日耳曼长城蜿蜒在阿尔卑斯山北面的山丘上，西起莱茵河东岸的波恩、东至多瑙河北岸的雷根斯堡，补上了两河之间的缺口，为罗马构筑起完整的疆界。

在这条疆界之外，地势南高北低使莱茵河东的大川易北河、维斯瓦河、奥得河无不滚滚北流。诸河之间深岩空峦、丛林苍茫，再加上天寒雾重，被罗马人视为蛮荒之地。千峰万木间，散落着许多极北之地南徙的蛮族。莱茵河西的凯尔特人与他们一衣带水，故以“日耳曼”相称，取烟火邻居之意。

日耳曼一族又分东、西、北，支派众多，许多都将陆续登上风云变幻的历史舞台。西日耳曼人后来占据舞台中央，直到今天。

当年，罗马帝国开国之初，击败凯尔特人，将莱茵河西的外高卢纳入帝国版图。此后，罗马人兵出河东，试图将疆界东推至易北河。公元9年9月9日的连绵寒雨中，罗马军在条顿堡的密林中遭到西日耳曼人伏击，两万多将士葬身林莽，头颅挂满寒枝。奥古斯都痛不欲生。此后，罗马屡次出兵复仇，颇有斩获，但事实上放弃了东扩战略，将疆界稳定在莱茵河一带。不过，边军时常越河出击，深入蛮荒，清剿骚扰边境的西日耳曼诸部。

在罗马的压力下，阿尔卑斯山北麓、黑林山两侧的众多日耳曼部落逐渐整合为阿勒曼尼部，意为整体，也称“士瓦本”。在他们东侧的巴伐利亚高原上，日耳曼人同化了残余的凯尔特人，形成了巴伐利亚部雏形。北海之滨，散落着萨克森部、盎格鲁部和朱特部。他们后来大部陆续渡海迁徙到大不列颠岛，融合为英格兰人。不过，萨克森在大陆依然保有相当数量的部众，是北海畔的一霸。弗里斯部则是荷兰和比利时的源头。莱茵河和威悉河畔，生活着图林根人，从他们中分化出后来称霸欧洲的法兰克人。图灵根部、法兰克部、巴伐利亚部、士瓦本部，还有留在大陆的萨克森部几经演变，构成了后世的德意志人。另一部法兰克人则与凯尔特人、罗马人合流，演化为传承罗马文明的法兰西人。

不过，在霍诺里乌斯皇帝醉生梦死之际，这些西日耳曼诸部多是茹毛饮血的野蛮人，只能偶尔骚扰罗马边境。他们的近亲北日耳曼人是滞留在日耳曼人祖居之地波罗的海的部族，后来分化为丹麦人、瑞典人、挪威人和冰岛人，散落在斯堪的纳维亚半岛、日德兰半岛、北海和波罗的海诸岛上。

在罗马日薄西山的历史时刻，欧洲大陆纵横捭阖、叱咤风云的是东日耳曼人诸部：哥特、汪达尔和勃艮第。

自哲人皇马可·奥勒里乌斯在位时起，日耳曼诸部蠢蠢欲动，曾多次冲击罗马边城。最为强悍的，当属东日耳曼的哥特部。他们勇武过人，自诩为神明之子，故号称“哥特”。

大约在恺撒生活的年代，哥特部自极北的斯堪的纳维亚半岛扬帆南渡，横越波罗的海，踏上了南岸。落在后面的一部登陆后不思进取，留在原地，也就是维斯瓦河三角洲一带。这一部也因此被同胞们蔑称为“格皮德”，意为懒人。

率先弃船上岸的哥特人南下后，在渡河时发生了意外，浮桥崩断，多人被风涛吞噬。于是，已渡河与未渡河的哥特人就此东西两分，分道扬镳，分居德涅斯特河东、西。所以，东、西哥特部与格皮德部是一花三果，同出一脉。

不过，这也只是哥特人口耳相传的情节。我们只知道，他们是罗马帝国最强劲的对手，屡屡越多瑙河南犯。连通波罗的海与黑海的琥珀之路曾经繁荣一时，现在被切断了。德西乌斯皇帝死于哥特部之手，而克劳狄乌斯二世也因对阵哥特部时胜绩累累，被誉为“哥特征服者”，紫袍加身。几十年中，罗马与哥特之间的交锋互有胜负，一度相持不下。

原先栖息于此的东日耳曼部落，如汪达尔部和勃艮第部也被卷入变幻的风云。

早在五百多年前，汪达尔部就从波罗的海迁徙到奥得河上游到中游一带，“汪达尔”即流浪者之意。实力弱小的汪达尔部一直依附于西日耳曼诸部，直到哥特崛起，才改换门庭。他们又细分为阿斯廷汪达尔和西林汪达尔。奥得河两岸直至苏台德山被称为“西里西亚”，就是西林部故地之意。

勃艮第部原本居住在斯堪的纳维亚半岛，先行迁徙到勃恩霍姆岛，再转进欧洲大陆。所以，古诗里称他们为勃恩霍姆岛来客，音为“勃艮第”。和汪达尔依附于哥特不同，勃艮第敌视哥特。

就在东日耳曼诸部合纵连横之际，谁也没有想到摧毁罗马的狂风暴雨正从东方地平线滚滚而来，挟万钧之势，铺天盖地。

风暴的最初征兆，出现在东北的墨提斯大泽。

喀尔巴阡盆地的东面是摩尔多瓦丘陵，再往东直到大泽，被称为斯奇提亚草原。东哥特人几百年来一直在此繁衍栖息。传说很早很早以前，几个来历不明的巫婆突然出现在部族里，让人心神不定。东哥特王决定将她们驱逐到荒无人烟的大泽。临走前，巫婆留下了一段恶毒的诅咒，诅咒东哥特人厄运连连。

当时，谁也没有把这些鬼话放在心上。

直到大泽深处突然涌出了一群鬼魅般飘忽、残忍的异族——匈人。他们身短鼻扁、髡发文身，骑乘着矮小的胡马，扬鞭飞鞚不知疲倦地奔驰在平原上。最让人惊恐的，是他们的箭阵。在铺天盖地的长箭里侥幸逃生的人只有一个印象：

——死亡之雨。

在很短时间里，匈人铁骑如同狂飙突袭。死亡之雨横扫四方。游牧在顿河下游的阿兰人首先被打败。《三国志》里记载这一族“西与大秦东南与康居接。其国多名貂，畜牧逐水草，临大泽……”尽管他们也擅长驯马，可是阿兰人的马拉战车敌不过匈人的轻骑长弓。强悍的东哥特部也没有逃脱亡国破家的厄运。接着，轮到西哥特部、格皮德部、汪达尔部和勃艮第部……雄霸东欧平原的东日耳曼诸部不敌匈人纷纷败走，不得不踏上漫长的逃亡路。亡国之人纷纷传说，当年那几个被驱逐的巫婆在大泽深处邂逅恐怖的妖魔。巫妖交媾，繁衍出了眼前如此可怕的匈人。他们降临人间只为一个目的：毁灭！

蛮族诸部翻山越岭，逃入喀尔巴阡盆地。可匈人也接踵而至。盆地中央的潘诺尼亚平原被南北流向的多瑙河所分。河西在罗马帝国境内，称内潘诺尼亚；河东的莽莽草原被称为外潘诺尼亚，正是匈人铁骑驰骋、箭阵逞威的天地。

如此强大的压力下，汪达尔部和阿兰人在潘诺尼亚平原短暂停留后，继续向西流窜，沿阿尔卑斯山北麓，西渡莱茵河，闯入高卢各州郡。格皮德部走投无路，归顺匈人。饱受匈人重创的东哥特部填补了他们遗留下来的空间。西哥特部则辗转来到多瑙河下游，内附罗马帝国。此时，为他们创造哥特文字，并把基督教经典翻译成哥特文的乌尔菲拉主教还在世。在他的斡旋下，罗马帝国勉强接纳了西哥特人。

在多瑙河口的一个小岛上，背井离乡的西哥特人中，一个婴儿呱呱坠地。他名叫阿拉里克。攻破罗马的，就是这位未来的西哥特王。

罗马皇帝曾指望东、西哥特能为帝国戍边，充当阻挡匈人铁蹄的一道屏障。

可是，贪官污吏的残酷盘剥最终逼反了西哥特。东帝瓦伦斯御驾亲征，兵败哈德良堡。他身负重伤，被朝臣与宦官抬到农舍。尾随而来的西哥特追兵纵火焚烧。只有一名卫士跳窗逃生。就是从他口中，西哥特人得知农舍里竟然藏着万乘之尊。这些蛮夷其实也不愿伤害皇帝，慌忙救火。可为时已晚，东帝瓦伦斯和护驾群臣葬身火海，尸骨无存。

接替瓦伦斯执掌东罗马的狄奥多西一世务实地选择了媾和。许多西哥特壮士后来纷纷加入罗马诸军。也正因有两万西哥特募兵效命，狄奥多西一世才能两次西征，扫平觊觎帝位的叛逆，再度一统罗马。可惜虎父犬子，他的继承人阿尔卡狄乌斯和霍诺里乌斯孱弱无能，面对哥特人和匈人咄咄逼人的态势束手无策。

还记得多瑙河口的那座小岛么？当年呱呱坠地的婴儿如今风华正茂，被西哥特人推举为王。阿拉里克率领着族人纵横巴尔干半岛。雅典、斯巴达、科林斯、底比斯……一座座灿若星辰的希腊名城相继陨落在他的魔爪下。东、西罗马间钩心斗角、鹬蚌相争，使得西哥特坐收渔利。他们甚至挥师西进，肆无忌惮地蹂躏北意大利的乡野和城邑。正如诗中所描述的："传闻展开恐怖的阴郁双翼，宣告蛮族的大军正在前进，要使意大利充满惊惶畏惧。"

但是，意气风发的阿拉里克遇到了他命定的克星——斯提里科。

这是罗马帝国的托孤重臣。先帝狄奥多西将两个儿子都托付给了斯提里科。就在西帝霍诺里乌斯要抛弃意大利，北狩高卢的时刻，这位大将军派人带来了他的郑重叮嘱：朝廷不能离开米兰城。霍诺里乌斯勉强听从了斯提里科的进言。在博罗尼亚、在维罗纳，斯提里科在一次次血流漂橹的战役中击败西哥特。最惨烈的时候,阿拉里克不得不丢弃自己的步卒和家眷,率西哥特骑兵狼狈突围逃窜……已近末世的罗马人永远不会忘记那场盛大的凯旋式：

从米里维桥到帕拉丁山丘，罗马城内外洋溢着劫后余生的喜悦。没有上过战场的霍诺里乌斯端坐在车銮上，以胜利者的姿态通过凯旋门。可所有的目光都聚焦在他身边真正的英雄身上。

——这不过是"霍氏之祸，萌于骖乘"的西方版本。

罗马城的风光是属于斯提里科的，失落的霍诺里乌斯决意迁都拉文纳。浩荡的波河水从这座城邑的南北两翼流过，城西是荒草萋萋、泥泞难行的沼泽，城东遥对浩渺的亚得里亚海。城外四野，都不利于人马驱驰，易守难攻。每到雨季潮涨，河海一体，拉文纳就成了汪洋中的孤城。这使它少了罗马城的阳光灿烂、米兰城的通达大气，多了几分阴晦气息。只有沼泽，才能带给霍诺里乌斯一点安全感。

就是这样一个可怜又可鄙的皇帝，却容不下功高震主的权臣。

此时，原本滞留在喀尔巴阡盆地的汪达尔部与阿兰人在匈人的压力下，大举西迁，突破西罗马形同虚设的莱茵河防线，直扑高卢诸郡。朝野震惊。别有用心的流言蜚语漫天飞舞，直指斯提里科勾结外敌，因为大将军是汪达尔人。其实，不少元老的母系血统也来自蛮族，只不过父系血统是罗马人，他们却堂而皇之地鄙视父系血统为汪达尔、母系血统是地道罗马人的斯提里科，称他为“半蛮人”。这些元老似乎忘记了瓦伦提尼安和瓦伦斯皇帝的血统同样来自蛮族。

此时的斯提里科举步维艰。迫于汪达尔部和阿兰人的压力，他一直想招降西哥特。可是，这却导致了斯提里科和妻子塞雷娜反目。塞雷娜公主是狄奥多西的侄女、养女，受伯父兼养父的熏陶，极端仇视阿里乌斯宗，而西哥特就是她眼中的异端。不仅如此，斯提里科麾下将士也分裂为信仰尼西亚宗的罗马人和信仰阿里乌斯宗的蛮族，壁垒分明，内耗不止。

也许正是看到了斯提里科铩羽暴鳞，霍诺里乌斯才有底气断然下诏，历数这位托孤重臣所谓十大罪状。消息传来，斯提里科麾下蛮族诸将群情汹汹，可他依然相信霍诺里乌斯不过是暂时被宵小之辈蒙蔽，只要自己当面申辩，就能拨云见日。所以，斯提里科坚持单骑入京，觐见皇帝。

胸怀光风霁月的英雄是永远无法想象奸佞的卑鄙。

拉文纳城门内，迎接斯提里科的是一场不分青红皂白的砍杀。将军仓皇逃入一座教堂避祸。按照当时的风俗，任何人不得在神龛前动武。不承想，主教竟然将斯提里科扭送到凶徒面前。他们的解释是：

身为异端，阁下不能得到神的庇护。

和所有蛮族一样，出身汪达尔王室的斯提里科笃信阿里乌斯宗，所以，他被无情地驱逐出了尼西亚宗的教堂。就在十字架不远处，凶徒一刀剁下英雄高贵的头颅。斯提里科满门被诛，只有塞雷娜因是霍诺里乌斯的堂姊，免于一死，终生幽禁。接着，西罗马开始清洗斯提里科麾下信奉阿里乌斯宗的蛮族将士。如果没有这些貔貅之士，风雨飘摇的朝廷早已被阿拉里克颠覆。可霍诺里乌斯就是这样对待他们的。

天地之大，何处不能容下七尺之躯？

斯提里科蛮族旧部不甘引颈受戮，愤然出走，或西投汪达尔人，或东奔哥特人，要不然就北上投靠实力最为强悍的匈人。他们将带去罗马三军的战术与纪律，原本个人骁勇但组织凌乱的胡虏和蛮夷战力因此飞跃。出走的将士们也从西罗马的守护者摇身一变，成为最凶残的敌人。

这一幕不仅发生在西罗马，大规模地清洗内附的蛮族，更早的时候在东罗马也发生过。种族、文化上的差异，让罗马人和蛮族本来就抵牾不断。经历了狄奥多西打压阿里乌斯宗后，罗马人普遍信奉尼西亚宗。可是，乌尔菲拉主教传入蛮族的却是阿里乌斯宗，所以，罗马人和蛮族视对方为异端。有了这个因素介入，东、西罗马对内附蛮族的清洗格外凶残。

曾几何时，罗马人征服小亚细亚，但接纳了神母西比莉；对抗波斯，却搬回日神密特拉；吞并埃及，移植了冥神俄赛里斯——包容的罗马才是无与伦比的罗马。可是，那个罗马消失了，代之以“神圣”之名偏执成癖的罗马。被它铲除，或者摧毁它？蛮族别无选择。

斯提里科被诛戮的消息传来，阿拉里克仰天长啸：从此天下再无敌手。当麾下将领们问他进兵路径时，这位西哥特王豪迈地抛下了一句流传百世的名言：

条条大路通罗马！

此时，霍诺里乌斯驻跸米兰。所以，西哥特兵锋直指这座北意大利名城。急报传来，整个天下都在看失去了斯提里科的西帝如何应对危局。

霍诺里乌斯强作镇定，煞有介事地宣布自己要御驾亲征。车驾出城后竟杳如黄鹤，一去不回，把偌大一个米兰城留给了如狼似虎的西哥特人。阿拉里克衔尾追杀，不死不休。最后，霍诺里乌斯狼狈地流窜到拉文纳城。

胆气丧尽的霍诺里乌斯宁可忍受沼泽之城逼人的潮气、肆虐的瘴疠瘟疫，也不敢与西哥特人对阵，龟缩不出。破城无望的阿拉里克掉转马头，举兵南下，进围罗马城。

永恒之城颤抖了。

高卢人曾经攻入罗马城中，那是公元前 390 年，距离霍诺里乌斯的年代已有八百年。八百年来，再无外敌临门搦战。蜿蜒城墙和十七座城门寂寥了如许岁月，

西哥特洗劫罗马城

直到西哥特王阿拉里克率领他的大军出现在城墙下。

巍巍城头，再也看不到英雄的身影。千年繁华已经消磨掉罗马的勃勃英气。如今，这座城中到处晃动的，是醉生梦死的人。筵席上的觥筹交错、浴池边的色授魂与，还有斗兽场里的山呼海啸与血气氤氲……这就是罗马人的荒唐人生。消费物质、消费肉体，也消费生命。消费、消费，还是消费。创造消失了、征服消失了，连存在感也几近消失，只有无始无终的消费能证明罗马城的存在。从天南海北源源不断地运来的麦菽、丝绸和金银，支撑着这种一无目的的消费。可罗马人还在抱怨皇帝亏待了他们，时不时地闹出一点骚动，来表达自己的不满。要不然，也要用手中的公民权，制造点麻烦，就如一个被惯坏的孩子，撒个娇，讨要点甜头，还沾沾自喜。连皇帝也开始厌烦这群贪得无厌的寄生虫了。近百年来，罗马皇帝要么驻跸东方的尼科米底亚、新京君士坦丁堡，要么将米兰、特里尔当成陪都，远离这座名义上的都城。

在霍诺里乌斯看来，这座只懂索取的城还不如一只给他带来快乐的锦鸡。

罗马城没有无边无际的沼泽来阻挡西哥特的铁蹄。面对闪闪刀锋，整座京都陷入了恐慌。人们没有胆量出城对敌，却急吼吼地在城中杀戮所谓的内奸，不管被害人是否无辜，是不是手无寸铁的妇孺。斯提里科的遗孀塞雷娜就被诬陷为奸细，惨遭绞杀。

残害弱者，不能消除内心的恐慌，坐困危城的罗马百姓祈求神明庇护。基督教的耶和华没有用，他们转而膜拜被抛弃的古罗马神祇。早就有人开始怀疑这场浩劫降临，是因为他们改信基督，丢了祖先的信仰，被诸神惩罚。甚至连许多基督教教士也动摇了。在破城灭国的压力下，当时的罗马宗主教英诺森对此也不闻不问，甚至暗中纵容。他的信仰早已被颠覆。

天意终究是渺茫不可期。无论善男信女们如何祷告祈求，献祭又是何等丰厚，临时抱佛脚挽救不了他们。神迹并未出现。城外的西哥特人岿然不动。最后，罗马人想到了黄金。

只有阿堵物能赎买和平。

危城中的人忍痛筹措了许多金银玉帛，要向围城的西哥特人赎买和平。阿拉里克也欣然同意。但是，罗马人遇到了一个难题：没有皇帝御旨，将财物交给蛮族就是通敌，多少无辜生命刚刚被扣上这个罪名，塞雷娜就因此被诛。刑场上人头滚滚，没有人能视而不见，谁也不肯承担如此巨大的风险。他们不得不派人遁出城去，奔赴拉文纳请旨。在京城黎民和权贵看来，巨额赎金没有动用一文国帑。西帝需要做的，不过是颁下一纸文书。

没想到，霍诺里乌斯拒绝了——纳币求和损害了帝王尊严。

直到城中存粮告罄，远在拉文纳城的西帝还在用一道道诏书欺骗百姓，说运粮船已经从北非起锚，就要驶入台伯河了。结果，望眼欲穿的罗马人没有等来子虚乌有的救命口粮，西哥特的战船却冒充北非的漕船，骗开了城门……

一个庇护不了子民，又阻止子民自救的皇帝以这种方式葬送了罗马城。410年，八百年未曾沦陷的罗马城被攻陷——衣冠坠涂炭，舆辂染腥膻。这一回，没有神殿的鹅来拯救它了。当时最负盛名的教士哲罗姆在《以西结书》的诠释中写道："当世界上最亮的光熄灭了，当罗马帝国的首都动摇了，整个世界会随着这座城灭亡……谁能想象得出，罗马在对世界的征服中强大起来，却会毁灭，既是各民族的母亲，也是各民族的坟墓。"

京城沦陷，让罗马人开始反思，究竟是什么导致了永恒之城的沦陷，导致了罗马的衰亡？

这几乎是史学史上最大的课题了。蛮族、奢靡、淫乱、腐败、封闭、国家社会主义、气候、铅污染……沃尔特·艾萨克森做了一个让人信服的归纳："几乎有多少历史学家，就有多少个罗马衰亡的原因。"

但是，让人眼花缭乱的答案中，基督教无疑是最显眼的一个。

皇皇巨著《罗马帝国衰亡史》就认为，基督教强调的"未来生活、绝对服从和胆怯懦弱"极大地颠覆了罗马帝国果敢、英武和世俗性的传统价值观。艾米·蔡不赞同吉本的观点，但他也认为基督教使帝国变得狭隘，而这是致命的。奥罗修斯说灾难永远伴随着我们，无须大惊小怪；萨尔维安则将罗马陷落归咎于基督徒的堕落，他们举着基督的旗帜背叛了基督……真如罗马城沦陷时人们说的，灾难的根源在于罗马人丢了祖先的信仰，也就丢了罗马么？

面对如此严重的精神危机，最博学的主教奥古斯丁奋笔疾书，写下了不朽名著《上帝之城》，来回答整个世界的质疑。

这位智者告诉我们，亚当和夏娃被逐出伊甸园后，他们的子孙就生活在两座城中：一座是“地上之城”，是人间的政治秩序，充满了邪恶与暴力；一座是“上帝之城”，体现着神的理性，是光明的居所。“两个城来自于两种不同的爱；尘世之城来自对自我的爱，这种爱是对神的蔑视；上帝之城则来自对神的爱，是对自我的放弃。一句话，前者的荣耀在于人自己，后者的荣耀则在于上帝”。被西哥特攻陷的罗马城就是前者。罗马人依靠肉体生活，不信仰神，成为神的弃民。堕落的罗马城是神对人的堕落而施与的惩罚。所以，罗马城陷落恰恰是为了反衬上帝之城的永恒。因此，神不需要拯救它。

可是，为什么神没有在罗马帝国镇压基督教的三百年中逞威，却让罗马城在皈依基督十八年后沦陷。难道改信基督的罗马罪孽比屡兴教难的罗马更深？米兰主教安布罗斯对神祇罗马的驳斥和讥讽言犹在耳，无情的现实就代替西马库斯回击了他。

罗马城在这场空前浩劫中失去了无数金银玉帛，失去了无数男女，还失去了许多壮丽的宫室华屋。杀戮、抢劫和性侵，城破后俯拾即是的暴行，在罗马城悉数上演，没有什么不同。最重要的是，人们失去了对罗马的敬畏，而罗马失去了永恒之城的荣光。接受奥古斯都的批判吧，堕落的地上之城！

罗马城沦陷，西哥特人最珍贵的收获恐怕是霍诺里乌斯同父异母的妹妹普拉西蒂娅公主。公主的母亲是瓦伦提尼安皇帝之女、格拉提安皇帝之妹。所以，她身具两朝皇室血统。阿拉里克如获至宝，挟持公主扬长而去。霍诺里乌斯只能看着妹妹如无根浮萍，随西哥特人四处漂泊。

攻破罗马城后不久，阿拉里克挥师南下，试图攻取亚平宁半岛南端，渡海入侵一衣带水的西西里岛，进窥北非。深秋的一场风暴葬送了西哥特人临时拼凑起来的水师。就在此时，一代枭雄阿拉里克暴疾而亡。西哥特人就此止步，转头北上，如蝗虫一般将罗马城再次洗劫了一遍。他们的下一个目标，依然是皇帝驻跸的拉文纳。

孱弱的霍诺里乌斯惶惶不可终日，唯恐自己的栖身之处也步罗马城后尘。朝廷答应将西高卢割让给西哥特，换取苟且的和平。接任西哥特王的阿道尔夫也意识到沼泽之城易守难攻，并非朝夕可下。饱受蹂躏的亚平宁半岛残破不堪，已经无法供养虎狼般贪得无厌的西哥特蛮兵。生产粮食的北非不会向沦陷的意大利运送漕粮。所以，他接受了霍诺里乌斯的册封，西进外高卢。

所谓高卢，北抵莱茵河，南到卢比孔河、亚平宁山脉和地中海北岸，曾是凯尔特族群的故地。“高卢”意为凯尔特之国。阿尔卑斯山与亚平宁山包夹出的波河平原，毗邻罗马城，故称“内高卢”；阿尔卑斯山以西、以北为“外高卢”，也就是狭义的高卢。罗马勃兴之时，首先将内高卢收入囊中。恺撒和奥古斯都时，外高卢也被鲸吞蚕食。几百年过去，盛极而衰的罗马已经无力全据外高卢了。汪达尔人、阿兰人联手从莱茵河中游渡河后，横扫了大半个外高卢，翻越比利牛斯山脉，杀入伊比利亚半岛。肆虐的蛮族所经之处烧杀抢掠，昔日繁华富庶的外高卢满目疮痍，“弥漫着来自同一个葬礼柴堆的烟雾”。

与此同时，勃艮第占据了阿尔卑斯山北麓到黑林山间的莱茵河上游，阿勒曼尼人和法兰克人分据了莱茵河中、下游，从南到北，割据自雄。整个外高卢戎羯腥膻，五胡乱世。

现在，西哥特人在阿道尔夫的率领下也气势汹汹地杀了过来。

可是，霍诺里乌斯无暇他顾。西罗马在短短两三年时间里先后出现了六位僭主，在他看来，这些人才是心腹之患。霍诺里乌斯需要阿道尔夫助他铲除僭号称帝的乱臣贼子。

阿道尔夫也愿意为朝廷效命。西哥特人让罗马城沦陷，可罗马城也让他们意识到天下之广大、文明之璀璨，并因此产生了深深的无力感。就如阿道尔夫写给皇帝的奏章中自陈的：在罗马的废墟上建立自己的国家曾是他的梦想，现在却只觉得幼稚。西哥特王最希望的，就是融入罗马。

在离开亚平宁半岛时，遭掳掠的罗马贵族多已被重金赎回，可霍诺里乌斯却无法赎回自己的妹妹。此时，皇帝已近而立之年，膝下无子，普拉西蒂娅公主如果有子嗣，很可能成为储君。也许，未来将属于一位身兼罗马和西哥特血胤的皇帝。如果是这样，阿道尔夫和他的西哥特人是不是就能真正地融入罗马？

可这是皇帝所不能接受的。

当先后三位僭主相继授首后，霍诺里乌斯自觉不再那么依赖西哥特人了，他致信阿道尔夫，索要普拉西蒂娅。被激怒的西哥特王对此的回应是洗劫西高卢重镇波尔多，接着围攻南高卢的名城马赛。面对阿道尔夫的怒火，凤毛鸡胆的霍诺里乌斯屈服了。

414 年 1 月，公主的婚礼举行。阿道尔夫脱下西哥特的皮裘，身着飘逸的罗马长袍，迎娶美丽的普拉西蒂娅。

但是，西哥特的跋扈也使得西罗马君臣越发仇视他们。执掌兵权的君士坦提乌斯曾与阿道尔夫联手铲除过盘踞特里尔城的僭主，并凭借这一战功晋位大将军。此时，他坐镇外高卢，命罗马水师从海上封锁粮道，使阿道尔夫无法从北非得到漕粮。军粮告罄的西哥特人不得不南下伊比利亚半岛就食。

此时的伊比利亚半岛上，汪达尔人和士瓦本人南北对峙，各占半壁江山。东面的加泰罗尼亚归阿兰人。阿道尔夫毫无悬念地击败了他们，进占名城巴塞罗那。阿兰人只得南投汪达尔人建立的汪达卢西亚（后世变音为“安达卢西亚”）。

巴塞罗那是阿道尔夫的葬身之地。刺客在马厩杀死了他。接着，整个城邑陷入混乱。普拉西蒂娅不仅眼睁睁地看着丈夫和孩子惨遭杀害，还被乱兵剥去衣裳，裸身走过巴塞罗那城的通衢大道。阿道尔夫的弟弟瓦里亚随后控制了局势，被拥戴为新的西哥特王。就在他南追穷寇，进取汪达卢西亚时，后方却传来西罗马出兵攻其后方的消息。

霍诺里乌斯为领军出征的君士坦提乌斯开出的赏格，就是普拉西蒂娅公主。

传说君士坦提乌斯与君士坦丁大帝一族有些渊源，不过这多半是以讹传讹。他出身寒微，起于行伍。所谓的帝室血统根本不可信。要弥补这个缺陷，最好的方式就是联姻。多少年来，许多出身蛮夷或寒微的军中新贵就是靠迎娶世家旧族的女子跻身豪门。簪缨之家则看中他们手中的兵权，还有搜刮来的金银玉帛，也很乐意接纳这些新贵。普拉西蒂娅就是君士坦提乌斯的天赐佳偶。

面对西罗马大军压境，西哥特王瓦里亚不得不从南方回师北援，双方在雄峻

的比利牛斯山脉相持多日后，精疲力竭，选择了媾和。霍诺里乌斯将西高卢的加龙河流域，也就是阿基坦割让给西哥特，外加以粮食为岁币，换取西哥特向西罗马帝国称臣。同时，瓦里亚礼送居孀的公主归国。

君士坦提乌斯体壮头硕、细项凸目，脸长得让人想起驽马。在优雅的普拉西蒂娅眼中，这位大将军的举止更是如同优伶般滑稽。但是，她别无选择。417 年，公主下嫁君士坦提乌斯，后来生下了一双子女：儿子瓦伦提尼安三世；女儿跟舅父同名，叫霍诺里娅。君士坦提乌斯也美梦成真，正式称帝，与霍诺里乌斯共治西方半壁江山。

七个月后，君士坦提乌斯驾崩。他的遗孀普拉西蒂娅从幕后走到了台前。

本质上，普拉西蒂娅也是个野心勃勃的人物。失去父亲时，她的两位兄长都还年幼，所以，普拉西蒂娅寄养于斯提里科府中。可是，她与堂姐塞雷娜抵牾不断。塞雷娜曾指责普拉西蒂娅勾引自己的丈夫。斯提里科败亡，普拉西蒂娅毫不犹豫地站出来，指控姐夫卖国。人们第一次见识了公主的手段。等到罗马城遭到阿拉里克围困，塞雷娜被控勾结西哥特人，受尽折磨后被绞杀。有人说，这是普拉西迪娅借暴民之手，除掉了堂姐。归国之后，普拉西蒂娅一直持西交西哥特、东联东罗马，抗衡匈人的立场，与迦太基州牧波尼法提乌斯暗通声气。他们的对立面，是接替斯提里科出任大将军的卡斯提努斯，还有埃提乌斯。

埃提乌斯出身将门。少年时，他被送到匈人王廷为质任，在那里度过了自己的童年，与许多匈人亲贵相交莫逆。归国后，埃提乌斯很快就崭露头角，被视为新一代军中翘楚。他与大将军卡斯提努斯都主张结盟匈人，对抗西哥特与东罗马。所以，朝廷陷入了党争风波。最终，普拉西迪娅不敌手握兵符的卡斯提努斯，携一双年幼子女，黯然离开了拉文纳，远走君士坦丁堡。

此时，普拉西蒂娅的长兄东帝阿尔卡狄乌斯驾崩多年，墓木已拱，她是去投奔侄子狄奥多西二世。

普拉西蒂娅的另一位兄长霍诺里乌斯也走到了生命的尽头。他一生荒唐，拱手丢失了罗马城，面对多达七个的伪帝僭主束手无策。如果不是普拉西蒂娅前后两任夫婿出兵助战，霍诺里乌斯皇位早已不保。这个让天下分崩离析的昏君连子嗣也没有留下。

从血缘上看，东帝狄奥多西二世是皇室唯一的男系后裔，继承西帝皇冠天经地义。但是，他不过是妻子尤多西娅和姐姐普喀丽娅的傀儡，对西方那一片破碎的山河了无兴趣。在狄奥多西二世眼中，西罗马尽是张牙舞爪的蛮族、颓废无耻的旧族，还有随处可见的废墟，充斥着让人伤感的末世气息，是一个无可眷恋的世界。

曾经被无数吟游诗人歌之咏之的永恒之城，如今被它的帝王弃之如敝履。

狄奥多西二世将西罗马丢给姑母和表弟。他派出人马，护送普拉西蒂娅一家前往拉文纳城。在大将军卡斯提努斯的操纵下，元老院立元老约翰为帝。可是，坐镇各州郡的封疆大吏们均不承认。年幼的瓦伦提尼安三世毕竟是帝室苗裔，再加上东罗马的支持，在夺位之争中占据上风。埃提乌斯见势不妙，只身北上，向匈人求援。当他带领六万匈人杀回意大利，为时已晚。约翰被杀，卡斯提努斯也

奥古斯丁著书立说

遭到流放。这场风波尘埃落定。埃提乌斯也只能接受现实，向普拉西蒂娅母子俯首称臣。

瓦伦提尼安三世称帝，而他的姐姐霍诺里娅公主也得到了女皇头衔；但权柄落入了太后普拉西蒂娅手中；东罗马得到了伊利里亚，也就是西巴尔干半岛；埃提乌斯保住了权势……看起来，西帝之争有了一个皆大欢喜的结局。如果说有谁不满，恐怕就是波尼法提乌斯。

多年来，这位迦太基州牧一直是普拉西蒂娅的同党。这一次，他又极力抵制约翰，为瓦伦提尼安三世上位立下了大功。所以，波尼法提乌斯自认为是接替卡斯提努斯出任大将军的不二人选。没想到，普拉西蒂娅担心他功高震主，选择了易于控制的菲利克斯。波尼法提乌斯心怀怨怼，蠢蠢欲动。这给了埃提乌斯上下其手的良机。在他的挑唆下，菲利克斯决心先下手为强，调兵遣将，要渡海讨伐迦太基。

大兵压境，让波尼法提乌斯方寸大乱，竟然决定向汪达尔人借兵。

此时，汪达尔人被西哥特人挤压到伊比利亚半岛南的一隅之地，直布罗陀海峡南岸有罗马重兵把守，他们本已走投无路。波尼法提乌斯的求援来得如此及时。他为汪达尔人打开了北非的门户，试图依仗这群蛮族武士去对抗菲利克斯。事实证明，此乃引狼入室之举。

此时，西罗马朝廷内钩心斗角，无暇他顾。菲利克斯已被心狠手辣的埃提乌斯铲除。普拉西蒂娅感受到了巨大的威胁。在汪达尔人入寇北非的危急时刻，她急召波尼法提乌斯北上勤王。双方置危若累卵的北非于不顾，鏖战意大利。埃提乌斯兵败，但波尼法提乌斯也身负重伤，于两个月后死去。埃提乌斯勾结匈人卷土重来。波尼法提乌斯的女婿塞巴斯蒂安战败，南走北非，去投奔汪达尔人。

当汪达尔人将塞巴斯蒂安的头颅送到拉文纳，朝廷正式割让北非。

这是帝国最为富饶的州郡，每年通过漕运，将无数钱粮输送到罗马城。当年，只要北非不向意大利运粮，就足以逼退当年不可一世的西哥特王阿拉里克、阿道尔夫。

丢掉了北非，西罗马衰亡已无可避免了。

曾用一部《上帝之城》来诠释罗马城沦陷意义的奥古斯丁主教，在自己居住的希波城沦陷前撒手人寰。

当汪达尔人步入希波城，看到的是五万流莺、十万鼠贼和十万游手好闲的浪荡子，是扑面而来的淫靡之风——这就是自诩衣冠文物之邦的煌煌罗马。汪达尔王忧心忡忡，唯恐质朴的族人在这感官的天堂、人性的地狱沾染上致命的恶习。

可是，西罗马朝廷就缺少这种觉悟。在这个风雨飘摇的年代，从皇室到平民都奉及时行乐为人生宗旨。

年方花信的霍诺里娅公主无可救药地爱上了照管宫闱的一名内侍监。与这位相貌俊俏、仪态风流的年轻人几度春风后，公主珠胎暗结。这段不伦之恋终因她日渐臃肿的体态而曝光。瓦伦提尼安三世决定将姐姐下嫁给一位上了年纪的罗马元老。可是，风流的霍诺里娅又如何看得上双鬓霜染的夫婿？为反抗命运的摆布，公主铤而走险，幻想发动一场政变，把帝王的紫袍披在情郎身上。

霍诺里娅姐弟与母亲普拉西蒂娅

此时，东帝狄奥多西二世已龙驭上宾，身后无嗣，最近的亲属是姐姐普喀丽娅公主，她的驸马马尔西安继承皇位。霍诺里娅的父亲君士坦提乌斯也是在迎娶普拉西蒂娅公主后，登上帝位。东、西罗马的驸马均成了皇帝。所以，公主一厢情愿地觉得，自己相中的夫婿同样问鼎有望，更何况，她还拥有女皇头衔。大好河山，本就是姐弟共享。

问题是，皇室不承认霍诺里娅的心上人是驸马。

阴谋败露后，瓦伦提尼安三世龙颜大怒，处决了姐姐的姘头。为了避免霍诺里娅再度兴风作浪，他一狠心，将姐姐遣送到千里之外的东京君士坦丁堡，交东帝马尔西安软禁。从此，伴随霍诺里娅公主度过幽禁岁月的，是枯燥的经文、朴素的衣着，还有没完没了的祈祷、斋戒和守夜。没有亲人，没有朋友，更没有爱人在身边。一群身着黑衣、面无表情的宫女陪伴着她。如花红颜，真要在高墙内青灯黄卷，终老一生？

锦瑟年华谁与度？此时，西罗马最尊贵的公主是多么怀念千里之外的故乡，还有昔日宫廷的衣香鬓影、觥筹交错呀。

霍诺里娅不甘心。可是，流放她的是西帝，监管她的是东帝——这片天下的两大至尊。谁有逆天手段，将公主从牢笼中解救出去呢？

有，世上唯有一人可以扮演霍诺里娅的救星。他的名字叫阿提拉。

公主从纤纤玉手上褪下了一枚戒指，偷偷交给了自己的心腹宦官。读史到这一段，我想到的是爱尔兰诗人叶芝的那首《没有第二个特洛伊城》：

……

哎，像她这样的人，

又能干什么呢？

还有一个特洛伊

让她来焚毁吗？

是的，霍诺里娅要把西罗马变成第二个特洛伊。既然这个世界不容许她和爱人扮演海伦与帕里斯，公主就转过身来，召唤野心勃勃的阿伽门农。

一骑红尘，朝喀尔巴阡盆地疾驰而去——多瑙河西天高地阔、草长马肥，与匈人们纵横驱驰的大草原有着相同的气候风貌。匈王阿提拉，霍诺里娅眼中的阿伽门农，将王廷设在了外潘诺尼亚草原西北角的多瑙河畔。后来这里建了一座横跨大河的名城，叫布达佩斯，意思是布勒达的城。

布勒达就是当年威镇寰宇的匈王，但是，他在一次围猎时被鹿角顶死。没有人相信一代枭雄死于意外。真正的凶手，应该是布勒达的弟弟阿提拉。踏着兄长冰冷的尸体，他昂首走入王帐。敢于怀疑他、质疑他的人都逃不脱死亡的命运。此时的阿提拉统驭百族，控弦五十万，与罗马南北并峙。

也许，在霍诺里娅的梦里，阿提拉不是阿伽门农，而是那个披荆斩棘、斩杀毒龙的白马王子，只为拯救沉睡的公主。可惜，乱世写不下童话。闯入这段历史的阿提拉要扮演的角色不是白马王子，而是嗜血恶魔。他曾多次提兵威胁东罗马，让东帝马尔西安惶恐终日。

收到了霍诺里娅的戒指后，阿提拉决定把魔爪伸向西罗马。不久，他的求婚书摆上了西帝瓦伦提尼安三世的御案。匈王称自己同霍诺里娅公主私定终身，希望能早日迎娶。最让人咋舌的是，阿提拉希望皇帝能拿出整个东高卢，来充当他姐姐的嫁妆。

这是一份瓦伦提尼安三世负担不起的嫁妆。

为了酬谢狄奥多西二世派兵护送普拉西蒂娅归国，伊利里亚已割让给了东罗马。号称粮仓的北非割让给了汪达尔。除了士瓦本人割据西北一隅，整个伊比利亚半岛都落入西哥特之手。外高卢也被法兰克、阿勒曼尼、勃艮第和西哥特等日耳曼诸部瓜分大半。勃艮第人虽然在西罗马和匈人的联手攻击下，失去了莱茵河上游，却南下占据了侏罗山两侧河谷，最终割据东高卢。如今的西罗马只剩亚平宁半岛和半个高卢这点残山剩水。阿提拉的要求不啻割走西罗马半壁江山。

欲壑难填的阿提拉却认为霍诺里娅拥有女皇尊号，换句话说，西罗马的天下有她的一半。

西帝瓦伦提尼安三世借口姐姐已同一位罗马元老缔结婚约，回绝了匈王的求婚。闻讯后，阿提拉于451年春从多瑙河畔拔营西进。除了匈人以外，被阻挡在莱茵河东的日耳曼诸部也纷纷加入了匈人的阵营。对他们来说，阿提拉就是一阵浩荡东风。他们要御风西行，到繁华的高卢去掳掠、去杀戮，去满足从未满足过的欲望。

就这样，从伏尔加河到莱茵河，无数匈人和蛮族的战士在匈王的召唤下，聚集成一股号称七十万之众的铁流。阿提拉率领着他们沿阿尔卑斯山北麓向西，在勒沃库森渡过莱茵河后南下。整个外高卢在胡马铁蹄下颤抖。因为，阿提拉抛出了一句让人肝胆俱裂的话：

我的马前，寸草不生！

奥古斯丁在《上帝之城》里提到的“上帝之鞭”，可能是指攻破罗马城的西哥特王阿拉里克，也可能是指他去世前正在围攻北非首府希波城的汪达尔王，更有可能泛指所有穷凶极恶、给世界带来灾难的人。在他们之中，阿提拉是恶名最著的一个。以至于后人提到“上帝之鞭”，只会想到这位匈王。

匈人沿着莱茵河左岸支流摩泽尔河，攻陷了河谷中的罗马陪都特里尔城。复活节前夜，北高卢重镇梅斯几乎被夷为平地，只剩下一座教堂矗立在废墟上。接着，轮到南锡、沙隆和兰斯……从莱茵河杀到塞纳河，巴黎也沦陷了。阿提拉的大军深入高卢腹地，向塞纳河之南的另一大川卢瓦尔河杀去。这是西哥特人的地盘。匈人兵锋直指卢瓦尔河上游名城奥尔良，因为它是拱卫西哥特都城图卢兹的四大重镇之一。

此时的阿提拉也是强弩之末。顿兵奥尔良的坚城之下，是孤军深入的大忌。面对驰援的西罗马与西哥特大军，阿提拉率领着精疲力竭的匈人大军撤围而走。几个月来掠夺的财物拖慢了行军速度。在狂奔二百多公里后，匈人大军终于在塞纳河上游支流马恩河畔被追上了。阿提拉被迫转身列阵。

这是一场宿命般的对决。

居中的匈人对面，站着阿兰人。《史记》里的阿兰“在康居西北可二千里，行国，与康居大同俗，控弦者十余万。临大泽，无崖，盖乃北海云”，也是威名赫赫的草原霸主。百余年前，当匈人带着死亡之雨杀出大泽时遇到的第一个对手，就是他们。那场血战让无数阿兰勇士命殒沙场，活下来的有的归降匈人，有的从此亡命天涯，从黑海到莱茵河、高卢、伊比利亚半岛，最后是北非……阿兰人沦为惶惶不可终日的丧家犬，匈人却开始了呼风唤雨的百年。这也是西方诸族颠沛

流离、西罗马崩溃沦亡的百年。今天，胜者和败者、强者和弱者仿佛被命运牵引，又在沙隆平原展开终极对决。是的，是终极对决。匈人和阿兰人都不会想到，再过几年，他们就要双双退出这波澜壮阔的历史舞台了。

阿兰人的右翼，是西哥特人，与他们对阵的，是东哥特人——真正的兄弟阋墙。他们曾经分居在德涅斯特河的东、西两岸，直到被匈人驱逐出家园，才分道扬镳，各奔前程。现在，哥特与哥特的较量就要上演。

在另一侧，西罗马军也摆开了阵势。他们要迎战的，是盎格鲁人、萨克森人、阿勒曼尼人、巴伐利亚人、图林根人、勃艮第人、伦巴第人、弗里斯兰人……还有法兰克人。这是具有何等深刻寓意的画面呀！曾经统治天下千年之久的罗马人，孤独地面对着下一个千年的主宰者。今天，这群蛮族还茹毛饮血、粗鲁不文，可他们将缔造英格兰、德意志、法兰西、意大利、瑞士、比利时、荷兰和葡萄牙，还有它们衍生的列国——这是一群真正的创世者。

在马恩河畔、沙隆平原，我们将看到诸神的黄昏么？

星辰从苍穹中落下，
时间已不复存在，
焦黑的地面摇晃着沉入汹涌奔腾的海底。
触目所及
只有滔天巨浪，
宇宙只剩下一片死寂的大沉默
和永劫的黑暗

在这场流血漂橹的沙隆会战中，西哥特王战死。阿提拉自己也身陷对手的疯狂围攻中。他一度绝望地将损坏的马鞍、衣甲和辎重堆成小山，准备举火自焚。依靠麾下勇士力战，这位不可一世的匈王才得以死里逃生，捡回了一条性命。冥冥暮色中，低沉的角声四下响起，那是不肯低头的阿提拉在向天下发出自己的呼喊：孤王终将回来！

数以万计的勇士殒命沙场。每到深夜，总有幽幽的磷光鬼火飘荡在这片旷野上。

罗马帝国惊魂未定，阿提拉卷土重来。第二年春，他再次致信瓦伦提尼安三世，强硬地重申自己要迎娶霍诺里娅公主。刚刚庆祝过沙隆会战胜利的皇帝踌躇满志，毫不犹豫地拒绝了。阿提拉从东方召回自己的精锐铁骑，大举入侵亚平宁半岛，兵锋直指内高卢，也就是阿尔卑斯山与亚平宁山间的波河平原。

匈人大军自喀尔巴阡盆地出兵，穿越潘诺尼亚，从阿尔卑斯山东麓与迪纳拉山北麓间的山谷穿过，直取亚得里亚海边的通都大邑阿奎利亚。在亚平宁半岛，这座名城的富庶仅次于罗马。狄奥多西皇帝曾在此两次赢得胜利。僭帝马克西穆斯和欧根尼乌斯先后授首陈尸。这一次，胜利属于谁呢?

和奥尔良城一样，阿奎利亚坚壁清野，同气势汹汹的匈人展开了一场残酷的攻防大战。上次，奥尔良不过坚守了十几天，就等来援军。阿奎利亚足足苦守了三个月，也没有等来一兵一卒。

皇帝要抛弃阿奎利亚么?

上次，瓦伦提尼安三世出兵去解奥尔良之围，是因为阿提拉攻略外高卢，不仅打击了西罗马，也威胁到盘踞在南高卢的西哥特人。罗马与西哥特联手出击，胜算颇大。此次阿提拉进军内高卢，对西哥特人没有什么影响。更何况，西哥特王在沙隆会战中战殁，诸子束甲相攻的大戏很快就要开场。知道西哥特人将作壁上观后，瓦伦提尼安三世怎敢去援救阿奎利亚。他仓皇越过亚平宁山，逃到了罗马城。没有人怀疑，下一步西帝将放弃整个亚平宁半岛。瓦伦提尼安三世犹豫的，只是南狩荒凉的西西里岛，还是流亡东罗马。

阿奎利亚有座塔楼，白鹳在上面筑巢。就算攻城时箭矢漫天、杀声动地，也没有惊走这窝禽鸟。在阿奎利亚被围三个月后的某一天，白鹳突然叼起幼鸟，飞离了旧巢，消失在天际。

本来，阿提拉已经打算撤围了。毕竟，他不想重蹈奥尔良城的覆辙。当匈王看见白鹳离巢后，兴奋地告诉手下的将士，这是胜利的征兆——只有塔楼将塌，鸟儿才会舍弃旧巢。

几个时辰后，阿奎利亚城破。匈人大军一拥而入。

全城男女几乎被屠戮一空。只有少数难民借助木筏，逃亡海上，才躲过了这场屠杀。虎狼横行的大陆已经没有他们的容身之地。这群人选择在一片岛屿密布的海域落脚。多年后，阿奎利亚的逃亡者在许多小岛屿间建起了一座名为威尼斯的水城。

当诗人走过阿奎利亚旧址的时候，万分感慨，因为连废墟都无法找到。

阿奎利亚惨遭屠城，使阿尔卑斯山南诸城彻底丧失了反抗的勇气，望风而降。这里面就包括霍诺里娅外祖父在位时的都城米兰。这座波河畔的名城当时人口逾三十万，仅次于罗马城。借用一句旧诗“十四万人齐解甲，更无一个是男儿”。

当阿提拉走进米兰城时，看到的是载歌载舞欢迎自己的男男女女。以迎娶狄奥多西的外孙女为名，他在外高卢和波河平原掀起了漫天的血雨腥风，跨入大帝旧日的宫殿。在雕梁画栋间，踌躇满志的阿提拉发现了一幅精美壁画。在画中，匈人诸王谦卑地跪倒在罗马皇帝脚下。阿提拉看完后，召来一位画师，要他把壁画改上几笔。改动后的画面上，站立的是髡头的匈王；匍匐在地的，是身着紫袍的罗马皇帝，为了支付贡金，正在倒空钱袋。

——这更为写实。

那么，罗马皇帝又干了些什么呢？碌碌无为的瓦伦提尼安三世一生中干过的最大胆的事，就是手刃名将埃提乌斯。

西罗马能在风雨飘摇中支撑下来，离不开两员名将：一位是斯提里科，西哥特王阿拉里克的命中克星，却被瓦伦提尼安三世的舅父霍诺里乌斯皇帝杀害；另一个就是埃提乌斯。他们都出身蛮族。这没有什么奇怪的。长久的富贵已经使罗马旧族丧失了祖先的勇武气质。比起沙场争雄，他们更喜欢在元老院坐而论道。支撑起罗马军团的，是形形色色的蛮族人。斯提里科和埃提乌斯就是个中翘楚。凭借赫赫战功，他们被史书称为“最后的罗马人”。不可否认，埃提乌斯专横跋扈，让人生厌。但他依然是罗马帝国的擎天柱石，是三军之魂。沙隆会战，就是这位名将的大手笔。

匈王阿提拉一夜暴毙。如果说西罗马还有什么致命威胁，那就是西哥特王托里斯蒙德。父亲殒命沙隆战场后，他继承王位。托里斯蒙德看穿了罗马的虚弱，改弦更张，不再效命朝廷，转身疯狂攻击阿兰人和西罗马，妄想全取高卢。曾经驰援过奥尔良城的西哥特人现在正疯狂地围攻这座高卢名城。不过，他也死了。几个如狼似虎的手足趁他上阵负伤，在药里下毒。托里斯蒙德痛苦地挣扎着、呼叫着，最后被弟弟狄奥多里克二世一刀剁下了头颅。

是的，西罗马最凶残的敌人在一年内先后死亡。依靠瓦伦提尼安三世的公主小尤多西娅和亲，汪达尔人表面上对西罗马也表示臣服。年轻的西帝自觉天命有归，神佑罗马，是鸟尽弓藏的时候了。埃提乌斯却丝毫没有意识到自己功高震主，还为自己的儿子求娶瓦伦提尼安三世次女小普拉西蒂娅。这触动了西帝的底线。瓦伦提尼安三世无子，长女小尤多西娅已许配给汪达尔世子，很快就要远嫁北非。谁娶了小普拉西蒂娅，谁就可能成为未来的西帝。瓦伦提尼安三世显然认为，这是埃提乌斯觊觎皇位的明显信号。

454 年，这位权臣受召入宫。一番嘘寒问暖后，瓦伦提尼安三世微笑着抽出了匕首……画面仿佛又切回了恺撒喋血元老院的时刻。上一次，是王者遇刺；这一回，瓦伦提尼安三世竟然以万乘之尊行刺臣子——倒下的，都是英雄！

读史至此，只能为西帝再一次自毁长城而扼腕叹息。

事后，瓦伦提尼安三世微服私访，想探听一下民间对此事的评论。街边的一个白发老叟的话让他错愕万分：

“不过是左手砍下了右手。”

瓦伦提尼安三世不相信自己铸成了大错，反自觉从此高枕无忧。他在军中大肆清洗埃提乌斯的党羽，令蛮族将士杯弓蛇影。此时的三军早已遍布蛮族。西帝丝毫没有意识到自己在摧毁埃提乌斯势力的同时，也在摧毁西罗马三军，让他们在失去了灵魂之后，又被抽去了骨干。这样的军旅，将如何面对风起云涌的乱世？

年轻气盛的瓦伦提尼安三世介入基督教宗派之争，打压元老院，剪除门阀权贵的势力，俨然要将自己塑造成大权独揽的中兴帝王。同时得罪三军和元老院，已经使他站到了万仞悬崖的边缘。

一日，元老马克西穆斯受召入宫，陪瓦伦提尼安三世赌博取乐。不多时，他就囊空如洗了。西帝没有尽兴，要元老用戒指做抵押物，先借一笔赌注。马克西穆斯觉得没有什么大不了的，欣然同意。

片刻工夫，瓦伦提尼安三世的一名心腹带着这枚戒指敲开了马克西穆斯府邸的门。

听说丈夫要自己入宫，马克西穆斯夫人很不情愿。近来，风流成性的西帝对自己纠缠不休，百般骚扰。她避之唯恐不及，绝迹宫廷多时。不过，来人说马克西穆斯要妻子觐见皇后尤多西娅，再加上丈夫的戒指，最终打消了夫人的疑虑。等她发觉自己并没有被带到皇后寝宫时，一切都晚了。瓦伦提尼安三世满脸淫笑，扑向了可怜的妇人……

听了妻子的哭诉后，马克西穆斯怒火中烧，暗暗下决心要报复这个昏君。他看中的杀手，是埃提乌斯旧日的随从。瓦伦提尼安三世杀害了这位名将，却毫无戒备之心地留用了他的随从。马克西穆斯没费什么力气，就说服了其中一个。那人曾是埃提乌斯的号角手。当瓦伦提尼安三世驾临战神演武场观看操练时，一把利刃刺穿了他的心脏。

但是，这样的情节不过是马克西穆斯的陈述。他是瓦伦提尼安三世的弄臣，也是埃提乌斯的挚友。怂恿西帝杀害埃提乌斯的，就是马克西穆斯。所有这些，都表明马克西穆斯绝非善类。最重要的是，这段故事是不是让你有似曾相识的感觉？

是的，我想到的，还是莎士比亚的那首《鲁克丽丝受辱歌》。这一回，马克西穆斯夫人取代了鲁克丽丝，而瓦伦提尼安三世扮演了塔昆纽斯；马克西穆斯为自己留下的角色，是受辱的丈夫柯拉廷努斯，也是反抗暴君的布鲁图斯……他要用九百多年前的旧事来掩饰自己弑君篡位的事实。

马克西穆斯以布鲁图斯缔造共和罗马的史诗为蓝本，却在这末世书写了一出闹剧。

马克西穆斯登上了帝座，不过，他也没能给这个尊号增加什么光彩。披上紫袍后，马克西穆斯做的第一件事，就是杀人灭口。妻子被他诛杀后，这位新帝急不可耐地玷污了先帝遗孀尤多西娅。这个无辜的女子不仅是西罗马皇后，还是东帝狄奥多西二世的爱女。不仅如此，马克西穆斯还逼尤多西娅将次女小普拉西蒂

汪达尔再破罗马城

娅公主下嫁自己的儿子。

和霍诺里娅一样，受辱的尤多西娅把化外蛮夷看成了自己的救星。这次，接受公主召唤的，是地中海那一端的汪达尔人。

这支蛮族对富庶的罗马城觊觎之心不死。有这么一个堂皇的借口踏足帝京，他们欣喜若狂，立刻扬帆北渡，在皇港登陆。这个港口是罗马帝国第一个皇朝的克劳狄乌斯皇帝建立，并被鼎盛时的图拉真皇帝扩建，因此得名。现在汪达尔由此破门而入。

登上帝位之初，马克西穆斯曾感慨自己头上悬着一柄达摩克利斯之剑，在开始的时候就将结束自己的统治。他的直觉是对的。当罗马城再一次大祸临头，身为罪魁祸首的马克西穆斯却没有抵抗的勇气。守城士卒们惊讶地发现，自己的皇帝乔装打扮，试图要逃出罗马。百姓愤怒了，一拥而上，乱拳打死了马克西穆斯，将遍体鳞伤的尸体丢进了台伯河中。

皇帝如此，其他人又怎能鼓起勇气对抗来犯强敌。当年西哥特占领罗马，围城三次才最终破城。这一次，二十万人面对一万多来犯之敌，望风而降。汪达尔几乎兵不血刃，就进占了这座永恒之城。

在汪达尔人的吆喝下，罗马人顺服地自己动手，收罗金银财宝、青铜雕像，甚至还拆毁卡皮托尔山丘的神殿，将镀金铜瓦卸了下来，全部装运上汪达尔的船。没有反抗，没有抱怨，一切都在默默中完成。

经过十四个昼夜的劫掠，汪达尔人才志得意满地起锚扬帆，满载而归。临走前，他们裹挟尤多西娅和她的两个女儿一同南渡。同时被劫持的，还有几千罗马城的市民。

410 年的罗马沦陷，曾使多少人痛不欲生、失魂落魄，慨然仰天长叹，又留下了多少反思和辩解的文字：奥古斯丁的《上帝之城》、哲罗姆信函中的悲鸣，还有纳马提安努斯的《回故乡》……可这一次，再没有人为罗马城的不幸说些什么。面对“故国荞丘墟，邻里各分散”的命运，人们因麻木而沉默，因绝望而失去了说话的欲望。只是依稀记得——

这一年，是 455 年。

还记得七丘之城奠基时那十二只盘旋天穹的兀鹰么？当这座帝京享受烈火烹油、鲜花着锦之盛时，谁也不记得这段往事。等到忽喇喇似大厦倾，昏惨惨似灯将尽的时刻，人们才突然想起此时距离苍鹰盘旋的年代，正好过去了 12 个世纪——帝国的臣民们静待末日来临。

罗马竟然破落到无以言表的地步。

史书通常将西罗马终结的时间定在 476 年 9 月 4 日。相传在那一天，末代西帝退位，他的名字叫罗慕路斯·奥古斯都——罗慕路斯是罗马城建城肇祖的名字，而奥古斯都则是罗马帝国的开国皇帝，两个名字合体于末代帝王。用一段青史开篇的名字，组合成它的尾声，别有轮回之美。

可再美的句号，又有何用？在失去罗马城之前，在失去罗马皇冠之前，罗马——早已失去。

西罗马的最后一个世纪里，军队丢给了蛮族，地方丢给了教士，而宫廷则丢给了宦官——皇帝两手空空。

皇帝庇护臣民，臣民效忠皇帝——这是帝国所以存在的伦理基础，也被神化为天赋使命。后来，它逐步演化为中世纪的封建伦理：主公庇护封臣，封臣效忠主公。但是， 我们看到霍诺里乌斯无能地活着，又无声地死去；接替霍诺里乌斯的瓦伦提尼安三世年幼时无知，年长后无道，最后横死。霍诺里娅为了自己的幸福引狼入室，尤多西娅为了自己的不幸引狼入室，两位公主给国势倾颓的西罗马招来外侮，就像黑暗世界的女巫，用咒语召唤来吐火恶龙，把万千生灵送进了地狱。最终，她们也没能得到自己的幸福或逃脱自己的不幸。得知霍诺里娅公主勾结匈王阿提拉，惹来滔天巨祸后，东帝马尔西安唯恐公主连累自己和东罗马，强行将她遣送回西罗马。霍诺里娅一回国，被迫与母后普拉西蒂娅指定的那位罗马元老举行了一场婚礼，随即被圈禁到死。尤多西娅则被自己召唤来的汪达尔人掳掠到北非，把骨肉家园抛弃，从此永为天涯沦落人。

奥古斯丁说地上之城是堕落的。那么，罗马帝室就是堕落之城中最堕落的一群。所以，《你往何处去》的结尾才敢铮铮有声地断言，尼禄，不，其实显克维奇要说的是罗马帝国，“像一阵狂风、一阵暴雨，或者像火灾、战争和瘟疫一样，就这么消失了”。

帝室的无能与无耻，似乎可以证明这样一个帝国没有存在的必要。与其说我们在等待画上一个句号，不如说我们在画一个问号。这个问号，据说就在卡彭城门近旁一座小小寺院的大门上，字迹久经磨损，但依稀可辨：“神啊，你往何处去？”

失去罗马帝国的你，要去向何方？

第五章

chapter five

霸业鼎图人去尽

后帝国时代的蛮族霸政

轺车辚辚，将一个七岁的东哥特幼童送到了新罗马，也就是君士坦丁堡。这一年，是 463 年。谁会想到，他有朝一日会以君王的身份莅临帝国故都罗马城，接受山呼海啸般的欢呼。幼童的名字叫——狄奥多里克。

这个稚气未脱的七龄童出身东哥特王族阿马龙根氏。被匈人击败后，国破家亡的东哥特人就在这个家族率领下，如九秋飘蓬般，颠沛流离，最后驻牧于喀尔巴阡盆地中的潘诺尼亚平原。东南方出南喀尔巴阡山，是东罗马腹地；西南方穿过阿尔卑斯山和迪纳拉山之间的通道，可以到西罗马的波河平原；西北方溯多瑙河而上，是阿尔卑斯山北的日耳曼诸部地盘；东北方则是匈人横行的外潘诺尼亚和大草原——这是真正意义上的四战之地，绝非安身立命的好地方：东、西罗马为潘诺尼亚和南方的伊利里亚，也就是巴尔干半岛西部的迪那拉山一带，暗自角力，造成这块土地归属不定；山北日耳曼诸部也时常南窥；最致命的威胁，还是匈人的死亡之雨。

南有罗马，北有匈人，惶惶如丧家犬的东哥特人朝秦暮楚，夹缝间艰难求生。匈人两征西罗马，东哥特部和斯基尔部、格皮德部一起，甘附骥尾。在阿提拉的王廷中，狄奥多里克的伯父东哥特王瓦拉米尔主掌东方，南方归斯基尔王埃迪卡，而格皮德王阿尔达里克则镇守西方，并称“日耳曼三藩”。

但是，命运很快就出现了转折。

在一个寂寂深夜里，东帝马尔西安梦见了阿提拉，被整整一代人视为恶魔的匈王用冷如蛇蝎的细长眼眸注视着他。马尔西安战栗了。他看见阿提拉缓缓举起了一把长弓。弓弦绷紧的吱呀声中，对着自己的箭头寒光闪烁……就在马尔西安张口狂呼的一瞬间——“嘭”，弓弦断了。

卜者安慰梦中惊醒的东帝，这个梦预示着阿提拉的死亡。

那是 453 年的盛夏，年近花甲的匈王又迎娶了一位如花似玉的美娇娘。第二天正午，奴仆们忐忑地推开门，只看见梨花带雨的新妇木然守在冰凉的尸身旁。洞房花烛夜，是阿提拉魂归地府时。

诸子束甲相攻的惨剧很快上演。长子埃拉克击败几个兄弟，追亡逐北，一举将他们赶到荒凉的黑海北岸。后来，阿提拉幼子在那里一统伏尔加河下游突厥诸

阿提拉洞房暴毙

部，号称“保加利亚”，也就是混合之意。

班师西归途中，埃拉克和他麾下的三万精锐突遭伏击，猝不及防，命殒沙场。伏击埃拉克的，正是昔日依附阿提拉的日耳曼三藩：斯基尔王埃迪卡、格皮德王阿尔达里克，还有东哥特王瓦拉米尔。

狄奥多里克出生在阿提拉死后两年。伯父瓦拉米尔膝下无子，收养了兄弟提乌迪米尔之子狄奥多里克为嗣。挣脱了匈人的桎梏后，东哥特迅速崛起，成为雄霸多瑙河中游的一方豪强。但是，瓦拉米尔尚不足以撼动依然强大的东罗马。

当时，马尔西安皇帝已经驾崩。他是靠迎娶普喀丽娅公主而入继大统的，成婚时，公主年事已高，又虔诚地信仰基督教，守身如玉，两人没有后嗣。因瓦伦提尼安三世被弑，皇族在西罗马也没有男性后裔，他与皇后尤多西娅的两个女儿是狄奥多西朝皇室硕果仅存的血脉，被汪达尔人掳掠到北非去了。等到马尔西安也龙驭上宾，狄奥多西朝悄然谢幕。

朝臣倾向于拥立色雷斯州牧利奥。但伊索里亚州牧齐诺实力雄厚，也有问鼎之意。为了避免二虎相争，利奥承诺将爱女艾丽娅嫁给自己的竞争者。由于他年事已高，且膝下无子，齐诺欣然接受这个折中方案。这样，东罗马的两大疆臣携手开创了利奥朝。

西罗马饱受西哥特、汪达尔、法兰克等日耳曼诸部欺凌，使利奥一世对这些蛮族颇为敌视，唯恐步人后尘。他利用齐诺麾下的伊索里亚势力来清洗东罗马军中的日耳曼诸将。对东哥特，利奥一世也是深具戒心，所以让瓦拉米尔遣子为质。就这样，狄奥多里克以东哥特王嗣子身份，被送到君士坦丁堡为质任。

年满十八岁，狄奥多里克才返回暌别多年的东哥特。

此时，伯父瓦拉米尔已兵败身亡。匈人霸业土崩瓦解后，喀尔巴阡盆地群雄并起，征战不休。瓦拉米尔就是死于斯基尔王埃迪卡之手。狄奥多里克的生父提乌迪米尔被拥立为新的东哥特王，兴兵复仇，阵斩埃迪卡。埃迪卡的兄弟巴西里斯库斯和儿子奥多亚克分投东、西罗马。等到提乌迪米尔亡故，东哥特分裂：一部南出喀尔巴阡盆地，成为东罗马的客军，首领与狄奥多里克同名，绰号“斜眼”；另一部则依旧留在潘诺尼亚，他们拥戴君士坦丁堡归来的狄奥多里克为王。

在新王的率领下，东哥特连挫强敌，隐隐然有称霸潘诺尼亚之势。这也招致斜眼狄奥多里克的敌视。双方抵牾不断。

利奥之女艾丽娅嫁给齐诺，奠定利奥朝

此时，利奥一世已驾崩。艾丽娅公主与齐诺所生之子利奥二世登基数月，也一瞑不视。大位落入齐诺之手。

本来，斯基尔人巴西里斯库斯是皇位最有力的竞逐者。兄长埃迪卡被东哥特人杀死后，他南逃君士坦丁堡，惶惶如丧家之犬。不过，巴西里斯库斯娶了当时还是色雷斯州牧的利奥一世之妹为妻。等到内兄称帝，他时来运转，成为君士坦丁堡炙手可热的权贵。利奥一世曾命巴西里斯库斯率罗马水师南征汪达尔人，结果樯橹灰飞烟灭，浩荡水师竟然全军覆没于墨丘利角。他身为败军之将逃过诛戮，却也跌落低谷。

齐诺工于心术，却人望不孚。妻子艾丽娅风流放浪，帷幕不修，使宫廷几乎成了市井的笑柄。加之京城朝野对伊索里亚人素无好感，视他们为贼寇，齐诺也被当成窃国大盗。利奥一世的遗孀维莉娜太后虽然是他的岳母，却一直指责女婿为了独揽大权，暗害亲生子利奥二世。她是齐诺最顽固的政敌，暗中拉帮结派，要将巴西里斯库斯推上皇位。在维莉娜太后的鼓动下，君士坦丁堡爆发政变，齐诺仓皇出走。

狄奥多里克在这场皇室内讧中选择支持齐诺。同为东哥特人的斜眼狄奥多里克则暗助巴西里斯库斯。结果证明狄奥多里克更有远见。齐诺复辟，杀死了巴西里斯库斯。年仅二十三岁的狄奥多里克凭借翊戴之功晋阶勋贵。不甘失败的斜眼在三年后支持利奥一世的另一位驸马马西安兴兵夺位，再遭失败，郁郁而终。

对两个东哥特人，皇帝齐诺一直上下其手，玩弄以夷制夷的手法，而他的对手狄奥多里克同样心计过人，时而同斜眼麾下的东哥特人遥相呼应，时而又高举勤王旗帜。自始至终，他的目标就只有一个：挣脱东罗马加之于他和东哥特人的桎梏，全取多瑙河南的土地。最终，人们发现狄奥多里克成了名利双收的最大赢家。为了笼络这位东哥特王，齐诺皇帝先是拜他为将军，接着又授予执政头衔。

执政之号，已有千年之久，执掌罗马内外政事，权力极重，所以一年一任。罗马建立帝国后，执政成为没有实权的虚衔，但拥有该名号的，无不是权重势隆的权贵。狄奥多里克成为 484 年的执政，标志着这位东哥特蛮族出身的人已经跻身罗马最高层。

当斜眼遗留的势力被狄奥多里克整合后，消弭裂痕的东哥特已经成为左右君士坦丁堡政局的一大势力。这令齐诺寝食难安，试图压制狄奥多里克。两人矛盾日深。东哥特举兵东进，威胁君士坦丁堡。齐诺不得不妥协，将狄奥多里克留在京城为质的姐姐送了回去。

但是，这没有解决东罗马和东哥特的深层矛盾。东哥特人驻留的潘诺尼亚是四战之地，难守易攻。这一带适宜放牧而非稼穑，地瘠民贫。所以，东哥特时常要南下掳掠，或依赖东罗马的岁币。潘诺尼亚北面当时还是蛮荒之地，西南的伊里利亚更是穷山恶水。强大起来的东哥特要在巴尔干半岛拓展生存空间，就只有进入东南方的色雷斯。但是，这里毗邻京城君士坦丁堡。卧榻之侧，岂容他人酣睡？

齐诺殚精竭虑，要避免一场双方都没有胜算的对决。最后，他想到了以邻为壑。

原来，连遭浩劫后，西罗马早已分崩离析，摇摇欲坠了。除了塞纳河的巴黎一带，朝廷能控制的只有亚平宁半岛。西有西哥特、南有汪达尔、北有法兰克和勃艮第，西罗马可谓群狼环伺。东帝狄奥多西二世在位时，就放弃了西方。东罗马扶植瓦伦提尼安三世这样的幼童上位，不过是为了让一个孱弱的西罗马替自己遮风挡雨，避免自己直面蛮族的挑战。这成为狄奥多西朝和利奥朝的西方战略。

东罗马认可的最后一位西罗马皇帝，是内波斯。他原在巴尔干半岛西海岸，也就是在达尔马提亚开府建衙，与亚平宁半岛隔亚得里亚海相望。西罗马无主，他在东罗马朝廷的支持下，进兵亚平宁半岛，自立为帝。登基后，内波斯重用匈王阿提拉昔日的长史俄瑞斯特斯，结果却遭到后者背叛，狼狈逃回达尔马提亚。俄瑞斯特斯立自己的儿子为帝，也就是西罗马的末代皇帝罗慕路斯·奥古斯都。为了杜绝后患，他还纠结南军，准备追击内波斯。不承想，南军哗变。为首之人名叫奥多亚克，前斯基尔王埃迪卡之子。

当年，埃迪卡被东哥特人杀死。在叔父巴西里斯库斯东奔君士坦丁堡的同时，奥多亚克来到了西罗马都城拉文纳。和许多蛮族人一样，他不事稼穑，也无手艺，只能投身军营，靠一刀一枪，博取富贵。奥多亚克曾先后戍守外高卢和亚平宁半岛，抵御法兰克人和阿勒曼尼人。凭借一身过硬的弓马功夫，这位昔日的斯基尔王子很快脱颖而出，成为手握京城兵权的卫尉。这次兵变中，蛮族将士们用盾牌将身材矮小的奥多亚克高高托起，拥戴他为王。俄瑞斯特斯举措失当，很快就被乱兵擒杀。就在齐诺复辟的同一个月，罗慕路斯·奥古斯都被奥多亚克逼迫，黯然退位。

奥多亚克自知根基浅薄，没有人主之望。他并未像许多谋反的将领那样急于紫袍加身，称孤道寡。尽管叔父巴西里斯库斯刚刚被齐诺杀死，他还是恭敬地将皇帝印玺送往君士坦丁堡，以示无意称帝，愿意在名义上臣服于东罗马皇帝。

还记得我们的问号么：失去罗马的你，要去向何方？

身为西罗马的终结者，奥多亚克是第一个试图回答这个问题的人，答案是“尊王”。他保留了罗马的宗教、律法和罗马的元老院，还保留了西罗马的朝廷，只不过将名号改为府署，建立了自己的霸府。文官依旧任用罗马人，武官才由蛮族出任。罗马人对此没有任何怨言。早在百年前，他们就抛弃了尚武之风。百姓唯一的怨言就是奥多亚克连西罗马的贿赂之风都保留下来。不过，这不该怪罪奥多亚克和他麾下的武将，而只能归咎于文官依然由堕落的罗马人担任。

比起横征暴敛的西罗马朝廷，奥多亚克的霸府算得上轻徭薄役。尽管三分之一的税赋被用在奥多亚克的蛮族部属身上，可罗马人并没有觉得负担沉重。奥多亚克击败了从西阿尔卑斯山入侵的勃艮第人和越东阿尔卑斯山入侵的鲁吉人，还用钱财从北非的汪达尔人手中赎买回西西里岛，勉强保住了一个完整的意大利，一个没有战火的意大利。

奥多亚克的时代远算不上太平盛世，却绝对比民不聊生的西罗马要好上几分。

可是，矛盾依然存在。奥多亚克高擎“尊王”旗帜，他治下的罗马人心里却想着“攘夷”。对奥多亚克和他麾下那群蛮族将士，罗马人一直抱有仇视态度。因为他们是蛮夷，还葬送了那个行尸走肉般的西罗马，也因为他们是信奉基督教的阿里乌斯宗，而非罗马人的尼西亚宗。

对奥多亚克来说，最致命的是，他麾下的蛮族将士不过区区两万人，加上妇孺也不会超过八万，同时还分属日耳曼诸部，是临时聚集起来的一盘散沙。意大利的罗马人却是他们的二十倍之多。这使奥多亚克感到了深深的孤独。这个斯基尔人尽心竭力地保留罗马，可罗马不属于他，也不接纳他。

东罗马朝廷的态度加深了奥多亚克的孤独感。

收到使者从拉文纳城送来的印玺后，齐诺没有按惯例册立新的西帝，或者说，他认为没有必要。东罗马一直视俄瑞斯特斯父子为篡逆者，只承认流亡达尔马提亚的内波斯为西帝。等到内波斯撒手人寰，东帝齐诺依然无动于衷。他是故意为之。齐诺从没有忘记，奥多亚克是宿敌巴西里斯库斯的侄儿。内心深处，他一直将这个斯基尔人视为篡权窃国的叛逆，欲除之而后快。内波斯死后，奥多亚克出兵吞并达尔马提亚。东帝齐诺勉强任命他为州牧，暂领意大利。没有奥多亚克的支持，谁都不可能在西方坐稳帝位。或者说，除了齐诺本人外，这个斯基尔人就是最合适的西帝人选。

但是，东罗马视残破的西罗马为累赘，无意合并。更何况，齐诺当时也还没有坐稳东罗马帝位。不仅巴西里斯库斯、马西安和他们身后的势力虎视眈眈，就连他起家的伊索里亚也是屡生叛乱。齐诺根本无暇西顾。

让狄奥多里克讨伐意大利，堪称朝廷驱虎吞狼、一箭双雕的神来之笔，可以帮齐诺除掉眼中钉奥多亚克，又可以避免东罗马与东哥特在巴尔干半岛争夺生存空间。

对朝廷“以夷制夷”的如意算盘，狄奥多里克心中雪亮，但他仍然毅然踏上了漫漫西征路。

东哥特和斯基尔有过太多恩怨纠葛。命中注定，狄奥多里克和奥多亚克是不共戴天的仇雠。更重要的是，东哥特确实还没有颠覆东罗马的实力，为争夺色雷斯刀兵相向，势必两败俱伤。相比之下，打败奥多亚克更有把握——斯基尔人曾不止一次成为东哥特的手下败将。

对漂泊百年、四海为家的东哥特人来说，意大利是一个真正可以成为家园的地方。

我们知道，狄奥多里克曾作为人质，在冠盖如云的君士坦丁堡度过童年。在领略了繁花似锦的罗马文明后，狄奥多里克又怎能甘心永远盘曲在荒凉的北疆。他要率领族人到意大利去。那里是罗马的龙兴之地，有广厦华屋、风雅人物，有地中海的熏风艳阳，还有传说中的七座山丘……那里，曾是这片天下的最中央。

只有月圆花香繁华地，能让东哥特人不再孤独地漂泊。

488 年的冬天，凛冽寒风卷着漫天残雪，横扫过潘诺尼亚的荒野。就在那滴水成冰的季节，我们看见一支人马扶老携幼，在风雪中艰难跋涉，永不回首。在荒原深处，不时出现狼群的身影，随时要扑向不幸掉队的孱弱老幼。比狼群更凶狠的，是游弋在这一带的格皮德人。

这个部族与东哥特人系出同源。匈人西侵，东哥特、格皮德和斯基尔纷纷依附于阿提拉，盘踞喀尔巴阡盆地，并称日耳曼三藩。等到阿提拉身死，又是他们联手终结了匈人的百年霸业。为了争夺匈人的故地，三藩反目成仇，厮杀不休。

现在，奥多亚克唆使游荡在潘诺尼亚荒原上的格皮德人来阻挡东哥特西进。可是，这岂能阻止狄奥多里克前进的脚步？

面对自己的部属，狄奥多里克发表了慷慨激昂的演说，举杯饮下预祝胜利的葡萄酒，然后一马当先，义无反顾地冲向敌阵。东哥特人“像波涛汹涌的河流一样扫过这片土地，像在羊群中的狂狮一样勇猛”，去迎接属于他们的胜利。

击败拦路虎格皮德人后，东哥特人沿着当年阿提拉南征内高卢的旧路，从阿尔卑斯山脉与迪拉纳山脉间的间隙穿过，闯入了亚平宁半岛。在伊松佐河畔，奥多亚克列阵迎敌——

两位乱世枭雄的龙争虎斗就此拉开序幕。

这一年，是奥多亚克在亚平宁半岛建立霸府的第十二年。罗马的繁华已成云烟往事，连续多年来的天灾人祸使这片土地满目疮痍，没有北非膏腴之地的米麦输入，这里甚至要面临饥荒的威胁。奥多亚克殚精竭虑，励精图治，还不能完全改变饿殍遍地的悲惨现实。粮食困乏，也影响到了军力。西哥特人夺取西阿尔卑斯山与赛文山脉南侧的沿海地带，也就是普罗旺斯。奥多亚克因缺少粮秣，只能听之任之。他历尽艰辛，击败了东阿尔卑斯山的鲁吉人，却无力负担在山间驻军的高昂消耗，只好将防线收缩到山南平原上的伊松佐河。

狄奥多里克和他的东哥特人也是蛮族人，也是阿里乌斯宗信徒。可比起奥多亚克，他们毕竟师出有名，是奉东帝御旨，来讨伐叛逆的，而皇帝信奉尼西亚宗。罗马人忘记了奥多亚克带来的秩序与和平，大多站在了狄奥多里克一方。这场龙争虎斗使整个北意大利“白骨露于野，千里无鸡鸣”，只有啄食腐尸的乌鸦在血腥空气上下翻飞，史称“乌鸦战争”。

西罗马终结者奥多亚克

最后，双方精疲力竭。

拉文纳主教约翰率领着一群教士，手持十字架、香炉和福音书，举着一面休战旗帜出现在了拉文纳的城墙下。他为狄奥多里克朗诵了《诗篇》，欢迎这位“从东方来的王”与奥多亚克共同统治意大利。就这样，两位宿敌手按经书，誓言和好。

不久，奥多亚克在狄奥多里克的盛情邀请下，亲自赴宴。他不相信自命虔诚教徒的东哥特王会背誓行凶。可这就是一场鸿门宴。狄奥多里克悍然拔剑，客人血溅七步。

“神明何在？！”

被砍倒在地的奥多亚克发出了最后的哀号。这也是那个悲惨年代无数人对苍天的质问。可惜，没有任何应答。

历史在等待狄奥多里克来回答那个关于西方何去何从的问题。

罗马人忐忑不安地迎来了新的王者——狄奥多里克。在他们的印象中，这位东哥特王反复无常，狡黠如狐，曾把朝廷玩弄于股掌间；同时，他又凶残如虎，一场乌鸦战争把整个北意大利拖入地狱。狄奥多里克背信弃义，杀死奥多亚克，连妇孺也不肯放过：奥多亚克之子被斩首，遗孀被生生饿死在黑狱中……在罗马人看来，狄奥多里克就是来自东方穷山恶水的嗜血禽兽。可是，他们很快就发觉自己错了。

比起奥多亚克，狄奥多里克更年轻——两人差了有二十岁，差不多一代人——也更有实力。他麾下的东哥特将士不仅人数更多，而且多年来一直追随着瓦拉米尔、提乌迪米尔和狄奥多里克，追随阿马龙根氏，更具凝聚力。在乌鸦战争中，奥多亚克从一开始就落下风，很重要的原因就是他的麾下缺少这样一支不离不弃的力量。斯基尔人被击败时，奥多亚克还年少，身边并无多少党羽，几乎是只身西逃。他完全是凭借个人才能在西罗马军中立足的，并最终成为手握兵权的卫尉。他麾下的将士有斯基尔人，也有汪达尔人、士瓦本人、勃艮第人、法兰克人……甚至哥特人。“天下熙熙，皆为利来，天下攘攘，皆为利往”——他们可以为了眼前利益拥戴奥多亚克，同样也可以为了利益抛弃他。奥多亚克和麾下将士缺少血肉纽带。不仅如此，他长年在死气沉沉的西罗马军中服役，心术手腕比起在多瑙河畔的血雨腥风中纵横捭阖多年的狄奥多里克，也颇有不如。

抛开这些差异，我们不难发现，狄奥多里克和奥多亚克本质上是同一种人。

他们都是蛮族，都曾长时间地生活在罗马：狄奥多里克在东罗马，而奥多亚克在西罗马；狄奥多里克在罗马度过了少年时光，奥多亚克除了少年时光，都生活在罗马。在罗马人眼中，他们都是粗鲁的蛮族；可在蛮族眼中，他们却是文明的罗马人。所以，狄奥多里克在长达三十三年的时间里，为西方世界给出的答案，和奥多亚克是雷同的：

一个没有帝国的罗马。

狄奥多里克全取亚平宁半岛时，齐诺皇帝驾崩了。卫尉阿纳斯塔西乌斯迎娶他的遗孀艾丽娅，入继大统，成为利奥朝的第四位皇帝。远在意大利的狄奥多里克仍遥尊他为帝。阿纳斯塔西乌斯也勉强承认了这位东哥特王可以以朝廷之名统治意大利，但立法和铸造金币除外。狄奥多里克坚定无比地认为自己不是罗马的敌人，而是罗马的守护者。在他铸造的钱币上，铭刻着这样一句话："不可战胜的罗马"。

仿佛，罗马亘古永存，从不曾中断过。

狄奥多里克的清明统治，使整个意大利元气徐徐恢复。500 年，他造访罗马城时，别有深意地选择了帕拉丁山的罗马故宫作为自己的下榻处，并在这座七丘之城逗留了六个月之久。狄奥多里克没有皇帝尊号，但又希望能在西方替代皇帝的角色。如他所愿，文人墨客纷纷将这位东哥特王比喻为古罗马鼎盛时的明君图拉真。

但是，这不过是一种谀辞。狄奥多里克所拥有的意大利，不过是罗马的一隅之地。昔日强大的帝国早已是山河破碎。蛮族诸王瓜分了西罗马剩余疆土：西哥特王占据着外高卢西、南部和伊比利亚半岛；勃艮第王和法兰克王分踞罗讷河与莱茵河；阿勒曼尼王盘踞莱茵河中游；图林根王在威悉河上游一带；北非则归汪达尔王。

狄奥多里克最大的长处，就是他清醒地认识到自己能力的极限，从不超越自己的极限去追求帝王盛业。和奥多亚克一样，狄奥多里克也高擎"尊王"旗帜。他和他的东哥特人并无实力一统西罗马江山，但可以用另外一种方式成就霸业——婚姻：狄奥多里克的侄女成为图林根王妃，妹妹许配汪达尔王世子，长女嫁给西哥特王世子，幼女嫁给勃艮第世子；他的妻子奥德佛丽达出身实力雄厚的法兰克……再加上狄奥多里克刻意交好的图林根王赫尔米那弗里德、黑鲁尔王罗杜尔夫，还有阿尔卑斯山北的众多蛮族小部，没有人会质疑他在蛮族诸王中位列首席。这就够了。

对西帝尊号，狄奥多里克并无执念。

这是意大利几十年幸福生活的根源。他们不必为了一个人的虚妄帝王梦，去承受无尽的兵役、徭役和苛捐杂税。东哥特王最大的梦想，不过是将西罗马废墟上的日耳曼诸部捏合成一个以自己为首的松散联盟。

这就是狄奥多里克的霸政时代。

在这个体系中，最不稳定的因素就是狄奥多里克的妻党法兰克。他们虎踞西北，雄视一方，对西哥特占据的外高卢腹地垂涎三尺。本来，狄奥多里克是最好的斡旋人：法兰克王克洛维是他的内兄，而西哥特王阿拉里克二世则是东床快婿。可是，一切都是徒劳。武耶平原一役，克洛维阵斩阿拉里克二世。西哥特兵败如山倒。如果坐视法兰克坐大，会危及蛮族诸国的平衡。狄奥多里克果断出兵，越过阿尔卑斯山，进占南高卢的重镇马赛城，把整个普罗旺斯收入囊中。没有来得及逃往伊比利亚半岛的西哥特人纷纷转投东哥特。此时，克洛维暂时还不敢挑战狄奥多里克的霸主地位，停下了南进的步伐。这样，赛文山脉与西阿尔卑斯山以南的滨海地域如同一条狭长的走廊，将东哥特人的亚平宁半岛和西哥特人的伊比利亚半岛连为一体。

群龙无首的西哥特人宣布拥戴狄奥多里克为全体哥特人唯一的王。与他素有心结的罗马皇帝阿纳斯塔西乌斯都不得不承认，狄奥多里克已将西罗马故土中的膏腴之地尽收囊中，成为西方的无冕至尊。

在风光无限的顶峰，一代名王内心所感受到的，却是无边的孤独。

狄奥多里克占据亚平宁半岛，已经有数十年了。这里曾是天下的最中央。他曾以为，站在这里，就拥有了整个天下。但是，狄奥多里克很快就意识到，自己错了。他的东哥特人有多少？十万，或者更多一点，也多不到哪里去。不只是他，其他蛮族也大概就在这个数量级。西哥特人或许比东哥特人多一些，盘踞北非的汪达尔人只有八万，勃艮第人甚至更少。他们所要面对的罗马人呢？数百万——像沧海一样。狄奥多里克和他的蛮族同胞不过是海面上浮沉的孤舟。

这么多年来，这位东哥特王一直坚持两族分治：从法律到官吏，从学堂到寺院，莫不壁垒分明。为了避免被同化，他甚至禁止两族通婚。东哥特人只能在蛮族中选择配偶。狄奥多里克自己就一直坚持与蛮族诸王联姻。唯其如此，才能排遣被罗马人包围的危机感和孤独感。婚姻拉近了狄奥多里克和蛮族诸王的心理距离，使他在这片别人的土地上不那么孤独。

狄奥多里克甚至礼聘史学名家，撰写《哥特史》。他害怕哥特人在别人的世界丢失了自己的历史，遗忘了祖先，最终迷失在别人的历史中，成为无根浮萍。

但是，狄奥多里克不曾苛待罗马人。在他入主拉文纳城之前，整个意大利满目疮痍，残破不堪。仅仅用了几十年，狄奥多里克就重整河山：他慷慨地将各地送来的贡品换成谷物和肉，无偿分发给黎民百姓；还在教士协助下，花费重金，从其他蛮族手中赎回历次战争中被掳掠的罗马人，让他们重获自由；狄奥多里克一掷千金，重修气势恢宏的竞技场，举办古老的竞技盛典，来娱乐大众；湮没的古籍得到重新整理；书院学府在重建；就连乐舞百戏也重新流行起来；大大小小的城邑兴修水利、柱廊和浴场，新建教堂更是数不胜数，著名的哥特式样就是从这时开始盛行的；清冷许多年的港口繁忙起来，满载着中国丝瓷、印度香料、波斯地毯和北非小麦，从五湖四海驶往罗马；此时的意大利路不拾遗、夜不闭户，一派海晏河清的盛世光景——一言蔽之，狄奥多里克为罗马所做的，远比绝大多数罗马皇帝更多、更出色。

一切仿佛徒劳，罗马人依然摆出冷漠的面孔，就像当年对待奥多亚克一样。

东帝阿纳斯塔西乌斯拖了四年，才勉强承认狄奥多里克的霸府。在内心深处，他依然视这位东哥特枭雄为窃国大盗。为了一个逃亡匈人向狄奥多里克寻求庇护这样的琐事，阿纳斯塔西乌斯悍然兴兵问罪。

东哥特和匈人结盟，在马古斯歼灭东罗马一万精锐。不过，狄奥多里克很有分寸，极力避免扩大事态。但阿纳斯塔西乌斯毫不领情，派出两百战舰、八千水师，试图从海上威胁东哥特人。此时，狄奥多里克已经坐拥上千艨艟斗舰，海战并不落下风。东罗马水师连战不利，恼羞成怒，竟然在海岸烧杀劫掠一番后，悻悻东归。

被讥为盗贼的东哥特王保护了罗马人的子女玉帛，而罗马皇帝却充当了强盗——真是莫大的讽刺。

比起东帝阿纳斯塔西乌斯的轻慢，生活在意大利的罗马贵族和平民的态度更让狄奥多里克忧心。在自视高贵的罗马人眼中，他不过是个武夫，是个蛮族和异端信徒。此刻，狄奥多里克深深体会到奥多亚克当年的孤独，他们都高举着“尊王”的旗帜。但是，无论是罗马皇帝，还是罗马人，都将他们视为蛮夷，将“攘夷”的敌意写在脸上。

“尊王”与“攘夷”在罗马故地的割裂，无疑是一场悲剧。

在宗教上，狄奥多里克从没有利用自己的武力或权力，强迫罗马人改宗阿里乌斯宗。在很长时间内，他也不干涉罗马教会。尽管信仰不同，狄奥多里克还是盛情款待到访的尼西亚宗教士。他甚至亲身前往使徒彼得的墓前祭奠。罗马宗主教为此扬扬自得，可狄奥多里克毫不介怀。

东哥特王宽容尼西亚宗，信奉尼西亚宗的罗马人却没有给予他同样的宽容。他们不断指责狄奥多里克用武力庇护阿里乌斯异端。

懦弱的罗马人没有胆量武力攻击东哥特人，但他们却借口镇压异端，去欺凌手无寸铁的犹太人。这是狄奥多里克不能容忍的。他一向以所有宗教的庇护者自居。不过，狄奥多里克面对暴行依然十分克制，仅仅是要求肇事者进行赔偿。有些死硬的尼西亚宗信徒拒绝赔偿，他才下令当街鞭笞。这本是十分公正的处置。但是，教会立刻出面指称这是宗教迫害，反将那些杀人放火的尼西亚宗信徒尊为虔诚信徒，号召三百布道讲坛为他们的受难致哀。

面对如此明目张胆的颠倒黑白，狄奥多里克怒火中烧。更让他无法忍受的是，东罗马境内正掀起迫害阿里乌斯宗教徒的狂潮。狄奥多里克不明白，自己身为信仰阿里乌斯宗的东哥特王，能宽容地对待尼西亚宗和信仰它的罗马民众；号称天下共主的罗马皇帝为何容不下阿里乌斯宗。

举目四望，迟暮英雄比任何时候都要孤独。

罗马宗主教与东罗马皇帝曾经势同水火，现在却越走越近，因为他们把狄奥多里克当成了共同的敌人。越来越多的罗马人开始倒向东罗马皇帝，浑然忘却了意大利，乃至整个西方曾被朝廷无情地遗弃，反将庇护了他们几十年的狄奥多里克视为仇寇。

在法兰克击败西哥特后，阿纳斯塔西乌斯毫不犹豫地给克洛维高官厚爵。这显然是要拉拢他，令东哥特陷入腹背受敌的困境。可惜，克洛维过早离世。但是，狄奥多里克一力维系的霸政格局也开始摇摇欲坠了。克洛维的儿子们联手吞并了勃艮第王国，杀死狄奥多里克的另一个爱婿。惊闻噩耗，东哥特王亦无可奈何。他无力跨越巍巍阿尔卑斯山兴师问罪。

在地中海的那一端，形势也急转直下。

狄奥多里克的妹夫汪达尔王特拉萨蒙德死了。王弟格拉里斯即位，旋即被堂弟希尔德里克所弑。希尔德里克的母亲，就是当年被掳掠到汪达尔的西罗马公主小尤多西娅。所以，他以皇室苗裔自居，素有罗马情结。夺位后，希尔德里克毫不犹豫地倒向了东罗马朝廷，同东哥特决裂。狄奥多里克的妹妹试图发动政变，结果事败被杀。只有一个儿子仓皇北逃，投奔狄奥多里克。汪达尔和东哥特这对昔日盟友也变为仇雠。

就这样，狄奥多里克精心编织的蛮族同盟土崩瓦解。他已无力执西方世界之牛耳。

吞并勃艮第的法兰克从西、北两面威胁意大利，南有汪达尔，再加上东罗马……长久地困扰狄奥多里克的噩梦——四面受敌，正在变成残酷的现实。如果东哥特王还如当年般拥有青春年华，我相信他不会慌张、不会焦虑。有什么能难倒狄奥多里克这样的盖世英雄？可惜，似水流年把青春少年变成了白发飘飘的古稀老者。自觉时日无多的狄奥多里克终于失去了几十年来一直保持的从容，他开始选择用最粗暴的手段去应对眼前的困局。

在罗马人中颇有名望的元老阿尔比努斯被告发与东罗马暗通款曲，图谋推翻东哥特的所谓异端统治。当狄奥多里克听说这位元老当众呼吁给罗马自由时，被彻底激怒了：难道意大利在自己的统治下没有自由么？

为了罗马，狄奥多里克兢兢业业数十年，励精图治，才有了今日的富庶繁华。

可是，罗马人竟然忘恩负义，用如此凉薄的言辞来评价自己。更可怕的是，有人竟然在元老院中公然替这种言论辩护，声称如果阿尔比努斯是罪犯，那么自己和整个罗马元老院都犯有同样的罪行。

这个人，就是公认的罗马贤哲波伊西乌斯。

波伊西乌斯出身簪缨世家。在那个鹅鸣卡皮托山的黑夜，神庙前抵御高卢人的勇士中就有他的先祖。波伊西乌斯博闻强记、满腹经纶，传说曾游学雅典十八年。更为让人钦佩的是，他半生笔耕不辍，将古希腊先贤的著作翻译成拉丁文，并进行注释，为西方开启了一扇门。我们知道，先后出任过西罗马大将军的斯提里科和埃提乌斯曾被史学家称为“最后的罗马人”。从文化角度看，这个荣誉被后人授予波伊西乌斯。

这位贤人曾是狄奥多里克的近臣，备受信赖和恩宠。膝下两子，还未弱冠就授予执政的荣衔。可是，这一次他激怒了狄奥多里克。几个声名狼藉的小人指证波伊西乌斯阴结君士坦丁堡朝廷，意图颠覆东哥特的霸府政治，自立为王，以实现柏拉图笔下“哲人王”的理想。波伊西乌斯让人叹为观止的学术也被污蔑为亵渎神明的巫蛊之术。

在牢狱中，波伊西乌斯写下了最后的著作《哲学的慰藉》，然后引颈就戮——这是狄奥多里克三十三年统治中最黑暗的时刻。刽子手的绞索无情地套上了这位元老的脖颈。在他因窒息而濒临死亡的时候，棍棒如雨而下，将受刑者活活杖杀。

波伊西乌斯的岳父西马库斯以文学闻名于世，也是德高望重的宿耆。他的祖父，就是那位与米兰主教安布罗斯进行辩论的元老。受女婿牵连，西马库斯垂老之年披枷戴锁，从罗马城被押解到拉文纳，惨遭处决。

几十年前，罗马人曾把狄奥多里克想象为禽兽。他却用自己的表现完成了一次华丽转身，把仁慈君主的形象写入青史。现在，罗马人已经习惯于狄奥多里克的雍容大度，才惊愕地发现这位东哥特王也有森森獠牙。在生命的最后几年，狄奥多里克仿佛道行不够的妖孽，在苦苦修行了数十年后，终于原形毕露。在他的强迫下，罗马宗主教约翰一世赶赴君士坦丁堡，劝谏东帝停止迫害阿里乌斯宗教徒。约翰一世受到了东罗马朝廷的盛情款待，却没有完成使命。归国后，他被狄奥多里克囚禁在拉文纳城，愤懑而死。东哥特王甚至开始考虑要彻底抛弃长期奉行的宗教宽容政策，取缔尼西亚宗，以报复东帝对阿里乌斯宗教徒的迫害。他还重整水师，准备渡海南征汪达尔，替惨死在希尔德里克之手的妹妹报仇。

统治意大利多年的狄奥多里克

罗马贵族中异己还没有清洗，宗教迫害的法律还没有颁布，港口中的战船也还没有起锚……狄奥多里克的生命就走到了尽头。他告诉御医，自己在拉文纳幽深的宫廷里见到了西马库斯的鬼魂，露出满口獠牙，来向自己索命……在如此惶恐的生命末路上，狄奥多里克也许会更深刻地体会《旧约·诗篇》里的祈求："求你转向我，怜悯我，因为我是孤独困苦。"

三天之后，东哥特王在无尽孤独中一暝不视。

在狄奥多里克的棺椁四周，环绕着十二使徒的铜像。使徒的簇拥，能不能使他感到一点温暖。痛恨狄奥多里克的尼西亚宗教士们却相信，他的灵魂被投入烈焰冲天的利帕里火山口，从那里一直堕入无边的地狱……

狄奥多里克薨殁，标志着一个风起云涌的大时代结束了。这个时代，开始于西罗马末代皇帝奥古斯都·罗慕路斯退位。从此，罗马王气，黯然消散。一代豪杰昂首阔步，走上了西方世界的舞台中心：斯基尔人奥多里克、法兰克人克洛维，还有东哥特人狄奥多里克……苍茫大地上，云起风生龙虎醒，演绎着激动人心的英雄史诗。现在，"英雄一去豪华尽"，它要画上句号了。

狄奥多里克身后没有子嗣。他和克洛维的妹妹奥德佛丽达婚后育有一女，芳名阿玛拉珊萨。东哥特王族阿马龙根氏人丁凋零，预示着曾纵横捭阖欧陆多年的彪悍部族气数将尽了。在这样一个后英雄时代，我们的故事要如何继续?

在狄奥多里克薨殁后，无人具备权威来统摄分据亚平宁半岛和伊比利亚半岛的东、西哥特。分治已成必然。东、西哥特以罗讷河为界。西哥特王位由阿拉里克二世之子阿马拉里克继承。法兰克久怀吞并之意，只是迫于狄奥多里克的积威，不敢轻举妄动。现在，他们自然不肯放过良机，大举南犯。阿马拉里克步父亲覆辙，兵败身殒。

西哥特上一次兵败武耶，依靠东哥特断然出手才逃过亡国劫难。这一次，失去了狄奥多里克的东哥特有心无力。阿马拉珊萨只能坐视西哥特陷入危局。

按照哥特人的旧俗，女性是没有王位继承权的。阿玛拉珊萨尽管身具东哥特和法兰克两大王族血统，也不能成为东哥特王。

阿马龙根氏硕果仅存的男性苗裔，名叫欧塔里克，远在伊比利亚半岛。当年，他们这一支阿马龙根氏因为不满东哥特依附罗马帝国，愤然出走，去投奔西哥特。自知无望生子的狄奥多里克将欧塔里克从伊比利亚半岛接到亚平宁半岛。如诗如画的江山和如花似玉的公主要一并托付给他。

519年，欧塔里克就任执政官。狄奥多里克为爱婿安排了一个极尽奢华的庆典。东罗马皇帝的钦使完全被壮观的圆形大竞技场、精彩绝伦的斗兽和狄奥多里克的慷慨所震惊。很难想象，残破的意大利竟然被一个东哥特人治理得如此富庶繁华。但是，那一年夏天客星犯座，长达半月之久，让人感到了一丝不安。

欧塔里克福薄缘浅，消受不了江山美人，早早弃世，身后留下一子一女。儿子名叫阿塔拉里克。狄奥多里克撒手人寰的时候，这个孩子年仅十岁。他的母亲阿玛拉珊萨垂帘听政。

阿玛拉珊萨惊才绝艳，在哲学上颇有造诣，语言天赋也很出众，无论是希腊语、拉丁语还是哥特语，都能流利使用。这使阿玛拉珊萨和东哥特人，还有东、西罗马人都能交谈自如。狄奥多里克虽然接受和捍卫了罗马的衣冠文物，但根底里还是一个粗鲁不文的哥特武夫。也许是生于斯、长于斯的缘故，阿玛拉珊萨深受亚平宁半岛和风熏陶，比任何旧族高门的大家闺秀都更仰慕罗马昔日的荣光。摄政之后，她赦免了西马库斯、波伊西乌斯的子女，将抄家所获玉帛子女一并赏还。这赢得了罗马旧族的好感。阿玛拉珊萨还摒弃了父王晚年施行的严刑峻法，广施仁政。她的母族法兰克信奉尼西亚宗，所以，罗马教士们对阿玛拉珊萨也颇有好感，相信她不会一味偏袒父族哥特人所信奉的阿里乌斯宗。狄奥多里克晚年与东罗马朝廷、罗马教会水火不容的局面逐渐被扭转过来。此时的意大利，似乎盛世重来。

但是，阿玛拉珊萨母子间的裂痕渐深。她煞费苦心，礼聘耆宿大贤为西席，试图按照罗马的标准将爱子培养成一代贤王。但是，阿塔拉里克放荡不羁，沉湎犬马声色，对礼乐诗书一无兴趣。严母劣子，冲突不断。他更像一名传统意义上的蛮族之王，哥特旧族也喜欢这样粗鲁豪放的阿塔拉里克。一次节庆之时，哥特人聚集在王宫前欢庆，却看见他们的少年君王带着满面泪水，逃出宫门。阿塔拉里克絮絮叨叨地向臣民抱怨自己屡屡因琐事被母亲重责。东哥特人顿时鼓噪起来。本来，他们对阿玛拉珊萨推崇罗马风物、鄙薄本族旧俗就心怀不满，这下终于找到了发泄的渠道。心怀叵测的人趁机煽动，指控阿玛拉珊萨侮辱国王、阴谋篡位。

一点寻常家庭口角，演变为汹汹政潮。

迫于压力，阿玛拉珊萨不得不让步，同意阿塔拉里克不必研习罗马文化。此刻，望子成龙的母亲心如刀绞。她知道，自己放弃的，不仅是儿子的教育，更是一个罗马梦。很难想象，如此厌恶罗马礼乐诗书的君王，会再造罗马盛世。

摆脱了母亲管束后，阿塔拉里克纵情声色，在醇酒妇人和畋猎中消磨青春。此时，仇视阿玛拉珊萨的哥特旧党利用王室的母子矛盾，紧锣密鼓地筹划用一场政变来结束太后摄政。阿塔拉里克从心腹那里得知此事，兴高采烈。在他眼中，懦弱的母亲毫无还手之力，根本就没有想到严守机密。结果，消息很快就传到了阿玛拉珊萨耳中。爱子的无情背叛，使她心力交瘁。考虑再三，阿玛拉珊萨向君士坦丁堡派出密使，希望东罗马皇帝能收留自己。为了早日逃离拉文纳城的倾轧，阿玛拉珊萨未雨绸缪，将四万镑黄金偷偷运走。一艘大船就停泊在港口里，满载黄金，随时可以起锚远行……

可是，阿玛拉珊萨放下了爱子与江山，却放不下心中的仇恨。在临行前，她要用鲜血来祭奠自己的罗马之梦。在阿玛拉珊萨眼中，阴谋发动政变的三位旧党魁首是教唆儿子忤逆不孝的恶徒，是颠覆国家的叛逆，是葬送自己梦想的元凶首恶……事情进行得非常顺利。几位旧党魁首被一纸诏书驱逐到荒远的边城碛路，杀手就尾随而至——阿玛拉珊萨发觉仁风惠政换来的是节节败退，铁血手腕却使胜利来得如此轻而易举。在屠刀之下，政敌们俯首帖耳，再没有往日的嚣张气焰。这一次，素以仁慈、理性闻名的阿玛拉珊萨背叛了自己。这是不是让我们想起了狄奥多里克最后时光里的嗜血形象？

从某种程度上说，阿玛拉珊萨在步父亲的后尘。

但是，危机远远没有度过。犬马声色的荒唐生活，淘空了阿塔拉里克的身体，这个十六岁的年轻人过早地衰老了。在一场狂饮后，他暴毙宫中。阿马龙根氏嫡系就此断绝。一夕之间，阿玛拉珊萨失去了行使王权的法理依据。按日耳曼蛮族法，女性无法继承王位。经过考虑后，她决定下嫁表兄狄奥达图斯。

狄奥达图斯的母亲是狄奥多里克的妹妹，早年远嫁汪达尔王。但是，她已经在525年的汪达尔内乱中死于非命。狄奥达图斯死里逃生，只身渡海北逃，投奔舅父。这些年来，他一直隐居在托斯卡纳乡间，不问政事。不过，狄奥达图斯绝非放旷林泉的高士。依仗贵胄身份，他横行乡野，霸占田产，素有贪鄙之名。垂帘听政的阿玛拉珊萨曾秉公执法，强令表兄退还强占的土地。孰料世事无常，阿塔拉里克的早逝逼得母亲不得不嫁给她所鄙视的人。阿玛拉珊萨父系血统出自阿马龙根，可自身是女性；而狄奥达图斯的阿马龙根血统虽然来自母系，自身却是男性——也许，他们的结合能延续阿马龙根氏气运。但是，残酷的现实最终证明，这样的拼凑毫无意义。

为夫所害的阿玛拉珊萨

狄奥达图斯继位为王，如一石激起千层浪，东哥特上下一片哗然。阿玛拉珊萨看重狄奥达图斯的阿马龙根氏血统，可东哥特人却嫌弃他身上的另一半血统——汪达尔。

就在阿玛拉珊萨痛失独子那一年，地中海南岸的汪达尔亡国了。

几百年来，迦太基一直与埃及并称罗马域内最富庶的地方。当年，汪达尔王攻占迦太基后，就担心自己的战士将在这民风孱弱、奢靡成风的温柔富贵乡堕落。事实上，历史证明了盖塞里克确有先见之明。曾经纵横欧洲的汪达尔人盘踞迦太基不过几十年，就完全丧失了曾经的血性。王室也是倾轧不止。希尔德里克篡国夺权，却始终无法收拢人心。希尔德里克母系血胤出自罗马帝室：小尤多西娅的外祖父是东帝狄奥多西二世，而父亲是西帝瓦伦提尼安三世。所以，他政治上一直倾向于东罗马朝廷。但是，朝廷所信仰的尼西亚宗与汪达尔人信仰的阿里乌斯宗格格不入，许多汪达尔人视希尔德里克为潜在的异端。529 年，汪达尔征伐撒哈拉沙漠的摩尔人失利，希尔德里克的王座越发摇摇欲坠。次年，他黯然退位，交出权柄。先王格拉里斯之子格里莫尔被拥立为王。

知悉北非政坛剧变后，朝廷逼格里莫尔还政于希尔德里克。在拒绝了君士坦丁堡的要求后，汪达尔很快就要面对西来的王师。

在过去几十年里，汪达尔曾不止一次地击败过东罗马，墨丘利角的焚天烈焰葬送了罗马千艘战船、十万雄兵。所以，朝廷对是否出兵迦太基举棋不定。多数朝臣反对仓促用兵。传说，大将贝利萨里乌斯突然上疏皇帝，称自己府邸中收藏的葡萄酒近来时常溢出酒桶，打开一看，却丝毫不减——这是上苍预先赐予的庆功美酒么?

是的，皇帝相信这一点就足够了。

就这样，贝利萨里乌斯的战船扬帆南下，拉开了东罗马收取西罗马故地，复兴帝国的序幕。

征伐汪达尔的东罗马军不过一万五千人，远不如当年巴西里斯库斯麾下的雄师。可是，汪达尔已经不是当年的汪达尔了。北非的奢靡之风软化了他们曾经的铮铮铁骨，无论是希尔德里克，还是格里莫尔，胸怀、手腕与汪达尔的一代名王盖瑟里克相比，都相去不可以道里计。听说东罗马大兵压境，格里莫尔将希尔德里克满门屠戮一空。

自巴西里斯库斯的水师灰飞烟灭后，汪达尔一直雄霸地中海。为了避免重蹈墨丘利角覆辙，东罗马军选择了在边远的利比亚海岸登陆，徒步穿越莽莽黄沙，克服饥渴折磨，奔袭迦太基。格里莫尔以为对手会选择最短、最适合行军的路径，可他错了。东罗马军宁可在炎炎烈日下长途跋涉，绕行远路，争取到出其不意的战机。好逸恶劳的汪达尔以己度人，败于强悍的东罗马军毫不意外。

此时，汪达尔兵力雄厚，优势颇为明显。可是，格里莫尔的兄弟阿马塔斯奉命迎击东罗马前锋，却轻敌冒进，被斩于阵前。他的部众败走，出乎意料地引发了一场大溃逃。毫无斗志的汪达尔人争相逃命，十里战场积尸如山——东罗马前锋不过三百人而已。

主攻左翼的，是格里莫尔的从子吉巴芒杜斯。两千士卒被东罗马六百马萨格泰兵全歼。即使如此，格里莫尔依然可以凭借巨大的兵力优势击败贝利萨里乌斯。东罗马军寡不敌众，情势已危若累卵。就在命悬一线之际，汪达尔人的攻势莫名其妙地停顿下来。因为，阿马塔斯的尸首被从战场上抬了回来。格里莫尔痛哭流涕，坚持要先为兄弟举行葬礼，再发起新的攻击。正是利用这一空隙，贝利萨里乌斯重整旗鼓，突然反扑。汪达尔人猝不及防，兵败如山倒。等格里莫尔败退回迦太基城，发现自己的老巢已经易手了。打垮阿马塔斯的东罗马前锋乘虚而入，这座坚城一鼓而下。

这是战术上的失误么？不，决定胜负的是双方的意志。

失去了迦太基城后，格里莫尔还有翻盘的机会。他的兵力优于对手，水师正从撒丁岛起锚南渡，带来了弟弟率领的大军。最重要的是，汪达尔是本土作战，坐拥地利、人和。他们可以一次、两次打败贝利萨里乌斯。可是，只要一次失利，就足以引发汪达尔的全线崩溃。不能打逆风仗，暴露了格里莫尔最大的弱点：意志脆弱。所以，他注定要一败涂地。如果不是东罗马军攻破汪达尔营盘时，发现了无数金银，引发哄抢，格里莫尔很难逃过一劫。这位汪达尔末代君王抛下残兵败将，逃入巴布亚山深处。

流亡的格里莫尔和他身边的汪达尔权贵们栖身于摩尔人的村落。破旧的房舍、粗粝的食物，还有无处不在的虱子，让这些习惯了锦衣玉食的王侯们度日如年。

在一个寒冷的冬日，村妇用残存的粗粮做了个小饼，在炉灰里煨熟。掰开的饼子一半留给她自己的孩子，另一半给了格里莫尔的侄子。可是，村妇之子对别人分走自己的口粮愤愤不已，三两口吞下半个饼后，劈手夺过格里莫尔侄子手里的另一半，塞进自己嘴里……饥肠辘辘的王子疯了似的扑了上去，死死拽住村童头发，逼他把吞下去的饼再吐出来——望着尘埃中厮打的两个孩子，格里莫尔面如死灰，一言不发。他知道，汪达尔王没有传承下去的必要了。

534 年，格里莫尔自己走入东罗马大营乞降。受降仪式上，他仰天大笑。为何发笑？是放下一切后的轻松，还是人生如戏的荒谬？就没有人知道了。诸蛮族中第一个立国的汪达尔就这样在笑声中烟消云散。

曾领袖蛮族诸国的东哥特坐视汪达尔覆灭，无动于衷。他们甚至为劳师远征的东罗马提供港口和粮秣，从中牟利。战事初起时，瘴疠困扰着水土不服的东罗马军，病倒的将士逾千人，如果没有东哥特商贾贩售的药物，胜负尚难预料。对汪达尔的厄运，东哥特颇有幸灾乐祸之意。虽然汪达尔是最早逐鹿罗马的蛮族，但是，他们在战场上对哥特人却是屡战屡败。哥特人对汪达尔人的轻蔑深入骨髓。阿马拉珊萨倾慕罗马文明，向来亲近君士坦丁堡，自然也不会对汪达尔施以援手。

从地缘政治上来说，东哥特的隔岸观火，甚至落井下石，显然是短视的。在此之前，勃艮第被法兰克灭亡，他们也是袖手旁观，对阿尔卑斯山北的影响力就此被抹去。东哥特与汪达尔分据地中海中央的南北两岸，唇齿相依，共同钳制朝廷西扩，北非的麦菽又可以弥补意大利粮秣不足，所以，狄奥多里克生前非常重视地中海南岸的盟友，以妹妹和亲汪达尔。现在，这种地缘格局已被完全颠覆。

丧家犬般寄人篱下的汪达尔流亡者狄奥达图斯因娶了阿玛拉珊萨，摇身一变，成为东哥特之主，让拉文纳城的贵胄们难以接受。更糟糕的是，狄奥达图斯信奉柏拉图学说，醉心神祇罗马。他喜欢朱庇特、朱诺和弥涅耳瓦，不承认耶和华是唯一的神。无论是信奉尼西亚宗的罗马人，还是信奉阿里乌斯宗的东哥特人，都视他为异端，是神圣罗马的敌人。

狄奥达图斯想动用武力来镇压反对者，可阿玛拉珊萨坚决反对，唯恐丈夫撕碎了她苦心经营的局面。东哥特王夫妇琴瑟不调，给了政敌翻盘的机会。他们悄悄地勾结狄奥达图斯，酝酿新的政变。为了麻痹妻子，丈夫将自己伪装成一个醉心哲学的学者，还惺惺作态，公认支持她“尊王”。对黑暗中的魑魅魍魉，阿马拉珊萨无知无觉。当狄奥达图斯图穷匕见，她束手就擒。强加给阿玛拉珊萨的罪名是背叛东哥特，投靠东罗马皇帝。就这样，她被囚禁在博尔塞纳湖中央的小岛上。

535 年 4 月 30 日，阿玛拉珊萨在浴室被缢死。

凶手，据说是当年被处决的三位旧党魁首的亲属。阿马拉珊萨香消玉殒，给了朝廷征伐东哥特的绝好借口。

北方勃艮第亡国，南方汪达尔也不复存在。东哥特在两个方向上被剪除了羽翼，现在，它大难临头了。奉东罗马皇帝旨意，权阉纳尔西斯携厚货重礼奔赴巴黎城，游说法兰克出兵攻击东哥特侧后方，以呼应王师。正面战场上的王师兵分两路。南路统帅，是刚刚灭了汪达尔的名将贝利萨里乌斯，他率水师扬帆西进，直取南意大利；执掌北路王师的悍将蒙顿，他的祖父，就是号称“上帝之鞭”的匈王阿提拉。

当年，匈王驾下有日耳曼三藩，除了狄奥多里克的伯父东哥特王瓦拉米尔、奥多亚克的父亲斯基尔王埃迪卡外，还有一位就是格皮德王阿尔达里克。他的妹妹嫁给阿提拉，生下了蒙顿的父亲盖斯姆。阿提拉暴毙后，蛮族三王联手打垮了匈人。无路可走的盖斯姆只能依附于舅父阿尔达里克。所以，蒙顿出生在格皮德部。成年后，他和当时许多野心勃勃的蛮族勇士一样，为狄奥多里克的魅力吸引，在东哥特王帐下效命。等到狄奥多里克薨殁，东哥特暮气渐深，蒙顿转投君士坦丁堡，成为朝廷所仰仗的悍将。

此次东罗马征伐东哥特，曾经在乌鸦战争中追随狄奥多里执鞭坠镫的蒙顿备受倚重。他率军走陆路，自伊利里亚出兵，循狄奥多里克进军意大利的旧路，自阿尔卑斯山与迪那拉山间的路径直扑亚平宁半岛。但是，蒙顿没有能复制狄奥多里克的胜利。狄奥达图斯集结重兵于东北方向，抵御蒙顿的四千伊利里亚精锐。在血战中，蒙顿父子先后殒命。“铁马金戈，青冢黄昏路”——曾叱咤风云的匈人在历史舞台上黯然谢幕。

相传，东罗马最著名的卜者西比尔曾有过一个预言：“北非臣服，世界死亡。”人们不解何意。直到蒙顿殒命，大家才想起，“蒙顿”一词的本义就是世界。

史书中最后一位可考的阿提拉苗裔，是蒙顿之孙提乌迪蒙德。后来，他在贝利萨里乌斯麾下为将。不过，提乌迪蒙德以善于逃命闻名，多次临阵脱身。这样的人物，不配续写匈人的历史。

与此同时，南路王师也未能如期北上。尽管贝利萨里乌斯在 535 年登陆西西里岛时，守将望风而降，可北非的汪达尔故地却传来了叛乱的消息。这位名将不得不在 536 年 4 月回师平乱。

东哥特没有能利用绝好机会反击，反陷入了内讧。南意大利的地方豪强纷纷抛弃东哥特，归顺朝廷。

平定汪达尔之乱后，贝利萨里乌斯陈兵名城那不勒斯。面对东罗马的兵锋，狄奥达图斯先是提出把手中的权力卖给查士丁尼皇帝；在获得皇帝的首肯后，他又反悔了。结果，东罗马王师席卷南意大利，只剩那不勒斯没有易手。

狄奥达图斯坐视那不勒斯被围，让久怀怨怼的东哥特人忍无可忍，废黜了他。狄奥达图斯仓皇逃出罗马城，试图到拉文纳东山再起，结果横死途中。大将维吉提斯被拥立为东哥特王。不过，他最大的缺陷就是出身寒门，没有王族血统，难以号令权贵。所以，维吉提斯迎娶阿玛拉珊萨的女儿玛塔斯文塔。

东哥特王洞房花烛夜，正是那不勒斯陷落时。

这座南意大利名城的顽强抵抗，曾让东罗马军数度无功而返。不过，贝利萨里乌斯在这时体现出了名将风采。有个士兵偶然发现了一道废弃的水渠。在贝利萨里乌斯的精心策划下，这个意外发现变成了宝贵的战机。四百东罗马士卒沿着水渠潜入城中，高声鼓噪，东哥特守军惊慌失措，四散逃窜，弃城而走。夺取那不勒斯后，东罗马军剑指七丘之城罗马。

面对王师咄咄逼人的攻势，东哥特王维吉提斯只能暂避锋芒，北走拉文纳城。536 年底，贝利萨里乌斯昂首步入罗马。在罗马帝国失去罗马整整一个甲子后，罗马重归帝国。

维吉提斯仓皇撤兵时，也不忘拆毁当年奥勒里乌斯皇帝营造的一段城墙。望着废墟，贝利萨里乌斯心情沉重。东哥特一定会卷土重来——真正的战斗还未拉开序幕。

此时，出使巴黎的宦官纳尔西斯无功而返，法兰克人拒绝南下与东罗马夹击东哥特，这使东哥特暂时避免倒悬之危。537 年 2 月，维吉提斯率十五万大军围困罗马城，这距离他引兵北走不到三个月。双方展开了殊死厮杀。罗马城墙下，血流漂橹，哈德良陵几乎被毁。可惜，东哥特的对手是不世出的名将贝利萨里乌斯，在一年时间里，他们没有能将兵力的优势转化为胜势。兵微将寡的贝利萨里乌斯熬过最艰难的时刻，等来了援军。维吉提斯被迫撤围而去，战场随之北移。

539 年春，贝利萨里乌斯应米兰大主教之邀派部将入驻这座昔日陪都，也没能阻止东哥特在法兰克人的暗中支持下，攻陷米兰。为了报复米兰僧、俗两界归附朝廷，哥特人血腥屠城。北意大利最繁华的城邑几成鬼域。

此时，法兰克突然出兵南下。他们意识到东哥特灭亡只是时间问题，是不介意像乌鸦般从阴霾中盘旋而下，从尸体上啄食一口腐肉的。当法兰克劲旅出现在米兰城下，维吉提斯只能收缩兵力，退守沼泽之城拉文纳——历史何其相似，奥多亚克曾经做出同样的选择。贝利萨里乌斯于 539 年底包围了拉文纳城，同时命部将包抄东面，切断了水路。粮道被断后，拉文纳城的粮仓竟然蹊跷地失火了，万千粮草付之一炬。有人说，是贝利萨里乌斯收买了一个市井小人纵火焚粮；也有人说，维吉提斯的妻子玛塔斯文塔才是罪魁祸首。无论真相如何，拉文纳遭受致命一击，坐困愁城的维吉提斯最后只能和当年那位斯基尔将军一样，放下刀剑。

“君王今解剑，何处逐英雄？”

在君士坦丁堡，有两座府邸：一座供汪达尔王格里莫尔颐养天年；另一座，现在属于维吉提斯。

我要特别强调的一个细节是，当东罗马王师以征服者的姿态走进拉文纳城时，发现身材魁梧的东哥特战士们默默地伫立在街道两旁，驯服地等待胜利者的处置。在他们身边，围着一群群愤怒的东哥特女子，她们恶狠狠地将唾沫吐在了丈夫和儿子脸上，指责他们以堂堂七尺之躯，屈膝跪倒在南方侏儒的脚下，甘愿出卖自己的自由。

只会在阴暗角落里玩弄心计的狄奥达图斯就不用说了，维吉提斯在战场上的表现也许比他好些，但同样缺乏血性。这样的血性，我们在拉文纳城的女性身上才看得到。“茫茫宇宙无几人，几个男儿是丈夫？”只有她们，才配得上这座狄奥多里克的都城。

不甘臣服的东哥特残部聚集在北意大利。维吉提斯的侄子乌莱亚斯依然坚守帕提亚城，延续着东哥特的一缕魂魄。

知道东罗马用兵意大利后，波斯人乘虚而入，叙利亚的治所安条克城陷落。朝廷急召贝利萨里乌斯前往叙利亚。亚洲波澜再起，使苟延残喘的东哥特重新看到了希望。但是，他们在内讧中错失了良机。乌莱亚斯被与之并肩战斗的将士拥戴为王。可他顾虑自己身上并无王室血胤，恐难以服众，宁可将王座拱手让给伊尔德巴德。此人心胸狭隘，才具平庸，但舅父提乌迪斯掌握着西哥特。

提乌迪斯也出自狄奥多里克麾下，曾是勇冠三军的猛将。年幼的阿马拉里克继承西哥特王位，他行摄政之权。在阿马拉里克阵亡后，提乌迪斯成为西哥特王。

乌莱亚斯希望拥立伊尔德巴德，能换取西哥特的鼎力相助。没想到，伊尔德巴德却对他下了毒手。

原因是七宗罪之一：嫉妒。

有一日，乌莱亚斯之妻在浴池邂逅王后。她肤如凝脂、齿如瓠犀，素有哥特第一美人之誉，让王后相形见绌。回宫后，妒火中烧的王后竟然在枕边向丈夫煽风点火，大进谗言。这个记载真假莫辨。也许，心怀嫉妒的正是伊尔德巴德本人。他罗织罪名，擅杀乌莱亚斯，激起了军中将士的愤慨。541 年 4 月的一场筵席上，伊尔德巴德大快朵颐之时，突然寒光一闪，好大一颗头颅砰然落在案几上——此时，他的手上还攥着食物。

几经波折，王位最终落入乌莱亚斯的侄子巴杜伊拉之手。人们更熟悉他的诨名“托提拉”，意为仙人。如果没有托提拉，东哥特将在无休止的内讧中坐失最后机会。可是，托提拉几乎抢回了失去的机会。

在过去的数十年中，意大利百姓视奥多亚克、狄奥多里克为蛮夷，不配治理罗马帝国的龙兴之地。他们翘首企盼王师西来，将自己从异族的统治下拯救出来。但是，意大利的豪强和百姓很快就领略到了残酷朝廷的乖戾。如狼似虎的官吏横征暴敛，让战火过后的土地无法休养生息。其中，钦差亚历山大搜刮最力，只要金币过他之手，必定会被“咔嚓”一下，剪去一圈，却依然浑圆。所以，亚历山大绰号“咔嚓”。这样一个贪财好货的小人来治理意大利，百姓被荼毒之深就可想而知了。

一流门阀依然忠于朝廷，他们与君士坦丁堡派来的封疆大吏们沆瀣一气，用各种手法规避沉重税赋。无权无势的乡绅与底层百姓对朝廷的苛政才有切肤之痛，痛苦不堪的意大利开始怀念温和的狄奥多里克。

这种情绪，给了哥特人东山再起的机会。

穷苦无依的百姓开始投奔到托提拉麾下。东罗马陷入哥特、波斯两线作战的窘境。等到朝廷与波斯媾和，东线战火平息时，托提拉已几乎收复了整个意大利。只有罗马和拉文纳这两座昔日都城，还在朝廷掌握之中。即使到此时，东罗马的官吏们依然罔顾百姓饥寒交迫的惨状，囤积居奇，借以自肥。

贝利萨里乌斯再次奔赴意大利战场。不过他的兵力捉襟见肘，难有作为。546年年底，托提拉攻陷罗马。逢迎朝廷的门阀高第遭到了东哥特的血腥报复，而罗马百姓箪食壶浆，欢天喜地地迎接托提拉。本来，这是王师才应该享有的荣光，但是，几年来的悲惨遭遇使百姓开始意识到：

煌煌帝国——其实是芸芸众生的一场噩梦。

贝利萨里乌斯注定是东哥特的克星。托提拉中了他分兵诱敌之计，轻离罗马，南取那不勒斯。贝利萨里乌斯却迂回北上，巧夺罗马城。罗马门阀拥护王师，自然不必提，罗马百姓也如墙头草般倒向了朝廷。托提拉果断回师。听说罗马百姓首鼠两端的表现后，他指天发誓，要毁灭罗马。托提拉率领东哥特大军，开始了长达四年的围城。兵微将寡的贝利萨里乌斯无力解围，最终被解职，回京闲居。

550年初，东哥特再次攻陷罗马。

这座七丘之城陷入了无边的恐慌。托提拉会兑现自己的诺言，毁灭罗马么？没有。这位东哥特最后的领袖发下毒誓，不过是一时激愤。真正的英雄是无暇与蝇营狗苟之辈计较的，还有更重要的事情等待他去完成。托提拉率部横扫南意大利，跨海攻取撒丁岛和西西里岛，水师进逼北非海岸……他几乎以一己之力重整狄奥多里克的旧河山。

托提拉的耀眼表现甚至打动了法兰克，让他们重新审视东哥特。西方蛮族的新旧霸主重新结盟。

君士坦丁堡震动了。

面对气势如虹的托提拉，朝廷束手无策，重新搬出阿马拉珊萨的女儿玛塔斯文塔。此时，她的夫婿维吉提斯已经去世，皇帝下旨，让皇侄日耳曼乌斯迎娶玛塔斯文塔。这样，日耳曼乌斯依靠联姻，取得阿马龙根氏继承人资格。朝廷让他出镇意大利，希望能分化东哥特。堂堂东帝，也只能乞灵于阿马龙根氏最后的血胤，来打击没有王室血统的托提拉。

天不遂人愿，日耳曼乌斯在出征前夕病逝。

十五年的哥特战争，把朝廷拖到了山穷水尽，再征募不到士卒奔赴意大利了。皇帝只能把目光投向多瑙河畔的蛮族格皮德部和伦巴第部。

在狄奥多里克进军意大利时，格皮德人受奥多亚克的唆使，出兵阻击，终成世仇。“伦巴第”意为长髯，属西日耳曼，与士瓦本系出同源。比起叱咤风云的东哥特和格皮德，他们在过去的百年中默默无闻，蜷缩在易北河中游的莽莽森林中。直到斯基尔和东哥特相继南进意大利，多瑙河中游出现了真空，伦巴第部才迁徙到喀尔巴阡盆地，与格皮德部毗邻而居。为争夺多瑙河中游的霸权，两部争斗不休，这给了东罗马上下其手的机会。格皮德和伦巴第都不愿开罪朝廷，各派出六千精锐出征东哥特，再加上征召的黑海北岸的四千保加利亚铁骑，东罗马拼凑出了三万大军，归宦官纳尔西斯率领。

此时，托提拉的东哥特军还远在南方。他们把后方托付给了法兰克。谁承想，法兰克被朝廷重金收买，放任东罗马军自巴尔干，取道威尼斯，杀入亚平宁半岛东岸。552 年 6 月，拉文纳城陷落，纳尔西斯进军罗马。

直到此时，托提拉才率领一万五千东哥特军匆促北上，试图阻击。双方在亚平宁山脉中一个叫塔吉纳的村落遭遇。

本来，托提拉最好的选择是固守待援，等候散落在南意大利的东哥特军向他集结。可他心浮气躁，试图突袭东罗马，毕其功于一役。宦官纳尔西斯沉稳地抢占高地，列阵迎敌，就连伦巴第人和格皮德人也下马结阵。方阵不动安如山。如果说有什么不足，就是东罗马士气略嫌低落。可这又有什么关系？

老奸巨猾的纳尔西斯高高地举起了手中的钱囊：打败哥特人，赢得这些丁零当啷的金币和银币！

午后，东哥特铁骑攻势如潮，却无法撼动森然盾墙和如林长矛。东罗马步弓手的箭阵覆盖了攻击中的铁骑。最糟糕的是，托提拉本人在第一次冲锋中，就身负重伤，哥特骑兵如无头苍蝇在阵前乱突，进退维谷，纷纷倒在箭雨下。此时，埋伏在山丘后的东罗马骑兵出动了……是役，六千哥特人阵亡，俘虏也悉数被屠戮。对他们举起屠刀的，是同为蛮族的格皮德人和伦巴第人。

在兵败如山的溃局中，托提拉没能活着走下战场——一位格皮德战士投出了致命的一枪。败退之际，东哥特人将托提拉草草掩埋后仓皇离去。纳尔西斯获悉后，坚持将尸身挖掘出来。只有确认托提拉死亡，他才能真正放心。纳尔西斯为这位值得敬重的对手举行了一场配得上他身份的隆重葬礼。

塔吉纳之败，决定了东哥特覆灭的命运。托提拉在此役的浮躁表现，让我们如此怀念当年的狄奥多里克。在巴尔干、亚平宁，在君士坦丁堡，他都是游刃有余，从容不迫。早在二十几岁的年纪，狄奥多里克的沉稳大气就让齐诺、斜眼和奥多亚克这样的枭雄为之折腰。随着他的离世，东哥特失去了灵魂。这个部族的最后一点英气，集于托提拉一身。虽然他被世人奉为英雄，不得不说，比起老到的纳尔西斯，还相形见绌。

挟塔吉纳大捷的余威，纳尔西斯进逼台伯河——就这样，东哥特永远地失去了罗马。

托提拉北上截击东罗马时十分仓促，东哥特累积多年的金银囤积在那不勒斯城的库梅镇。这是东哥特最后的积累了。趁纳尔西斯滞留罗马城之机，刚刚被推为王的泰亚斯率领残部离开帕维亚城，沿着东岸南下，直趋库梅镇。纳尔西斯闻讯，立刻从罗马南下，截击这支哥特人最后的有生力量。552 年 7 月，泰亚斯麾下七千人被两倍于自身的东罗马军围困在拉塔洛。

本来，舰船水师可以从海道为负隅顽抗的孤军运送粮秣，可他们没有能经受住纳尔西斯重金贿买的考验，水师叛变，使泰亚斯的粮道被彻底切断。他下令放掉所有的战马，也放弃了逃遁的希望，饥肠辘辘的七千孤军带着必死的决心，迎接东哥特的最后一战。

在远方，壮美的维苏威火山巍然耸立，山巅云雾蒸腾，仿佛是地狱恶龙在冥冥中注视着人世间。

在这场堪称句号的血战中，泰亚斯身着醒目的王者衣冠，冲杀在最前方。当盾牌被十二支长矛击碎后，他转身从亲卫手中接过新盾，准备迎接下一轮搏杀。就在这电光石火般的瞬间，两柄沉重的标枪贯穿泰亚斯。他訇然倒在这片浸透了鲜血的土地上。

泰亚斯被传首阵前，可东哥特人依旧没有屈服，硬生生将战斗又延续到了次日深夜，才失去了抵抗力。纳尔西斯见大局已定，鸣金收兵。此时，七千东哥特人已所剩无几了。在敌人意味复杂的目光中，最后几位东哥特战士用盾牌抬起了泰亚斯无头的尸身，步履蹒跚地走下了战场。

还记得很多很多年前么？那群人从寒冷的波罗的海破冰而来，在维斯瓦河口一带踏上了大陆，去寻找自己的温暖家园。这一路上，有人滞留原地，有人沉沦风涛，有人被大河隔阻在对岸。他们曾拥有过东起大泽、西到维斯瓦河的广阔疆域，东哥特王一度被尊为“哥特的亚历山大”，可偌大霸业转瞬在匈人的“死亡之雨”下土崩瓦解。他们投奔昔日的宿敌罗马帝国，后来又归附匈人王帐，降了又叛，叛了又降，反反复复地游荡在别人的土地上，直到狄奥多里克出现。他带领着东哥特来到意大利，在西罗马的废墟上建立起霸政。失去了狄奥多里克这样的灵魂人物，这个部族失魂落魄，无可挽回地走向了灭亡。虽然不甘失败的东哥特人垂死挣扎了几十年，“一国半为亡国烬，数城俱作古城空”，终究逃不过覆灭的命运。

转瞬间，几百年过去了，冰海来的东哥特在温暖的地中海之畔迎来了大结局。

终于结束了。

“霸业鼎图人去尽，独来惆怅水云中……”

今天走在东哥特旧都拉文纳城，能看到的只有大王的陵墓。狄奥多里克静静地躺在石棺里，上方是一整块巨型大理石制成的穹顶。只有罗马城的哈德良陵可以与之媲美。这座十边形白色陵墓孤零零地矗立在天水微茫处，俯瞰着人世间的沧海桑田、帆影如梭。

第六章

chapter six

无人说得中兴事

查士丁尼复兴罗马

嫩黄的鹅喙在雪白胴体上飞快地游动，如蜻蜓点水般啄呀啄。美人轻轻扭动着，口中忍不住发出了声声呻吟，很低很低，只有自己才能听见。一抹淡淡的红晕涌上雪肌玉肤……多么销魂的画面，只有呆蠢的鹅无知无觉，啄食着散落在女体的大麦。一袭遮羞的轻纱下，分明有几颗金黄的麦粒掉在女阴周围——罗马帝国不允许优伶裸体演出。仿佛是听到了舞台下男性无声的呐喊，贪婪的家禽不管不顾，用喙撩开布缕，吞下最后一颗麦粒……

玉体横陈夜，空气里满是氤氲不散的欲望气味。

观赏表演的男性被这种欲望气味所湮没，直至没顶；而表演者狄奥多拉则被男性情色的目光湮没了，同样没顶。不知怎么的，她的脑海里突然闪过了“羞耻感”几个字，也只是一闪而过。狄奥多拉自己都笑了，久违的字眼是如此不合时宜。恍惚间，昔日重来——

那时候，父亲尸骨未寒。这个塞浦路斯岛的乡下人依靠一手驯熊的手艺，在君士坦丁堡厮混了半生，到底没有能闯出多少名堂，就撒手人寰，把妻子和三个还没有成年的女儿抛弃在尘世间。狄奥多拉的母亲舞伎出身，此时年老色衰，无论出卖色相还是技艺，都无法维持生计。驯熊人身份低微，不过收入尚可，离开这份薪水，孤儿寡母衣食无着。狄奥多拉的母亲心里还奢望这个失去男人的家庭能保留驯熊人的位置，她甘愿改嫁一个能胜任该职的男人。可是，主管驯熊人的阿斯特利乌斯收受了别人的贿赂，硬是将母女扫地出门。可怜的母亲带着浑身缟素的三个孤女奔走权门，四处求告，可谁会理睬她们呢？如果狄奥多拉有羞耻感，早在那时就换了无数白眼和讥笑。

囊空如洗，室如悬磬，狄奥多拉只能跟着七岁的姐姐在梨园中卖笑为生。她实在太小了，还不能领会戏里的风情万种，只能扮演丑角。为了博人一笑，年幼的狄奥多拉身着奴隶装束，头顶着夜壶。那时的孩子在意的是饥饿感，又何尝有过什么羞耻感。

少女最珍贵的贞操，不知何时就被狄奥多拉给丢失了。她自己都记不得处子之身是在何时、何地，给了哪一个薄幸男。也许是一个出手阔绰的恩客，也许是一个会用花言巧语哄骗自己开心的俊俏龟奴，或者是一个道貌岸然的小吏……狄奥多拉一点遗憾都没有。反正，他也只是自己众多交媾对象中的一个。狄奥多拉天生丽质难自弃，早早地出落成一个倾倒众生的美人。此时，大姊科弥托早已是艳名远扬的名妓，狄奥多拉堕入风尘，不足为奇。在她身旁，永远不缺狂蜂浪蝶。在剧院、在床帏、在无数个黑夜和白昼，狄奥多拉肆无忌惮地将完美的肉体袒露在男性欲火熊熊的目光中。她用青春换取无数金钱和无尽快感。虽说罗马世风堕落，可狄奥多拉的放浪还是惊世骇俗。她常常与十几名淫逸少年共度奢靡春宵，生张熟魏，甚至连他们身边健壮的奴仆也成了入幕之宾。有人说，狄奥多拉的放浪是因为故乡在塞浦路斯岛——传说中，天神被阉割下的阳具落入这里的大海，溅起的浪花里诞生了执掌情与爱的神祇维纳斯。

鹅喙下的麦粒，不过是这个女人诸多销魂表演中的一出罢了。羞耻感，早就被匆匆岁月和苦难生活洗磨干净了。

这双眼睛早晨还装模作样地审阅着衙门中的案牍，现在因情欲折磨而布满血丝；那双眼睛就在两个时辰前还貌似严厉地俯视着黎民百姓，两个时辰后瞳仁里叠满了凹凸有致的裸体；还有那一双眼睛，被虔诚信众赞美为闪烁着平安喜乐的光辉，现在如恶鬼般直勾勾地盯着两条修长美腿间的幽谷深涧……狄奥多拉喜欢这种感觉，多少男性的目光被自己举手投足、一颦一笑所牵引。鼻翼翕张，喷振之声粗如牛、蠢如猪，炙热的呼吸几乎要把整个剧场都融化。只剩下一根根丑陋的阳具面目狰狞地挺立在华丽的袍服下，拒绝熔解。

突然，狄奥多拉感应到什么似的，抬起如丝媚眼，朝剧场上空的黑暗看去。仿佛无尽虚空中，藏着一只偷窥的眼——

整整一千年后，16 世纪的某一天，教士阿勒曼尼在罗马城的梵蒂冈藏经阁中翻检旧书。忽然，他发现书橱的角落里，躺着一卷旧书，很不起眼，不知道被遗忘了几多时光，连书蠹都不屑一顾。掸落厚厚的尘埃，阿勒曼尼看见泛黄的书卷上没有标题，只是用希腊文写着“未公之于世”几个字。

藏经阁的光线暗淡，阿勒曼尼走近窗边，借着正午时分的日光，翻开了书卷。他也没有想到，手抄的古希腊文让这个教士的眼睛窥视到千年前一个春光旖旎的场景：一个妖艳无伦的尤物和一只白鹅的表演。

……

阿勒曼尼面红耳赤地掩上了书卷，做贼似的四处张望了一下。藏经阁静谧无人，如水时光在一排排书橱间流淌。只有他自己沉重的呼吸声，回荡在这个被遗忘的角落里。阿勒曼尼把这无名的书卷悄悄放回去，就像自己从没有触碰过似的。可是，过了片刻，他又蹲下身子，将它重新拾起。往事的残骸，变成了阳光中飞舞的尘。

是的，阿勒曼尼抗拒不了巨大的诱惑，是情色的？不完全是。直觉告诉他，这卷书里藏着一个隐秘的古代世界。

京城的风气向来喜新厌旧。三五年过去，狂徒浪子眼中的狄奥多拉已是残花败柳。门前冷落车马稀，使她不得不考虑结束风尘生涯。昔日的花魁女从良后，成了彭塔斯太守埃克波卢斯的妾室，跟随丈夫一同前往非洲赴任，还育有一女。不知什么原因，狄奥多拉被扫地出门，身无分文地流浪在异国他乡。

难道要就此沦为弃妇，在社会底层的泥沼里被碾压为泥、为尘土？狄奥多拉不甘心。可是，在这举目无亲的异乡，一名弱女子又能如何？狄奥多拉来到了北非最繁华的亚历山大里亚，重操旧业，表演艳舞。君士坦丁堡的轻歌曼舞和埃及充满东方韵味的舞蹈被狄奥多拉融为一体，形成了曼妙的舞姿，倾倒了无数浪子。放浪形骸的狄奥多拉很快就珠胎暗结，生下了一个男婴。孩子的父亲抱走了襁褓中的婴儿，远走亚洲。了无牵挂的狄奥多拉踏上了回乡的迢迢长路。纤纤玉足，走过了帝国混乱不堪的东方：耶路撒冷、安条克、恺撒里亚、尼西亚……在经历了刻骨铭心的痛苦后，狄奥多拉又领略了路途上的风刀霜剑、人世间的冷暖世故，也接触了引车卖浆之徒，懂得了三教九流的秘密——后来，有人说这次长途跋涉让她完成了人生最重要的蜕变。

几经辗转，狄奥多拉才回到君士坦丁堡。仇恨她的人不惮以最大的恶意揣测昔日的名伶，说她是靠出卖肉体才走完这段漫长的返乡路途。可是，他们发现，狄奥多拉没有重张艳帜，反而一洗铅华，独居陋室，靠纺纱织布维持清贫的生活，仿佛和醉生梦死的过去一刀两断。

倾国倾城的尤物收敛了曾经魅惑众生的光华，最后却为一个人而尽情释放：是的，就是查士丁尼。

对无名书卷里提到的这位人物，阿勒曼尼并不陌生。很多年前，他在拉文纳城的维塔尔教堂神龛左侧，看见过一幅华丽的镶嵌画。画中的十二人暗合耶稣十二使徒之数，居中一人头戴珠冠，身着紫袍，就是查士丁尼。画中的东罗马皇帝圆面长身、天庭饱满，褐色双眸沉静如水，根本看不出他出生在伊利里亚的偏僻乡间，是地道的山野村夫。

查士丁尼本名萨巴提乌斯，查士丁是他舅父的姓氏。他们出生于萨迪卡一带的乡野。此时，这座名城已化为丘墟。牧猪为生的查士丁穷困潦倒，与同乡投奔军伍，依靠过人的勇力出人头地，在波斯和伊索里亚战场上屡建战功。等到他再次出现在萨巴提乌斯面前时，已是手握兵权的卫尉了。查士丁的结发妻子毗卢西娜为蛮族女奴。两人没有子嗣，收养萨巴提乌斯为嗣，改称查士丁尼。

当时，东罗马皇帝是阿纳斯塔西乌斯。他武功略逊，却娴于政事。多年励精图治，使帝国财政宽裕，呈现出一派欣欣向荣的景象。不过，风烛残年的阿纳斯塔西乌斯被臣工们孤立起来，因为他的信仰被判定为异端。皇帝孤零零地在病榻上度过生命的最后时光。相传，阿纳斯塔西乌斯临终留言，哪位大臣最先踏入寝宫，就将成为下一位帝王。结果，查士丁出现在了门口……

显然，罗马皇位的传承绝不可能如此草率。当时，最有望问鼎的是朝中重臣塞奥克里多斯。他出身名门，加之出手阔绰，在朝野中颇有雅望。内廷权阉阿曼提乌斯也颇看好塞奥克里多斯，想让他充当自己的傀儡。塞奥克里多斯最担心的，就是拱卫京畿重地的北军将士能否支持自己。所以，他将一笔重金托付给查士丁，请他帮自己收买军心。查士丁尼向舅父进言，不如用这笔钱来为自家谋取帝位……这种村夫式的狡黠是膏粱公子塞奥克里多斯永远都不懂的。结果，查士丁在北军的拥戴下登基称帝。接着，不可一世的宦官阿曼提乌斯被扣上叛逆和异端两大罪名，遭到处决。他的党羽被清洗，而他相中的傀儡塞奥克里多斯在暗无天日的地牢里被乱石砸死。

另一位可能染指皇位的人物是维塔里安。当阿纳斯塔西乌斯因信仰所谓异端而陷入四面楚歌的窘境时，这位哥特将领乘势起兵。他不仅握有一支精锐的蛮族

东罗马一代雄主查士丁尼

军队，更因捍卫正统基督教义而得到教士和信众的拥戴，声势如日中天。查士丁尼设计将维塔里安诱骗回京，以高官厚禄将他稳住。数月后，维塔里安在一场筵席中遇刺，身被十七创。鸿门宴幕后黑手，自然就是工于心计的查士丁尼。他曾以基督的名义起誓，要待维塔里安如父如兄，转身就悍然拔剑。君士坦丁堡血腥一幕，不过是拉文纳悲剧的重演。死者从斯基尔人奥多亚克变成了哥特人维塔里安。

这样，新的皇朝拉开了序幕。

尽管查士丁是查士丁尼朝的开国帝王，不过查士丁尼显然在幕后发挥了更大的作用。就是这样一位心狠手辣的绝代枭雄，却被一个曾经的优伶、娼妓和弃妇给俘虏了。

在朝堂上呼风唤雨，只是查士丁尼生活的一面。你很难想象，他靠研究神学来消磨自己的闲暇时光。在邂逅狄奥多拉前，查士丁尼一直过着近乎清修的简朴生活，不近女色、不好歌舞，在这个奢靡成风的新罗马显得如此特立独行。

在查士丁尼眼中，这个守在织机前日夜纺纱的女子如此圣洁，是神赐予他的爱人，那些关于她过去的议论都是别有用心的谣言。这个勾魂摄魄的尤物很快为他打开了一扇门，通向一个风月旖旎的新世界。查士丁尼成了昔日名妓的裙下之臣。不过，狄奥多拉对他却若即若离，曾纵情云雨的荡妇不让查士丁尼一亲芳泽。因为，她不满足于一段露水姻缘，只有明媒正娶，才能带给狄奥多拉想要的：权力！难以想象的权力。

作为皇帝的外甥，查士丁尼此时离皇位近在咫尺。

登基时，查士丁已近古稀之年。他口齿笨拙，目不识丁，连自己的名字也不会写。宦官们为老皇帝备了一块木板，名字镂空。每次签名时，查士丁只需将木板放在纸上，用笔描出自己的名字。真正的大权，落入他的外甥之手。

查士丁尼没有浪费如此良机，他瞒着舅父，殚精竭虑地经营起自己的势力：他热心地斡旋神圣罗马的宗派纠纷，博取主教们的好感；他花费了近二十九万金币，用二十头猛狮、三十头花豹和价值不菲的银鞍金镫、宝马雕车打造出一场盛典，娱乐京城黎庶；元老院也被他悄悄收买了，竟然通过决议，请立查士丁尼为共治皇帝。

接到元老院近乎逼宫的奏章后，年迈的皇帝才意识到自己最信赖的外甥竟然是如此迫不及待地要接掌帝国。查士丁语带讥诮地说："选举如此有利可图，诸位（何必青睐查士丁尼这样正值盛年的人物）索性另荐垂暮老者。"——老者易逝，元老院就可以再次靠选举牟利了。可惜，衮衮诸公们装聋作哑，而大权旁落的老皇帝也只能用牢骚来宣泄不满而已。他不得不把皇冠放到外甥头上。

如果说查士丁尼有什么举动是违背众意的，那就是迎娶狄奥多拉。

罗马律法，是禁止士家贵胄娶伎女的，更遑论查士丁尼贵为储君。无论是舅母毗鲁西娜皇后，还是生母维吉兰蒂娅都把狄奥多拉看成是红颜祸水。可是，所有的反对都敌不过异性的诱惑，查士丁尼坚持迎娶狄奥多拉。在一片反对声中，两人喜结连理。两年后，查士丁驾崩。不出意料，查士丁尼继位。他宣布，狄奥多拉不止是皇后，皇帝还要让妻子成为自己的共治皇帝。所以，维塔尔教堂神龛左侧的镶嵌画上是查士丁尼皇帝与他的重臣、侍卫，右侧另一幅镶嵌画就是狄奥多拉与她的女官、宫人。在阿勒曼尼先前所熟稔的历史中，狄奥多拉是帝国的女皇，与丈夫查士丁尼两宫并尊。

——就如诗歌里所阿谀奉承的："伟大的命运已迎面而至，昔日的贫贱将随风而逝。"

整个世界都在关注着：一个猪倌的外甥，和一个驯熊人的女儿；或者说，一个粗鲁的武夫，和一个人尽可夫的优伶——他们将带来怎样的时代？

在阿勒曼尼的印象中，查士丁尼为残存半壁江山的罗马帝国带来了一个可以夸耀千古的盛世：东抗波斯、北拒保加利亚、南灭汪达尔、西亡东哥特……帝国疆域扩展到了遥远的伊比利亚半岛，地中海几乎又重新成为罗马的内湖。我们曾为托提拉的悲剧、泰亚斯的殒命黯然神伤。可是，狄奥多里克霸政的瓦解和查士丁尼的帝国复兴，本质上是一段历史的两种表述。

在人们哀叹罗马终将步特洛伊后尘，化为丘墟的时候，查士丁尼自信可以改变一切。雄心勃勃的皇帝还召集法学家，将《十二铜表法》以降的古罗马律法敕令编年排序，编成了十二卷《法典》；533年底，阐释法学原理的《法学阶梯》完成；

接着，搜罗历代名家著述而成的《法学汇纂》杀青；最后是《查士丁尼新敕》……

曾经，阿勒曼尼认为镶嵌画中的那位罗马皇帝能比肩五百年前的奥古斯都，要再次把“神皇功业”镌刻上青铜柱。

但是，眼前的无名书卷却把阿勒曼尼带进了一个梦魇般的黑夜。

夜幕下的君士坦丁堡晃动着鬼魅般的人影。他们三五成群，聚集在广场角落、房舍前后。他们明火执仗，荼毒良善，甚至掳掠、奸淫良家妇女。

可是，官府竟然视而不见，袖手旁观。因为，这群嚣张之极的狂徒属于蓝党。

当时，曾经风靡数百年的角斗已经式微，代之以车赛，上至帝后王侯，下到走卒健仆，无不为之痴狂。拥趸还分出了红、白、蓝、绿四党。蓝、绿两党势力最盛，彼此颉颃，势同水火。两党分歧极多，大略而言：蓝党多出自小亚细亚和色雷斯，绿党以叙利亚人居多；蓝党信奉基督二性论，绿党多持一性论；蓝党多官吏豪族，绿党皆市井人物；最重要的是，绿党力主地方分治，而蓝党拥护中央集权……早在 519 年，醉心于专断独裁的查士丁尼就一掷千金，鼎力支持蓝党。

狄奥多拉的父母本属绿党。但父亲亡故后，她们母女曾乞求绿党施以援手，遭到无情拒绝，让年幼的狄奥多拉饱尝世态炎凉的滋味。所以，女皇并不亲近绿党。巴萨尼乌斯的遭遇就是明证。他的父亲是绿党要角，自己也在绿党中崭露头角。对女皇不堪回首的早年艳事，父子俩知之甚多。巴萨尼乌斯口无遮拦，时常宣扬狄奥多拉的淫行秽语，语带讥诮，终于惹怒了女皇。风闻狄奥多拉要对自己下毒手后，巴萨尼乌斯这才意识到大事不妙，六神无主，逃入米迦勒堂，希图躲过一劫。可是，如狼似虎的士卒们强行闯入米迦勒堂，逮捕了巴萨尼乌斯，当街鞭笞。望着受刑者血肉模糊的惨状，围观百姓群情激昂，指责狄奥多拉闯寺拿人、堂前行刑亵渎了神明。女皇的回应是当场对巴萨尼乌斯施以宫刑。受刑者终因失血过多一命呜呼。如果巴萨尼乌斯没有死于阉割，等待他的将是更为可怖的牢狱之苦。他的死，不过是从一座地狱，改去了另一座而已。

巴萨尼乌斯之外，绿党的另一巨擘狄奥根尼也为女皇所厌恶。与前者的鲁莽不同，狄奥根尼温文尔雅，在朝野中颇有雅望，连查士丁尼都另眼相看。在狄奥多拉的教唆下，狄奥根尼的两个家童指证主人有断袖之癖。在古希腊和古罗马，

狄奥多拉女皇与女官

同性之爱是一种风气，甚至是一种风尚。不过，自基督教被立为国教后，同性恋成了违逆人伦的重罪。女皇构陷巴萨尼乌斯，用的就是这个罪名。现在，狄奥根尼可能步巴萨尼乌斯后尘。不过，法庭最终判定罪名不成立——两个家童尚未成年，证词没有被采信。狄奥多拉岂能善罢甘休，唆使狄奥根尼的密友塞奥多图斯做证人，试图翻案。被严词拒绝后，她将塞奥多图斯下锁拿入自己私设的黑狱，严刑拷打，逼他诬陷自己的朋友。塞奥多图斯没有亵渎友情二字，只不过，他离开暗无天日的黑狱时已是遍体鳞伤。依靠朋友的铮铮铁骨，狄奥根尼成了少数几个被狄奥多拉仇视却保住了性命的幸运儿。

有这样的背景，蓝党气焰日炽，绿党不甘示弱，也群起效仿。“风雨坏檐隙，蛇鼠穿墙墉”。君士坦丁堡城狐社鼠横行无忌，恍如人间地狱般。

532 年 1 月 10 日，高高的绞架在刑场上竖立起来。

这一天，近来频频行凶的七名凶徒将被明正典刑，以儆效尤。他们有蓝党，也有绿党。忍无可忍的京兆尹尤戴蒙亲临监刑。很快，被处斩决的四名凶徒枭首伏法。可是，绞决另外三人时，发生了意外。两名死囚刚刚被吊起来，绞索就断了。

围观的百姓一片哗然。

窘迫的刽子手上前，手忙脚乱地换过绞索，再一次把死囚押上刑场。在众人的瞩目下，绞索缓缓绷直。当死囚的脚离地片刻，刚才的一幕又上演了。此时，已经有人在嘀咕是不是神迹出现。尤戴蒙不为所动，坚持换过绞索，第三次吊起死囚。在一片沉寂中，绞架上清楚地传来了绞索绷断的声音。

这一下，围观人群再也无法平静了，呼吁赦免罪犯的吼声山呼海啸，几乎淹没了整个刑场。绞索三次绷断，究竟是难得一见的偶发事件，还是有人买通刽子手故弄玄虚？真相如何，已经没有人去穷究了。两个死囚恰好分属蓝绿，两党爪牙难得一见地携起手来，大肆煽动百姓。面对失控的局面，尤戴蒙不得不中止行刑，将人犯暂时收监。

两天后，一场盛大的车赛如期举行。帝后亲临观战。在场的蓝、绿两党趁机鼓噪，吁请皇帝释放两个死囚。查士丁尼自觉遭到胁迫，断然拒绝。一向跋扈的蓝、绿两党暴徒大闹赛车场，涌上街衢，肆意发泄不满。许多地痞流氓借机闹事。他们公然拦路抢劫，不少良家妇女被掳掠奸淫，被害人稍有反抗，就惨遭杀害。更有甚者，权门势家也重金买凶，浑水摸鱼，刺杀政敌。京城浑如九幽地狱。他们高呼“尼卡”，意为胜利，逼迫皇帝认错致歉。因此，这场京城动乱史称“尼卡之乱”。

局势很快就恶化了。京兆尹府邸被包围，连天牢也被焚烧。火势迅速蔓延开来，波及皇宫、寺院。

为了安抚蓝、绿两党，查士丁尼下旨重开赛场，试图将众人的注意力转回车赛。张狂的暴徒竟然在赛场北端再次纵火，矛头直指京兆尹。皇帝不得不罢免了尤戴蒙。但是，局面已经完全失控了。上至朝官，下至庶民，都陷入了一种莫名的狂热，尽情宣泄对皇帝的不满。他们决意另立新君，取代出身卑微、粗鄙不堪的查士丁尼。

最好的人选，是先帝阿纳斯塔西乌斯的三位侄子。

此时，庞培提乌斯和伊帕提乌斯就在御前待命，乱党无法接触。所以，他们锁定了两人的兄弟普罗布斯。当乱党闯入他的府邸时，已人去楼空，大失所望之下，暴徒将普罗布斯府邸付之一炬。

凛冽的北风从金角湾上空呼啸而过，火势大炽，席卷全城，君士坦丁堡四分之一化为焦土。卫戍京城的诸军无所作为。他们根本看不透云谲波诡的局势，更不知道查士丁尼对乱党暴徒的态度。屈服？还是镇压？将领们也如履薄冰，唯恐稍有不慎，就跌落万劫不复的深渊。人心惶惶，似乎传染到了查士丁尼本人。他迟迟无法做出决断，只是带着狐疑审视身边的近臣，揣摩他们究竟是忠、是奸。皇帝害怕肘腋生变，最终在黑夜来临前遣散了身边所有的大臣——包括阿纳斯塔西乌斯的两位侄子庞培提乌斯和伊帕提乌斯。

踯躅了一夜后，查士丁尼鼓足勇气，回到了大竞技场，试图说服子民放弃暴力。但是，他高估了自己的权威。面对怒潮汹涌的暴徒，任何语言都是苍白的。皇帝孤独地面对着铺天盖地的谩骂，还有如雨袭来的砖石，最后只能在侍卫簇拥下狼狈逃离。

就在此时，伊帕提乌斯离宫回府的消息已经散播开了。狂热的暴徒排闼直入，要把他强行推上皇位。伊帕提乌斯的夫人长跪在地，死死拽住丈夫的衣角，唯恐他行差踏错，走上那条或者权力巅峰或者死亡渊薮的不归路。可是，一个弱女子又能如何？浑身战栗的伊帕提乌斯被强行带到大竞技场，坐上不久前查士丁尼坐过的宝座。在他身边，围绕着一群敌视查士丁尼的元老们。可这些道貌岸然的权贵们同样手足无措，不知道如何破解眼前乱局，时间就在嘈嘈切切中虚掷了。

紫袍在身，伊帕提乌斯仍首鼠两端，悄悄派密友埃弗拉姆去觐见查士丁尼，洗刷自己。可是，埃弗拉姆兜兜转转，才找到了尚书郎托马斯，得到了一个消息：

查士丁尼已经离开京城，弃位出逃了。

伊帕提乌斯听说之后，心内大定，终于开始憧憬自己未来的帝王生涯了。他没有想到，这个消息并不真实。

逃出大竞技场的查士丁尼仓皇回宫，自觉大势已去，收拾金银细软。一艘御舟也已泊在宫外，只等帝后登船，就驶往赫拉克利亚。据说，一个女人挡在了查士丁尼身前抛出了一句掷地有声的话：

“我坚信，宫殿是最好的坟墓。”

她就是狄奥多拉。据说，历史就这样被改变了。是的，只是据说而已。宦官纳尔西斯携带查士丁尼本要裹挟逃亡的金银财帛，潜出皇宫，去收买蓝党要角，分化叛党。不过，这还是无法挽救危局。要破解眼前的一团乱麻，需要的是嗜血快刀。

刀就藏在京城，还没有出鞘。

这就是查士丁尼的爱将贝利萨里乌斯。他出身色雷斯，与数百年前横扫罗马的奴隶斯巴达克斯是同乡。年方二十的贝利萨里乌斯从军后，很快就脱颖而出，成为查士丁尼的侍卫。两年前，他取代伊帕提乌斯，出任征东将军。达拉城下，贝利萨里乌斯凭借两万弱旅击溃了波斯四万雄师，初露峥嵘，随即挥师叙利亚。

狄奥多拉高踞金殿

班师回京后，他蛰伏不出。可是，谁也不能忽略贝利萨里乌斯身边彪悍的哥特亲卫。尼卡乱起时，贝利萨里乌斯就率部在奥古斯都广场斩杀了不少为非作歹的暴徒。但是，教士们坚称神意反对他动用武力平定叛乱。查士丁尼没有任何旨意，这位名将不敢轻举妄动。

查士丁尼下旨武力平叛后，贝利萨里乌斯长刀出鞘。与他一起举起屠刀的，还有匈人蒙顿。他原本在多瑙河下游征伐保加利亚人，刚刚被召回。虽然两人麾下不过三千士卒，但都是浴血百战的精锐，根本不是蓝党、绿党这些土鸡瓦狗所能匹敌。当贝利萨里乌斯和蒙顿兵分两路，杀入大竞技场，一场血腥屠杀展开了。三千五百具尸体堆积如山，汩汩鲜血流成了一条恐怖的河流。

拥戴伪帝的元老们几乎被清洗一空；可怜的伊帕提乌斯和庞培提乌斯被处决，抛尸沧海——这就是尼卡之乱的结局。

整场动乱透露出许多诡异之处：

面对蓝党、绿党狐鸣枭噪，查士丁尼处处忍让，甚至牺牲了京兆尹来换取事态平息；除了驾临大竞技场，试图用言辞说服暴民外，他几乎什么都没有做；正是因为没有得到任何旨意，贝利萨里乌斯、蒙顿等手握兵柄的悍将才会在动乱之初无所作为；许多元老重臣也因此无法判明走势，稀里糊涂地倒向伊帕提乌斯；更有甚者，暴民没有找到普罗布斯，使群龙无首的乱党无法另立新主，皇帝竟然再出昏着，把先帝的另外两位侄子遣散了……要知道，查士丁尼并非昏聩、孱弱之主，又在事实上执政多年，处处表现出高人一筹的精明，何以在尼卡之乱中表现如此不堪——

我们心中留下的，不是感叹号，而是问号。

可疑的细节还应该包括，忠诚于查士丁尼的贝利萨里乌斯、蒙顿此时都恰好身居京畿要地。前者自波斯凯旋后就没有离京；后者刚刚被从多瑙河召回。在尼卡之乱前后，东罗马四处用兵，正是闻鼙鼓而思良将的时候，将两大名将束之高阁，是不是在为更紧要的事情预埋伏笔？

另外，刚刚被拥立为伪帝的伊帕提乌斯派密友联络查士丁尼，却被告知皇帝已出逃。事实正好相反，查士丁尼正急召心腹，磨刀霍霍，准备大开杀戒。官方对此的解释居然是，皇后狄奥多拉的一句话阻止了查士丁尼。

所有这一切，都散发出一种引蛇出洞的阴谋气息。

无论查士丁尼在尼卡之乱中的表现有多么不堪，最后他都成了最大的赢家。以继承皇位的位序论，先帝阿纳斯塔西乌斯的侄子无疑优于查士丁舅甥。如果不是阿纳斯塔西乌斯信仰所谓异端“一性论”，失去了权门势家和教士的支持，他们才应紫袍加身。等阿纳斯塔西乌斯离世日久，信仰上的瑕疵会逐渐被淡忘，人们终于渐渐回忆起他治国有方、理财有道。比起刻薄寡恩、挥霍无度的查士丁尼，宽仁的阿纳斯塔西乌斯更符合明君标准。随着时间推移，伊帕提乌斯等人对查士丁尼氏的潜在威胁逐渐显现出来。

现在，旧时皇族阖门问斩，什么威胁都烟消云散，无从谈起了。

当时，君士坦丁堡还有另外一脉渊源更为久远，也更为显赫的皇室后裔。我们知道，西罗马皇帝瓦伦提尼安三世膝下有两位公主：一位是“颜色如花命如叶”的小尤多西娅，远嫁汪达尔，另一位是小普拉西蒂娅。她的夫婿奥吕布里乌斯曾以驸马身份成为西帝，不过很快就被废黜。两人身后遗有一女，就是尤里娅娜。小尤多西娅的子嗣远在北非，父系血脉又是罗马所鄙视的汪达尔，所以，尤里娅娜公主被视为罗马血统最高贵的人。在她身上传承着瓦伦提尼安朝和狄奥多西朝帝室的血胤，父亲也曾加冕称帝。

512 年，阿纳斯塔西乌斯皇帝因信仰异端而众叛亲离，人们试图拥立阿雷奥宾杜斯为皇帝。此人家世显赫，祖父、父亲都曾任执政，但真正让他拥有角逐皇位资格的，是他的妻子尤里娅娜公主。罗马向来有驸马继统的传统。凭借这重渊源，他被看成了阿纳斯塔西乌斯的潜在对手。不过，阿雷奥宾杜斯最终选择了逃避。尽管如此，阿纳斯塔西乌斯对如此煊赫的门阀也敬畏有加，不敢轻撄其锋。相反，他还将爱女艾莉妮公主嫁给了阿雷奥宾杜斯和尤里娅娜公主之子小奥吕布里乌斯——与外祖父同名。

这就意味着，小奥吕布里乌斯如果有后嗣，身上将流淌着三朝帝室的血液。所以，他也被出身寒微的查士丁尼视为大患。不过，尤里娅娜声望素著，令皇帝投鼠忌器。尼卡之乱发生前四年，公主病殁。查士丁尼终于可以动手了。他迫不及待地将涉嫌谋反的罪名扣到了小奥吕布里乌斯头上。尤里娅娜公主之子、艾莉妮公主之夫就这样去往边城碛路，直到多年后查士丁尼坐稳皇位后才被赦还。

前朝皇室被一扫而空。

为阿纳斯塔西乌斯一门殉葬的，还有对查士丁尼心存敌意的众多元老。他们或被诛戮，或被流放；苟延残喘的，也完全失去了对抗皇帝的勇气。从此开始，偌大的朝堂鸦默鹊静，查士丁尼在很长时间里听不到任何反对的声音。支持中央集权的蓝党固然遭到重创，支持地方自治的绿党则是灭顶之灾，他们的领袖伊帕提乌斯授首。

所以，蓝绿党争，直至其高潮尼卡之乱，最合理的解释就是查士丁尼运作的一场阴谋。

西罗马覆灭，旧族纷纷东迁君士坦丁堡，与东罗马的簪缨世胄合流，成为朝廷中举足轻重的力量，元老院势力复振。查士丁尼本人就是靠逢迎元老，才在查士丁皇帝还在世时就接掌大权的。舅父驾崩，他独踞皇位，反手又在利用尼卡之乱铲除阿纳斯塔西乌斯一族的同时，清洗了元老院。从此，衮衮诸公就只能成为匍匐在帝王脚下的奴仆。

如果尼卡之乱本身就是查士丁尼设下的一个局，那么狄奥多拉是否说过“宫殿是最好的坟墓”，或者“紫袍是最好的裹尸布”之类的话语就一点都不重要了。作为设局者，查士丁尼始终掌控着一切。

当时能读懂查士丁尼的，恐怕只有狄奥多拉。所以，她配得上半生荣华富贵。

受幸的宫人阉寺陪着皇后高踞玉堂金殿之上，衮衮诸公不得不挤在黑暗的斗室，汗流浃背地等候狄奥多拉召见。在漫长的等待之后，他们就算有幸觐见皇后，也不能得到应有的礼遇。自视甚高的元老重臣们被迫俯下高贵的头颅，去亲吻烟花贱质的脚趾，自称“贱奴才”。曾经把狄奥多拉压在身下的公子王孙，现在不得不忍受她的嬉笑怒骂、喜怒无常——还有什么比这更能折辱贵族的灵魂，让他们彻底蜕变为尘埃中低伏的奴隶?

对于那些对皇帝和女皇多少抱有敌意和轻蔑的元老、贵族，不知有多少只眼睛在偷窥他们的一举一动。只要有人不利于狄奥多拉，甚至不过是只言片语的不敬之词、面露不满神色，转眼就传到女皇耳中。等待他们的，将是骇人听闻的酷刑。

宰相之子萨图尼乌斯在婚礼上被捕，在当时轰动京城。

新郎没有被投入黑狱，而是强行送入了另一座洞房。在那里，柯丽索玛萝的女儿正在等待着他。柯丽索玛萝是女皇贫贱时的密友，也是一名人尽可夫的娼妓。狄奥多拉平步青云的时候，她却过得很失意："光阴流转忽已晚，颜色凋残不如昨。"柯丽索玛萝已不能靠倚门卖笑谋生；好容易寻到一个情人，却是负心郎，狠心弃她而去；最让她忧心的，是年方及笄的女儿竟然与人私奔，结果同样遇人不淑……母女同遭遗弃的厄运，让柯丽索玛萝整日以泪洗面。狄奥多拉得知后，决意要改变昔日密友的命运。就这样，萨图尼乌斯被女皇选为柯丽索玛萝的乘龙快婿。可是，宰相之子如何能接受这一段婚姻呢？

这是狄奥多拉古道热肠、一时兴起么？恐怕不是。女皇不仅强逼堂堂相府与娼门联姻，还故意选择在盛大的婚礼上发难，无不显示她是有意折辱士族高门。萨图尼乌斯本应同青梅竹马、门当户对的表妹喜结连理，现在却不得不接受一个粗鄙低贱、早非完璧的荡妇为妻。他过于年轻，无法领会其中深意，时常当众口出怨言，结果被狄奥多拉下旨鞭笞，打得皮开肉绽。

另一桩婚姻也让人哭笑不得。

一对姊妹花出身高门，父、祖都曾任执政。可惜，两人命途多舛，花信之年就先后丧夫，居孀在家。不过，门前求婚者如云。狄奥多拉再次悍然出手，乱点鸳鸯谱，下旨赐婚，将她们许配给两个粗鄙的市井之徒。姊妹俩逃婚，避入索菲亚堂。她们以为狄奥多拉自诩基督的虔诚信徒，一定不会冒犯神明，自己可以托庇于寺院。不承想，女皇悍然发兵包围索菲亚堂。在刀剑的逼迫下，姊妹二人被迫同意了婚事。有萨图尼乌斯为殷鉴，她们甚至连眼泪都不敢流。最后，狄奥多拉都自觉内疚，加封她们的新夫婿为公爵。可是，尊贵的封号对两个本就地位尊贵的孀妇来说，又有什么意义？让她们烦恼的，是如何面对沐猴而冠的夫婿。

更有甚者，女皇一面将身边的女官嫁入豪门，另一面又纵容她们勾引狂蜂浪蝶，甚至豢养面首……如果丈夫觉得妻子有辱门风，口出恶言，等待他们的是不分青红皂白的一顿鞭笞，或者以两倍于嫁妆的重金赔偿妻子。因为女皇矛头所指，正是簪缨世家所要捍卫的优雅门风。在狄奥多拉的淫威下，世家子弟们只能对妻子的淫行秽事忍气吞声，听之任之了。

在藏经阁的角落里孜孜不倦地阅读着陈年旧事的阿勒曼尼是否已经发觉，如果把所有这一切都串联起来，不难发现狄奥多拉的趾高气扬并非任意妄为。在打压元老、贵族一事上，帝后的默契是让人叹为观止的。只不过，查士丁尼依靠人为制造动乱，而狄奥多拉靠乱点鸳鸯谱。只有看清这一点，他才能解读这个时代的全部怪诞。

所以，这尘封多年的书卷很可能记载了所谓盛世的全部真相。

那么，又是谁洞明世事，并付之于笔墨的呢？踯躅再三后，阿勒曼尼终于决定带着书卷去找自己的同乡亚尼斯。正是靠他引荐，阿勒曼尼才得以进入梵蒂冈。两人无话不谈。亚尼斯比阿勒曼尼年长十岁，曾在希腊的寺院中修行，熟知罗马掌故。在读完这泛黄的书卷后，他给出了自己的答案：

在10世纪东罗马的典籍里曾提到过这卷书，并称之为《轶事》；而它的作者应该是普罗柯比。

是的，东罗马史学名家普罗柯比。他出身恺撒里亚的簪缨世家，文学优异，精通律法，曾是贝利萨里乌斯的幕僚，历任要职，据说还曾出任权势赫赫的京兆尹。不过，让他名留青史的却是如椽巨笔。普罗柯比的八卷《战史》和六卷《建筑》，为我们描绘出那个风云变幻的时代。可以说，后人是通过他的笔墨来认识6世纪的东罗马，乃至整个西方的。如果说《建筑》通过对巍峨宫室和庄严寺院的记载，浓墨重彩地描画出一个壮丽无伦的世界，被众声颂扬的查士丁尼和狄奥多拉就是这个世界最耀眼的主角。不！是主宰。谁会相信，阿勒曼尼手中希腊文手抄本会出自《战史》与《建筑》的作者之手？

可是，三部著作完全相同的文风、笔法，揭示了一个再清楚不过的事实：这部原名《轶事》的手抄本，作者就是普罗柯比本人。如果你相信《战史》和《建筑》，又凭什么否定它？这泛黄的卷轴里记载的种种，未必出自虚构，甚至可能比你以为的真相还要接近真实。

527年，也就是查士丁尼登基称帝的那一年，二十七岁的普罗柯比结识了年仅二十二岁的贝利萨里乌斯。两人背景相似、志趣相投，很快就成为密友。普罗柯比担任贝利萨里乌斯的幕僚数十年之久，从三征波斯到尼卡之乱，再到南征汪达尔、西征东哥特……查士丁尼所谓中兴帝业、赫赫武功，几乎都是依靠贝利萨里乌斯来完成的，而普罗柯比是这段历史的亲历者和最重要的见证者，所以才有八卷《战史》传世。阿勒曼尼可以透过他的文字，近距离地观察这个时代另一位举足轻重的人物——贝利萨里乌斯。

可是，阿勒曼尼很快就被自己所观察到的真相震惊了。

536年，恰是贝利萨里乌斯最为春风得意的时候。如果说初战波斯让他崭露头角，那么扫平汪达尔的北非之役已经使方过而立之年的贝利萨里乌斯跻身当世名将之列。此时，查士丁尼下旨南北两路夹击东哥特。在尼卡之乱中与贝利萨里乌斯并肩作战的匈人蒙顿率领北路大军，很快就兵败身亡，领军走南路的贝利萨里乌斯事实上已是王师在哥特战争中的最高统帅。然而，人前风光的名将却陷入了无穷的烦恼中。

就在刚才，贝利萨里乌斯的侍女马其顿妮娅不远千里，来到了军营，将家中发生的一桩丑闻告诉了主公：贝利萨里乌斯的妻子安东妮娜与人私通。

妻子生性风流，贝利萨里乌斯是早有风闻，不过，他多数时候都选择了隐忍。与柯丽索玛萝一样，安东妮娜也出身风尘：父、祖均为御者，以驭马驾车为生；她与母亲早年都是梨园优伶。安东妮娜比贝利萨里乌斯大了足足十五岁，两人成婚前，她与前夫已育有一双子女。许多人相信，风华正茂的贝利萨里乌斯选择这样一位伴侣，是因为安东妮娜与狄奥多拉女皇是闺中密友。放浪形骸、风流无度是狄奥多拉宫廷的风气，贝利萨里乌斯很难要求安东妮娜冰清玉洁。

可是，这一次安东妮娜把养子狄奥多西诱上卧榻。

狄奥多西出身于色雷斯的一个异端家庭。在当时，这样的身份足以毁掉人的所有前途。但是，贝利萨里乌斯很欣赏这个年轻人，在出征汪达尔前夕，他特意为狄奥多西举行洗礼，接纳其为自己家族的一员，使之从出身带来的阴影中走出来。就在出征途中，贝利萨里乌斯偶然发现妻子和养子鬼鬼祟祟地藏身地窖。面对丈夫的质疑，安东妮娜落落大方地说：两人要将一件珍贵的战利品藏起来。贝利萨里乌斯也就没有多想。现在，马其顿妮娅的告密使他回想起当时的一个细节：安东妮娜松开的衣带。

马其顿妮娅告诉贝利萨里乌斯，安东妮娜与狄奥多西行苟且之事，床边还有两位男奴服侍，他们都可以充当证人。

贝利萨里乌斯拍案而起，命一名亲随去诛杀狄奥多西。有人劝他把荡妇也铲除。可是，贝利萨里乌斯做不到，他十分清楚妻子在女皇心目中的分量。

同为从良娼妓、再醮妇人，安东妮娜扮演的角色，却远比柯丽索玛萝要复杂得多。这从京兆尹约翰垮台一事，就可以看得很清楚。

在无数世家旧族屈膝于女皇裙下的时候，约翰却依仗圣眷甚隆，没有将她放在眼中。这个弄臣多次在查士丁尼面前诋毁狄奥多拉，自然没有能逃过女皇无所不在的眼线。两人势同水火。约翰也是神奸巨蠹，深谙皇帝的好恶，急切间，狄奥多拉也很难下手。恰恰是在扳倒约翰一事上，安东妮娜成了关键人物。她选择了约翰涉世未深的女儿尤菲米娅作为突破口。在安东妮娜的刻意结交下，两人很快成为无话不说的闺中密友。等到时机成熟，她故意流露出对查士丁尼的不满。尤菲米娅也深有同感，引其为知己。安东妮娜话里话外，透露丈夫贝利萨里乌斯有意支持约翰。单纯的尤菲米娅信以为真，迫不及待地将这个喜讯告诉父亲。本来，奸同鬼蜮、行若狐鼠的约翰并非轻信之人，可是，近来他听信江湖术士的逢迎，鬼迷心窍，自觉有望成为九五之尊。从爱女口中得知手握兵权的贝利萨里乌斯会支持自己，约翰不由得心动，竟然没有意识到自己堕入他人彀中。他指使尤菲米娅穿针引线，安排自己同安东妮娜密晤。安东妮娜欲擒故纵，没有答应。不过，她说自己即将去军营探望丈夫，要约翰以送行为名，前往贝利萨里乌斯的食邑鲁菲尼阿奈，共商大事。约翰不疑有他，欣然应允。此时，宦官纳尔西斯和卫尉马尔塞鲁斯已伏兵鲁菲尼阿奈，只等他上钩……

在扳倒约翰的过程中，安东妮娜居功至伟，所以，她深得狄奥多拉赏识也就不足为奇了。后来，安东妮娜甚至帮女皇击败了声名赫赫的罗马宗主教，手段可见一斑。如果贝利萨里乌斯杀妻，根本无法承受女皇的雷霆之怒。

事实上，就连处决狄奥多西，都只是贝利萨里乌斯的一时冲动。他不愿意为了床笫之事同安东妮娜翻脸，更不用说她背后的狄奥多拉女皇。被派去杀狄奥多西的亲随对贝利萨里乌斯非常了解，潜逃到以弗所去躲避风头，根本就没有执行命令。你能想象一位号令千军万马的名将的命令被自己的属下无视么？亲随十分睿智地分清贝利萨里乌斯在战场上和战场下的命令的意义是迥然不同的，做出了对自己最有利的选择。相比之下，马其顿妮娅愚不可及。

不久，安东妮娜回到了丈夫的怀抱，而狄奥多西得到了养父的拥抱。告密的马其顿妮娅，连同那两个服侍奸夫淫妇行苟且之事的男奴被安东妮娜割舌剁醢，抛诸沧海。那个劝贝利萨里乌斯诛杀荡妇的属下后来也死于安东妮娜的报复。

眼看一桩乱伦引发的风波将因贝利萨里乌斯无原则的退让而悄悄平息，事情却另起波澜。

让人意想不到的是，公然挑战安东妮娜的，竟然是她与前夫所生之子佛提乌。他是贝利萨里乌斯一手抚养成人的，在继父帐下听用，凭借那不勒斯战役中击溃东哥特的不俗表现受到赏识。佛提乌一度幻想着成为继父的继承人。现在，狄奥多西不仅同母亲勾搭成奸，还以养子身份分取了贝利萨里乌斯在汪达尔赢得的无数财富，这让佛提乌又妒又怒。

经过马其顿妮娅告密无果之事后，安东妮娜越发肆无忌惮，这段遭人唾弃的不伦之恋根本无法掩盖。狄奥多西本已面临舆论的巨大压力，根本没有勇气面对佛提乌的怒火，所以，他仓皇离京，到以弗所的寺院中出家避祸。不过，狄奥多西的克制只持续了不长时间，等到贝利萨里乌斯与佛提乌领兵东征波斯，留居京城的安东妮娜与狄奥多西又奸情复炽。为了扫清障碍，她重金贿赂贝利萨里乌斯的心腹，中伤自己的亲子，意图借刀杀人，让贝利萨里乌斯除掉佛提乌。

佛提乌不甘示弱，派人在君士坦丁堡寻找到一个人证，带到继父面前，指证母亲的奸情。铁证如山，使贝利萨里乌斯无法回避这件丑闻。他与养子一道，立下了基督徒最神圣的誓言，要联手对付奸夫淫妇。不过，这一切很快就被安东妮娜的耳目所知悉，她也意识到事态严峻，慌忙派人将面首狄奥多西送回以弗所的寺院，掩人耳目；自己则远赴征波斯的大营。

见到出轨的妻子后，贝利萨里乌斯大发雷霆，扬言要处决奸夫淫妇。然而，仅仅过了数日，他的愤怒就烟消云散，再次拜倒在安东妮娜的石榴裙下。贝利萨里乌斯和佛提乌立下的誓言，早被抛诸脑后。

佛提乌对此还一无所知，他亲率部曲，杀到以弗所。自知大难临头的狄奥多西躲入约翰堂避祸，却被主教扣押，交给了佛提乌。此外，安东妮娜的心腹卡利格努也同时落网，在严刑拷问下，供述了主母的秽行污事。

眼看佛提乌就要大获全胜了，事态急转直下，因为狄奥多拉悍然出手了。

女皇下旨，命佛提乌交出狄奥多西和卡利格努。佛提乌不肯遵旨，秘密将囚犯押解到西里西亚，自己携带狄奥多西贪墨的巨款回京。他以为贪腐的罪名足以让帝、后改变立场。

佛提乌太天真了，也为此付出了代价。

在佛提乌回京前，他和贝利萨里乌斯的许多密友遭到了逮捕。狄奥多拉不仅要借此机会将他们清洗一空，还严刑逼供，罗织罪名，矛头直指佛提乌和贝利萨里乌斯。此举竟然得到了查士丁尼的暗中支持。与贝利萨里乌斯过从甚密的一位元老（与狄奥多西同名）被籍没家产后，锒铛入狱。

狱吏用绳子将狄奥多西元老的脖颈绑在马槽上，鼻子贴着槽壁，全身无法动弹达四个月之久。等到他获释，人已疯癫。

佛提乌也锒铛入狱了。

在皇宫的地下，藏着一座迷宫般曲折幽深的黑狱。它如同一张血盆巨口，不知吞噬了多少无辜生命。女皇曾迷恋过一个出身蛮族的仆人，名叫阿里奥宾度斯，不过，这个容貌俊美的男童却不甘沦为女皇的面首。求欢不成的狄奥多拉恼羞成怒，对阿里奥宾度斯施以一顿鞭刑后，将他打入这暗无天日的黑狱。从此，这个英俊的少年就从这个世界上消失得无影无踪……不过，这只是个案。多数被押解到黑狱的人物背后，都有着这样或那样政治上的原因。

狄奥多拉有一个古怪的癖好，喜欢观刑，每一次严刑拷打，都必须在她面前执行。我几乎可以想象出那个画面：血肉横飞的黑狱中，一条柔美的舌魅惑地舔着猩红的唇——就如同克里特迷宫里嗜食血肉的妖怪米诺陶洛斯。某种程度上，倾倒众生的美人如果嗜血，要比牛首人身的妖怪更让人不寒而栗。就连自己的爪牙，狄奥多拉也总是语带恐吓。每当他们奉命去逮捕获罪的重臣、教士时，女皇总是亲口说道："向神起誓，如果你们违背我的旨意，就会被剥皮楦草！"

在黑狱里，佛提乌每日都遭到残忍的酷刑折磨。女皇试图逼他说出狄奥多西和卡利格努的下落。佛提乌到底是经过沙场厮杀的悍将，咬紧牙关，宁死不屈。在有心人的帮助下，他曾两次越狱，躲入教堂。第一次，狄奥多拉的爪牙闯入圣母堂，逮捕了佛提乌；第二次，他希望索菲亚大教堂能庇护自己，结果又落空了。

面对基督圣像，狄奥多拉无所顾忌。巴萨尼乌斯和姊妹花逃婚的事例，就已经证明了寺院阻挡不了狄奥多拉的魔爪。

在地牢中度过暗无天日的三年后，佛提乌第三次越狱。这一回，他没有寄希望于什么教堂寺院的庇护，直接逃出京城，南走耶路撒冷。心灰意冷的佛提乌最终出家为僧，青灯古卷，了却残生。

佛提乌还算是幸运的，身陷囹圄的人多数都没有能活着走出这座地下迷宫。能活着离开的，要么手脚被砍断，要么已被非人的折磨给逼成了疯子，比如前面提到的狄奥多西元老。

——恐怖时代，谁也不能幸免。

不过，皇宫里却上演着旖旎的一幕。当安东妮娜入宫觐见女皇时，狄奥多拉亲切地问她："我得到了一颗世间罕有的珍珠，你愿意观赏一下么？"

安东妮娜自然连连点头。

当层层帷幕拉起，几个宦官们抬着一张卧榻缓缓走出来。卧榻上，斜倚着安东妮娜朝思暮想的养子狄奥多西。搂着俊俏的情郎，安东妮娜如癫似狂，恍如梦中。站在一旁的狄奥多拉嘴角露出了暧昧的笑容。

佛提乌以为自己将狄奥多西和卡利格努藏在西里西亚，无人能找到。他显然低估了女皇的能力。狄奥多拉拥有一张密不透风的情报网，覆盖着整个帝国。不久，她的鹰犬就把狄奥多西带回了京城，泄密的卡利格努则死无葬身之地。

不过，安东妮娜的欢爱短促得让她绝望。

暌违许多时日后，半老徐娘携情郎共赴巫山。云未收，雨未散，狄奥多西却没有了气息。他猝死在床笫上……只留下欲火熊熊的安东妮娜搂着一具渐渐冰冷的尸体。

阿勒曼尼的手指在微微颤抖。他简直不敢相信眼前的文字。不，这不是真的，是最卑劣的诽谤和最无耻的色情幻想。

在整件事中，贝利萨里乌斯的表现匪夷所思。妻子与养子私通，没有让他出离愤怒。当狄奥多西在以弗所出家为僧时，安东妮娜如丧考妣，身着丧服，在丈夫面前为情夫厌世痛哭流涕。贝利萨里乌斯居然表示自己可以去请旨，让狄奥多西还俗。当佛提乌在君士坦丁堡找到了母亲通奸的铁证，他仍声称自己十分热爱妻子。为了迎接安东妮娜到来，领兵征战的贝利萨里乌斯居然下令撤军，失去了生擒波斯王的绝好战机。本来，他已经答应佛提乌联手对付放荡无耻的安东妮娜，转头却又再一次拜倒在妻子裙下……

对贝利萨里乌斯和安东妮娜的爱恨纠葛，吉本在《罗马帝国衰亡史》中留下了一段很有意思的评价："他对于她的耐心与忠诚，要么是在一个男人的品格之上，要么是在男人的品格之下。"

我们只要联想一下萨图尼乌斯的不幸遭遇，众多世家子弟的含羞忍辱，恐怕就不会相信真有如此超凡脱俗的爱情。可是，贝利萨里乌斯的高尚早已在很多历史段落中被证明。他谦虚有礼，爱兵如子；在贝利萨里乌斯统帅下的东罗马军军纪严明，对百姓秋毫无犯，连对手也受到了他的礼遇；淫靡成风的东罗马，贝利萨里乌斯是罕见的君子，洁身自好，与任何绯闻绝缘；尽管战俘中美人无数，他却片叶不沾身——我们不相信这样的贝利萨里乌斯会是猥琐小人。所以，"他对于她的耐心与忠诚"只能用理智的计算来解释。

贝利萨里乌斯很清楚，安东妮娜背后是可怕的查士丁尼和狄奥多拉。他们要利用一切可以利用的机会，来折辱这位盖世名将的灵魂，剪除他的羽翼，将贝利萨里乌斯从战神的光环中剥离出来，让所有对他心存敬意的人鄙视他的懦弱无能。贝利萨里乌斯默默地接受了这一切，甚至是配合。

——这叫作"自污"。

南破汪达尔，是数百年来罗马最显赫的武功，一时间，贝利萨里乌斯风光无二。但是，从那时候起，一个阴影就笼罩着这位盖世名将——功高震主。

谣言和谗言蔓生蔓长，无处不在，甚至有人传言，贝利萨里乌斯要在北非自立为王。查士丁尼给他的旨意是留驻北非，或者押解战俘还朝，可以自己选择。就在数日前，贝利萨里乌斯的手下在曼兹拉截获了一道诬告他的奏章，同时获悉还有内容完全相同的另一道奏章正通过秘密渠道，送往宫廷。所以，贝利萨里乌斯洞悉了皇帝这看似放权的旨意里隐藏的猜忌。尽管汪达尔初破，北非局势还十分动荡，他还是匆匆班师，自解兵柄。

查士丁尼也没有任何挽留，转而任命宦官所罗门为迦太基州牧，统管北非军政。不过，贝利萨里乌斯赋闲在家的时间并不长，一年之后，他就受命出征东哥特。

征东哥特肇因于东哥特王后阿玛拉珊萨之死。尽管东哥特王狄奥达图斯声称妻子当年杀死了三位旧党魁首，导致他们的亲属行凶报仇，可是，阿玛拉珊萨遇害时被丈夫幽禁在博尔塞纳湖中央的小岛上，几个身手寻常的匹夫能突破湖畔、岛上的把守重兵，轻易得手？人们都认为，这不过是用血亲复仇的幌子掩盖的一场政治谋杀。

按《战史》记载，阿玛拉珊萨意图将意大利献给朝廷的密谋，被查士丁尼皇帝泄露给她的丈夫。狄奥达图斯一怒之下，纵容凶手刺杀了妻子。如果这是真相，则查士丁尼是借刀杀人。不过，《战史》之说疑点很多。最重要的是，查士丁尼似乎没有杀人的动机，阿玛拉珊萨与他颇有交情，也不止一次地希望献土归服。

阿勒曼尼手中那卷旧书却提供了故事的另一版本。

当查士丁尼获悉阿玛拉珊萨身陷囹圄后，派遣使臣前往拉文纳，要求狄奥达图斯手下留情，放阿玛拉珊萨入京觐见。

但是，使臣从女皇那里得到了一道截然相反的密旨。

狄奥多拉早就听说阿玛拉珊萨是倾国倾城的绝色，见识不在自己之下。但这不是最让女皇忧心之处。她太了解自己的丈夫了，能打动查士丁尼皇帝的，不是花容月貌，而是盖世功业。为中兴罗马，查士丁尼旰衣宵食，事必躬亲，被称为“永不睡眠的皇帝”。阿玛拉珊萨最吸引他的，是身兼东哥特和法兰克两重王室血统。在盘踞西罗马故地的蛮族中，以这两大部族势力最盛，如与阿玛拉珊萨喜结连理，对查士丁尼皇帝强化自己在西方的影响力大有裨益。狄奥多拉聪明如斯，岂能不知阿玛拉珊萨对自己的威胁？东罗马使臣彼得忠于他的女皇。他不仅将阿玛拉珊萨与查士丁尼的密谋公之于世，还煽动狄奥达图斯下毒手。在彼得的蛊惑下，狄奥达图斯误以为处决阿玛拉珊萨是朝廷旨意，犯下了杀妻罪孽。

阿玛拉珊萨之死，给了东罗马西征东哥特最好的借口。可是，哥特之战一波三折，让贝利萨里乌斯十分无奈。

539年春，奉贝利萨里乌斯之命骚扰敌后的大将血腥约翰擅自出击，在阿里米尼陷入东哥特重兵的包围。与此同时，米兰城也被东哥特和勃艮第联军所困。先救哪一处，贝利萨里乌斯与权阉纳尔西斯争执不下。贝利萨里乌斯认为米兰百姓归心朝廷，仇视东哥特，将成为王师在北意大利的根基，不容有失。纳尔西斯却固执地认为出兵阿里米尼可以威胁东哥特都城拉文纳，是围魏救赵之计。最后，双方只能各退一步：大将马丁努斯和乌利亚努斯驰援米兰，而贝利萨里乌斯亲领一部进军阿里米尼。

没想到，马丁努斯等人畏战不前，顿兵波河南岸，以东哥特军势大为由，要求增援。贝利萨里乌斯知道后，只好命令约翰和查士丁努斯出兵。可是，两将只听命于纳尔西斯……断粮多日的米兰城难逃兵燹之厄。三十万百姓死于屠城，无数妇女被掳掠为奴。

面对如山积尸，一向低调谨慎的贝利萨里乌斯怒发冲冠，上书弹劾纳尔西斯。直到此时，查士丁尼才不得不召回最宠幸的宦官，将兵柄完整地交付给贝利萨里乌斯。

贝利萨里乌斯不负众望，很快就把东哥特王维吉提斯围困在拉文纳城。走投无路的东哥特人不愿臣服于查士丁尼，却为用兵如神、宅心仁厚的贝利萨里乌斯所折服，恳请奉他为主。为了早日结束战争，贝利萨里乌斯虚与委蛇，接受了东哥特人的劝进。540年，拉文纳城门大开，迎接他入城。贝利萨里乌斯并没有紫袍加身，而是亲自押解着东哥特王维吉提斯班师回京。

可是，贝利萨里乌斯曾接受东哥特王位一事如同一根刺，深深地扎入查士丁尼心头。

征东哥特的功业，难度和意义都远在征汪达尔之上，但是，查士丁尼却吝于给贝利萨里乌斯一个凯旋式。贝利萨里乌斯兵权被褫夺，留京闲居。意大利的军政权力被平分给几位颟顸贪墨的官吏。他们荼毒百姓，最终逼反了本已屈服的东哥特。在托提拉的率领下，东哥特东山再起。在意大利，东罗马军不过一万多，竟然被查士丁尼分给十一位互不统属的将领。一盘散沙，焉有不败之理。

为了挽救败局，贝利萨里乌斯苦苦哀求皇帝恩准自己出兵意大利。他愿意回家乡色雷斯招募人马，而不需朝廷一兵一卒，甚至连粮饷也不要。就算如此，查士丁尼还在犹豫。

543年，朝廷起用马克西米努斯为意大利州牧，率水师奔赴西方。这位被寄予厚望的封疆大吏贪生怕死，船到希腊就裹足不前。无奈之下，查士丁尼只能派以庸懦著称的大将季米特里奥斯另率水师驰援。这样，两人才勉强进入意大利。羊质虎皮的统帅，岂是盖世英雄托提拉的对手。季米特里奥斯束手就擒，马克西米努斯在残部簇拥下狼狈逃走……此时，罗马城陷入托提拉的重重包围。城中百姓以死狗腐鼠为食，甚至易子相食，查士丁尼的爱将贝萨却在罗马城中大肆囤积粮食，高价售卖以自肥。

意大利局势危若累卵，查士丁尼才又想起贝利萨里乌斯。

托提拉用一年时间才攻破的罗马城，贝利萨里乌斯夺回竟然易如反掌。但是，他要以四千人马去面对十二倍于己的东哥特大军的疯狂反扑。查士丁尼的增援每次不过数百，同时又让诸将自行其是，无须听从贝利萨里乌斯号令。就这样，战争拖了三年多。贝利萨里乌斯迫不得已，请安东妮娜回京觐见，恳求查士丁尼能给予他切实的支持。可是，这位名将失望了。此时，狄奥多拉女皇已崩逝，安东妮娜无法左右皇帝的判断。最终，贝利萨里乌斯黯然离开了意大利战场。在他走后，东哥特再破罗马城。

帝王的猜忌，是贝利萨里乌斯人生的最大危机。查士丁尼绝不允许任何人威胁他的地位。所以，像贝利萨里乌斯这样的英雄只能选择自污，只能寄希望于安东妮娜和狄奥多拉的交情能庇护自己。所以，他必须默默地忍受妻子和养子的孽缘。

没能读透，你看到的就只是淫荡、暴虐和无耻。读透了，你看到的，就是权

贝利萨里乌斯与安东妮娜

力的逻辑权力的恶，就是——帝国。

看不穿这一点的狄奥多西元老疯了、佛提乌出家了，更多人被迫害致死。可贝利萨里乌斯终究还是活了下来。尽管他叠受打击，被削夺官职，家产几乎被罚没一空，连朋友也禁止登门，可到底还活着，没有疯，也没有厌世。

我一直怀疑，在当时对盛世浮华下隐藏的龌龊和凶险，领会最深的人是贝利萨里乌斯。

542 年，查士丁尼一度卧床不起。流言蜚语再次漫天飞扬。人们纷纷传说，贝利萨里乌斯将会是新的皇帝。对此，远在意大利的贝利萨里乌斯一无所知。可是，他的密友布泽斯却被控密谋拥戴贝利萨里乌斯为帝，削职入狱。在暗无天日的大狱中，曾经贵为执政的布泽斯被折磨了整整两年四个月。当所有指控被证明均属子虚乌有，他才洗去了罪名。可是，一双眼眸再也看不到青天白日了。

对贝利萨里乌斯的指控并没有撤销。尽管此时他已经被解除兵权，连七千部曲也被佞臣和阉寺给瓜分干净。狄奥多拉，还有隐介藏形在她身后的查士丁尼依然没有放过贝利萨里乌斯。每一天，对这位曾叱咤风云的将军来说都是煎熬。他所忍受的，是万劫不复的痛苦，就连安东妮娜也看不下去了。最终，狄奥多拉和查士丁尼决定暂时放过贝利萨里乌斯。就算如此，他们也还是要再折磨这位将军一回。

在这次觐见中，贝利萨里乌斯明显感受到帝后的冷漠，甚至从冷漠中品味出一丝杀意。是明正典刑，还是密诏赐死，甚至是暗杀？他就猜测不出来了。下朝之后，浑身战栗的贝利萨里乌斯都不知道自己是如何走完宫廷到府邸的这段路的。谁都有可能是刺客，或者奉旨来行刑的密使，贝利萨里乌斯看谁都是死神的化身——他已经濒临崩溃了。当钦差奎亚特拉图斯突然现身，将军如同一个婴儿般蜷缩起手足，无助地等待着女皇的裁决。

狄奥多拉以偿还安东妮娜人情为由，赦免了贝利萨里乌斯。

气吞山河的一代名将匍匐在水性杨花的妻子裙下，疯狂地亲吻着她的双足。可怜？可悲？我们难置一词。只不过，无止境的折磨，磨去了一代名将的锋芒。当他重返意大利战场，得到的只能是失败——一个没有了锐气的将军是无法战胜像托提拉这样的英雄的。击败东哥特的重任，只能由宦官纳尔西斯来完成。他虽然没有男儿之躯，却还有男儿之心，同时还有查士丁尼的支持。乾纲独断的帝王能信赖的，往往是被阉割的人。

559 年，保加利亚人入寇。两万铁骑势如破竹，兵临君士坦丁堡。危难时刻，查士丁尼又一次想到了贝利萨里乌斯。雪藏多时，这位髀肉复生的名将身边只剩下不离不弃的三百部曲，外加临时招募的一千平民。白发苍苍的贝利萨里乌斯就带着他们毅然出战。首战告捷，四百多保加利亚人被杀。慑于贝利萨里乌斯的赫赫威名，敌人仓皇退兵。东罗马很快收复了失地。不过，查士丁尼对贝利萨里乌斯猜忌更深。

乞讨的贝利萨里乌斯

三年后，这位名将终于还是难逃牢狱之灾。

事情的起因是两位朝臣密谋弑君，事机不密，一个自刎，另一个被捕入狱。很快，贝利萨里乌斯的两个家臣就被牵扯进来……当年，狄奥多拉就是试图通过塞奥多图斯，给狄奥根尼安上罪名的。可惜，贝利萨里乌斯的家臣没有塞奥多图斯的骨气。就这样，一代名将锒铛入狱。

几个月后，贝利萨里乌斯沉冤昭雪，获释出狱。不过，他已经失去了精气神，徒留一具行将就木的躯体了。传说，狱吏对这位名将严刑拷打，还剜去了他的双眼。出狱后的贝利萨里乌斯衣衫褴褛、身无分文，只能蹲在君士坦丁堡城门洞里，对着路人喃喃地说："行行好，赏给贝利萨里乌斯将军一文钱吧。"三年前，他就是穿越这座城门，去抵御保加利亚铁骑的……

千百年来，这个传说四处流传。雅克·路易·大卫还曾以此为题材留下画作。不过，这也仅仅是一个传说而已。贝利萨里乌斯最后的时光黯淡而又平静。对一位名将来说，老死床箦究竟是幸运还是不幸？不得而知。不过，我揣测，如果贝利萨里乌斯没有在安东妮娜的无数桃色事件中装聋作哑、忍辱含羞，如果他表现出跟盖世名将相配的强硬风骨，将军的下场绝对不会比狄奥多西元老、佛提乌和布泽斯要好。

也许，那幅《乞讨的贝利萨里乌斯》描画的，是本应出现——却最终得以避免的结局。

这就是普罗柯比笔下的贝利萨里乌斯，褪去了名将光环，被一大堆无耻、懦弱的琐碎情节缠绕着，举步维艰，哪还有什么气吞万里如虎的英雄气概。可是，手捧着老旧手抄本的阿勒曼尼又有什么理由去怀疑这段不堪入目的历史的真实性呢？毋庸置疑，普罗柯比是贝利萨里乌斯的挚友。就在贝利萨里乌斯在遭到皇帝猜忌，被削职为民的艰难时刻，曾经对他歌功颂德、阿谀奉承的人都离他而去，只有普罗柯比不离不弃，依旧守护着他们的友谊。这也导致这位史学家仕途受阻，不得不离开朝堂，另谋出路。这也就意味着，他勾勒出来的贝利萨里乌斯，可能最接近真实。

在梵蒂冈教士中，阿勒曼尼素以学富五车著称。有心人还记得，自 1623 年，也就是罗马教宗格里高利十五世去世前不久，原本温和有礼的阿勒曼尼仿佛变了一个人似的，魂不守舍，游离于现实生活之外。有人揣测，他是不是在幽深的梵蒂冈某个角落看见了不该看的秘辛，比如教宗与情妇幽会。在阴森可怖的教廷，时常有些人因为无意中触犯了某种禁忌，就从这个世界上永远地消失。可是，新教宗升座后，阿勒曼尼的怔忡之症也没有好转。在好友亚尼斯离世后，他变得更孤僻了，总是远离人群，躲在藏经阁，要不就是在自己的房间里奋笔疾书。教士们都不知道，阿勒曼尼到底在写些什么。只有介绍他进入藏经阁的亚尼斯知道这个秘密。此时，亚尼斯也已病入膏肓。弥留之际，他抓住阿勒曼尼的手，劝告老友不要翻译这部书了——因为，这是与魔鬼接触。可是，阿勒曼尼还是决定与魔鬼一争高下。

需要有一种文字，来复刻那个没有隐私却又充满着黑幕的时代。

19 世纪时，有一位学者在比较了罗马的两大史学家修昔底德和普罗柯比后，说出这样的话："我们考虑一幅画的光与影的对比，就会发现修昔底德生活在一个充满了自由空气的世界里，那里是生活和思想的春天。另一方面，普罗柯比生活在一个没有人敢说出自己的生活和思想，并有密探潜藏在人们住宅最隐秘处的时代。”

正因如此，普罗柯比才会在书写了《战史》后，又偷偷留下了另外一卷著作，告诉后人那个不知所谓的盛世到底面貌如何。阿勒曼尼要帮普罗柯比完成这个心愿。

借助尼卡之乱，查士丁尼放肆地清洗元老和绿党。元老背后的家族、绿党背后的权臣的家产也遭到了洗劫。曾经的钟鸣鼎食之家数百年积攒下的金银财帛都被抄没了。在此后的几十年里，查士丁尼和狄奥多拉罗织罪名、构陷大臣，依靠抄没家产大发横财，就连贝利萨里乌斯也不放过。可帝后依然欲壑难填。当时，各州的州牧们除了依照常例上缴税赋外，每年还要额外进贡三千多镑黄金。所以，只有刮地三尺的官吏才能坐稳官位。再加上朝廷公然卖官鬻爵，选拔出来的官吏自然多是贪得无厌之辈。当时，封疆大吏中只有福卡斯和巴苏斯一清如水。不过，他们都被皇帝视为无能之辈，仅仅数月就被褫夺官位。官吏如此，百姓饱受盘剥之苦，就不难想象了。查士丁尼还指使市井无赖，以捍卫神圣罗马的正统为名，把手伸向了不信仰基督教的贵族和平民，还有阿里乌斯宗信徒。抢劫、敲诈，无所不用其极。谁也说不清楚，他们到底掠夺了多少。史书形容查士丁尼如同“四季流淌、每日泛滥的河流”，将大地上一切都席卷走了。

现在，皇帝有足够的钱财，来实现他再造帝国的大业了：南征汪达尔，西讨东、西哥特，还有北方的保加利亚人……叮叮当当的金币滚动在罗马帝国的舆图上。“奈何取之尽锱铢，用之如泥沙”——横征暴敛来的金银财货，最后又被他挥霍一空。阿纳斯塔西乌斯皇帝在位时，府库充盈，黄金逾三十二万镑之巨。等到查士丁尼结束他的统治时，什么都没有了。

无休止的征战，消耗了查士丁尼极尽盘剥之能事才掠夺来的金银，去实现他罗马复兴之梦。但是，这还远不是全部。穷兵黩武于外，与大兴土木于内，往往是好大喜功的帝王伴生的两种病态。

查士丁尼时代的营造举不胜举。最有名的，当属索菲亚教堂。它的兴建，与我们前面提到的前朝公主尤里娅娜有关。传说，富可敌国的尤里娅娜曾许诺要资助查士丁尼，最后却只给了皇帝一枚小小的戒指——也许，她是用这种特别的方式，来宣泄自己的夫婿与帝位失之交臂的愤懑。对尤里娅娜的食言自肥，查士丁尼只能郁闷地接受。因为，尤里娅娜的黄金被用来建造华丽无伦的波律欧克托斯教堂。据说，这座建筑是按《旧约》对所罗门神庙的描述建造的。皇帝不敢冒天下之大不韪，与神争夺黄金。不过，此事成了查士丁尼的一个心结。多年以后，他不惜靡费国力，营造壮观的索菲亚教堂，规模竟是波律欧克托斯堂的一倍半。在步入新落成的教堂那一瞬，查士丁尼仰天长啸："所罗门，朕胜汝矣！"

皇帝丝毫没有意识到，多年帝王生涯改变不了他深植骨髓的卑微与浅薄。查士丁尼痛恨食言的尤里娅娜公主，却又暗自羡慕她身负两朝帝室的高贵血胤。皇帝流放了公主的夫婿，却又迫不及待地将侄女嫁给她的儿子小阿雷奥宾杜斯。查士丁尼无嗣，如果不是小阿雷奥宾杜斯在北非遇刺殒命，他和他的后人是有望称帝的。这样，查士丁尼氏的血胤就能和两朝帝室的血胤合为一体。

比起美轮美奂的波律欧克托斯堂，索菲亚教堂"就像是一连串沉重而乏味的建筑材料的堆砌"。如果不是突厥人在千年之后补上几座尖塔，这座建筑的审美品位真是惨不忍睹。可是，查士丁尼根本就没有意识到这一点。他的耳边，只能听到御用诗人的赞美声："在大教堂的建造上，查士丁尼超越了罗马。""就像神超越了偶像，旧罗马神殿可没有如此手笔。"

除了大兴土木之外，皇帝还将从自己的臣民那里搜刮来的金银赏赐给朝觐的蛮族。结果，无数贪婪的蛮族蜂拥而来，挤满了君士坦丁堡。查士丁尼毫不介意，沉迷于"九天阊阖开宫殿，万国衣冠拜冕旒"的虚荣中。具有讽刺意味的是，保加利亚铁骑在查士丁尼统治的最后几年肆意蹂躏着东罗马，将虚假的赫赫武功践踏殆尽。尽管贝利萨里乌斯在君士坦丁堡郊外小胜来犯的保加利亚人，可帝国已经无力彻底击败对手了。比起掀起"死亡之雨"的匈人和东方铁流阿瓦尔人，保加利亚人逊色许多，可是，外强中干的查士丁尼也不得不纳币求和。他已经没有人力，也没有财力来维系自己的虚荣了。

是的，就是虚荣，就是那个所谓罗马中兴的虚幻梦境把东罗马拖到了山穷水尽的地步。

……此后的东罗马诸帝再也不能像查士丁尼那样大肆挥霍。不是不想，而是一切都被他挥霍一空。

《新罗马帝国衰亡史》中说：“查士丁尼让我们看到了哈姆雷特坐上宝座后的样子：他傲慢自负，学识有限，时而优柔寡断，时而又鲁莽武断。”

从前，王公贵胄朝见时只需要行吻胸礼，皇帝回以吻额礼；臣民则行单膝跪礼。可是，这些旧时礼仪都被查士丁尼废止了。在他的宫廷中，所有人都要在皇帝面前匍匐身躯，行舞拜大礼，恭敬地行吻足礼——只有这种卑微礼仪才能让自卑的查士丁尼，还有他的皇后狄奥多拉不再自卑。

赫赫武功，壮丽建筑，都是为了烘托查士丁尼自己。他试图用不足罗马帝国鼎盛时五分之一的人口和兵力，去拥有一个完整的罗马——这是查士丁尼失败的根源：自不量力。

终其一生，皇帝都不曾上过战场，永远是藏身深宫，指手画脚。可这一点都不妨碍查士丁尼把自己的戎装雕像竖立在广场上，就像那些戎马倥偬的罗马皇帝，比如奥古斯都、图拉真和马可·奥勒里乌斯。倒是有人说他的相貌酷似暴君图密善。查士丁尼粗通文墨，却热衷于将教士召至宫廷，研讨神学，仿佛自己无所不知，比奥古斯丁、利奥和哲罗姆更能理解神的旨意。

煌煌法典恐怕是查士丁尼最引以为傲的，并令后世学者对他奉上诸多溢美之词。可是，罗马人享有的自由、公正比没有“查士丁尼民法大全”的时候更多么？答案显然是否定的。地中海的贸易在萎缩，人们的财富被剥夺，甚至学者教授法学都被禁止，罗马百姓连最起码的安全也没有保障。

——世界的秩序，只存在于纸墨之间，查士丁尼的法典不过被用来掩盖一个更加无序的世界。

享有盛名的雅典学院被关闭，不信基督教的学者被驱逐出学府书院……查士丁尼以最残忍的手段来对待依然笃信万神教的贵族臣工。许多心怀罗马古典文明的遗老遗少被处决，也有人不堪忍受酷刑，被迫自尽。皇帝以基督的名义做的恶罄竹难书。三次大清洗，将残存的神祇罗马，连同残存的古典文明一起摧毁殆尽。

同时，查士丁尼也为阿里乌斯宗画上了句号。此时，法兰克、勃艮第和西哥特先后改奉尼西亚宗，而汪达尔与东哥特这两个坚持信奉阿里乌斯宗的蛮族强国被查士丁尼给颠覆了。这样，乌尔菲拉主教在蛮族的土地上播撒下的火种，到底还是熄灭了，只余灰烬。

所以，汤因比从文明兴亡的角度，认为罗马“也许可以说是同查士丁尼的非常努力而结果却是惨败的统治同时在 565 年结束的”。换句话说，以中兴明主自居的查士丁尼堪称罗马真正意义上的亡国之君。无论是盐野七生的《罗马人的故事》，还是戈德斯沃司的《罗马帝国衰弱记》，都选择了查士丁尼作为结尾——这绝非偶然。

是的，结尾——所有的一切都意味着结束。

从 536 年开始的整整十八个月中，太阳黯然无光，甚至变成了蓝色的。正午时分露天而立，人们甚至无法看清自己的身影。接着，水旱灾异频频，谷物歉收，饥馑爆发。539 年，客星犯座。当长长的彗尾横过天穹，君士坦丁堡陷入了一片恐慌之中。卜者预言：灾难远未开始，灾难就要降临。

罗马法学家著述法律

541 年 7 月，亚历山大里亚东面的一座小城传来瘟疫爆发的消息。疫疠渐兴，人心彷徨，可沉浸在光荣中的查士丁尼似乎没有在意。瘟神很快就从尼罗河谷飞往了地中海东岸的黎凡特、美索不达米亚，甚至越过高山直取遥远的阿塞拜疆，富者疾疫，贫者流亡。542 年，小亚细亚、色雷斯、西西里岛相继沦为瘴疠之地；543 年，轮到了意大利和北非；544 年，遥远的不列颠诸岛也没有能幸免……人们说，地中海的波涛中漂荡着诡异的铜船，无头的幽灵端坐船头，操舟泛海。谁看见了这些幽灵，很快就会染病卧床，魂归地狱。

君士坦丁堡被瘟疫袭击是在 542 年春。这是一个挥汗成雨、挥袖成云的繁华都邑。密集的人口令瘟疫传染之速、为祸之烈远远超出了想象。“家家有位尸之痛，室室有号泣之哀”——没有人知道君士坦丁堡到底死了多少人，只见金角湾的埋尸坑可以装下七万具尸体，很快就满了。数月之内，抛尸就已经堆到了城墙望楼的高度，尸臭随风飘来飘去。就连查士丁尼自己也染病倒下，差点殒命。古典学家奥唐奈评论说：“假如他在 542 年的大瘟疫中死去的话，人们铭记的将会是他在法律和建筑上的贡献，以及他所发动却没有看到结局的战争”

——“向使当初身便死，一生真伪复谁知？”

病者比屋，丧车交路，瘟疫夺去了帝国三分之一生灵的性命。世界仿佛走到了末日，比罗马城破、匈人来袭更像末日。在如此黑暗的岁月中，谁还记得就在十年前，君士坦丁堡为扫平汪达尔而欢呼，以为即将迎来烈火烹油的盛世。

那时，班师还朝的贝利萨里乌斯带回了金座车舆、银盏金觚，还有无数稀世奇珍——不少是当年汪达尔人攻陷罗马城时，连同尤多西娅皇后和两位公主一起掳掠到北非去的。现在，它们被送入新罗马的内库。望着万人空巷的君士坦丁堡，还有一张张笑逐颜开的面庞，末代汪达尔王格里莫尔在内心底里慨然长叹，轻轻地说道：

“虚空之虚空，一切皆是虚空。”

这句慨叹是用希伯来语说的，听到的人少，听懂的人更少。据《旧约·传道书》记载，它出自所罗门王之口，现在却是被一名亡国君王复述。踌躇满志的查士丁尼皇帝不会在意，更不能领会其中的无尽含义。他没有想到，格里莫尔一语成谶。

在哪里结束我们对这个时代的解读呢？我选择了罗马。鼎盛时代的七丘之城曾拥有一百二十万人口。经过若干劫难后，它无可挽回地凋敝了。在狄奥多里克的统治下，这座七丘之城已经从两遭蛮族洗劫的打击中慢慢恢复过来了。罗马城勉强还有二十五万人。查士丁尼的哥特战争再一次将它拖入灾难深渊。对阵双方在巍峨的城墙下反复拉锯，将大半个城化为废墟。接着，是令人发指的横征暴敛；接着，瘟疫又横扫了这座久遭兵燹的故都……现在，罗马成了十室九空的鬼城。“禾黎高低六代宫，楸梧远近千官冢，一场噩梦”。留在我们心里的，依然是那个问题：

罗马，你往何处去？

奥多亚克和狄奥多里克给出了他们的答案，现在轮到了查士丁尼。他的答案我们已经知道了：东罗马朝廷主导下的罗马复兴。普罗柯比指责查士丁尼举止如同蛮族。我以为，这过于抬举他了。比起奥多亚克和狄奥多里克这样的蛮族英雄，查士丁尼一无是处。就是他最终毁掉了罗马。盐野七生的说法是“扼杀帝国本土意大利和首都罗马的不是蛮族，而是同胞东罗马帝国”——其实，就是指查士丁尼。

曾经车水马龙、冠盖如云的卡皮托山丘如今人迹罕至，古老的神庙只剩下断壁残垣。没有激昂的鹅鸣声，只有一头老牛慢悠悠地在山下的广场上吃草。“芳草自生宫殿处，牧童谁识帝王城”——我们在复兴罗马的背景下，哀悼着罗马。

……

转眼，千年过去。千年前的一切都被阿勒曼尼从希腊文翻译成了拉丁文。不知道是不是解读那个时代消耗了阿勒曼尼太多的精气神——如果能像《百年孤独》中的情节，布恩地亚家族的最后一个人读到羊皮纸的结尾，一阵飓风吹走了一切，未尝不是一种解脱——当那卷古书的翻译本杀青时，他病入沉疴，眼见去日无多了。

在接受终傅礼的时候，阿勒曼尼用最后一点力气，向听取自己临终忏悔的教士提起了多年前的那个藏经阁里的正午时分，他无意间从书橱里拾起了一卷泛黄的书卷……听取临终忏悔的教士望着阿勒曼尼永远阖上双眼的面庞，神情凝重地点了点头。他已经预计到逝者和他翻译的书卷注定将充满了争议：有人认为阿勒曼尼和亚尼斯让这样一本写满罪恶的书重现人世，是莫大罪孽，也因此遭到了神罚；有人会觉得他们没有做错，让世人了解到了历史的本相。也许，你们会认为普罗柯比、阿勒曼尼和我描写那个时代时，在一些淫秽情节上着墨太多。其实，我倒以为，它们更真实地反映了查士丁尼中兴的荒唐。更何况，描写荒淫细节最多的第九卷，已经让阿勒曼尼给毁掉了。

看？还是不看？

留下，还是毁掉？

教士犹豫良久，终于还是从阿勒曼尼的遗体边轻轻拾起了书卷。在这卷拉丁文译本的卷首，题写着译者为它取的书名：《秘史》。

第七章

真僧不见听时心

chapter seven

神圣罗马在西方走向集权

390年12月，残雪薄霜覆盖着米兰城的屋舍寺院。

如此寒冷的日子里，眉目略显憔悴的中年人一身缟素，头无冠冕，腰无宝剑，静静地伫立在风中，等待着面前寺门开启。米兰城无数百姓摩肩接踵，环绕四周，争相目睹这终将载入史册的一幕。

过了良久，沉重的大门徐徐开启。一位峨冠博带的主教华衣锦服，缓步走出，俨然谪仙人一般，吸引了所有目光。相形之下，等候在门前的人芒履布衣，显得黯淡无光。见到主教在自己面前傲然站定，他犹豫了片刻后，艰难地屈膝跪下。

历史的聚光灯聚焦于米兰——因为，下跪者是罗马皇帝狄奥多西；而接受帝王跪拜的，是米兰大主教安布罗斯。

安布罗斯出身罗马的簪缨世家，数代人都在元老院占据席位。他的父亲历任封疆，曾出任权势赫赫的西京留守。自戴克里先以来，罗马皇帝就极少驻跸罗马城。君士坦丁大帝迁都后，西京留守事实上在西方拥有最高权威。

安布罗斯的前半生青云路豁然，年方不惑就出任利古里亚郡守，坐镇意大利西北。当时，阿里乌斯宗与尼西亚宗冲突不断。374年，信奉阿里乌斯宗的米兰主教奥森提乌斯亡故时，两大宗派竞逐此位。身为当地郡守，安布罗斯莅临调停，以避免这场争斗像北非的迦太基主教或者亚历山大里亚主教之争斗，演化为流血冲突。自幼受过严格逻辑和修辞训练的安布罗斯很快就用言辞折服了争斗双方。当演讲结束，一片沉默中突兀地传来一个孩子的声音：

“安布罗斯，主教。”

片刻后，人群中零星发出几声应和。尼西亚宗信徒认为，只有一位强势的主教才能压倒阿里乌斯宗。他们看中的人选，就是安布罗斯。阿里乌斯宗也没有反对。因为安布罗斯此前根本就不是基督徒，谁知道他会倾向哪一个宗派。渐渐地，“安布罗斯，主教；安布罗斯，主教”的呼声越来越多，越来越高，压倒了在场所有的声音，山呼海啸。

就这样，安布罗斯在一片欢呼声中就任米兰大主教。尽管，他此前根本没有担任过任何教职，甚至连基督徒都不是。当安布罗斯意识到大局不可逆转后，很快就适应了自己的新角色。他的兄弟撒提洛斯也放弃郡守的高官厚禄，成为兄长在米兰教会的助手。另外，安布罗斯宣布将家产悉数捐献给教会，再一次赢得了阿里乌斯宗和尼西亚宗教徒的共同欢呼。

就这样，神圣罗马在西方最重要的人物登上了历史舞台。

接受主教一职后，安布罗斯经常到特里尔城觐见西帝格拉提安，或者到希尔米乌姆觐见东帝狄奥多西，充当二帝间的联络人与斡旋者。凭借着过人的才华和老辣的手腕，他与两位皇帝都保持着亦师亦友的亲厚关系。尽管罗马城是帝国的西京，可狄奥多西西巡意大利，总是选择米兰城作为驻跸之地。盐野七生猜测，罗马城累积了太多神祇罗马的气息，让信仰基督教的狄奥多西感到窒息。安布罗斯教化下的米兰城更适合他。在神圣罗马与神祇罗马的最后较量中，就是安布罗斯与信奉万神教的西马库斯元老展开论辩，为罗马帝国摧毁神祇罗马吹响了号角。

狄奥多西向安布罗斯屈膝

他的风采赢得了两位皇帝的欣赏。狄奥多西曾说："除了安布罗斯，我不认识任何主教。"

狄奥多西凶狠扫荡神祇罗马，安布罗斯就是最重要的幕后推手。

尽管安布罗斯此前对阿里乌斯宗和尼西亚宗不持有任何立场，可他还是凭借着多年宦海经验，敏锐地发现了阿里乌斯宗面临的危机，毫不犹豫地倒向了尼西亚宗。

不过，当时西罗马的另一位共治皇帝瓦伦提尼安二世年少，权柄归摄政的太后查士丁娜。她是阿里乌斯宗信徒，对安布罗斯十分反感。查士丁娜希望这位米兰主教能划出一座教堂，供阿里乌斯宗信徒礼拜之用，遭到拒绝。颜面受损的太后派出人马，试图武力夺取这座被她看中的教堂。安布罗斯的答复是：朝廷没有这样的权力，因为——世上的宫殿归皇帝，教堂却是神的住所。

骑虎难下的查士丁娜太后只好退而求其次，希望安布罗斯献出供奉在这座教堂里的一只所谓圣瓶，换取体面退兵。不承想，安布罗斯再次强硬地拒绝了：

我无权从神殿取走任何东西——不能交出，只能保存。

被激怒的太后传旨，要安布罗斯入宫接受审讯。米兰大主教来了。可他身后跟随着无数气势汹汹的信众，涌向皇宫，冲击宫门。

在如此凶险的局势下，查士丁娜胆怯了。她低声下气地恳请安布罗斯出面平息事态。这次，米兰主教态度诚恳地表示奉诏。在太后携瓦伦提尼安二世出走巴西里卡时，安布罗斯果然挺身而出，阻止了狂热的尼西亚宗信徒们袭击车驾。可是，在背后用激烈的言辞煽动信徒围堵车驾的人，同样也是这位米兰主教。翻手为云覆手为雨的手段，让人叹服。情绪激动的尼西亚宗信众们将查士丁娜比喻为引诱亚当吃智慧之果的夏娃、煽动希律王砍下施洗者约翰头颅的希罗底，是十恶不赦的妖妇。在一片谩骂声中，帝后狼狈逃离。

查士丁娜太后见局势完全失控，便征召蛮族佣兵进入米兰。安布罗斯毫不畏惧，亲身拦住蛮族铁骑。

最后，查士丁娜不得不接受了臣僚的劝告，同意尼西亚宗把持米兰城的全部教堂。可是，仇恨已经埋在了她的心中。就连年少的瓦伦提尼安二世也对安布罗斯充满了敌意。他恼怒地说身边的奴仆会随时将自己出卖给这位主教。

事实也的确如此，这对天家母子在对抗安布罗斯的时候完全陷入孤立无援的境地，他们最亲信的大臣公然宣称安布罗斯得到了绝大多数米兰百姓的拥戴。

查士丁娜还不放弃努力，在阿里乌斯宗的帮助下，她罗织罪名，意图流放米兰大主教。她宣布，安布罗斯可以选择流放地和随从人数，但必须离开米兰。面对太后的步步紧逼，米兰大主教高唱着赞美诗，鼓舞信众们与朝廷的人马对峙。

为了坚定信徒们对抗朝廷的信心，安布罗斯掘开了教堂里一处墓地，挖出两副枯骨。他宣称这是两位被罗马帝国迫害至死的殉道者的遗骸。安布罗斯告诉信众，“圣徒遗物”会出现神迹，庇护他们反抗朝廷。接着，就有一个名叫塞维鲁的盲人宣称自己触摸到了圣徒的裹尸布，重获光明，他发誓要用余生来捍卫教会和尼西亚宗的信条。还有几个自称曾被魔鬼附体的人也站出来证明圣徒遗物可以荡涤邪恶。查士丁娜母子对此嗤之以鼻。可是，安布罗斯就是靠这样看似闹剧的表演，煽动起信徒。

查士丁娜与安布罗斯鹬蚌相争，终于引来了试图坐收渔利的人。

此时，大将马克西穆斯在高卢拥兵自重，与意大利不过一山之隔。雄关险隘阻挡了他南下的脚步。现在，马克西穆斯让查士丁娜母子相信，自己可以帮他们抗衡不可一世的米兰大主教。这对母子竟开门揖盗，让马克西穆斯率军轻松通过关隘，悄悄逼近米兰。直到敌军临门叩关，查士丁娜才猛然醒悟：自己引狼入室。可是，为时已晚。

是出走，还是留下来?

查士丁娜陷入了两难困境。如果出走，则落下抛弃社稷、臣民的罪名，会使瓦伦提尼安二世在道义上彻底失败。罗马不需要这样的帝王。可是，这对孤儿寡母留下，又凭什么对抗如狼似虎的马克西穆斯？关键时刻，安布罗斯显示出了自己的大局观。他放下旧时的恩怨，借布道的机会宣扬，君主的职责是知进退，而不是玉石俱焚。米兰大主教的表态，让查士丁娜下决心，携子仓皇出走，东狩希腊。

只是，人算不如天算，瓦伦提尼安二世途中驾崩，东罗马皇帝狄奥多西挥兵西进，击败了马克西穆斯，成为罗马帝国唯一的皇帝。

当皇帝从黄口稚子换成了重新一统江山的雄主，安布罗斯还敢于坚持自己的强势姿态么？米兰大主教给出了肯定的答案。

就在几年前，叙利亚发生骚乱。肇事者是卡利尼库姆城狂热的基督徒。他们肆意践踏当地犹太人的信仰，纵火焚烧犹太教寺院。当地官吏责令幕后操纵骚乱的当地主教重修寺院，赔偿给犹太教徒。这本是一个公正的判决，上报朝廷后也得到了狄奥多西皇帝的首肯，不承想却遭到安布罗斯主教的激烈反对。他声称用基督教会的钱财修造犹太教寺院，是对基督的侮辱。皇帝无动于衷。侵害他人，必须赔偿，是自古老的十二铜表法时代就确立的罗马律法。他不觉得自己有错。

不久，狄奥多西驾临米兰。当他在御座上坐下后，安布罗斯突然走上讲坛，向皇帝和在场臣工、百姓发表了一通措辞非常激烈的演讲。米兰大主教猛烈抨击犹太教和犹太人，称他们不能因基督的牺牲而获得救赎。在安布罗斯看来，基督徒可以任意伤害这些被神抛弃的愚民，无须任何赔偿。最后，他直面皇帝，铿锵有力地说出了这样的话：

“任何人都不能忘记神的恩赐！”

换言之，安布罗斯认为皇帝对犹太人公正，就是忘记神的恩典。面对如此严厉的指责，狄奥多西动摇了。他收回成命，还在旨意中特别强调自己是听从了米兰主教的告诫。此举，让安布罗斯在基督徒中的声望如日中天。

那么，在这个清冷的冬日清晨，是什么使万乘之尊狄奥多西跪倒在米兰大教堂前?

事情起于塞萨洛尼基的一场骚乱。罗马人痴迷于赛车，举国若狂。有一名驭者因故入狱后，他的崇拜者竟然包围衙门。当释放驭手的请求被拒绝后，场面失控。塞萨洛尼基多名官吏罹难。朝廷遣军弹压，参与骚乱的暴徒大多伏法。听说七千人死于非命后，安布罗斯指责狄奥多西滥用武力，残杀无辜。这位米兰主教称自己将拒绝皇帝进入教堂，直到他为此公开忏悔。狄奥多西自觉大伤颜面，不予理睬。

不过，安布罗斯坚信皇帝终将屈服。这已经不是第一次了。

当狄奥多西试图进入米兰大教堂做礼拜的时候，安布罗斯在门口拦住皇帝：“站住！像你这样浑身罪孽、满手血污的人，不配进入神圣的教堂，领受圣餐。除非你忏悔。”皇帝身边，多是跟随他征战四方的猛士，愤然拔刀。踌躇再三，狄奥多西还是拦下了暴怒的扈从。

塞萨洛尼基之乱八个月后，皇帝匍匐在尘埃里，而主教却在神龛下傲然昂首，壁立千仞。这也是六百多年后“卡诺莎立雪”的先声。

395 年，狄奥多西皇帝大渐。安布罗斯主教是唯一一位奉召守在病榻前的人。由于对神圣罗马的恭顺，狄奥多西与君士坦丁一样，被尊为“大帝”。葬礼上，安布罗斯在致悼词时说：“皇帝狄奥多西没有死。他附体于两个儿子身上。”

这显然是大谬不然。罗马帝国一分为二，从此再也没有大一统。也许，狄奥多西认为两个儿子的才具均不足以独霸天下。事实上，他们连统治半壁江山也是力有不逮。无论是执掌东罗马的长子阿尔卡狄乌斯，还是分得西罗马的霍诺里乌斯，都是颟顸庸碌之辈。狄奥多西朝气数将尽。

与米兰大主教安布罗斯同时代的东方修士，恐怕只有金口约翰可与之比肩。

约翰出身叙利亚名门，早年丧父，在寡母阿修莎的抚养下长大。少年时，他师从名噪一时的辩术大师利巴钮斯，学习希腊文化、罗马法律和辩术修辞。利巴钮斯将平生所学倾囊相授。很快，约翰的辩才在当时无人能出其右，赢得“金口”绰号。如果时光倒流百年，他必定是竞选公职、充任执政，最后跻身元老院，这是罗马才俊的青云之路。不过，此时的元老院权势已然式微，金口约翰无意仕途。有一次，他在教会中聆听讲道，被深深吸引，毅然放弃辩术，投师于那位布道者——狄奥多卢斯。此人是安条克学派的宿耆，圣道书院的创办者，在当时负有盛名。利巴纽斯只能辛酸地感慨基督教偷走了自己的衣钵传人。

几年后，学有所成的金口约翰决定隐居沙漠，开始了长达六年的苦修。381年，他才返回安条克城，接受了教职。金口约翰辩才无碍，口若悬河。每次他登坛讲经，都吸引无数善男信女云集听讲，有天花乱坠、顽石点头之妙。“金口”盛名，也是由此而来。

397年，君士坦丁堡宗主教出缺。十六年前的君士坦丁堡普世大会不仅将阿里乌斯宗判定为异端邪说，还制定了戒律七条。最引人瞩目的是第三条“在罗马宗主教之后，君士坦丁堡宗主教亦享殊荣，因为君士坦丁堡是新罗马”。

此举不仅将君士坦丁堡主教升格为继罗马、亚历山大里亚和安条克之后的第四位宗主教，还使其一举超越亚历山大里亚和安条克，跃居次席。亚历山大里亚教会失去了在东方的首席地位。在此后的数十年里，亚历山大里亚和君士坦丁堡这两大教会杯葛不断，种因于此。也是从君士坦丁堡普世大会开始，神圣罗马的争斗从尼西亚宗和阿里乌斯宗的宗派之争，转向几大宗主教的争权夺利。

君士坦丁堡宗主教之位炙手可热，众多高阶教士都虎视眈眈。但是，他们的势力盘根错节，容易尾大不掉。此时，是阿尔卡狄乌斯的皇后尤多西娅把持朝政。

她倾向于选择一位弱势的教士来担任这一教职，便于自己操控教会。与尤多西娅沆瀣一气的宦官尤特罗皮乌斯曾到过安条克城，金口约翰的口才与声名给他留下了深刻印象，所以，这位权阉向皇后推荐了金口约翰。

就这样，金口约翰濯缨弹冠平步青云，成为东方诸教会的新领袖。

当新的宗主教轻车简从，进入君士坦丁堡，他就发觉自己与这座奢靡成风的城格格不入。教士们也是唯利是图，争名夺利。他们勾结官府，卖官鬻爵，将教职明码标价，弄得整个教会乌烟瘴气。金口约翰不愿与这些城狐社鼠同流合污，也不甘和光同尘，站在高高的讲坛上，他斥责权贵的无能、教士的无耻——愤然发出了振聋发聩的声音，整个朝廷为之颤抖。

金口约翰称君士坦丁堡就如同《旧约》中堕落之城索多玛。神曾经应允亚伯拉罕，“只要那城有十个义人，就不毁灭那城”。可天使看到的，是一城为所欲为的妄人。所以，硫黄与火从天上降下，将索多玛焚毁。敢于回首的人，也变成了一根盐柱。

神的硫黄与火呢？金口约翰在这座新的堕落之城中放手施为。他就是硫黄与火，焚烧着腐败的教会。买卖教职的教士，是这位君士坦丁堡宗主教最为痛恨的。在巡视小亚细亚诸郡教会时，他一气罢黜了十三名主教。教会上下哗然，许多教士纷纷指责金口约翰是东方教会的暴君。可是，他不为所动。

当时，君士坦丁堡有几名豪门贵妇，丈夫已死，她们靠亡夫生前搜刮的民脂民膏，挥霍无度，荒淫骄奢，号称“三孀妇”。没有人敢得罪这几个声名狼藉的贵妇，因为她们还有另外一重身份——尤多西娅皇后的闺中密友。

金口约翰却敢于用最尖锐的语言来抨击三孀妇。愤懑之余，她们联袂入宫，向皇后进谗言，称金口约翰把尤多西娅比为《旧约》中的恶妇耶洗别。

尤多西娅与宦官尤特罗皮乌斯都是贪权窃柄之徒，内外勾结，架空东帝阿尔卡狄乌斯。爱慕虚荣的皇后是京城奢靡之风的倡导者。上行下效，整个君士坦丁堡纸醉金迷，到处是狂蜂浪蝶。更有甚者，她帷幕不修，与一位少年贵族莺期燕约、鸾颠凤倒。如此丑闻，竟闹得宫内宫外，尽人皆知，只瞒着懵懂的阿尔卡狄乌斯。

听了三孀妇的谗言后，尤多西娅怒不可遏，决定亲临索菲亚堂，听一听金口约翰讲经。

专横、奢侈和淫荡……宗主教的指责让尤多西娅如坐针毡。所有的罪孽，似乎都在她身上寻得见痕迹。金口约翰没有指名道姓，可皇后总觉得他是指桑骂槐。尤多西娅第一次萌生了除掉金口约翰的念头。

不过，金口约翰位高望重，又洁身自好，在信众中拥有无与伦比的影响力，贵为皇后的尤多西娅也不敢贸然出手。恰在此时，亚历山大里亚宗主教提阿非罗的一纸控诉摆到了皇后的案几上。他弹劾金口约翰的罪名是包庇长人四昆仲。

长人四昆仲是在沙漠中隐修的教士。他们一母所生，身材魁梧，故而得名。因神学上的见解与提阿非罗相异，长人四昆仲被处以绝罚，不得不离开埃及，出走君士坦丁堡。金口约翰不赞同他们的观点，却十分尊重这些苦修禁欲的教士，收留了四人。提阿非罗怀恨在心，上书朝廷，指控金口约翰与长人四昆仲为异端。

尤多西娅不在意教义之争，她需要的，是一个能帮自己扳倒金口约翰的爪牙。提阿非罗与金口约翰同为宗主教，正是皇后所要的人选。所以，尤多西娅密旨召他入京。野心勃勃的提阿非罗要借此良机，打垮金口约翰，颠覆君士坦丁堡教会在东方的首席地位。在他看来，只有亚历山大里亚教会这样历史悠久、传统深厚的教会配得上那个位置。

在尤多西娅的鼎力支持下，提阿非罗选择橡树庄作为据点，集结教众。金口约翰先后四次受到传唤，要他前往橡树庄，接受聆讯。在那里，不仅有提阿非罗和三十六名极端仇视他的主教，还有一帮穷凶极恶的船夫。他们都是提阿非罗从亚历山大里亚带来的亡命之徒，手上沾满异教徒和所谓异端的鲜血。提阿非罗随时准备用暴力来对付金口约翰。不过，金口约翰拒绝前往橡树庄。身为君士坦丁堡宗主教，他的身份与亚历山大里亚宗主教相埒，无须屈从如此无礼的传唤。无奈之下，提阿非罗只能指责金口约翰无礼，上书朝廷，请求罢黜其宗主教之职。

尤多西娅皇后悍然下旨，流放金口约翰。但是，皇后低估了宗主教在信徒心目中的地位。第二天，京城发生了暴动。面对百姓的怒火，橡树庄里的主教们畏惧了。提阿非罗从埃及带来的船夫被愤怒的百姓斩杀于街头，他自己仓皇出逃，侥幸捡回性命。

更诡异的是，当夜地动山摇，君士坦丁堡地震了。

天怒人怨，让不可一世的尤多西娅战栗了。她匆忙赦免了金口约翰，可事情远未结束。

当佞臣们用白银为尤多西娅皇后造像，竖立在索菲亚堂前，让臣民膜拜时，金口约翰再次挺身而出，抨击这种渎神的行径。在虔诚的宗主教看来，只有唯一的神值得崇拜。给凡人造像是违背经义的。尤多西娅颜面大失，怒不可遏。

对皇后的恶意，金口约翰有所察觉。他想起了《新约》中那位与他同名的施洗者。由于斥责犹太王希律安提帕与他的侄女希罗底的不伦婚姻，施洗者约翰被希罗底王后恨入骨髓。她唆使希律安提帕砍下了施洗者约翰的头颅。今天，金口约翰不无感慨地说："希罗底又热情跳舞，要得到约翰的头。"

就在数年前，拥戴安布罗斯的信众曾用同一典故形容过西罗马的查士丁娜太后。

当这个比喻传到尤多西娅皇后耳中，更坚定了她下手的决心。吸取前车之鉴，尤多西娅密诏边军入京。404 年 6 月 20 日，坐拥雄兵的皇后悍然下旨，大肆杀戮金口约翰的支持者。君士坦丁堡再次喋血。金口约翰被流放到荒凉的小亚美尼

金口约翰对尤多西娅讲经

亚。当他跋山涉水，穿越盗贼出没、酷暑笼罩的荒野，来到流放地时，听到了京城传来的消息：尤多西娅皇后因小产驾崩。

妻子死后，重掌朝政的东帝阿尔卡狄乌斯有意为金口约翰昭雪，却遭到了强烈反对。这个庸懦的皇帝只能作罢。

金口约翰并没有就此退出历史舞台。鸿雁传书，让他与京城的信徒、各地同情他的教士保持着联系。远在米兰城的西帝霍诺里乌斯也收到金口约翰的陈情表。不过，他无心也无力伸出援手。对金口约翰的遭遇，罗马宗主教亦深表同情，出面说情。没想到，这反倒让东帝阿尔卡狄乌斯心生反感，认为金口约翰借助西方势力，对自己施压。提阿非罗上书弹劾金口约翰的灵魂中藏有魔鬼。弹章摆上御案后，阿尔卡狄乌斯做出了最后的决断：

金口约翰被放逐到黑海边的沙漠。

这位不屈不挠的教士没有能抵达流放地，在迢迢长路边的一座荒村黯然离世，留给这个世界最后的话语是：

“凡世上诸事，荣耀皆归于神。”

三十年后，金口约翰的遗骸被运回君士坦丁堡安葬。当时的皇帝是阿尔卡狄乌斯与尤多西娅之子狄奥多西二世。他亲自出城数十里迎灵，抚棺恸哭，以父母之名柩前忏悔。不过，受难之人尸骨早寒，无知无觉了。

将金口约翰与安布罗斯做一对比，他们都出身显宦世家；本都有望成为封疆大吏，甚至跻身元老院，就如同他们的父、祖一般。但是，帝国的衰弱使得数百年来豪门子弟的青云之路悄然改道，疆臣和元老不再是最佳选择。基督教崛起，主教取代了帝国官吏，成为地方上真正的实权人物。精英们不约而同，放弃官职，选择了教职。安布罗斯和金口约翰都凭借着巨大人格魅力，赢得了无数信众。

两人的不同更多，也更为重要。

无论人品、学识，对基督的虔诚，经过沙漠苦修的金口约翰都超过半路出家的安布罗斯。安布罗斯身上有太多神祇罗马的残留，他主张以守护圣徒来置换万神教的守护神就是明证；金口约翰对基督教的信仰就纯粹得多。同是在讲坛上大声疾呼，安布罗斯是为了袒护捣毁犹太教庙宇的暴徒；金口约翰却是把矛头指向人人痛恨的腐败，高下也是不言自明。

但是，金口约翰是依靠尤多西娅皇后和宦官尤特罗皮乌斯的赏识和提拔，成为君士坦丁堡宗主教的；安布罗斯却是在一场自下而上的选举中戏剧性地赢得了米兰大主教。这一点，至关重要，决定了两人的根基深浅。另外，安布罗斯锋芒毕露，却始终针对万神教、犹太教等“异教”，阿里乌斯宗这样的“异端”和罗马帝国的皇权，赢得了教会的鼎力支持；金口约翰则把矛头指向了基督教内部的腐败者，导致他最强大的敌人来自自己身后的教会。这些，导致安布罗斯可以底气十足地挑战查士丁娜太后，甚至雄才大略的狄奥多西大帝；金口约翰却被最懦弱的皇帝阿尔卡狄乌斯和他的妻子给打败了。

一个饶有意味的细节是，皇帝最终都跪下了。只不过，安布罗斯是站着接受了狄奥多西一世的跪拜 ；狄奥多西二世屈膝的时候，金口约翰却早已躺在冰冷的棺木中。

金口约翰含恨离世，最得意的就是提阿非罗了。在他看来，这是亚历山大里亚教会对君士坦丁堡教会的胜利，更是亚历山大里亚学派对安条克学派的胜利。但是，江湖险恶，风波不息。新的争斗，很快就在基督论二性论的题目下如火如

金口约翰遗骸运回君士坦丁堡

荼地展开了。

在朝廷的打压下，拒绝承认基督为神的阿里乌斯宗已是一败涂地。获胜的尼西亚宗主流观点认为基督兼具神、人二性。但是，神性与人性如何共存于一身呢？与阿塔纳西乌斯立场相近的挚友阿波利纳乌斯，还有卡帕多西亚三杰中的纳西索斯的格里高利都认为基督的人性为神性吸收。这也成为亚历山大里亚学派与当地教会的观点。但是，金口约翰的授业恩师狄奥多卢斯却认为基督的人性是完整的，不曾被吸收。将此说发扬光大的，是他的另一位入室弟子聂斯托利。受师门影响，他认为基督有完整的人性，也就是说，神性和人性等量齐观。

在安条克求学时，聂斯托利就崭露头角。他学富五车，再加上苦修不辍和口若悬河的辩才，都让人回想起当年的金口约翰。受东帝狄奥多西二世的赏识，聂斯托利在 428 年从安条克的一名普通司铎，跃居君士坦丁堡宗主教。此时，金口约翰遗留下来的追随者欢呼雀跃，认为他们终于等到了又一位真正的牧者。

但是，聂斯托利的宗主教生涯却充满了波折。

428 年 4 月 15 日，也就是聂斯托利升座后的第一个复活节，他就同狄奥多西二世的姐姐女皇普喀丽娅爆发了冲突——起因是玛利亚的称呼。

玛利亚是耶稣在尘世的生身之母，当时受到广泛崇拜，曾被亚历山大里亚的历任宗主教亚历山大、阿塔纳西乌斯和西里尔尊为神之母或生神者。在安条克学派中，聂斯托利的恩师狄奥多卢斯不太关注这个问题，偶尔也曾这么称呼玛利亚。但是，聂斯托利认为这种称呼僭越太过，因为玛利亚只是凡人，并未赋予耶稣神性，应该称基督之母。

这招来了女皇普喀丽娅的不满。阿尔卡狄乌斯驾崩时，狄奥多西二世尚在冲龄。所以，他的姐姐普喀丽娅摄政，是东罗马真正的统治者。她终生守贞，自诩与玛利亚一样，拥有童真的肉体和虔诚的灵魂，把一切都献给了基督。女皇是圣母崇拜的幕后推手。她在君士坦丁堡营造壮丽教堂，专祀玛利亚；还挥金如土，赞助圣母崇拜的所有活动。正是在普喀丽娅的操纵下，玛利亚几乎成了希腊神祇中命运女神的翻版。尊崇玛利亚，给女皇的统治涂抹了神圣色彩。普喀丽娅在教堂、寺院中摆放自己的画像，还将她的紫袍放在了神龛上，公然以玛利亚的化身自居，甚至声称自己诞育了神。身边的趋炎附势之徒也群起响应，推波助澜，让女皇自我迷失、自我膨胀到了虚妄的地步。

这引起了聂斯托利的极度反感。他刚当上宗主教，就下令撕毁教堂中的普喀丽娅画像，丢弃神龛上的紫袍。复活节当日，女皇想要进入至圣所大教堂，与弟弟狄奥多西二世一同参加礼拜，却被聂斯托利阻挡——就如同当年安布罗斯阻挡狄奥多西大帝。

普喀丽娅口不择言，质问宗主教："难道本宫不曾诞育神么？"

聂斯托利被女皇亵渎神明的狂妄言辞给惊呆了，愤怒地回答她："你？诞育了魔鬼！"

聂斯托利的语言，让人想起金口约翰。当年，那位受人尊重的前宗主教就曾同样强硬地反击过普喀丽娅的母亲尤多西娅。女皇不能容忍同样的事情发生在自己身上。可是，君士坦丁堡宗主教拥有崇高的名位，她很难独自将这样的教会巨擘扳倒。

尤多西娅击败金口约翰，当时的亚历山大里亚宗主教提阿非罗是最重要的帮凶。此时的亚历山大里亚宗主教，是提阿非罗的侄子西里尔。比起叔父，他更为凶残与嚣张，坐拥僧兵，俨然成为埃及的无冕之王。无瑕的星辰希帕提娅就是殒命于西里尔的手上。亚历山大里亚宗主教最大的心愿就是打垮聂斯托利，成为神圣罗马的东方领袖。431年，西里尔上书朝廷，弹劾聂斯托利割裂基督的神人二性，暗示人性大于神性，是流毒无穷的异端邪说。

对两大学派、两大宗主教的恩怨纠葛，狄奥多西二世心知肚明，无意插手，将弹章束之高阁。西里尔转而求助于罗马宗主教西莱斯廷一世和普喀丽娅。

你能想象么？这位杀害希帕提娅的凶手，转身面对普喀丽娅时，竟然如此自如地将狰狞面目切成谄媚面孔，以最肉麻的辞藻，写下一篇《致最虔诚的公主们》的颂词，博取昔日公主、今日女皇普喀丽娅的欢心。女皇向来支持亚历山大里亚一派，与聂斯托利又势同水火，自然对蠖屈鼠伏的西里尔鼎力支持。

此时的聂斯托利对争取罗马教会的支持仍抱有厚望。毕竟，他的基督神人二性说与西方教会的观点相近。反倒是西里尔的人性吸收说并不符合西方教会的主流论调。可是，他忽略了西莱斯廷一世选择立场，是基于很现实的权势考量，而非纯粹的理论。

前面提到，君士坦丁堡普世大会订立的戒律第三条虽然承认罗马主教位居教士首席，却暗示主教的地位是由所在城邑的政治地位来决定的。换句话说，朝廷有权决定主教的排序。但是，罗马主教一向认为使徒彼得的衣钵传人身份，才是其高踞首席的唯一原因，与朝廷无关，所以，唯罗马宗主教马首是瞻的西方教会普遍拒绝接受第三条戒律。君士坦丁堡教会凭借身居京城的优势强势崛起，早就引起了罗马教会的不满，唯恐动摇自身教会之首的地位。多年来，罗马宗主教一直支持亚历山大里亚教会杯葛君士坦丁堡教会。这也是亚历山大里亚屡屡占得上风的原因之一。

这一回，罗马宗主教西莱斯廷一世召集教士，在罗马召开大会，逼迫聂斯托利屈服，否则就授权西里尔对他处以绝罚。

落了下风的聂斯托利只好上奏朝廷，请求举行普世大会，裁断是非。

此时，西罗马皇帝是霍诺里乌斯的外甥瓦伦提尼安三世。往复磋商后，他与东帝狄奥多西二世共同下旨，在以弗所举行大会。日期是431年的五旬节。为了避免陷入无谓的人事倾轧，狄奥多西二世还特意强调，大会只研讨基督属性，不及其他。

按照旧例，各教区两人与会，通常是主教和副手。可是，聂斯托利抵达以弗所后，发觉西里尔控制的非洲诸教区派出的远不止两人。大会尚未揭幕，他就嗅到了一丝阴谋的气息。更让聂斯托利不安的是，自己的盟友安条克宗主教约翰和他掌管的亚洲诸教会的教士迟迟未到。聂斯托利希望大会能在安条克宗主教抵达后开始，可西里尔强烈反对。在延期一次后，以弗所大会终于还是在6月22日召开。

到会诸位主教中，聂斯托利与西里尔名位最高，主持会议。西里尔提出，两人分别主持一日。他因升座时间比聂斯托利早十六年，得以主持首日会议。西里尔利用这一先手之利，组织党羽轮番攻击聂斯托利，指责他贬低了耶稣。

真正让聂斯托利在以弗所彻底陷入被动的，是他否认玛利亚为神之母。

耶稣在十字架上受刑前，将母亲托付给了使徒约翰。晚年时，使徒约翰就在以弗所奉养玛利亚。所以，传说以弗所城是玛利亚最后的家，她的墓就在城墙内。这次大会的会址就名为玛利亚堂。以弗所流行圣母崇拜，聂斯托利的言论招致了当地人的抗议。以弗所大主教门农控制的与会教士就有五十多人，而聂斯托利一方的教士不过区区十六人。

仅仅一日之内，西里尔和门农狐唱枭和，倚仗人数优势，强行通过谴责聂斯托利的决议。更有甚者，两人不顾狄奥多西二世的旨意，罢黜聂斯托利，课以绝罚。接着，西里尔宣布普世大会落幕。自始至终，聂斯托利连发言的机会都没有，更遑论主持会议了。所谓轮流主持，沦为一句空话。

五日之后，安条克宗主教约翰终于带着亚洲教士们姗姗来迟。他与聂斯托利联袂回到玛利亚堂，重开大会，宣布西里尔为阿里乌斯宗异端；以弗所的主教煽动当地教士闹事，也是帮凶；两人均遭绝罚。

西里尔不甘示弱，反过来也开革了约翰的教职。

就这样，以弗所普世大会演变成各说各话的闹剧。无论是聂斯托利，还是西里尔，都是心狠手辣之辈。西里尔恶名昭彰，曾率众攻打犹太教堂，杀人无数。聂斯托利也不清白，被他烧死的阿里乌斯宗信徒人数众多，他因而有“纵火者”的绰号。此番赴会，两人都带了众多孔武有力的党羽。双方针锋相对，终日谩骂，后来就拳脚相向、棍棒相加。城中一片混乱。

西里尔无视自己旨意的霸道行径，令东帝狄奥多西二世龙颜大怒，将他下狱问罪。但是，普喀丽娅才是以弗所普世大会背后最强大的力量。在这里，她赢得

以弗所普世大会上聂斯托利不敌西里尔

了玛利亚一般的顶礼膜拜。无数狂热的臣民在高呼“这些年的成就归功于普喀丽娅！”“归功于女皇！”姐姐暗地里力挺西里尔，狄奥多西二世只能悻悻地开释这位亚历山大里亚宗主教。

最终，罗马宗主教的意见收一锤定音之功。就在数日前，西莱斯廷一世下世。新任宗主教西斯克特三世派出特使，重申自己不改变前任诅咒聂斯托利的立场。凭借罗马教会的权威，西里尔一派取得了完胜。见大势已去，安条克宗主教约翰不得不屈服。

东帝狄奥多西二世不敢与罗马宗主教为首的神圣罗马决裂，只得抛弃聂斯托利。不过，他十分厌恶跋扈的西里尔，斥责他举止骄横，以法王自居。以弗所大会上对垒双方的领袖双双被罢免宗主教之职。如《新约·雅各书》所载：“神阻挡骄傲的人，赐恩给谦卑的人。”看来，聂斯托利和西里尔都没有得到神的恩赐。

经此挫折，心灰意冷的聂斯托利告老还乡，西里尔却使出了浑身解数，四处贿赂权贵，复任亚历山大里亚宗主教。他不肯放过宿敌。435年，聂斯托利被勒令离开安条克，迁居埃及沙漠中的一座荒寺，而埃及正归亚历山大里亚宗主教所辖。西里尔不放过折磨聂斯托利的任何机会。最后，这位前君士坦丁堡宗主教被幽禁至死，著作悉数焚毁。不过，安条克依然有信奉他观点的教士在坚持，他们的教派被称为“景教”，在遥远的东方传播。

以弗所大会上，有三个无人注意的小角色：来自君士坦丁堡的教士尤狄克斯、宫中的小宦官区撒弗斯，还有西里尔宗主教的随从狄奥斯克鲁斯。他们一见如故，相谈甚欢。就是这三个人沆瀣一气，在十八年后的第二次以弗所大会上兴风作浪。

444年，西里尔亡故。狄奥斯克鲁斯以他的衣钵传人自居，继任亚历山大里亚宗主教。不过，执亚历山大学派牛耳的是尤狄克斯。此人将西里尔的学说推到了极致，认为基督的人性是一滴葡萄酒，消失在汪洋大海般的神性中。此时的宦官区撒弗斯深得东帝狄奥多西二世的宠幸，权倾一时，是他们在宫廷中的奥援。

尤狄克斯将基督的人性喻为汪洋中的一滴葡萄酒，被时任君士坦丁堡宗主教的弗拉维安裁定为异端邪说。这立刻引起了狄奥斯克鲁斯的抗议。在权阉区撒弗斯的支持下，他公然发难。这场较量，是君士坦丁堡教会与亚历山大里亚教会之争的第三回合。

我们还记得，亚历山大里亚能压倒君士坦丁堡，罗马宗主教的态度举足轻重。

在弗拉维安与狄奥斯克鲁斯掀起了神圣罗马的新一轮内讧时，罗马宗主教是利奥，意为“狮子”。他的表现也堪称实至名归。利奥一世在神学上最大的成就，是以《马太福音》第十六章、《约翰福音》第二十一章和《路加福音》第二十二章为依据，推导出使徒彼得为耶稣在尘世的代表。耶稣将象征权柄的钥匙交给了彼得。他进而论证历代罗马教宗作为彼得的衣钵传人，天然享有这位耶稣首徒的一切特权。罗马主教凭此资格，位列诸位宗主教之首。利奥一世常常自称使徒彼得附身，他写的文章就是使徒彼得的文章，不容置疑。

在 362 年的萨迪卡宗教会议上，科尔多瓦主教霍西乌斯推动西方主教们利用东方主教缺席之机，确立罗马主教的“荣誉首席”地位，是神圣罗马争端的最高裁决者。在制定戒律的时候，他们还规定被革职的主教如果不服处分，可以向罗马主教上诉；罗马主教判决前，不得另委他人继任——这就是所谓的“萨迪卡上诉条款”。罗马主教取得干预其他教会的权力。但是，萨迪卡大会不是所谓的“普世大会”，权威性不足，所以，罗马宗主教英诺森一世谎称“萨迪卡上诉条款”是尼西亚普世大会时制定的。利奥一世利用西帝瓦伦提尼安三世昏庸无知又急于争取教会支持，来扩张罗马教会的权力，他继续拿这个谎言大做文章。

在利奥一世的怂恿下，瓦伦提尼安三世下诏，赋予罗马宗主教传召其他主教的权力；谁敢不从，将被当地太守押解到罗马城。更有甚者，瓦伦提尼安三世还授予罗马宗主教制定戒律的大权，任何教士、信众都应遵行。西罗马皇帝一道诏书，神圣罗马的立法权与司法权都落入了罗马宗主教手中。

这大大超出了“萨迪卡上诉条款”赋予罗马宗主教的权力。

利奥一世在对付亚历山大里亚宗主教狄奥斯克鲁斯时过于强势。更有甚者，西帝瓦伦提尼安三世在他的怂恿下，颁布御旨，授予罗马宗主教行使基督教内的立法权，还规定罗马教宗有权传唤任何一位主教；如果被传唤主教拒绝前往，将遭强行押解……所以，利奥一世不仅仅是一位罗马宗主教，还被视为历史上首位罗马教宗——神圣罗马帝国的君王。

利奥一世鼓吹血腥镇压摩尼教徒，还把自己的势力范围扩张到伊比利亚半岛和北非。他的阻挠，让阿尔城建立独立高卢主教区的愿望落空，不得不继续依附于罗马教会。利奥一世咄咄逼人的强悍作风，令教俗两界颇有微词。这样一位强势人物介入争斗，足以改变胜利的天平。

与前任西莱斯廷一世和西斯克特三世不同，利奥一世站在了弗拉维安这边。

聂斯托利败亡后，亚历山大里亚教会的嚣张气焰令罗马教会侧目。利奥一世觉得有必要挫其锐气，扶植弱势的君士坦丁堡教会抗衡亚历山大里亚教会。所以，他给弗拉维安写了一封信。在这封被后世称为《利奥大卷》的书信中，罗马宗主教阐述了基督有完整人性与完整神性的观点，直斥尤狄克斯之非。

东帝狄奥多西二世下旨，在以弗所再次举行普世大会，进行辩论。两派相持不下之时，罗马宗主教的特使希拉略斯翩然登台，当众宣读《利奥大卷》。与第一次以弗所大会不同，罗马教会的意见却未能收一锤定音之功。跋扈成性的狄奥斯克鲁斯不等希拉略斯讲完，径直登台，劈手夺过书卷，抛在地上。

这一抛，导致亚历山大里亚教会与罗马教会反目成仇。

见狄奥斯克鲁斯对希拉略斯动武，弗拉维安怒不可遏，上前阻止，结果惨遭殴打。孔武有力的亚历山大里亚宗主教带着他的爪牙，将君士坦丁堡宗主教打下了讲坛。他们疯狂地叫嚣着，“将分割基督的人劈成两半！”

在场维持秩序的朝廷要员，正是权阉区撒弗斯。有所倚仗的狄奥斯克鲁斯靠拳头慑服了与会诸位主教，强行通过决议，罢黜弗拉维安，禁止《利奥大卷》传播。遍体鳞伤、奄奄一息的弗拉维安在数日后含恨离世。

尽管历次大会闹剧不断，却从没有像第二次以弗所大会那样，直接诉诸暴力。听了逃回罗马的希拉略斯一番哭诉后，利奥一世毅然发出声明：第二次以弗所大会为强盗之会！

得意忘形的狄奥斯克鲁斯毫不在乎，与党羽弹冠相庆。经过了多年争斗，亚历山大里亚宗主教认为自己终于完全压倒了君士坦丁堡宗主教，执东方教会之牛耳。

仅仅十个月后，东帝狄奥多西二世坠马，伤重不治。他没有留下后嗣，姐姐普喀丽娅又以玛利亚为楷模，终身守贞，所以，皇族在东罗马一支绝嗣，元老马尔西安被选为皇帝。为了彰显新帝的正统性，普喀丽娅在名义上下嫁给马尔西安。

在狄奥多西二世在世之日，区撒弗斯倚仗他的宠幸，与普喀丽娅争权夺利，现在靠山不在，立刻遭到诛杀。狄奥斯克鲁斯与尤狄克斯痛失宫中奥援。更糟的是，普喀丽娅服膺利奥一世的学识。马尔西安醉心军政，在教务上毫无主见，一向听从妻子的意见。

利奥一世意识到，反击的时机终于到了。

这位罗马宗主教策划在西方举行普世大会，借助天时、地利，狠狠清算狄奥斯克鲁斯与尤狄克斯。但是，东帝马尔西安拒绝了他的倡议，坚持在东方举行大会。最后，地点选在了与君士坦丁堡一衣带水的卡尔西顿。这也为罗马教会的失利埋下了伏笔。

普世大会于 451 年 10 月 8 日开始。利奥一世未出席，只派出特使莅会。正如利奥一世所期望的，狄奥斯克鲁斯被指为异端。接着，他寻花问柳、狎妓作乐的种种劣迹也遭人揭发。最终，狄奥斯克鲁斯丢掉了宗主教之位，被流放黑海。

不过，对于利奥一世挟西帝权威，攫取神圣罗马的立法、司法大权，意图号令天下教士，习惯自行其是的东方主教们早怀不忿。他们借口《利奥大卷》与所谓聂斯托利异端异曲同工，杯葛利奥一世的特使。此时，新任君士坦丁堡宗主教阿纳塔多里乌斯扮演了居中调和的角色。他主张接受《利奥大卷》为正统教义，以博取西方教会的支持；同时，前亚历山大里亚宗主教西里尔的《十二章》被用来诠释《利奥大卷》，以平息东方教会的不满。

平心而论，《利奥大卷》与《十二章》主旨迥异，形同冰炭。可是，义理之辩最终还是迁就于权势之争——这样，就有了卡尔西顿信经。

阿纳塔多里乌斯的手腕为君士坦丁堡教会赢得了实利。在卡尔西顿普世大会上制定了三十条新的戒律，第二十八条规定，“君士坦丁堡宗主教与罗马宗主教同享尊荣”。比起君士坦丁堡普世大会的“在罗马宗主教之后，君士坦丁堡宗主教亦享殊荣”，阿纳塔多里乌斯更上层楼。

君士坦丁堡教会一向受制于朝廷。从金口约翰到聂斯托利，无不由帝后识拔，自普通教士超擢为宗主教。相比之下，罗马教会偏居意大利，朝廷对其的影响力很有限。皇帝自然偏向易于受控的君士坦丁堡教会，在几次争斗中或明或暗地支持他们对抗亚历山大里亚教会和罗马教会。当然，如果这种支持会开罪多数人，分裂神圣罗马，朝廷就丢车保帅，重新寻找代言人。聂斯托利就是这样的弃子。在朝廷的支持下，君士坦丁堡教会主教升格为宗主教，从仅次于罗马宗主教到与其分庭抗礼，历尽波折，却步步高升。

强势的利奥一世是绝对不能接受这样的结果的。他拒绝承认卡尔西顿戒律第二十八条，坚持罗马教会唯我独尊。

七十年前举行的君士坦丁堡普世大会是将君士坦丁堡宗主教排在罗马宗主教之后的，所以，此后的争斗都是在亚历山大里亚宗主教与君士坦丁堡宗主教间展开，目标就是东方教会的首席。罗马宗主教隔岸观火，坐收渔利。由于地位超然，罗马宗主教的立场几乎可以左右东方两大教会的胜负。显然，君士坦丁堡教会更具威胁。所以，罗马教会总是选择与亚历山大里亚教会结盟。不过，从提阿非罗到西里尔，再到狄奥斯克鲁斯，亚历山大里亚宗主教手段残忍、气焰嚣张，日甚一日，也引起了罗马教会的反感。狄奥斯克鲁斯丢弃了自阿塔纳西乌斯以来结好罗马教会的一贯做法，最终自掘坟墓。失去了罗马教会的支持，亚历山大里亚教

阿纳塔多里乌斯在卡尔西顿普世大会上斡旋

会是无法与京城的君士坦丁堡教会平起平坐的。

罗马教会同样得不偿失。

《米兰敕令》颁布后，罗马教会能在教会中高居首位，与其说因为是使徒彼得传人，不如说是因为身居京城，皇帝在处理教务时常常需要征询罗马主教意见。久而久之，才使罗马主教在信徒中享有特殊影响。现在，罗马帝国早已迁都君士坦丁堡，罗马教会曾经拥有的地缘优势，移转到君士坦丁堡教会。

比起金口约翰和聂斯托利，阿纳塔多里乌斯人品、学识均有不如。可他眼光毒辣，手段柔软，轻而易举地利用了利奥一世与狄奥斯克鲁斯决裂的天赐良机，在卡尔西顿一扫两败于亚历山大里亚教会的颓势。等利奥一世反应过来，为时已晚。

卡尔西顿信经不仅没有能让神圣罗马归于一统，反而让纷扰不绝的东方教会走向彻底分裂。

叱咤风云近百年的亚历山大里亚教会在卡尔西顿普世大会上一败涂地。可是，狄奥斯克鲁斯不甘失败。在耶路撒冷，拥戴他的僧兵们以坚持信仰之名，杀人放火，鲜血玷污着基督的墓地。在亚历山大里亚，马尔西安皇帝任命的新教宗普罗特利乌斯遭到了信众的抵制，不得不依靠两千士卒来维持摇摇欲坠的法座。等到马尔西安驾崩，疯狂的信众闯入主教座堂，杀死普罗特利乌斯。狄奥斯克鲁斯的信徒们与朝廷决裂，在埃及和埃塞俄比亚另立科普特正教会，拒绝接受卡尔西顿信经。就连安条克教会也对卡尔西顿信经颇有微词，与朝廷和君士坦丁堡教会貌合神离。

从阿尔卡狄乌斯驾崩开始，虔诚信仰基督的女皇普喀丽娅临朝四十余载。人们将虔诚的普喀丽娅与君士坦丁大帝的母亲海伦娜相提并论，称之为“新海伦娜”；由于聂斯托利长期被指为异端，女皇对他的迫害也没有引起太多的非议。普喀丽娅的统治尚称清明，在她治国的年月里，匈人、哥特人，还有保加利亚人轮番冲击过君士坦丁堡，可帝国岿然不动。

如果说东方是罗马帝国平静，而神圣罗马纷扰，西方正好相反。君士坦丁迁都时将故宫拉特兰宫赐给了罗马主教。罗马主教据此宣扬自己得到皇帝恩准，是神圣罗马在西欧和北非的最高裁决者，就如同皇帝一般。萨迪卡大会认可了这种说法。所以，罗马教会在西方的地位稳如泰山。可是，西罗马帝国却在蛮族大迁徙的疾风暴雨中摇摇欲坠。

无论是昏聩颟顸的西帝霍诺里乌斯，还是他同父异母的妹妹普拉西迪娅，都无力挽回西罗马的颓势：阿兰人和汪达尔部自莱茵河长驱直入，先下伊比利亚半岛，后杀入北非；法兰克部、勃艮第部分取北高卢和东高卢；西哥特部甚至攻陷了罗马城……等到普拉西迪娅薨殁，局势愈加恶化。匈王阿提拉求娶普拉西迪娅的女儿霍诺里娅，遭到瓦伦提尼安三世拒绝，悍然挥师西进。

罗马帝国的莱茵河防线早已荡然无存。匈人在勒沃库森强渡，与溯流而上的一支船队不期而遇。船上满载着如花似玉的处子。这是一万一千名虔诚的女基督信众，从不列颠岛浮海东来，在乌尔苏娜公主的带领下，取道莱茵河，前往罗马瞻仰使徒彼得的遗迹。匈人岂肯放过这些如花美眷，如狼似虎般，从四下逼了上来，团团围住，要她们屈身侍奉，结果遭到了坚定的拒绝。恼羞成怒的阿提拉用一支鸣镝射杀了乌尔苏娜。公主的鲜血刺激得匈人兽性大发，在嗷嗷的狂啸声中，死亡之雨覆盖了整个河面。一万一千名处子香消玉殒。放眼望去，莱茵河上满是尸首，在波涛中浮沉……

接下来，巴黎也岌岌可危了。

在这座城中，有一个父母双亡的可怜女孩，名叫热纳维耶芙，被主教日耳曼收养。在养父的熏陶下，少女献身教职。这一天，她到教堂参加感恩祭，却意外地听到了养父的哭声。在女孩的印象中，日耳曼主教从来都是那么仪态庄重、神情肃穆，何以当着千百信众，露出如此软弱的一面？从教友口中，热纳维耶芙第一次听到阿提拉的名字，知道胡马铁蹄即将踏平自己美丽的家园。她听见主教用哽咽的声音劝告台下的信众，要坦然面对死亡，神在惩罚有罪的人。

当日耳曼主教和他的教众们准备俯首接受神的鞭打时，热纳维耶芙悄然出城，一个人迎着匈人的千军万马走去。她勇敢地站在阿提拉面前，用稚嫩的声音去阻止一场迫在眉睫的屠杀。一个少女能说出多深奥的道理呢？可是，阿提拉在热纳维耶芙身上，感受到一种神圣的力量。这位嗜血成性的匈王掉转马头，微笑地朝

耶稣将钥匙交与彼得

少女，还有巴黎城挥手告别……

千年以后，一曲《巴黎山上圣热纳维耶芙教堂的钟声》“当当”回响在人世间的每一个清晨。

阿提拉放过了巴黎，却不会停下自己散布死亡的旅程。他的下一站，是塞纳河畔的另一座名城特鲁瓦。帝国大小官吏要么逃之夭夭，要么龟缩在城墙后瑟瑟发抖，谁也不敢面对势如狂潮的匈人。危难时刻，七位年轻的教士挺身而出，去同阿提拉谈判。这一回，匈王露出了獠牙。

收到被送回来的七颗首级后，城里的人惊恐万状。特鲁瓦主教卢帕斯不得不起身出城，朝匈人大营走去，要么带回和平，要么让人带回第八颗头颅。最终，特鲁瓦逃过了生死大劫，七位殉难教士的遗体也得到了安葬。但是，特鲁瓦城付出巨额钱粮来换取平安，而卢帕斯付出了清白的声誉。等他从阿提拉的魔爪下逃出来，回到特鲁瓦，迎接他的是一片“叛贼”的骂声和劈头盖脸砸来的石块瓦砾。理直气壮的特鲁瓦人浑然忘记了自己是如何逃过死亡的。

阿提拉越特鲁瓦南下，卢瓦尔河畔的奥尔良城挡住了他的铁蹄。率领城中军民迎战匈人的，同样是教会。

奥尔良主教阿尼阿努斯的求救信早已分别送给西罗马皇帝和西哥特王了。在外高卢，西罗马与西哥特大致上隔瓦卢尔河北、南分治。如果河北的西罗马直隶州郡完全沦陷，河南的西哥特将直面上帝之鞭。阿尼阿努斯相信，唇亡齿寒之势使西哥特再不能隔岸观火。在附近，还游荡着一群阿兰人，他们的族人多随汪达尔部南下，只有这群人徘徊不去。阿尼阿努斯当机立断，派人前去游说，最终争取到了这支战力彪悍的力量。

此时，阿提拉的大军已经把奥尔良城围困得风雨不透、水泄不通。守城一方加上西哥特人，也不过四五千人，却要面对几十万人的疯狂围攻。阿尼阿努斯主教毫不畏惧，率领守军浴血奋战，在十几天内连挫敌人的攻势。可是，攻城槌还在猛烈撞击着摇摇欲坠的城墙。死亡之雨覆盖下，守军伤亡惨重。更糟糕的是，城中存粮已经告罄。有力气拿起刀枪的人还在堞垛后面苦苦支撑，精疲力竭的人在主教的带领下，趴伏在地上，虔诚地向神祷告。如果说有谁还没有绝望，那就是阿尼阿努斯主教。他相信，天空中有神在注视着这座危城；大地上，西罗马和西哥特联军正在赶来。在阿尼阿努斯的祈祷声中，南方的地平线上越出了罗马的鹰帜。主教兴奋地向着绝望的守城者们呼喊：

“神派来的援军到了！”

最终，西罗马与西哥特联军在沙隆会战中惨胜不可一世的阿提拉。可以说，是阿尼阿努斯主教的机智与勇气为罗马帝国创造出这个战机。

不过，沙隆会战的失利没有打消阿提拉征服西罗马的野心。很快，他就提兵数十万，再次南下。这一回，匈人没有绕行高卢，而是直扑意大利。

利奥一世见阿提拉

在阿奎利亚屠城，并洗劫米兰城后，匈人大军南下，取道帕维亚城东面，进逼曼图亚。这是波河和明西奥河的汇流处，地势险要，素有意大利锁钥之称。后世流传过一句谚语：“得曼图亚者，得意大利。”如果阿提拉的匈人大军强渡明西奥河，则罗马城无险可守。

就在这时，数骑从罗马城方向朝明西奥河畔的匈人大营奔来。为首一人面容瘦削、长须飘飘，身着华丽的长袍，长途奔波的仆仆风尘也掩饰不住他的高贵气质。这人，就是罗马宗主教利奥一世。

在蜿蜒流淌的明西奥河注入贝纳库斯湖的地方，利奥一世见到了威名赫赫的阿提拉：巨大的头颅安在矮小的身躯上，再加上一个宽厚的肩膀，显得非常不匀称，却充满了力量；扁平的鼻子、稀疏的胡须和黝黑的肤色，构成了丑陋的面容；在深凹的细长眼眶里，眼珠在不断转动，仿佛在盘算下一步要把厄运散播在何方——不是谁都有勇气去面对这张恶魔的脸。

但是，利奥一世还是来了。巴黎的热纳维耶芙、特鲁瓦城的卢帕斯，还有奥尔良城的阿尼阿努斯主教敢于直面残酷的命运，身为基督教教士之首的罗马宗主教有什么理由去逃避?

眼前这位利奥一世，更是历代罗马教士中的翘楚。不过，他给人留下最深刻印象的，不是神学造诣，而是权力欲。君士坦丁堡宗主教弗拉维安与亚历山大里亚宗主教狄奥斯克鲁斯的纠纷中，我们就已经看到了他的霸道。但是，在这风急雨骤、沧海横流的时代，利奥一世也一肩担起了与权力相对应的责任。

自从罗马城被西哥特人攻破后，皇帝就成惊弓之鸟，再也不敢回銮旧都。比起七丘之城罗马的大气、壮丽，拉文纳显得杂乱、简陋，毫无帝都气象。但它四周被沼泽围绕，不利于匈人铁骑驰骋。从霍诺里乌斯到瓦伦提尼安三世，宁可忍受此地的潮气和瘟疫，也不敢回罗马城，唯恐一不小心，就要面对胡马虏箭的威胁。这一回，在阿提拉的威胁下，瓦伦提尼安三世不得不回銮罗马。不过，他是把七丘之城当成逃亡长路上的一个驿站。一直以来，都是利奥一世肩负起保卫京城、庇护子民的重担。他征兵发饷、修缮城墙，用坚定的信念支撑起了罗马城。面对势不可当的匈人铁骑，利奥一世为挽救全城几十万生灵免遭毁灭，毅然出城，奔赴匈人大营。

关于这次会面，流传着许多说法：有人说阿提拉被罗马宗主教庄严肃穆的仪容、义正词严的劝说所折服，意识到自己冒犯永恒之城罗马是莫大罪过，急急退兵；也有人说，使徒彼得和保罗在那一刻突然现身苍穹，震慑住了阿提拉；还有人说，是水土不服、瘟疫流行迫使匈人大军撤退，利奥一世并无功劳……

不管怎么说，阿提拉和他的匈人大军在这次会面后缓缓北撤，一场空前浩劫就这样画上了句号；不管怎么说，是罗马宗主教利奥一世，而不是罗马皇帝瓦伦提尼安三世挺身而出

——这就够了。

以神学造诣而言，《上帝之城》的作者奥古斯丁主教在利奥一世之上。利奥一世之前的几代罗马宗主教，遇到神学难题，常常派人渡海到北非的希波城请教他。在《上帝之城》中，奥古斯丁主教告诉我们：神用鞭子教导善良的人要学会忍受世间的一切疾苦。我对此说不敢苟同。如果杀戮是神的鞭打，信众岂非只能别无选择地服从与忍受！从热纳维耶芙到利奥一世，多少勇敢的人用生命换来的和平又有何意义呢？在这样一个乱世，利奥一世的勇气光芒远胜奥古斯丁的智慧。滴血的屠刀、飞扬的马蹄还有残忍的匈王，是命运的鞭打。但谁也无权以神的名义鞭笞，只有拯救才配得上神的名义。

所以，奥古斯丁才气无双，博学多闻，却无法撼动利奥一世在神圣罗马领袖群伦的地位。

当汪达尔攻陷罗马城时，谁来率领罗马人面对危难？

西帝瓦伦提尼安三世已被伪帝马克西穆斯所弑，而后者被愤怒的百姓抛入台伯河。又是这位利奥一世站了出来。

经过罗马宗主教的斡旋，汪达尔王接受了三条约束：不杀人，不放火，不对俘虏使用酷刑。但是，罗马城无法避免被再次洗劫的命运。利奥一世能做的，也只有这么多了。

在汪达尔人撤离罗马的时候，数千罗马人遭到掳掠，其中就包括尤多西娅皇后和她的两位爱女。他们中绝大多数从没有离开过意大利，现在却在刀剑逼迫下

背井离乡，渡海前往一个被异族占据的陌生世界。这些养尊处优的罗马人熬不住风浪颠簸和内心折磨，病倒在船上，许多人是被抬上非洲大陆的。

万幸的是，两个教堂被改成了医馆。为了接纳这群可怜的罗马人，年事已高的迦太基主教迪奥戈拉提阿斯变卖了教堂的金银器皿，备下了药物和食物。依靠着主教的仁心善举，俘虏们才得以活下来，一些被俘信众还赎回了宝贵的自由。

在《米兰敕令》颁布后，罗马帝国将无数权力、财富和荣耀恩赐给教会，基督教迷茫、分裂，甚至堕落了。神圣罗马成为罗马帝国的附庸，以至于君士坦丁一世的帝国被有些学者视为实质意义上的第一个“神圣罗马帝国”——“神圣”，成了“罗马帝国”的修饰语。

可是，罗马帝国在西方轰然垮塌，却使神圣罗马在那里意外地获得了挣脱帝国枷锁的良机。迪奥戈拉提阿斯、利奥一世，我们前面提到过的热纳维耶芙、日耳曼主教、阿尼阿努斯主教，还有卢帕斯主教和他座下七位牺牲的教士，无不凭借自身对神的坚定信仰，正视遍地腥膻的现实。在他们身后，是许多知名或不知名的教士，和他们一样，尽最大可能，拯救无辜生命于乱世。在他们身边，聚集着无数信众。就连蛮族，也因敬畏神明，不敢轻易开罪教士。这使得像利奥一世这样的教士，敢于从容面对匈人、汪达尔人。

地上之城就要化为废墟了，废墟上的神圣光辉照亮了西方的天穹。

罗马教会领导下的神圣罗马在陷入混乱的西方声势无双，对东方的影响力却极大地削弱了。

在金口约翰和提阿非罗、聂斯托利和西里尔的较量中，罗马宗主教都能一锤定音。但是，利奥一世咄咄逼人，引致东方教会的普遍反感。正所谓“刚者易折”，正是利奥一世让罗马教会失去了居中裁决的超然地位。东方教会不甘臣服于他，在许多教士看来，所有教会都应该是平等的。

东方的教士们引经据典，指出利奥所强调使徒彼得是耶稣在当世的传人，纯属子虚乌有。使徒彼得的书信中，从没有声称自己是耶稣的首徒。《新约·多马福音》记载耶稣的教诲是：“无论你们在哪处，你们都去找公义的雅各布，为他的缘故，天地才被造成”。《新约·加拉太书》里也有一段文字可以做证：“那称为教会柱石的雅各布、彼得、约翰……”——很明显，雅各布名列首位。

罗马教会在西方的扩张和在东方的被动，都源自于教宗利奥一世的强悍，真可谓成也萧何，败也萧何。

卡尔西顿戒律第二十八条，揭开了神圣罗马新一轮内讧的序幕：

罗马教会与君士坦丁堡教会东西争锋。

狄奥多西朝在东帝马尔西安驾崩后绝嗣而终。大将军利奥一世紫袍加身，开创了利奥朝。他驾崩后，外孙利奥二世与驸马齐诺相继继位。齐诺登基称帝一年后被利奥一世的妹夫巴西里斯库斯推翻。巴西里斯库斯的观点接近狄奥斯克鲁斯和尤狄克斯，下旨诅咒《利奥大卷》，否定卡尔西顿普世大会对尼西亚信经的所有修改。不过，齐诺复辟，巴西里斯库斯迅速败亡。诅咒《利奥大卷》也不了了之。也就在此时，西罗马帝国灭亡了。

身为一代枭雄，东帝齐诺同样幻想能结束神圣罗马的分裂。君士坦丁堡教宗阿卡西乌斯鼓动他颁布《合一通谕》。这道通谕谴责狄奥斯克鲁斯、尤狄克斯，以结好罗马教会；推崇西里尔的《十二章》，以平息亚历山大里亚教会的愤怒。对卡尔西顿信经，齐诺与阿卡西乌斯避而不谈，只是声称恪守尼西亚信经和君士坦丁堡信经。

表面看，《合一通谕》似乎是两头讨好。如果东、西教会接受了通谕，无形中就等于承认了东罗马皇帝和君士坦丁堡宗主教裁决争端的超然地位。这样的地位，本来一直是罗马主教梦寐以求，且历史上也只有罗马主教追逐过。如果真是如此，君士坦丁堡教会将领袖整个神圣罗马。

当时的罗马教宗菲利克斯三世看穿了其中奥妙。他借口《合一通谕》变相否定了卡尔西顿信经，宣布不予接受，并对阿卡西乌斯施以绝罚，也就是开除教籍。君士坦丁堡教会以牙还牙，绝罚菲利克斯三世。两大教会决裂，史称“阿卡西乌斯裂教”。亚历山大里亚教会同样因东帝齐诺没有效法巴西里斯库斯，谴责《利奥大卷》，拒不奉诏。

随着东帝齐诺驾崩，《合一通谕》调和东西教会的努力也就无疾而终了。他唯一的儿子利奥二世先于他离世。齐诺的遗孀艾丽娅皇后是皇帝利奥一世的女儿，是利奥皇朝唯一在世的皇室成员。按照罗马旧例，她选择的配偶将入继大统。无数的民众在宫廷外高呼：“为帝国选个正统信仰的皇帝吧！为帝国选个罗马人皇帝吧！”

最终，艾丽娅选择了沉默寡言却又精明强干的卫尉阿纳斯塔西乌斯。

签署了一份不推翻任何一个教会和信经的书面声明后，阿纳斯塔西乌斯登基称帝。新皇已年逾花甲，但精力充沛。在外战上，阿纳斯塔西乌斯颇为笨拙，在西方不敌东哥特王狄奥多里克，与东方的波斯对抗也不占上风。但皇帝在内政上励精图治，驱逐齐诺皇帝那些为非作歹的乡党，废除卖官鬻爵和奖励告密的陋习，刷新吏治，使朝廷风气一新。阿纳斯塔西乌斯还是理财圣手，通过改革币值和税制，使国库充盈。

但是，皇帝依然无法赢得理解与尊重，因为他被当成一性论信徒。

在卡尔西顿普世大会上，狄奥斯克鲁斯、尤狄克斯所主张的观点，被斥为一性论异端。但是，包括安条克教会和亚历山大里亚教会在内的诸多东方教会仍有许多信徒仍坚持这所谓的一性论。阿纳斯塔西乌斯任命的新君士坦丁堡宗主教观点与尤狄克斯相似。这激怒了捍卫卡尔西顿信经的信徒，他们在京城人数众多。

基督的神性与人性认识上的分歧，让狂热的教士、教士怂恿同样狂热的信徒涌上街头，用刀刃和石块互殴。两派都希望朝廷能旗帜鲜明地支持自己。但是，阿纳斯塔西乌斯不愿意看到自己的帝国因一点神学上的分歧而分裂，持中立而宽容的立场。他强调的是，“皇帝要尊重自己的身份，不要去迫害基督的崇拜者和罗马市民。”

但是，阿纳斯塔西乌斯的广阔胸襟没有赢得赞誉，反而使他被狂热教徒斥责为隐藏的摩尼教徒。高亢的赞美诗不分日夜地回响在君士坦丁广场上，吸引和煽动着满城百姓聚集过来。南军的旗帜被夺走，忠于皇帝的将士不慎落单，就会被暴徒抓住，遭到残忍的拷打，甚至被杀害。阿纳斯塔西乌斯尊重的教士被残忍地砍下头颅，用长矛高高挑起，连皇帝雕像也被推倒在地，砸得粉碎。丧失理智的教士们面对君士坦丁堡的人潮，振臂高呼要将信奉摩尼邪教的皇帝革出教门，说他不配头顶上的皇冠。在一片喧嚣中，阿纳斯塔西乌斯沉默了。他不明白，耶稣宽恕了罪人，他的信徒们彼此却缺乏最基本的宽容。这世界是怎么了？

513年，色雷斯和伊利里亚诸郡竖起反叛旗帜，要讨伐阿纳斯塔西乌斯这个异端皇帝，竟然应者如云。色雷斯蔓延的战火导致生灵涂炭。叛军开始围攻京城。整整六万五千名基督徒在战乱中丧生。阿纳斯塔西乌斯亲手摘下了自己的冠冕，出现在罗马公民聚集的赛车场。他最信赖的近臣已经被当成替罪羊，推到了兽圈中喂狮，只留下他独自面对数以万计狂热的暴徒。

暴民们对推选谁接任皇帝意见纷纭，才使阿纳斯塔西乌斯侥幸保住了皇位。不过，这已经没有什么意义了。五年后，皇帝黯然离世。接替他的，是卫尉查士丁。

由于将阿纳斯塔西乌斯皇帝视为异端，罗马教宗格拉西乌斯一世公然宣称，在基督教信仰方面，罗马教会凌驾于朝廷之上。如此强硬的表态，使双方关系雪上加霜，几乎没有任何缓和的余地。整整三十五年，罗马教会完全失去了皇帝的支持，独自地面对如潮涌来的蛮族。

教宗倒不害怕蛮族。基督教的传道教士们百年来多次深入蛮荒，在茹毛饮血的民族中宣扬基督的光辉。在西罗马走向没落的几十年中，多少基督教教士无畏地面对蛮族，以及比蛮族更为凶悍野蛮的胡族。身在七丘之城的使徒彼得传人没有理由害怕。但是，煊赫一时的教宗受到了蛮王们的冷遇。无论是斯基尔王奥多亚克，还是东哥特王狄奥多里克都因信奉阿里乌斯宗，疏远罗马教会。他们不怎么干涉教会，但罗马宗主教也不可能指望从他们那里得到多少支持。北方的勃艮第、西方的西哥特，乃至南方的汪达尔，西罗马废墟上崛起的新兴蛮族诸国也都信奉阿里乌斯宗。至于远在君士坦丁堡的皇帝阿纳斯塔西乌斯，被认为是一性论异端，与罗马宗主教同样格格不入

——被“异端”的海洋所包围，罗马教宗只能独自体会孤独。

498年，继格拉西乌斯一世之后担任教宗的阿纳斯塔斯二世病殁了。多数信众选举西马库斯为新教宗，少数信众却倒向了另一位教士劳伦斯。实际上，双方觊觎教会名下惊人的财富。这一回，罗马教会主动请求统治意大利的东哥特霸府裁决是非。东哥特王狄奥多里克倾向于多数人支持的西马库斯。可是，劳伦斯称对手肆意挥霍教会金钱，还与妇人有染。东哥特王也不敢无视这样的指控，传唤

西马库斯到拉文纳接受聆讯。此时，西马库斯可没有任何底气，像格拉西乌斯一世那样宣称教会的至高地位，他顺服地踏上了去往拉文纳的弗拉米尼安大道。

走到里米尼一带时，西马库斯看到一辆四轮马车飞驰而来、绝尘而去。让他震惊的是，马车上分明有几张自己熟悉的面孔。其中一位美人，西马库斯还记得名字：康迪塔里娅——热情似火的尤物。另外几位，也曾与他春风一度。她们突然聚在一起，必有内幕。西马库斯立刻意识到自己处境不妙。踌躇了片刻后，他折返罗马城，躲入了梵蒂冈山丘的彼得教堂。当时，这座教堂还不是罗马的主教座堂。主教座堂拉特兰堂被劳伦斯所占据，以彰显自己才是罗马教会真正的领袖。

罗马教会就这样分裂了。

在接下来的几年中，西马库斯曾颁布法旨，要劳伦斯去南意大利任诺切拉主教。他的对手自然嗤之以鼻，公然攻击西马库斯是非法的主教。元老院分裂为两派，连街头巷尾的市井无赖也各自拥护一方，互相攻击。斗殴、抢劫层出不穷，罗马城一片混乱。

为了重新赢得狄奥多里克的支持，西马库斯召集拥护自己的教士们在城内的台伯河畔集结，显示自己的人气。可是，狄奥多里克的霸府只是冷眼旁观这场闹剧。不甘失败的西马库斯在几个月后在罗马城东的耶路撒冷圣十字堂再度集会。结果，他本人在会后遇袭，差点命殒当场。此后，西马库斯还举行了两次集会，都无果而终。两位教宗分庭抗礼的局面就这样维持了数年。

最具讽刺意义的是，西马库斯的支持者竟然“发现”了一道古老的文书，上面记载了一百多年的罗马主教西克斯特也曾遭到指控，罪名和西马库斯一样：挥霍与通奸。结果，执政官认为任何人都无权审判罗马主教。西马库斯挥舞着这份重要的文献，宣称自己也不应接受审判。这完全是符合惯例的。

514 年，西马库斯病死。这场啼笑皆非的闹剧才告落幕。

毫无疑问，西马库斯与劳伦斯争位时表现的种种丑态，损害了自利奥一世以来确立起来的教宗权威。两人事实上都接受了世俗的霸府对纠纷进行裁决。此后，教宗们试图凌驾于拉文纳的霸府，还有地位更高的君士坦丁堡朝廷之上，底气就明显不足了。

在这场纠纷中，狄奥多里克表现非常克制，避免介入太深。这是他统治意大利以来的一贯立场。作为信仰阿里乌斯宗的东哥特人，狄奥多里克始终同尼西亚宗的罗马教会保持距离。但是，结束了劳伦斯裂教的罗马教会却开始对狄奥多里克指手画脚，试图恢复自己在信仰上的强势地位。

罗马教会有这样的底气，一个重要的原因就是它同朝廷和解了。信仰所谓“一性论”异端的东帝阿纳斯塔西乌斯于518年驾崩。新帝查士丁和他手握大权的外甥查士丁尼均反对“一性论”。朝廷不再支持君士坦丁堡教宗阿卡西乌斯，事实上废止了《合一通谕》。罗马教会与朝廷走到一起的障碍不复存在。继西马库斯之后担任罗马教宗的何尔米斯达造访君士坦丁堡时，查士丁尼出城十余里相迎。身为东、西教会首脑的罗马宗主教与君士坦丁堡宗主教会晤，消弭纷争。次年，两大教会握手言和。

这几年来，朝廷一直加紧迫害阿里乌斯宗和其他所谓异教、异端。依仗着朝廷的支持，罗马教会在意大利也是动作频频。这触怒了信仰阿里乌斯宗的东哥特，罗马教宗约翰一世被幽死。如果不是狄奥多里克亡故，罗马教会可能遭到霸府的清洗。双方的关系恶化到无以复加的程度。

所以，当东帝查士丁尼举兵西进，征伐东哥特时，罗马教会毫不犹豫地站到了朝廷一边。

值得一提的是，东哥特王托提拉于545年包围罗马城。次年，教士佩拉吉代表罗马教会和整个罗马城，走出城门，向西哥特乞降。依靠他的斡旋，托提拉没有屠城，罗马逃过一劫。三十三年后，佩拉吉二世成为罗马教宗。在这座围城中，还有一位六岁的幼童。未来，他将成为佩拉吉二世的继承者，教会史上最有声望的罗马教宗格里高利一世。

罗马城在东哥特和东罗马之间几度易手，昔日巍峨帝京没有毁于西哥特王阿拉里克，也没有毁于贪婪的汪达尔人，却因查士丁尼的中兴帝业而被摧毁了大半。

同样信仰基督的哥特人没有把屠刀伸向教士。对元老院和贵族，他们就毫无禁忌，任意杀戮。在哥特人最后的疯狂中，无数元老和贵族殒命。他们遗留下的权力真空，被各地基督教教士所填补。经过这一番浩劫，各地主教几乎是硕果仅存的地方名流。查士丁尼皇帝也只能承认这种现状，颁布《国是诏书》，承认教士们可以出任郡守、县令。就算那些没有担任官职的教士也被赋予了一些治理地方的权力。教士们借此机会，争权夺利，远超过《国是诏书》的授权。

但是，所谓罗马帝国复兴，对神圣罗马来说却是祸福难测。

自君士坦丁大帝发布《米兰敕令》，承认基督教合法地位以来，罗马皇帝一直是基督教的最高领袖。历次普世大会均由皇帝召集。包括罗马教宗在内的五大宗主教，均是受命掌教的臣子。在西罗马灭亡后，东罗马皇帝对西方鞭长莫及，无力干涉教务。借此机会，罗马教宗开始不承认皇帝的权威。阿纳斯塔西乌斯皇帝信仰一性论异端，不得人心，更给他们犯上提供了借口，一再挑战皇权。教宗格拉西乌斯一世公然宣称罗马教会在宗教上的权威高于皇帝。东罗马皇帝与罗马教宗鹬蚌相争，为当时控制意大利的东哥特王狄奥多里克所乐见。他的纵容，更助长了格拉西乌斯一世和他的后继者的气焰。现在，东罗马帝国收复了意大利。乾纲独断的查士丁尼皇帝断不能容忍罗马教会自行其是。

更糟的是，狄奥多拉女皇信奉一性论。

罗马教宗西尔维留斯不肯在女皇面前低头，结果被放逐。狄奥多拉选择的新教宗名叫维吉里，曾任罗马教会进奏官，常驻君士坦丁堡，与帝后关系亲密。所以，女皇任命他为罗马教宗。以此为开端，罗马教宗须由皇帝任命的旧例得到了恢复。连续数任教宗都要得到皇帝或意大利州牧首肯，才能升座。但是，维吉里就任教宗后，不能不维护罗马教会的权威，多次违逆上意。在“三教士案”中，双方的矛盾激化。

三教士是一百年前因反对一性论被判刑的三位教士。后来，卡尔西顿普世大会替他们平反。但是，狄奥多拉女皇决心要推翻定论。在她的劝说下，查士丁尼皇帝发布敕令，重新给这三位教士定罪。维吉里拒绝奉旨，结果被押解回京，在强大的压力下，他被逼签署了判处令。判处令一出，就在西方教会中引起轩然大波。抗议声一浪高过一浪。摇摆不定的维吉里反悔了，忙不迭收回成命。但是，查士丁尼皇帝下旨严谴。

在这样的背景下，基督教的第五次普世大会在君士坦丁堡召开。在西方教士们没有到会的情况下，大会秉皇帝旨意，谴责了反一性论的三位教士。孤立无援的维吉里嗫嚅地表示了反对意见，但立刻湮没在一片谩骂声中。最后，他屈服了，才被允许重返意大利。维吉里取道海路，仓皇西归。走到西西里岛，心力交瘁的教宗就一病不起。

新的罗马教宗同样曾出任过罗马教会进奏官，亲近帝后。在明确表态支持皇帝对三教士案的处置后，他获得了查士丁尼的任命，史称佩拉吉一世。佩拉吉一世教宗遭到西方各教会的抵制。在罗马城，他强势镇压了反对者，但北意大利就鞭长莫及了。米兰和阿奎莱亚两大教区都不承认这位新罗马教宗。西方教会出现分裂。佩拉吉一世选择的阿奎莱亚主教又无法得到多数信众的认可。阿奎莱亚教区出现了长时间两位主教并存的尴尬局面。

无论是斯基尔人奥多亚克还是哥特人狄奥多里克，都很少干预教会。现在，朝廷咄咄逼人让习惯了自行其是的西方教会十分反感。但是，他们无力反抗。不过，随着狄奥多拉女皇和查士丁尼皇帝先后驾崩，帝国在意大利遇到了新的挑战。

挑战者，是日耳曼蛮族的伦巴第部。伦巴第，原来生活在多瑙河到蒂萨河间的平原上，还曾出兵帮助过罗马打败东哥特人。所以，查士丁尼皇帝划出潘诺尼亚来给他们居住。568 年春，伦巴第人横扫北意大利，只有拉文纳城依靠沼泽得以幸免。这个长髯飘拂的蛮族入主意大利。

传说， 君士坦丁大帝的母亲海伦娜到耶路撒冷朝圣时，在耶稣受难的地方发现了真十字架外，还有一枚铁钉。君士坦丁堡的能工巧匠将它制成铁冠。至于这意义非凡的冠冕如何落入伦巴第诸王之手，就无人知晓了。从此，铁冠成为意大利王权的象征。后来，拿破仑征服意大利后，也曾戴过，还将自己组建的骑士团命名为“铁冠骑士团”。

前后两位伦巴第王头戴铁冠的时间很短。他们死于内讧，导致伦巴第群龙无首。几大首领自封公爵，各据一地。分裂的伦巴第人不足以将罗马军队逐出意大利。此时，东罗马的精锐尽在东方对抗波斯，无力西顾。在意大利，出现了僵持格局。

东罗马皇帝派驻意大利的州牧实际上只能统治牙门所在的拉文纳城和周围的一片土地，即狭义上的“罗马尼亚”。威尼斯与伊斯特里亚、彭塔波利、罗马大公国、那不勒斯大公国、卡拉布里亚或奥特朗托、布鲁齐奥名义上隶属帝国，实际上各行其是。他们和州牧直辖领地构成了广义上的“罗马尼亚”。整个罗马尼亚被伦巴第分割得支离破碎。当然，伦巴第也是诸侯林立，地盘犬牙交错。

无论是东罗马，还是伦巴第都与罗马教宗关系紧张。

多数伦巴第贵族和平民是阿里乌斯宗信徒，对罗马教宗并无好感。在查士丁尼皇帝驾崩后，女皇狄奥多拉的侄婿查士丁二世登基。他也是一性论信徒，被罗马教宗视为异端。查士丁二世传提比略二世，再传至莫里斯。情况也没有多少改善。罗马教宗孤立无援，只能自己面对所有挑战。

我们可以将伦巴第视为东哥特的替代者。两个蛮族先后统治意大利。相比起来，伦巴第在意大利的领土远逊东哥特，而且诸侯林立，缺少狄奥多里克这样的绝对权威。可是，这个部族给罗马教会造成的威胁却大得多。伦巴第人对罗马教宗毫无敬意，只想强夺罗马城。这与狄奥多里克的温和、宽容形成了鲜明对比。面对伦巴第，罗马教会不堪其扰，恐怕才会深深怀念大气的狄奥多里克。

579年，罗马教宗本笃一世去世时，伦巴第人正在围攻罗马城。接替他的，就是当年东哥特围攻罗马时献城的佩拉吉二世。这一次，他靠钱财收买伦巴第人，暂时保住了罗马城。可是，伦巴第人不会就此善罢甘休。等他们卷土重来，率领罗马城的是佩拉吉二世的继承者格里高利一世。

格里高利出身罗马名门，祖先曾跻身元老院。他的高祖是大名鼎鼎的教宗菲利克斯三世。当年，就是这位罗马教宗对君士坦丁堡宗主教阿卡西乌斯课以绝罚，拉开了“阿卡西乌斯裂教”的序幕。年方而立，格里高利就得到东帝查士丁二世的皇后索菲娅提名，出任执政官，在罗马行京兆尹之权。他仅任职一年就挂冠而去。在西罗马覆灭后，罗马元老、官位都成为没有实际意义的虚衔，在民间也缺乏影响力。反而是教会职务受到了普遍尊崇。安布罗斯、利奥一世等主教夺目的表现，还有分散各地的诸多有名和无名的主教、教士在乱世中起到的中流砥柱的作用，使百姓更愿意接受教会的统治，疏离朝廷。所以，格里高利也投身教会。

格里高利出生的时候，正值哥特战争的战火蔓延整个意大利。在他的童年，罗马城数次遭到围攻，一会儿是东哥特，一会儿是东罗马。昔日的雕栏玉砌尽数被拆毁，用来修补残破不堪的城墙。“豺狼塞衢路，桑梓成丘墟”——在兵荒马乱的岁月里，只有寺院能幸免。所以，格里高利舍家为寺，把万贯家财和百间华屋都献给了基督——就像当年的安布罗斯。

格里高利在罗马城的宅院改建的寺院，以耶稣十二使徒之一安德烈命名。在西西里岛的田庄里，他还另建了六座寺院，收容教士，接济穷困。出家为僧时，格里高利发下了三大宏愿：绝财、绝色、绝意——后来，他奉行终生。这使格里高利声名鹊起受到几任罗马教宗的赏识。本笃一世任命他为执事。佩拉吉二世更是对格里高利青眼有加，派他前往君士坦丁堡，任罗马教会驻京的进奏官。这个职位承转诏敕，有机会接近帝后，结交权贵。历史上，维吉里、佩拉吉一世等都是以进奏官资格，晋位罗马教宗的。不过，京城的钩心斗角、尔虞我诈让格里高利深感厌倦。586 年，他重返罗马，在旧时的家宅，如今的安德烈寺中修行。

肆虐的洪水席卷了半个罗马城，又将历年积粮给冲毁殆尽。两个月后，瘟疫降临，罗马城积尸如山。伦巴第诸侯就要联手来攻，整座城看起来朝不保夕。人心惶惶之际，别有用心的人大肆宣扬巨龙出水、天火落地，死亡就要降临人世……教宗佩拉吉二世心力交瘁，撒手人寰。谁来收拾残局呢？罗马教士和信众一致推举格里高利为新教宗，并上报朝廷。

格里高利亲笔书写奏章，恳请皇帝能驳回罗马教会对自己的推举。但是，这道奏章在半路被人拦截，没有能进呈御览。就这样，他在信众的簇拥下升座，成为新的罗马教宗。这也是历史上第一位晋位教宗的教士。

格里高利一世的教宗生涯始于一场盛大的七重连祷。

整个罗马城的教士、信众被分为七部，在七座教堂中吟唱《诗篇》、祷告和哭泣。三天后，他们列队涌上街衢，祈求神的慈悲。传说，浩浩荡荡的人流途经哈德良皇帝的陵墓时，手持长剑的天使出现在了陵墓顶端。直到今天，青铜的天使雕像依然屹立在那里。后来，这座陵墓被称为天使堡。

但是，新教宗并不是靠祷告来渡过最初的难关的。上任之初，格里高利一世的务实和干练就让人耳目一新。他厉兵秣马，整军备武，还重修了城墙和护城河。罗马城重新变得固若金汤。伦巴第人开始意识到，自己很难在短时间内攻破这座旧时帝京。有赖于此，格里高利一世顺利地通过和谈，让伦巴第人退兵。接着，他恢复了西西里岛通往罗马城的漕运，确保粮食源源不断地运来。格里高利一世亲手将弥足珍贵的食物分发给饥民们。可以说，罗马教宗已成为罗马城无可争议的统治者。从此，罗马城被视为教宗的领地——“使徒彼得的财产”。

格里高利一世同时也是一名著作等身的神学家。四卷《谈话录》、三十五卷《道德论》，还有《本笃戒律》……成为中世纪修道的经典。所以，他与奥古斯丁、哲罗姆和安布罗斯并称为西方四大教父。格里高利一世几乎是这座古老都城最后一位能以拉丁文优雅地吟诗作赋的人物了。与东方教会的名宿不同，他的论著没有任何标新立异之处。这位教宗最引以为傲的，是自己从来不说先贤没有说过的话。为解读《旧约·约伯记》，格里高利一世写了《道德论》。《新罗马帝国衰亡记》评论说，这部书的魔力就在于耐心、细致、丰满地冥想和思索艰涩的神圣之言。格里高利一世的作品，只是为了将奥古斯丁的理论讲得更透彻、更易为人接受，如此而已。他绝不会为追求创新的虚名，去发表标新立异的观点。

但是，格里高利一世的著作中，却充满了各种匪夷所思、荒诞不经的神迹。某种意义上说，他与米兰主教安布罗斯更接近，喜欢用万神教的手法来鼓吹基督教义。在格里高利一世的传说中，大天使是日神阿波罗和神使赫尔墨斯的合体，而教宗客串屠龙战士。他不在意神祇罗马的元素进入神圣罗马，只关心信众们是否喜闻乐见，是否能神化教会和教宗。这无疑是一种更为难得的务实。

在格里高利一世之前的教宗，只有书写《利奥大卷》、劝退阿提拉的利奥一世可以媲美。不过，利奥一世的野心是统治整个神圣罗马，格里高利一世明智地放弃了这种不切实际的幻想。

东方有朝廷高高在上，还有君士坦丁堡、亚历山大里亚、安条克和耶路撒冷四大宗主教与罗马教宗分庭抗礼，更有无数的学派纷争、教派火并，罗马教会根本没有能力处理纷乱如麻的局面。格里高利一世果断地同东方切割。此时，君士坦丁堡宗主教是约翰，他同样以神圣罗马的领袖自居，宣称对诸教会有惩治之权。对此，格里高利一世自然是嗤之以鼻。在他看来，只有罗马教宗享有这样的权力。这是自维塔里安主教，到英诺森一世，再到利奥一世，几代罗马主教努力的结果。

约翰敢于如此僭越，不过是倚仗朝廷，狐假虎威。

尽管格里高利一世与朝廷屡有冲突，也时常指责君士坦丁堡宗主教，可这更多的只是表明一种不妥协的姿态。

格里高利一世的精力都倾注在打理罗马政务和增加教会的财富上。他指派所谓的“教会商人”将欧洲的原木运往埃及，再从埃及贩运小麦到君士坦丁堡；教会庄园的葡萄酒、撒丁岛的生铁，都是格里高利一世经营的重点；获取的利润又被他用来兼并土地，扩大庄园……在教宗写给管事的信函中，详细地交代了如何出售老牛和旧农具，将残值变现。格里高利一世更像是长袖善舞的商贾，而非清心寡欲的教士。不过，他敛聚的钱财支撑起了罗马教会的统治野心。

此外，格里高利一世在意大利呼吁教士恪守清规戒律，还敦促伊比利亚半岛的西哥特放弃阿里乌斯宗，皈依尼西亚宗，力促北非教会解决多纳图宗，还尝试在阿尔卑斯山北的法兰克扩大教会权力……在格里高利一世生平事迹中，有一个流传最广：他偶然途经市集，看到一群金发碧眼的奴隶被贩卖。得知他们是来自不列颠岛的盎格鲁人后，这位罗马教宗有感而发：“不是盎格鲁，而是盎格尔（天使）！”

不久，罗马教宗派遣凯利安寺的高僧奥古斯丁远赴孤悬海外的不列颠诸岛传教。

所有这些，有的成功，有的失败。但我们可以清楚地看到，格里高利一世始终将目光放在西方。他试图控制的教会中，最东不超过与意大利一衣带水的达尔马提亚。那里的萨洛纳主教纳塔利斯生活穷奢极侈，喜好宴饮。在收到格里高利措辞严厉的信函后，他不以为然地说《旧约·创世纪》里亚伯拉罕还曾大办筵席。格里高利的回答是：“这样的筵席没问题，只要你的客人也是天使。”

等到纳塔利斯去世，格里高利一世指定执事霍诺拉图斯为新主教。可是，纳塔利斯一党更倾向于另一名教士马克西穆斯。他们一边匆忙将霍诺拉图斯派往一个偏僻小城任主教，试图以此抵制格里高利一世；同时，他们还向朝廷求援，声称萨洛纳教会应当服从皇帝，而不是罗马教宗。可是，格里高利一世不为所动，以一封又一封口气严厉的书信摧垮了对手的信心。最终，马克西穆斯被罗马教宗的赫赫声威压服，前往意大利接受审讯。在拉文纳街头，他俯首悔罪，在长达三小时的时间里一遍又一遍地呼喊："我在神和最有福的罗马教宗面前犯了罪！"

正是依靠格里高利一世的明智与实干，罗马教会成为神圣罗马的权力核心——尽管只是在西方。在罗马皇帝、元老院和三军构成的旧有权力体系完全崩溃后，格里高利一世在帝国旧都重建文武体系，使罗马城不至于陷入无序的混乱中。他也被称为"罗马最后的执政官"。在格里高利一世的体系里，罗马教宗比任何时候都更像是一名世俗君王。尽管他故作谦卑地称自己为神仆之仆，可谁都知道，这个称呼的本质是神圣罗马的领袖。

罗马教廷的最终定型要迟至1588年教宗西克斯图五世分曹理事，可无人否认格里高利一世在此前一千年就一手创造了教廷的雏形。

所以，格里高利一世与远在君士坦丁堡的朝廷始终貌合神离。他曾公然称驻节拉文纳城的意大利州牧为"琐碎的无用之物"。

还记得使徒彼得殉难的那个黄昏么？低处的台伯河，高处的奥古斯都陵，中间的大浴场、庞培剧院……广厦细旃、甲第千甍——那里既是天下的都畿，也是天下的奴役者。它代表尘世的律法与和平。它强大无比，不可战胜，永生不灭……

今天，使徒彼得的继承人格里高利一世站在相同的位置，看到了什么？断壁残垣，夕阳老树，空荡荡的广场上芳草萋萋，老牛三三两两，悠然回望漫天雾霭。使徒彼得殉难时，罗马城也刚刚遭遇焚城烈焰。可是，这座城规模俨然，气势不改，假以时日就能恢复往昔繁华。时光过了近六百年，格里高利明显能感到七丘之城从内里颓败了，再不可能回复旧观。

"冠盖散为烟雾尽，金舆玉座成寒灰。"

——罗马帝国不在了。神圣罗马能取而代之，来代表尘世的律法与和平么？我们曾在这里目睹了东罗马朝廷主导的所谓罗马复兴是如何终结的，现在又要在同一地方思考百余年来教会的变迁蕴藏了什么意义。也许，在狄奥多里克、查士丁尼试图引领后罗马时代，相继失败，轮到了格里高利一世为代表的教士给我们答案。他成功了么？似乎没有。格里高利只是强势地统治着罗马城，而不是西罗马。

更遗憾的是，在这位强势教宗去世后，坐在他遗留下的法座上的诸位教宗难

格里高利在集市上遇到盎格鲁奴隶

望其项背。他们甚至刻意淡化格里高利一世，试图要让世界忘记这位前教宗。因为，格里高利一世身上不管存有多少争议，至少在恪守戒律方面无可指摘。他终身不娶，严于律己。在格里高利一世之后的教廷却以藏污纳垢闻名，仅次于宫闱。在三百年后，罗马教廷聚集了人世间最多也最骇人听闻的丑事和恶徒。

可是，“罗马，你往何处去”这个问题，格里高利一世似乎又确实给出了自己的答案。只不过，这个答案还需要此后历任教宗和主教们去发挥。比起东哥特主导的蛮族霸政和东罗马西进，这个答案需要更长的时间去检验。

格里高利一世坚信不疑，狄奥多西一世跪倒在安布罗斯面前的那个清晨，是新历史的开端。米兰主教能做到的，身为使徒彼得传人的罗马教宗也一定可以。格里高利一世的罗马终将强大无比，不可战胜，永生不灭！

第八章

chapter eight

英雄割据非天意

法兰克崛起

半枚金币摩挲许久，希尔德里克一直沉默不语。

——在图林根荒废了若干岁月后，他几乎都忘记了自己曾是法兰克的王。

法兰克部是西日耳曼蛮族诸部中的一支，骁勇无比，擅使飞斧，名震天下。故老相传，他们出自图林根部，在易北河左岸支流萨勒河一带生活，百年前才脱离旧部，西走莱茵河。在毗邻科隆城的莱茵河中游一带生活的，是河滨法兰克人；栖息在莱茵河入海口的三角洲附近的，称海滨法兰克人，希尔德里克就出生于此。当时的法兰克四分五裂，诸王并立。他也只是诸多僭号称王的法兰克首领之一。

西罗马帝国已日落长河。不过，高卢依然奉罗马正朔。这本应归功于法兰克。多年来，希尔德里克率部转战卢瓦尔河，先后击败了犯境的两大日耳曼部族：试图从河口溯流而上的萨克森部和自莱茵河中游西进的阿勒曼尼部。他们还曾阻击过西哥特渡河。

希尔德里克才略出众，英武过人。抵抗阿勒曼尼人时，他还曾与后来颠覆西罗马的奥多亚克并肩作战。可希尔德里克有一个弱点：贪恋女色。法兰克壮士们出生入死、浴血沙场，转身却发现如花似玉的妻女被迫在他们的王身下婉转承欢。稍有姿色的法兰克女子都逃不过希尔德里克的狼吻。被侮辱的人只能将怒火一点点压抑在心底，直到彻底爆发的那一天。希尔德里克肆无忌惮地在一具具诱人的胴体上发泄兽欲，却不承想有一双别有用心的眼睛在黑暗中窥视。

那就是西罗马的高卢州牧埃及迪乌斯。

法兰克与西哥特抗衡，才使罗马人获得苟延残喘的空间。埃及迪乌斯能控制的，也只剩下苏瓦松城一带了。在他北面，莱茵河下游的海滨法兰克兵强马壮，如乌云压顶，始终被埃及迪乌斯视为大患。兵戎相见，孱弱的罗马军胜算微渺。所以，埃及迪乌斯只能暗中玩弄权术。希尔德里克渔色成性，给了他最好的机会。埃及迪乌斯趁机煽风点火。结果，久怀怨怼的海滨法兰克人暴动了。

希尔德里克仓皇出逃前，他的一位挚友将一枚金币剖而为二，两人各持半枚；有朝一日希尔德里克收到另外半枚金币，就是复国时机成熟。就这样，昨日还风光无限的法兰克王带着半枚金币，亡命天涯。

天地之大，何处可以容身呢？

踌躇再三后，希尔德里克决意西投图林根。法兰克与图林根同出一源，却势同水火。匈王阿提拉入侵外高卢时，希尔德里克的父亲墨洛温率海滨法兰克追随西哥特王，驰援奥尔良城，而图林根与河滨法兰克却加入了围城的阿提拉阵营。在东哥特与西哥特兵戎相见的时候，河滨法兰克与海滨法兰克也同室操戈。悲壮的沙隆会战结束后，图林根人随败北的匈人大军撤向莱茵河方向，途经法兰克村落，大肆屠杀妇孺。两部就此结下了血海深仇。墨洛温之子希尔德里克只身投奔宿敌，是因为他相信图林根不会将自己出卖给海滨法兰克的叛逆。

图林根王西努斯收留了落难的法兰克王。龌龊浮生如闪电，转眼八年过去。希尔德里克突然收到了半枚金币。他摸出了贴身收藏的另外半枚，用颤抖的手将两片残币合了上去——纹丝不差。

在夜色的掩护下，希尔德里克悄悄地离开了图林根。突然，一个窈窕的黑影挡住了他的去路。借着重重枝丫间透出的苍白月光，惊魂未定的希尔德里克看到了一张熟悉的面庞：西努斯的妻子巴西娜。

图林根王妃对法兰克王提出的唯一要求，就是带上自己私奔。希尔德里克问她，为什么愿意抛夫弃子，舍弃眼前的富贵，追随自己。巴西娜的回答豪气不减须眉："郎君霸才令妾身心仪。四海之内若有英雄更胜郎君，妾身亦将抛弃君而去。"

希尔德里克没有辜负巴西娜的期望，打败政敌，重登法兰克王位。在他手上，本已四分五裂的海滨法兰克重振雄风，再度成为北海之滨最强大的势力。在这段东山再起的故事中，最富戏剧性的情节就是巴西娜夜奔。希尔德里克也证明了这个世界没有英雄能胜过他，将这个奇女子永远地留在了身边。

两人的孩子，名叫克洛维。

相去迢迢二十年，这位少年英雄新硎初试，在苏瓦松击败时任高卢州牧的埃及迪乌斯之子赛阿格里，夺取了塞纳河流域。这样，西罗马的残余版图落入了法兰克人之手。入城后，他们洗劫全城。一位教士向克洛维控诉法兰克暴徒抢劫教堂，请求将一只被掳走的花瓶归还寺院。克洛维一口应承，召集将士，要拿花瓶的人物归原主。没想到话音才落，就有一名莽夫越众而出，高声抗议。

按照蛮族旧俗，上自贵胄，下到走卒，都要一起抽签均分劫掠的战利品。在将士看来，克洛维虽然贵为法兰克王，也无权索要本已属别人的花瓶。那名莽夫抽出战斧，怒气冲冲地砸碎了花瓶，宣泄自己的不满。年轻的法兰克王面沉如水，却没有再说什么。

不久，克洛维校场点兵，检阅人马，正好走到了那位莽夫面前，拿起他的战斧，看了看，说锋刃没有擦拭干净，随手丢在地上。当壮士躬身从尘土中捡起自己兵刃时，克洛维突然拔出巨斧，猛地劈在了他的头颅上。看着一地鲜血，曾经拥有自由的法兰克将士默然无语，向暴虐的权力低下了头——这一斧，斩断了法兰克的上古余绪，斩出了一个王者的时代。

486 年，克洛维在巴黎城建国。他以祖父之名为新王朝的号：墨洛温朝。

蛮族多信仰阿里乌斯宗，只有法兰克人例外。他们能成为虔诚的尼西亚宗信徒，归功于一个勃艮第公主——克洛提尔德。公主出身大名鼎鼎的尼伯龙根氏。《尼伯龙根的指环》就取材自这个家族的传说。为了争夺王冠，伯父贡多巴德杀害了她的父亲，将她母亲缚石沉河。姐姐被迫出家。一夜间，克洛提尔德成了孤儿，被流放到荒凉的森林中。手足相残的悲剧是王族中长演不衰的剧目。但是，勃艮第公主天生丽质难自弃，人们对她的赞美随风四散，传到了克洛维耳里。克洛提尔德的美丽深深地打动了克洛维。在巴黎城，人们见证了王子与公主的婚礼——恍如童话般。

如果说这段爱情故事有什么不和谐的因素，那就是宗教。

当时，克洛维和他的法兰克臣民依然信奉原始的拜物教，而克洛提尔德却是一位虔诚的基督教徒。不过，勃艮第人多信仰阿里乌斯宗，公主却是个另类，奉尼西亚宗。这个差别，改变了法兰克历史。

克洛提尔德告诉自己的丈夫，他所信奉的神不过是无知无识的木头、石头和金属，不能帮助自己，也不能帮助别人，连名字也是人的名字，而非神的名号；只有创造万物的耶和华才是世间的真神。可是，克洛维不愿意放弃祖先的信仰，认为妻子口中的神一无用处。当第一个孩子降生的时候，克洛提尔德为他举行了洗礼。让人伤心的是，婴儿很快就夭折了。克洛维愤怒地指责妻子：“如果孩子是奉献给我的那些神明，就一定会活下去；就因他是以你的神的名义受洗，一天也活不了。”

克洛提尔德平静地回答丈夫：“我依然要赞美神，蒙他垂恩，将我的孩子带到了天国。穿着受洗的白衣被从这个世界召唤去的人，会在神的眼前被抚养长大。”

当第二个孩子降生后，克洛提尔德依然坚持要他受洗。

在孩子接连降生的这段时间内，法兰克王正四处征战。征尘满衣的克洛维暂时无暇顾及孩子的信仰。这一回，神没有将孩子召回天国。克洛提尔德的虔诚开始对丈夫的心灵产生了潜移默化的作用。

当克洛维率法兰克大军突入莱茵河东岸的密林时，遭到了阿勒曼尼人的伏击，全军陷入了苦战。命如悬丝之际，克洛维向祖先信仰的蛮族诸神祷告，却没有看到转机。在阿勒曼尼人疯狂进攻下，法兰克的阵型几近崩溃。克洛维的脑海里灵光一现，突然想到了妻子的宗教。他手画十字，对天高喊：“耶稣基督！克洛提尔德宣称你是永生的神之子，能给陷入绝境的人援手，赐予信仰你的人以胜利。我以一颗赤诚的心向你祈求，使我以亲身的体验证实献身于你的人所宣称的那种力量，我将以你的名义受洗。”

千钧一发之际，身先士卒的阿勒曼尼王意外阵亡。士气大挫的阿勒曼尼人先于法兰克人崩溃……他们角逐高卢的梦想就此破灭，只能蜷缩在莱茵河中游到黑森林一带。

血战归来的克洛维率战士们于496年耶诞节在兰斯大教堂受洗，皈依基督教。“低下你的头吧，高贵的法兰克人。焚烧你曾经崇拜的，崇拜你曾经焚烧的……”在施洗教士的祝颂声中，法兰克人完成了至关重要的改变——从此，他们与罗马人拥有了相同的信仰。皈依尼西亚宗，使法兰克人在罗马人眼中，完全不同于信奉阿里乌斯宗的其他蛮族。传说，洗礼时，一朵娇艳的百合从天而降——这是神赐予克洛维的礼物。后来的法兰西就以这朵百合作为徽章。罗马教宗阿纳斯塔斯二世送给克洛维的是一句话：“愿您像一根铁柱那样支持教会，教会也会使您战胜一切敌人。”

当时，东罗马皇帝阿纳斯塔西乌斯信奉一性论异端，遭到教会的非难。尼

克洛维受洗标志着法兰克皈依基督教

西亚宗诸位教士对克洛维寄予厚望。在知悉法兰克王受洗后，教士们兴奋地说："东罗马皇帝不再是唯一的基督教君主了。"在一位主教写给克洛维的信中是这样说的："你的信仰是我们的胜利……神圣的天意已赋予你作为我们时代的主宰者。"——克洛维被视为法兰克的君士坦丁。

在此后的南征北战中，克洛维和他的法兰克人高举护教旗帜，气势如虹。

把妹妹嫁给东哥特王狄奥多里克，并与西哥特王阿拉里克二世结盟后，克洛维稳住了南线。法兰克人开始全力以赴地征伐西北方，顺利地让布列尼塔半岛的凯尔特人在飞斧下俯首称臣。环顾北高卢，克洛维再无敌手。他踌躇满志，剑指南方，于 500 年攻入勃艮第。

克洛提尔德的伯父勃艮第王贡多巴德大惊，慌忙向兄弟戈迪吉塞尔求救。他万万没有想到，自家兄弟早就与克洛维暗通款曲，想借法兰克人之手除掉兄长，自己趁势上位。在战役进行到最关键时刻，戈迪吉塞尔反戈一击，与克洛维里应外合，重创勃艮第王。贡多巴德沿着罗纳河，逃往阿维尼翁城。法兰克大军追亡逐北，一路穷追，将这座城包围起来，直到勃艮第王称臣纳贡才解围而去。逃过一劫的贡多巴德后来在维恩城杀死了叛国的戈迪吉塞尔。但勃艮第元气大伤，无力与法兰克人争锋。

同族的河滨法兰克人，克洛维深知其彪悍难制，没有选择武力征服。他先是盛情邀请河滨法兰克王子克洛德里克前来做客。在宴会上，克洛维当着众多贵宾之面，教唆克洛德里克篡位夺权，仿佛两人相交莫逆。性格粗疏的克洛德里克对克洛维的算计毫无防备，只顾推杯换盏。不久，科隆城传来河滨法兰克王遇刺身亡的消息。疑点都集中到克洛德里克身上，令他百口莫辩。克洛维利用河滨法兰克人上下猜忌、君臣相疑的机会，果断出手，杀死克洛德里克。群龙无首的河滨法兰克人最后只能俯首称臣。

克洛维的下一个对手，必定是雄霸南高卢和伊比利亚半岛的西哥特。克洛维击败了贡多巴德，却功亏一篑，没有能吞并勃艮第，最重要的原因就是西哥特王阿拉里克二世悍然插手。所以，他视之为眼中钉，必欲除之而后快。

雄踞意大利的西方霸主东哥特王狄奥多里克终于被惊动了。

占据了北高卢的法兰克人与拥有南高卢的西哥特人必有一战。胜者将赢得整个外高卢，足以撼动狄奥多里克苦心经营的霸业。在此之前，法兰克与西哥特两度交锋。克洛维获得了全胜。名城波尔多一度落入他手中。如果不是当时克洛维忌惮东面的宿敌阿勒曼尼，怕腹背受敌，法兰克与西哥特的决战早就爆发了。现在，阿勒曼尼已被摧垮。克洛维无所顾忌。

东哥特王狄奥多里克并不看好西哥特。维持现状，避免双方决战才对他的霸业有利。狄奥多里克既是西哥特王阿拉里克二世的岳父，也是克洛维的妹夫。他利用双重身份，努力斡旋，试图避免双方爆发决战。在狄奥多里克的安排下，克洛维与阿拉里克二世在卢瓦尔河中央的一个小岛会面。

克洛维在血战中有如神助

这次把酒言欢只是推迟了命定的决战。507 年，双方列阵武耶平原，为高卢而战。这一次，勃艮第人倒向了法兰克。贡多巴德信仰阿里乌斯宗，可他的儿子西吉斯蒙德却和克洛维一样，皈依了尼西亚宗。共同的信仰促成了他们的联手。出征西哥特前，法兰克王克洛维的战前宣言就是："信奉阿里乌斯异端的人占据着高卢，让我深感痛心。前进吧！在神的庇护下，占有这片土地。"

这场厮杀中，克洛维枪挑阿拉里克二世。法兰克和勃艮第联军趁势掩杀，大败敌军，乘胜攻陷西哥特京城图卢兹。五十万西哥特人仓皇翻越比利牛斯山山脉，南逃伊比利亚半岛。

打败了西哥特后，法兰克锋芒正盛，令世仇图林根部也退避三舍。被征服的阿勒曼尼部试图反抗，遭到克洛维血腥镇压。莱茵河东岸的河滨法兰克部落也被他悉数收入囊中。除了滨海狭长走廊地带，整个高卢尽在掌握。此时的克洛维拔剑四顾，几无敌手。

饱受东罗马皇帝干预之苦的罗马教会想在西方寻找一个尊重神权的王者；而东罗马皇帝想在西方寻找一个能牵制霸主狄奥多里克的盟友。他们不约而同，选择了——法兰克。

是的，强大的法兰克，与罗马教会、东罗马朝廷有着共同信仰的法兰克。在法兰克与西哥特决战前夕，东罗马朝廷公然站在了克洛维一边。西哥特战败，勃艮第倒向法兰克，使狄奥多里克建立在实力均衡基础上的霸业失去了平衡。508 年，东罗马皇帝阿纳斯塔西乌斯的钦差抵达图尔城，册封克洛维为执政。据说，法兰克王还得到了御赐的紫袍金冠。

其实，朝廷对法兰克出现了重大误判。尽管皈依了尼西亚宗，克洛维从根底上不属于罗马。这是他与先前蛮族群雄最大的不同。

当年，西哥特王阿拉里克二世攻陷罗马城后，以傀儡皇帝的名义铸造金币，上面赫然写着："罗马是不可战胜的永恒之城。"他的继任者阿道尔夫在写给西罗马皇帝霍诺里乌斯的信里清楚地表达了西哥特王对罗马的推崇："在罗马帝国的废墟上建立哥特帝国，曾是我的梦想。但我现在认识到，这何其幼稚。"勃艮第王西吉斯蒙德接受东罗马皇帝阿纳斯塔西乌斯册封的伯爵时也说："陛下让我们来治理帝国的边陲。陛下的世界就是我们的祖国。”斯基尔人奥多亚克颠覆了西罗马帝国，可他依然奉东罗马皇帝为主，以罗马守护者自居。取代奥多亚克的东哥特王狄奥多里克也是如此。他铸造的钱币铭文与阿拉里克的意思相仿：“不可战胜的罗马”……

但是，克洛维从没有真正认同过罗马。他炫耀君士坦丁堡朝廷赐予的紫袍，只是想让臣民们知道自己的地位堪比肩皇帝。克洛维断然拒绝接受阿纳斯塔西乌斯皇帝名义上的统治。他的梦想，不是重建罗马帝国，而是缔造一个属于法兰克的新帝国。就像罗马教宗利奥一世打压亚历山大里亚宗主教，却没有认识到君士坦丁堡宗主教才是他真正的挑战者，大力支持克洛维的东罗马皇帝也没有认识到，法兰克远比东哥特桀骜不驯。

误读使东罗马朝廷一直维持结好法兰克、压制东哥特的策略。如果克洛维能活得更长一些，法兰克与东哥特的决战恐怕就要上演。天不假年，法兰克的一代雄主在人生的巅峰迎来了死亡。尽管比狄奥多里克小了二十七岁，克洛维薨殁却早了十五年。

为了巩固自己的地位，克洛维在生命的最后几年中，几乎将自己这一房支以外的整个法兰克王族都清洗一遍。鲜血湮没了科隆城。曾经诸王并立的法兰克现在只剩下唯一一位王者。克洛维终于可以放心地说，没有人能夺走他的王冠了。

克洛维和克洛提尔德与儿子们

欢娱牢落，亲故凋零，真是他所追求的么？阖眼前，这位盖世枭雄怅然说出了这样的话：“我现在就像一个孤独的香客，生活在陌生人中间。我已没有任何亲属活下来，在我遇到灾难威胁时没人能帮助我了。”

此时，克洛维的妻子克洛提尔德还在世；除了早夭的嫡长子，法兰克王膝下还有一位私生子和三位嫡子；墨洛温王族开枝散叶，并没有衰败的迹象。属于他们的时代才刚刚开始。为何克洛维寂寥如斯？也许，这就是时代的宿命——百年孤独，无人能外。

克洛维薨殁后，四位儿子瓜分了他遗留下来的王国。特德里克分到了兰斯，克罗多默在奥尔良，巴黎归希尔德伯特克，克洛泰尔拥有苏瓦松。后三位的母亲，就是克洛提尔德。没有克洛维的法兰克暂时还不足以挑战狄奥多里克的霸府政治。可是，狄奥多里克老了，压制不住生气勃勃的法兰克。523年，法兰克诸王联手向母亲的故国勃艮第发起了进攻。此时的勃艮第王是贡多巴德之子西吉斯蒙德。在他手上，勃艮第人改信尼西亚宗。但是，这并没有能让法兰克诸王手下留情。

面对法兰克咄咄逼人的态势，西吉斯蒙德试图向东哥特和东罗马帝国求援。但是，东罗马皇帝不想改变朝廷结好法兰克的策略，无动于衷。西吉斯蒙德改宗，又让信奉阿里乌斯宗的东哥特大为不满。526年，狄奥多里克去世，他年幼的外孙阿塔拉里克继位，女儿阿玛拉珊萨摄政。两人无力维系先前的霸府政治，东哥特的势力退回了阿尔卑斯山以南，不可能对西吉斯蒙德施以援手。

东哥特与东罗马隔岸观火，导致孤立无援的勃艮第灭亡。克洛提尔德的三个儿子瓜分了母后的故国。他们的异母兄长特德里克的扩张方向在东面，在克洛泰尔的帮助下，他鲸吞图林根。法兰克的势力东抵波希米亚高地。在南面，两人与希尔德伯特克轮番攻击西哥特，蚕食大片土地。

到了特德里克之子特德伯特继位时，法兰克版图扩大到阿尔卑斯山正北方的巴伐利亚高原，与东罗马帝国、东哥特王国和伦巴第接壤。

对此，特德里克早有布局。当年，他早早就为特德伯特定下一门亲事，对象是伦巴第王之女维西加尔德公主。不过，这门亲事出现了一点波折。特德伯特爱上了一位有夫之妇德乌特里亚，两人还生下了一个私生子。特德伯特对情人用情至深，迟迟不肯到伦巴第迎亲。这一拖，就是七年之久。他的私情，已经影响到法兰克的战略布局，引起了臣民的不满。众人举行集会，公开谴责特德伯特。如果对汹汹舆论置之不理，他恐怕只能挂冠而去了。爱江山？还是爱美人？特德伯特最终屈服了。与维西加尔德公主的亲事，使他在山南得到了一个强大的外援。

此时，哥特战争正打得如火如荼。对阵的东罗马和东哥特都希望拉拢法兰克人。东哥特王维吉提斯还割让了普罗旺斯。但是特德伯特一直不肯表明立场，想坐收渔人之利。他声称自己的胜利，就是基督教的胜利，赢得罗马人的支持。野心勃勃的特德伯特进军北意大利，自封皇帝，公开铸造印有自己头像的金币；在金币上，没有“罗马是不可战胜的永恒之城”，也没有“不可战胜的罗马”，有的只是他自己的名字……

是的，特德伯特根本就没有 “尊王”之意。相反，他正积极谋划结盟格皮德和伦巴第，从陆路进攻君士坦丁堡——墨洛温氏的蓝图中剔除了“罗马”因素。

但是，法兰克人的帝国迷梦在卡西利努姆被惊醒了。

553 年，特德伯特之子特德巴德率七万五千大军大举杀入意大利。同一年，东哥特末代君王泰亚斯在拉塔洛兵败身死，统率东罗马大军的宦官纳尔西斯正在南意大利扫荡负隅顽抗的东哥特残部。直到 554 年，他才脱身北上，在罗马城一带集结兵力。面对气势汹汹的特德巴德，纳尔西斯按兵不动，坚壁清野，坐守城池，听任对手蹂躏整个半岛。法兰克的附庸阿勒曼尼最为激进，不顾特德巴德之命，孤军深入，结果水土不服，瘟疫在军中蔓延。等法兰克和阿勒曼尼仓皇北归时，一路遭到伏击，败退回波河北岸，另一路在卡西利努姆被纳尔西斯拦住。这位宦官名将复制了自己击败东哥特的塔吉纳大捷，弓骑兵两翼包抄，射垮了手持飞斧、钩镰枪的法兰克步兵楔形攻击阵势。

传说，三万法兰克步兵仅有五人逃出生天，而东罗马仅仅阵亡了八十人——得胜归来的纳尔西斯返还罗马城。千年来，七丘之城曾无数次迎接凯旋的皇帝与统帅，这是最后一次，主角是一名阉人。

遭此惨败，特德巴德不得不战略收缩，撤出了意大利，再没有提所谓的皇帝尊号。

法兰克人口有限。他们涌入更为富庶的高卢腹地后，原本的栖息地莱茵河下游，特别是右岸人口锐减，出现了权力真空。被征服的萨克森人、图林根人、阿勒曼尼人和巴伐利亚人死灰复燃，明里暗里削弱法兰克的统治。他们的首领名义上是法兰克册封的公爵，实际上自行其是，雄踞一方。在没有整合河东蛮族诸部前，法兰克人尚无实力问鼎之轻重。

在高卢，法兰克人也面临整合的问题。

塞纳河与瓦卢尔河以南，法兰克人数量微乎其微，罗马遗民们继续生活在这片土地上。西罗马帝国的覆灭，使世俗官吏缺乏威信，主教才是乡村和城邑真正的统治者。宗教是尼西亚宗、语言是罗马语、法律是罗马法……不管是西南的阿基坦，还是东南的普罗旺斯，都保留着罗马的古风遗韵。在瓦卢尔河以北，法兰克人的涌入改变了当地的整体风貌。他们不像东哥特人种族分治，在意大利禁止异族通婚，反而积极地融入旧有的罗马社会。说不清是罗马人法兰克化了，还是法兰克人罗马化了。民族的融合使瓦卢尔河北岸呈现出盎然生机，成为法兰克的核心板块。

即使如此，这片土地依然存在裂痕。西面称纽斯特里亚，是罗马故地，文明昌盛。东边的奥斯特里西亚要么是蛮族故土，要么是罗马帝国边疆，依然保留了日耳曼许多旧俗，被纽斯特里亚人视为山野村夫。

盗嫂杀侄的克洛泰尔

一言以蔽之，墨洛温氏统治着一个碎片拼成的国度。更致命的是，这个王族也自身一碎再碎。

在克洛维的四个儿子中，克洛泰尔年纪最幼，却得到了全部。攻打勃艮第一役中，次兄克罗多默阵亡，剩下的三兄弟瓜分了他的领地。等到特德伯特、特德巴德父子相继身故，他们的领地也成了克洛泰尔的囊中之物。三年后，克洛泰尔的最后一位兄长希尔德伯特克亡故。克洛维的儿子中，只剩他还在世，是墨洛温王族中辈分最高的人，绰号“长者”。

但是，克洛泰尔身上毫无长者宽厚之风。在侵吞兄长的封国时，他盗嫂杀侄，手段令人发指。后来，他的长子克朗恩举兵叛乱，被克洛泰尔生擒。他将子、媳与孙子们锁在小屋中，活活烧死。这在尊重王室的欧陆极为罕见。墨洛温王族素有骨肉相残、帷幕不修的污声秽名，与克洛泰尔有很大关系。在生命的最后时刻，他才想到要去教会封圣的马丁墓前，为满身罪孽忏悔。

长者克洛泰尔薨殁后，暂归一统的法兰克再次一分为四，分封给他四位嫡子夏里伯特、贡特克拉姆、希尔佩里克和西吉伯特。夏里伯特坐拥巴黎、鲁昂、卢瓦尔河下游地区和阿基坦，但六年后就亡故了。为了瓜分亡兄的领地，希尔佩里克和西吉伯特大动干戈。他们不得不倚重，甚至无底线地迁就麾下将士。这也为日后的悲剧埋下了伏笔。在这次重划领地后，西吉伯特的奥斯特里西亚国在东，希尔佩里克的纽斯特里亚国在西，贡特克拉姆的勃艮第国在南。卢瓦尔河以南的土地向来物产丰富、岁入可观，被三兄弟瓜分，彼此的地盘相互犬牙交错。不过，最重要的港口马赛归西吉伯特。

——法兰克形成了奥、纽、勃三国鼎立的格局。

此时，法兰克东面的喀尔巴阡盆地一带风云变幻。与东、西哥特同出一源的格皮德本就活跃在这一带，与之毗邻的，是伦巴第人。哥特战争中，两大部族都曾接受东罗马的征召参战。东哥特王托提拉就是死在他们手上。不过，东罗马朝廷对这些蛮族猜忌颇深，暗中挑拨离间。一山不容二虎，伦巴第与格皮德为争夺潘诺尼亚，很快就反目了。560年，伦巴第王阿尔伯因向格皮德公主罗莎蒙德求婚，遭到拒绝，因为格皮德王库尼蒙德的兄长就是被他斩于两军阵前。随后的战争中，格皮德获胜。不甘落败的阿尔伯因找到了新的盟友阿瓦尔人。

这个游牧民族传说来自遥远的东方。

早年，漠北的柔然一度称雄草原，后来，他们为突厥和北魏所破，一部西奔。迁徙途中，中亚游牧诸族纷纷依附。等到柔然败亡，这些依附于它的游牧民族西入欧洲，被称为阿瓦尔人，游荡在多瑙河中游一带，势力西至巴伐利亚高地。此时，与凯尔特、日耳曼一道并被罗马人目为三大蛮族的斯拉夫也崭露头角。他们来自维斯瓦河畔，等阿瓦尔人衰弱后，斯拉夫填补了东日耳曼三部和阿瓦尔留下的广阔空间，并成为欧陆唯一能同日耳曼分庭抗礼的强大势力。不过，他们此时还是阿瓦尔的附庸。可见，阿瓦尔风头之盛，一时无二。阿尔伯因与阿瓦尔可汗伯颜结盟，才有了战胜库尼蒙德的信心。

在格皮德和伦巴第陷入混战的时候，阿瓦尔铁骑突出，一锤定音。库尼蒙德的头颅被砍下来，做成了酒觚。爱女罗莎蒙德也沦为阿尔伯因的战利品。随着格皮德败亡，昔日叱咤风云的东日耳曼三部就彻底退出了喀尔巴阡盆地。

让人意想不到的是，踌躇满志的阿尔伯因突然宣布放弃连番苦战才赢来的潘诺尼亚，率伦巴第人进军意大利。

此前不久，绰号"哥特之锤"的权阉纳尔西斯卸任意大利州牧，归老林泉。此时他已过鲐背之年。有人说，恋栈不去的纳尔西斯是被迫隐退的。他心有不甘，为了刁难新任州牧龙基努斯，开门揖盗，将伦巴第人引入意大利。这多半是无根谣言。真实的原因应该是阿尔伯因与伯颜可汗有密约，内容是阿瓦尔支持伦巴第南下亚平宁半岛，伦巴第腾出来的潘诺尼亚则成为阿瓦尔驻牧之地——阿尔伯因梦想成为新的狄奥多里克，而阿瓦尔憧憬着在匈人的旧时王庭重现阿提拉的霸业。

东罗马大军不是留在亚细亚抵御波斯，就是被阿瓦尔牵制在巴尔干半岛，无法西援，只能坐视贝利萨里乌斯和纳尔西斯在意大利浴血百战赢得的大片疆土被伦巴第鲸吞。

就在此时，帕维亚传来了阿尔伯因暴毙的消息。

凶手是罗莎蒙德。国仇家恨，让格皮德公主对伦巴第王切齿痛恨，特别是她被迫从父亲颅骨做成的酒觚中饮下苦酒的时候。罗莎蒙德红杏出墙，勾引伦巴第大将赫尔米提斯，意图弑夫。可是，阿尔伯因乃万人敌，寻常武夫根本不是他的对手，只有头脑迟钝、膂力过人的亲兵佩雷迪奥可以匹敌。又是罗莎蒙德色诱这个莽夫，让他背上了弑主恶名。

阿尔伯因一死，伦巴第大乱。迎娶了罗莎蒙德的赫尔米提斯自封为王，不能服众，只好仓皇出奔拉文纳城。此时，人们才恍然大悟，原来背后的推手竟然是意大利州牧龙基努斯。在战场上，他不是阿尔伯因的对手；论心计城府，粗鲁不文的伦巴第王又岂能望其项背。到了拉文纳后，罗莎蒙德梅开二度，与龙基努斯勾搭成奸，再次下手，鸩杀亲夫。赫尔米提斯发觉中毒后，用最后的力气将剩余的药强灌入罗莎蒙德口中。两人同归于尽。佩雷迪奥早已被龙基努斯寻了个借口，遣往君士坦丁堡。东罗马朝廷将这个弑主凶徒剜去双眼后，投入斗兽场。不承想，佩雷迪奥还能格毙一头狮子。按罗马旧俗，朝廷不得不将他释放。佩雷迪奥竟然狂性大发，仗剑闯入宫闱，砍杀侍卫和近臣多人，无人能挡。最后，卫尉调来弓手，万箭齐发，才将他射杀。

枭雄阿尔伯因暴毙，导致伦巴第四分五裂，诸侯林立。工于心计的龙基努斯也无力趁乱取之。在这让人眼花缭乱的变局中，收益最大的恐怕是阿瓦尔人。他们趁势占有了大半个中欧，成为法兰克崛起的劲敌。

562 年，可汗伯颜率部大举西犯。法兰克三国中地处东方的奥斯特里西亚首当其冲。西吉伯特在易北河畔的密林中伏兵，击溃了不可一世的阿瓦尔铁骑。五年后，伯颜可汗卷土重来，渡过易北河，生擒西吉伯特，报了一箭之仇。在支付了高昂赎金，并同阿瓦尔人缔结城下之盟后，奥斯特里西亚王才得以脱身。

这一年，重获自由不久的西吉伯特造访了西哥特首都托莱多城。当时的西哥特王将自己膝下幼女布伦尼希尔德公主许配给了他。纽斯特里亚王希尔佩里克见兄弟从伊比利亚半岛抱得美人归，十分艳羡，狠心休掉了结发妻子奥多维拉，急急向西哥特王求婚。西哥特国王也很愿意同强大的法兰克人缔结秦晋之好，将布伦尼希尔德公主的姐姐加尔斯特温嫁到纽斯特里亚。

希尔佩里克素来骄奢放浪，在婚后依旧我行我素。加尔斯特温公主金枝玉叶，岂甘忍受丈夫成日寻花问柳。听说希尔佩里克与侍女弗蕾德贡德勾搭成奸后，她愤然扬言，要动身归国。希尔佩里克恼羞成怒，在弗蕾德贡德的教唆下潜入寝宫，将三尺白绫套在熟睡的妻子脖颈上。可怜如花似玉的公主就这样香消玉殒。亡妻尸骨未寒，希尔佩里克就公然迎娶姘妇弗蕾德贡德。

噩耗传来，奥斯特里西亚王后布伦尼希尔德指天为誓，要为姐姐报仇。

早在夏里伯特死亡后，奥、纽两国就为瓜分遗产大打出手，彼此仇恨。这一次，基督教会与勃艮第王贡特克拉姆相继出面调停纷争，都告失败。两国刀兵相见。在战场上，西吉伯特赢得了胜利。曾经两次对阵阿瓦尔铁骑的奥斯特里西亚战力更胜一筹。但是，骄兵悍将在575年突然刺杀西吉伯特。在背后教唆他们的，就是蛇蝎心肠的弗蕾德贡德。西吉伯特遇刺，使奥斯特里西亚的局势失控。丧夫的布伦尼希尔德被流放到鲁昂城。

纽斯特里亚王希尔佩里克乘虚而入，意图侵夺奥斯特里西亚。没想到，第一个障碍是自己的儿子墨洛温。这是他与发妻奥多维拉所生之子。母亲被遗弃后，墨洛温一直担心自己的嫡子地位不保，此时，他做出了一个极大胆的决定，向落难的布伦尼希尔德求婚。墨洛温垂涎居孀的婶母美色，同时幻想能借此攫取奥斯特里西亚，把江山美人一揽怀中。他游说鲁昂主教替他们秘密证婚。但是，巴黎大主教获悉后，向墨洛温的父亲揭发了这段不伦之恋。希尔佩里克勃然大怒，宣布撤销婚姻，发兵鲁昂，逼孽子出家为僧。墨洛温岂甘寂寞日，蹉跎年，了却残生。他从寺院中逃走，但很快就再次落网。墨洛温身边的侍卫收到王后弗蕾德贡德的密令，秘密弑主。就这样，布伦尼希尔德又一次成了孀妇。

希尔佩里克吞并奥斯特里西亚的图谋也化为泡影。关键时刻，勃艮第王贡特克拉姆出面干预，逼希尔佩里克释放布伦尼希尔德。逃出囹圄的布伦尼希尔德火速归国，联络贵族，立自己的儿子希尔特伯特二世为王。奥斯特里西亚的世家也不愿意本国被纽斯特里亚吞并，全力支持布伦尼希尔德。不甘失败的希尔佩里克欺希尔特伯特二世年幼无知，哄骗他与自己结盟，联手对抗勃艮第。

不过，垂帘听政的布伦尼希尔德深谙希尔佩里克夫妇的狰狞面目，积极推动奥、勃结盟，共抗纽斯特里亚，这才在风雨飘摇中保住了自己的国度。在摄政的这几年中，她展露出了惊人的治国才华，文治武功，皆有可观。

在深受罗马文化浸染的西哥特王国，布伦尼希尔德度过了自己的少女时代，耳濡目染，对罗马充满了景仰。她的心中一直有个自己的罗马。布伦尼希尔德以罗马文明的继承人自居，希望能在法兰克人的土地上再造新罗马。不过，这段摄政岁月太短了，不足以实现她的罗马梦。583年，希尔特伯特二世年满十三。按照蛮族遗俗，他可以亲政了。布伦尼希尔德交还大政，不过，她依然可以左右奥斯特里西亚王国政局。

由于阿尔卑斯山南的伦巴第人不断侵入勃艮第，大肆掠夺，法兰克人开始强势反击。他们击败了伦巴第人后，抢占了西阿尔卑斯山最重要的通道：苏萨、奥斯塔山谷。阿尔卑斯山这道意大利的天然藩篱被撕开了，法兰克可以自由出入波河平原。在布伦尼希尔德的推动下，希尔特伯特二世同东罗马结盟，于584年挥师南下，攻击伦巴第。与此同时，东罗马也在波河中游发起攻势。一时间，伦巴第王国面临倾覆之危。最后，他们不得不以卑辞厚币，换取希尔特伯特二世收兵北归。

也就在这一年，纽斯特里亚国传来了一个布伦尼希尔德盼望已久的消息。希尔佩里克在一次行猎归来时被弑，步西吉伯特后尘，仿佛冥冥之中有因果报应。此时，他和弗蕾德贡德所生之子克洛泰尔二世还在襁褓中。弗蕾德贡德深知失去丈夫后，将面临布伦尼希尔德的报复，只能怀抱幼子仓皇逃入教堂，寻求巴黎大主教的庇护。没有教士的首肯，任何人是不能强行闯入教堂的。

曾几何时，希尔佩里克夫妇肆意欺凌布伦尼希尔德这对孤儿寡母，转眼，就轮到弗蕾德贡德向勃艮第王贡特克拉姆求救了。真是风流水转。贡特克拉姆同样不愿意看到奥斯特里西亚鲸吞纽斯特里亚，出面斡旋，勉强保住了克洛泰尔二世对纽斯特里亚的继承权。弗蕾德贡德暂时逃过一劫。

这样，纽斯特里亚和奥斯特里西亚都出现了幼主孤立的局面。贡特克拉姆以王族墨洛温氏最长者身份暂领法兰克王位，但没有力量阻止两国贵族趁势削弱王权。

等到592年，贡特克拉姆一瞑不视，身后无嗣，他的勃艮第国归希尔特伯特二世继承。布伦尼希尔德则取代贡特克拉姆，成为希尔特伯特二世的监护人。此时，这位西哥特公主在法兰克垂帘听政，大权在握，终于如愿以偿，将杀害姐姐的元凶弗蕾德贡德幽死高墙。

三十年恩怨情仇就这么画下句号。

三年后，希尔特伯特二世病故。他的儿子特德伯特二世分得奥斯特里西亚国，特德里克二世得到了勃艮第国；加上克洛泰尔二世的纽斯特里亚国——法兰克王国再现三足鼎立。布伦尼希尔德随长孙特德伯特二世居住在奥斯特里西亚。

布伦尼希尔德从没有放弃过自己的罗马梦，这让她与固守法兰克旧俗的奥斯特里西亚豪门旧族格格不入。布伦尼希尔德忽略了，一个仇人正在纽斯特里亚虎视眈眈，随时要暴起伤人。他就是弗蕾德贡德的儿子克洛泰尔二世。此人将布伦尼希尔德视为不共戴天的杀母仇人，多次暗中挑唆布伦尼希尔德的政敌们，结果，奥斯特里西亚发生叛乱。布伦尼希尔德被迫出走，到勃艮第宫廷投奔另一个孙子特德里克二世。

612 年，特德伯特二世在同阿勒曼尼人交战时兵败身亡，没有后嗣。奥、勃两国再次合并，归特德里克二世。布伦尼希尔德看到了建立新罗马的希望。她极力鼓动特德里克二世西征纽斯特里亚，试图在战场上堂堂正正地打败克洛泰尔二世，踏着弗蕾德贡德儿子的尸体一统法兰克。可惜，特德里克二世出兵未捷身先死。

按照法兰克人的旧例，奥斯特里西亚和勃艮第应该平分给特德里克二世的几个儿子，但是，布伦尼希尔德宣布特德里克长子西吉伯特二世独得全部遗产。她相信，只有统一的法兰克王国才有资格复兴罗马。她就是要用这种打破传统的非常举动，向天下宣示自己建立帝国的雄心。

受布伦尼希尔德威胁最大的，自然是纽斯特里亚的克洛泰尔二世。这是一个擅长在黑暗中活动的阴谋家。他故伎重演，勾结勃、奥两国权贵们，发动政变，囚禁布伦尼希尔德。613 年，布伦尼希尔德被引渡到纽斯特里亚。克洛泰尔二世将她绑在了一匹骏马的马尾上，活活拖死。

将布伦尼希尔德送上不归路的是奥斯特里西亚贵族，为首的有两位：梅斯主教阿努尔夫和宫相丕平。

梅斯坐落于塞尔河汇入摩泽尔河处，是奥斯特里西亚的都城。梅斯主教是该国教会的首脑。宫相本为王室家臣，不过权势日张，已成为卿士之首。作为教俗两界的领袖，阿努尔夫、丕平和身后的家族在奥斯特里西亚的势力盘根错节。通过子女联姻，两人的家族合体为一，后世称之为“加洛林氏”。

谁拥有王冠，都无法撼动阿努尔夫主教和丕平宫相在奥斯特里西亚的地位。他们的想法也代表了本地多数门阀的利益，不希望布伦尼希尔德靡费这片土地的

人力、物力，去统一法兰克，甚至复兴罗马

——那个梦，在阿努尔夫和丕平看来，仅仅是一个梦，早就该醒了。

奥斯特里西亚的门阀不需要一个唯我独尊的帝王凌驾于他们之上，所以，他们无情地抛弃了布伦尼希尔德，选择了克洛泰尔二世。一年之间，布伦尼希尔德祖孙三人相继死亡，使克洛泰尔二世幸运地得到了奥、勃两国。

克洛泰尔二世只有仇恨，没有梦想。第二年在巴黎举行的大会上，鼠目寸光的他对支持自己报杀母之仇的世家门阀慷慨地做出了巨大让步，默认他们割据地方。自西罗马帝国时代遗留下来的各地郡守，从此不再是受命牧民的官吏，而蜕变为割据一方的诸侯，因此称为“伯爵”更为准确。在克洛泰尔的纵容下，门阀世族不仅掌握了各地刑名钱粮，还强化了对寺院的控制。对如此软弱的君主，他们衷心拥戴。

表面上的平静只维持了数年，就被打破了。

起因是克洛泰尔二世意图分割奥斯特里西亚。他割走了阿登山脉及孚日山脉西侧的土地，把残缺的奥斯特里西亚分封给了长子达戈伯特一世。克洛泰尔二世的本意是防止达戈伯特一世尾大不掉，却意外地触怒了阿努尔夫和丕平。身为地方豪强，两人不能坐视奥斯特里西亚被割裂。在他们的教唆下，达戈伯特一世违逆父命，拒绝交割阿登山脉及孚日山脉西侧的土地。父子俩剑拔弩张。这时候，阿努尔夫主教才假惺惺地出面斡旋。克洛泰尔二世深知斡旋者的分量，不得不妥协，断了分割奥斯特里西亚的念想。

这场风波中，丕平和阿努尔夫再次显示出强大实力。在奥斯特里西亚，只有阿吉洛尔夫氏足以与之相颉颃。从 548 年起，这个门阀就拥有巴伐利亚公爵名号，在奥斯特里西亚也是赫赫名门。后来，他们的势力又扩展到山南的伦巴第王国。

前面提到过，布伦尼希尔德之子希尔特伯特二世曾与东罗马帝国夹击伦巴第，如果不是许以重金换取退兵，伦巴第难逃亡国之祸。诸侯痛定思痛，感到必须改变一盘散沙的现状了。他们共推奥塔里为王，并各自献出一半土地，作为伦巴第王私邑。实力大涨的奥塔里迎娶了阿吉洛尔夫氏的狄奥多琳达，成为巴伐利亚公爵的东床快婿。以这段婚姻为纽带，伦巴第和奥斯特里西亚暂时弭兵。等到奥塔里亡故，伦巴第诸侯推举都灵公爵阿吉卢尔福为王。为了维系同奥斯特里西亚的和平，新王娶了寡居的狄奥多琳达为后。

此时，法兰克诸侯们内讧不断，无暇南顾意大利。阿吉卢尔福得以全力对付半岛上的东罗马势力。几年中，他频频发起攻击，甚至兵围罗马城。赫赫有名的教宗格里高利一世也不得不用金帛换取和平。

和多数法兰克人一样，狄奥多琳达信奉尼西亚宗。受她熏陶，阿吉卢尔福与狄奥多琳达之子阿达洛阿尔多接受洗礼，皈依尼西亚宗。父亲去世后，他就成为第一位抛弃阿里乌斯宗的伦巴第王。626 年，心怀不满的阿里乌斯宗信徒推翻阿达洛阿尔多，改立都灵公爵阿里奥瓦多为王。他是狄奥多琳达和阿吉卢尔福的女婿，但信奉阿里乌斯宗。阿里奥瓦多死后，狄奥多琳达之女冈德贝加改嫁布雷西亚公爵罗特尔。罗特尔当了十六年伦巴第王——从 584 年开始，伦巴第王不是狄奥多琳达的丈夫，就是子婿。这使阿吉洛尔夫氏在伦巴第王国如日中天，压倒了伦巴第本土诸侯。

罗特尔薨殁时，阿吉洛尔夫氏在伦巴蒂称王已是水到渠成。狄奥多琳达的侄子阿里佩托开创了伦巴第的巴伐利亚朝。

这样一个在阿尔卑斯山南山北都拥有极大势力的豪门，让奥斯特里西亚其他阀阅杯弓蛇影。为了打压这个劲敌，丕平和阿努尔夫撺掇达戈伯特一世罗织罪名，诛杀阿吉洛尔夫氏的翘楚克罗多阿德。经此打击，阿吉洛尔夫氏在奥斯特里西亚一蹶不振。

等到克洛泰尔二世薨殁，达戈伯特一世顺理成章，戴上了法兰克王冠。他没有依照旧俗与兄弟平分王国，仅仅将南阿基坦一隅之地留作弟弟夏里伯特的食邑。达戈伯特一世是墨洛温家族最后一位配得上王冠的人物了。不过，他的目光始终在东方。

达戈伯特一世的梦想就是征服游荡在中欧平原上的斯拉夫人和阿瓦尔人，使自己的疆域与东罗马帝国接壤。

父王在位时，达戈伯特一世必须依赖丕平和阿努尔夫才能保住奥斯特里西亚。但是，他绝不甘心受制于人。所以，达戈伯特一世拥有了整个法兰克后，远远地离开了奥斯特里西亚，长驻纽斯特里亚的都城巴黎。此时，阿努尔夫主教归隐山林，潜心神学，不太过问政事了。丕平感觉到达戈伯特一世疏远自己，独木难支，只好挂冠而去。这样，法兰克王国的朝堂完全被达戈伯特一世所宠幸的纽斯特里亚大臣占据。

奥斯特里西亚贵族十分不满，公开抱怨法兰克王过河拆桥，置他们的翊戴之功于不顾，一味偏袒纽斯特里亚人。达戈伯特一世不得不将奥斯特里西亚分封给长子西吉伯特三世，并重用奥斯特里西亚的教俗两界名流来辅佐他。这场纷争使纽、奥两国的鸿沟进一步加深。作为反击，纽斯特里亚豪门也逼迫达戈伯特一世在遗诏中规定西吉伯特三世只能拥有奥斯特里西亚，王国的其他领地归他的次子克洛维二世，这才能避免纽斯特里亚沦为奥斯特里西亚附庸。

等到达戈伯特一世一瞑不视，刚刚统一了两代人的法兰克再次东西分治。无论纽斯特里亚和勃艮第的克洛维二世，还是奥斯特里西亚的西吉伯特三世都只是傀儡，太阿倒持，权柄落入了宫相之手。从此，墨洛温氏诸王大权旁落，无所作为，被称为"懒王"。王室衰微，宫相揽权，彻底改变了墨洛温朝的政治格局。

奥斯特里西亚的宫相，就是东山再起的丕平。

640年，丕平去世。宫相由儿子格里莫阿德承袭。经过父子两代人的苦心经营，加洛林氏食邑飞速扩张。反观墨洛温氏的王室领地却被宫相不断施舍给教会，蹙国百里。更糟的是，西吉伯特三世迟迟没有子嗣，一旦他薨殁，远在纽斯特里亚的克洛维二世可以按惯例指定一个儿子，来继承兄长的王位。这显然是格里莫阿德和整个奥斯特里西亚门阀最不愿意看到的。

所以，格里莫阿德巧舌如簧，竭力劝说西吉伯特三世收养自己的儿子。按照这位宫相的如意算盘，西吉伯特三世身殁后，王统就将从墨洛温氏转入加洛林氏。不承想，西吉伯特三世的王后忽然梦熊有兆，生下的男婴和祖父同名：达戈伯特。

656年，西吉伯特三世撒手人寰。大丧之际，格里莫阿德突然发难，逼世子达戈伯特削发为僧。在教士们的保护下，年少的王子远遁大西洋上的爱尔兰岛。格里莫阿德之子被强行扶上王位，并取了一个墨洛温王室的名字——希尔德伯特。

到底人算不如天算，这位加洛林氏的希尔德伯特几年后夭折。格里莫阿德偷梁换柱的计划没有实现。

云谲波诡之际，纽斯特里亚的克洛维二世也薨殁了。世族门阀拥戴世子克洛维三世为王。他们对格里莫阿德明目张胆地篡权夺位，混乱王室血胤极度不满，设计诱捕这位不可一世的权臣。格里莫阿德在巴黎被处决。加洛林的君王迷梦暂时破灭。

不过，奥、纽两国之间的鸿沟没有被填平。奥斯特里西亚的门阀不愿意克洛维三世合并两国，转而拥立他的兄弟希尔德里克三世为王。这位奥斯特里西亚新王的妻子是西吉伯特三世之女，比兄长多了一重渊源。

克洛维三世继承纽斯特里亚和勃艮第王位的时候，还没有成年，母后巴蒂尔德和宫相埃布鲁安共同摄政，两人水火不容。在贵族们的支持下，埃布鲁安逼巴蒂尔德削发为尼。他自以为大权在握，在纽斯特里亚和勃艮第力推中央集权，触怒了世家门阀——自克洛泰尔二世后，他们已经习惯了自行其是，岂甘受制于人。一场新的动乱又在酝酿中。恰在此时，克洛维三世薨殁。埃布鲁安将特德里克三世立为新王。门阀趁新旧更迭之际发动政变，驱逐埃布鲁安和特德里克三世，改奉奥斯特里西亚的希尔德里克三世为王。

前面说过无论奥斯特里西亚还是纽斯特里亚门阀都竭力避免被同一君主统治，唯恐丧失独立地位。杀害布伦尼希尔德、鼓动达戈伯特一世挑战克洛泰尔二世，直至逼迫达戈伯特一世将两国分别传给两个儿子，都是出于这一动机。时过境迁，如今的王徒有虚名，并无实权，只要手握权柄的宫相不是同一人，就不影响纽斯特里亚和奥斯特里西亚的独立。他们已经不介意希尔德里克三世成为法兰克人唯一的王。

最初，自觉弱势的希尔德里克三世处处退让，换取门阀的支持。他不仅同意在各郡豪门中选任伯爵，还允许宫相由门阀轮流担任。随着希尔德里克三世自觉立足已稳，便开始谋划要收回权柄，乾纲独断。

懒王不懒，引起了门阀的警觉。摄政的利奥德加主教试图阻挠希尔德里克三世，结果被流放。希尔德里克三世忘乎所以，竟然从奥斯特里西亚召来亲信乌尔法德，要取代利奥德加，出任宫相。这就触及纽斯特里亚门阀的底线了。他们能容忍两国共有一个王，却不能容忍一个来自奥斯特里西亚的宫相。纽斯特里亚贵族悍然弑君犯上。如果不是乌尔法德见势不妙，仓皇出逃，恐怕他也难逃一劫。

这场动乱，给了蛰伏已久的埃布鲁安卷土重来的机会。他出手平息动乱，并再次出任纽斯特里亚和勃艮第的宫相。希尔德里克三世被弑，法兰克的王冠要戴在谁的头上呢？埃布鲁安想到了西吉伯特三世的独子达戈伯特。

这位王子多年来流亡海外，寂寂无声，在王国中没有任何羽翼，是傀儡的上上之选。所以，埃布鲁安没有选择曾与他共患难的特德里克三世，而是从爱尔兰岛将达戈伯特迎回巴黎。

不巧的是，达戈伯特突然薨殁。这给了纽斯特里亚门阀第二次兴风作浪的机会。他们声称埃布鲁安涉嫌弑君，群起攻之。但是，这位纽斯特里亚宫相最大的对手，是同样野心勃勃的奥斯特里西亚宫相丕平。

这位丕平与外祖父同名，出生在莱茵河下游的赫斯塔尔，人称“赫斯塔尔的丕平”，以区别于老丕平。他的祖父就是与老丕平携手把持朝政的梅斯主教阿努尔夫。格里莫阿德是他的舅父。因格里莫阿德事败身亡，加洛林氏遭受沉重打击，毕竟“百足之虫，死而不僵”，丕平的兄弟马丁受封公爵，同样非常有实力。加洛林氏在他们兄弟手上重振家声。

埃布鲁安率军侵入奥斯特里西亚，击败了丕平兄弟。马丁被俘虏，遭到处决。不过，埃布鲁安的胜利引起了纽斯特里亚贵族的恐慌，他们在681年刺杀了这位强势宫相。当时，纽斯特里亚的局势是贵族内讧、王室积弱，反倒是神权大张。在南方的罗纳河和瓦卢尔河流域，许多城邑为教会、教士所把持。他们不仅对法兰克王特德里克三世和墨洛温王室毫无敬畏之心，也视宫相若无物。接替埃布鲁安的是低调的瓦拉托。内忧外患之下，他不得不同丕平和解。纽、奥两国暂时休兵。随着瓦拉托在686年去世，他的女婿贝夏尔出任纽斯特里亚宫相，重新点燃了战火。丕平毫不示弱，挥师西进。双方在索姆河畔展开了会战。结果，纽斯特里亚战败。贝夏尔狼狈地逃回了巴黎，被迫让出了宫相之位。接着，纽斯特里亚门阀又一次内讧。贝夏尔杀死了瓦拉托的遗孀，也就是他的岳母安斯菲尔德，狼狈逃窜。经此大变，纽斯特里亚贵族们元气大伤，已无力抗拒赫斯塔尔的丕平强势人主巴黎。

就这样，昨日的奥斯特里西亚宫相今日成为整个法兰克王国唯一的宫相。

踌躇满志的丕平将阿努尔夫领地和丕平领地联在了一起，还扩张到摩泽尔河中游。他的长子德罗哥受封香槟公爵，并出任勃艮第郡守。丕平为长子选择的配偶也深具用心。新入门的香槟公爵夫人安斯特鲁德是前纽斯特里亚宫相瓦拉托的女儿，也曾是贝夏尔的妻子。通过这段婚姻，丕平笼络了纽斯特里亚的门阀。695 年，丕平命长子德罗哥为勃艮第宫相，幼子格里莫阿德二世为纽斯特里亚宫相，自己在奥斯特里西亚遥控全局。法兰克三国悉数归加洛林氏一门掌控。大权在握的丕平没有废黜特德里克三世。在长达二十七年的执政时间里，他先后将三位墨洛温王族贵胄推上王位。但是，他们都不过是傀儡而已。墨洛温王室甚至在京城巴黎无法立足。对丕平鸠占鹊巢，他们都无可奈何。没有权力，没有土地，墨洛温氏只剩下一顶王冠。

赫斯塔尔的丕平缺的，也就是一顶王冠。

714 年底，丕平离世。那时候，他已近耄耋之年，在当时堪称高寿。此前，丕平倚为左膀右臂的两个嫡子德罗哥、格里莫阿德二世已先他而去。权力真空看起来不可避免。其实，赫斯塔尔的丕平膝下还有两子。

在法兰克，有一种婚俗，男方不向女家下聘，所娶女子亦不尊丈夫为长。丕平就曾有这么一段婚姻，生下两子。丕平的正室普莱特克鲁伊斯视他们为庶出，强调嫡庶之分。在她的坚持下，丕平剥夺了两位庶出子的继承权，立格里莫阿德二世之子特多阿尔德为纽斯特里亚宫相。这意味着，一个总角孩童将成为他的继承人。丕平一死，他的遗孀普莱特克鲁伊斯就以孙子的名义干政。但是，这个权力欲极盛的女人缺乏亡夫的手腕和威慑力。

纽斯特里亚人早已对来自奥斯特里西亚的加洛林氏掌控朝政不满，先是拥戴拉甘弗雷德，取代懵懂的特多阿尔德为相；接着，他们又在拉甘弗雷德的率领下，立墨洛温氏的希尔德里克二世为新法兰克王，试图一举扫荡丕平遗留下来的势力。面对纽斯特里亚的凶险局面，普莱特克鲁伊斯方寸大乱，节节败退，在巴黎已无立足之地，只好携孙子退守科隆城。为了逼她屈服，纽斯特里亚门阀不惜勾结法兰克人的宿敌萨克森人和弗里斯人，兵围科隆城——赫斯塔尔的丕平亡故不过短短两年，加洛林氏几乎到了山穷水尽的地步。

就在生死关头，力挽狂澜的人物——丕平的庶出子查理终于挺身而出。

赫斯塔尔的丕平死的时候，这位日后名震天下的英雄还身陷囹圄。他被指控谋杀兄弟格里莫阿德二世。尽管缺乏证据，普莱特克鲁伊斯坚持圈禁查理，以免这位庶子与自己的嫡孙特多阿尔德争权。查理越狱出逃，潜入了昔日罗马的陪都特里尔城。

当地门阀沉湎在旧时荣光中，对自己被排挤在法兰克核心权力圈外早就心怀不满。查理的到来，使他们欣喜万分。特里尔门阀不遗余力地支持英气勃勃的查理自立门户，去争夺丕平遗留下来的政治遗产，乃至整个法兰克王国的权柄。

查理初登历史舞台的第一次亮相并不出彩，他没有能挡住纽斯特里亚人进军科隆。但是，查理毫不气馁，在对手的归路上成功地打了一场伏击。第二年，羽翼渐丰的查理再败纽斯特里亚大军，赢得了奥斯特里西亚的民心和军心。诸多门阀纷纷抛弃软弱的普莱特克鲁伊斯，转投查理。普莱特克鲁伊斯见大势已去，不得不承认查理的家主地位。

为了对抗拉甘弗雷德拥立的希尔德里克二世，查理从墨洛温王族中挑选了克洛泰尔四世为傀儡。这样，法兰克双王并峙。要结束这种局面，只能依靠长剑。

在这个时代，最锋利的长剑无疑握在查理手中。他先是降伏了奥斯特里西亚内部的反对者，接着连续击败萨克森和弗里斯，还挟大胜余威东征巴伐利亚。眼见盟友接连惨败，纽斯特里亚人又把目光转向南方。

就在查理挥师东进的时候，南方也崛起了一股势力，首领是尤多，出身墨洛温王室，是克洛维的兄弟达戈伯特的苗裔。他几乎拥有整个富庶的阿基坦，野心勃勃，要北上争霸。希尔德里克二世和追随他的纽斯特里亚贵族南下投奔尤多，希望这位枭雄能抵挡查理。但是，纽斯特里亚和阿基坦联军兵败苏瓦松，无法阻止查理胜利的脚步。最后，尤多拱手交出希尔德里克二世，以换取查理的宽恕。这一战，也摧毁了纽斯特里亚门阀的意志。长剑铁蹄下，他们不得不屈膝求降。

苏瓦松战役失败后，尤多向南退回阿基坦，试图卧薪尝胆，卷土重来。但是，历史没有给他这个机会。在尤多背后，巍巍比利牛斯山脉的那一端，山崩地裂，风云动荡，一道狂飙以吞噬万物之势滚滚而来。

他们白衣如雪、铁马如虎，弯刀在日光下闪耀着骇人的冷光——是的，这就是大食人。

原本游荡在沙漠里的大食在伊斯兰教创立者穆罕默德手上统一，迅速走上了扩张之路。他们东灭波斯，北破东罗马，天下为之震恐。接着，包括埃及在内的整个北非也沦陷了。从多纳图宗、圣墓派与教会主流对立，到阿里乌斯宗诞生，再到亚历山大里亚教众坚持“一性论”，另立科普特教会……这片土地上演了多少基督教教派纷争。神圣罗马渐渐失去了人心。主流教派被视为基督教异端，使得北非与罗马故地上的其他邦国离心离德。这片土地轻易地被新兴的伊斯兰教吞噬。711 年，全取北非的大食人剑指西欧。天堑直布罗陀海峡无法阻挡狂热的伊斯兰教教徒，经营伊比利亚半岛几百年的西哥特也力有不逮，大食隐然有席卷天下之势。

713 年，西哥特兵败薛雷兹，末王罗德里格战死沙场，王国宣告覆灭。西哥特残部退入北方群山蛰伏。后来，他们与信奉基督教的诸族在伊比利亚半岛驱逐伊斯兰教，建立西班牙。不过那已是数百年后的事了。

控制了伊比利亚半岛后，大食前锋开始零星骚扰南高卢。在进攻君士坦丁堡的大军被东帝利奥三世用希腊火打败之后，大食用兵重心开始西移，试图先行征服西方，再掉头东进，与亚洲本部的大军东西对进，夹击君士坦丁堡。北出比利牛斯山脉的大食人包围高卢重镇图卢兹城。割据阿基坦的尤多公爵率兵解围。不过，他没有能真正击退对手。大食转战南高卢，连下数城，726 年杀入罗讷河谷，勃艮第惨遭蹂躏。大食的前锋直抵孚日山脉。

此时，查理还远在多瑙河。苏瓦松战役后，他率军东进，征服萨克森和士瓦本。尤多不得不率领阿基坦骑士，独自迎敌。他派遣密使向大食的附庸摩尔酋长奥斯曼求亲，希望能迎娶其女拉帕吉，结成同盟。事机不密，大食统帅阿卜杜勒·拉赫曼知悉后，向摩尔人兴师问罪。731 年，被大食逼得走投无路的奥斯曼跳崖自尽，他那如花似玉的女儿被籍没后宫。

噩耗传来，尤多知道自己将是阿卜杜勒的下一个猎物。此时，他还心存侥幸，没有火速向查理求援。毕竟，尤多曾经在图卢兹小胜大食。现实很快就粉碎了他的迷梦。大食兵分两路，杀入阿基坦。在首府波尔多城下，双方展开血战。尤多败走麦城。波尔多难逃兵燹之厄，被洗劫一空。阿卜杜勒挟大胜余威，挥师北上，分兵数路烧杀掳掠。

整个阿基坦，整个高卢，也许是整个西欧都陷入了末日恐怖中。

就在人心浮动的时刻，查理带着打败萨克森的骄人战绩，班师回京。在巴黎，他接见了昔日的对手尤多。这位穷途末路的阿基坦公爵以臣服为代价，换取查理的救援。

此时，大食兵锋进抵图尔。面对这座坚城，缺乏攻坚能力的大食骑兵围而不攻，越城而走，沿着昔日罗马修筑的驰道疾速北进，斩获颇丰。数目可观的战利品也使铁骑丧失了最宝贵的机动能力。查理率军在奥尔良渡河南下，一支偏师切入敌后，断了大食粮道。阿卜杜勒不得不退兵。他本想抛弃战利品，轻装上路。但是，这道命令遭到了强烈反对。麾下将士转战千里，就是为了劫掠财物。无奈之下，阿卜杜勒只好缓缓后撤。查理也没有逼得太紧，只是派出游骑，不断地歼灭殿后的大食骑兵。

就这样，整整六天过去了。双方走走停停，打打歇歇，先后来到了普瓦提埃城下。

阿卜杜勒要利用这段时间，加紧将战利品南运，减轻负担。查理的部曲固然是百战精锐，数量却太少，无法支撑起一场会战。他在等待各地乡勇赶来汇合。

最先沉不住气的，是阿卜杜勒。他发觉疏散辎重比预想的要慢，按现在的进度，大食在疏散结束时将粮草告罄。所以，阿卜杜勒决定用会战来赌一赌双方命运。查理无所畏惧。两百多年前，法兰克王克洛维就是在这里枪挑阿拉里克二世，从西哥特人手中夺取高卢的。如此傲人的战绩，使墨洛温氏拥有了降伏万民的王者之气。今天，查理也要用一场酣畅淋漓的胜利证明自己和自己的家族。

天下英雄谁敌手？

大食骏马长颈高蹄，追风啸月；大马士革弯刀更是冷光如冽、锋利无伦。大食铁骑正是凭借着快马弯刀，来去如风，独步天下，罕有对手。如果说他们有什么缺陷，就是缺少弓弩远射。如果不能突入敌阵，弯刀之利就难以发挥。为了扼制大食铁骑的速度优势，查理一开战就抢先列阵于高地之上。为了增加防御阵地的厚度，身披重铠的骑兵都下马协防。山坡减缓了大食铁骑的冲击力，当他们冲上高坡时，又要面对法兰克人用巨盾长矛构成的防御阵型。威震欧陆的法兰西飞斧却能不断地杀伤大食战士，列在阵后的希腊弩炮更是铺天盖地倾泻而下。整个山坡杀声震天，血肉横飞，恍如人间地狱。在经受住大食铁骑的疯狂攻击后，查理率重骑兵趁对手气势渐衰的时机果断出击。大食人再鼓余勇，拼死抵挡法兰克的反击。他们万万没有想到，眼前的如潮攻势全是为了掩护真正的必杀绝招。

在冥冥薄暮中，年过花甲的阿基坦公爵尤多率部曲悄悄绕过主战场，直趋大食人的营盘。坐镇大营的阿卜杜勒猝不及防，双方混战在一起。不久，夜幕降临。双方都没有夜战之力，喧闹了一天的普瓦提埃陷入了死寂。

当第二天的阳光重新照亮这片浴血的大地，查理在高地再次结阵，准备开始新一轮苦战时，却意外地发现自己面前只剩下一座空营，人迹全无，只有堆积如山的辎重和财货。原来，在昨天尤多的偷袭中，阿卜杜勒阵亡。群龙无首的大食人无心恋战，借着夜色掩护，悄然远遁，连掳掠来的战利品都没来得及带走。

尤多狂喜之下，极力要求追击穷寇，但查理否决了这个动议。对西欧的局势，他有自己的通盘考虑。

几百年来，无论是北方的纽斯特里亚、奥斯特里西亚和勃艮第，还是南方的阿基坦和普罗旺斯，都保持有很强的独立性，尤其是纽、奥两国，彼此心存芥蒂，甚至是敌视。他们害怕被对方束缚，被压倒，丧失自己的独立性。对大食的恐惧使整个西欧暂时聚集到查理的战旗下。现在，普瓦提埃大捷为凯旋的统帅赢得了无上荣光，从此，他将以“铁锤”这样阳刚的绰号留名青史。没有什么势力敢于公然挑战一个将欧洲从异教血盆大口中拯救出来的英雄，教廷为首的整个神圣罗马都要为他高唱颂歌，什么百年门阀、十世王族匍匐在查理的脚下，因为他们只是卑微的被拯救者。但这一切都是暂时的，只要迫在眉睫的外患消失，世家大族、地方豪强还会俯首听命于铁锤么？恐怕不可能。

铁锤查理打败大食

查理需要一个足够分量的外敌来给西方诸多势力以巨大压力，只有这样，他才能完成自己一统西欧的霸业。

在查理南征北战时，需要粮秣辎重；凯旋时又需要土地和财物来犒赏三军。这些都离不开土地。当时，土地多掌握在教会手中，所以，查理时常没收或借用教会的地产，赐予他的臣属，这才换来三军用命、战士归心。教士们之所以能容忍查理这么做，不正是因为被他们视为洪水猛兽的伊斯兰教已经随着大食的快马弯刀滚滚西来？神圣罗马必须依赖强悍的铁锤，还击异教咄咄逼人的攻势。

此外，罗马教廷同君士坦丁堡的朝廷交恶，也使教宗没有底气掣肘铁锤查理。

自查士丁尼和狄奥多拉时起，罗马教会同朝廷就屡屡冲突。等到狄奥多拉的侄婿查士丁二世登基，他也是一性论信徒，被罗马教宗视为异端。查士丁二世传提比略二世，再传至莫里斯，双方的关系没有任何改善。莫里斯皇帝是用兵大家，著有《将略》十二卷，对亚洲的波斯、北非的摩尔和中欧的阿瓦尔人作战均战绩不俗。他用兵意大利，击败伦巴第，对罗马教宗来说祸福难测。602 年，百夫长福卡斯发动叛乱，屠戮莫里斯满门，自立为帝。因信仰一性论而同罗马教廷交恶的查士丁尼朝灭亡。福卡斯不信奉一性论，与主流教会没有利害冲突，受到教宗格里高利一世的赞美。他只是东罗马诸帝中的另类。福卡斯残酷迫害基督一性论宗和犹太教徒，备受指责。迦太基州牧希拉克略起兵讨伐。610 年 10 月，福卡斯引颈受戮。

希拉克略称帝后，颁布敕令，重新尊奉一性论。罗马教廷与东罗马教廷再起纷争。等到希拉克略之孙君士坦斯二世在位时，退了一步，颁布新的敕令，建议对一性论搁置争议。当时的罗马教宗马丁一世并不领情。在他的极力鼓动下，649 年召开的拉特兰普世大会公然谴责东罗马朝廷前后两道敕令。君士坦斯二世龙颜大怒，称马丁一世卷入意大利州牧叛乱案，将他押解到君士坦丁堡。最终，这位罗马教宗被流放，至死未还。为了削弱罗马教宗的势力，君士坦斯二世又宣布拉文纳大主教自立，意图造成意大利教会南北分治。直到君士坦斯二世之子君士坦丁四世即位，东罗马皇帝与教宗的关系才趋向缓和，朝廷撤销了拉文纳教会自立的旨意。

然而好景不长，君士坦丁四世之子查士丁尼二世即位后，又一反父皇拉拢罗马教宗的做法。他在君士坦丁堡皇宫的圆顶殿举行集结，试图颁布一部新戒律，却遭到罗马教宗塞尔吉乌斯一世的反对。受挫的皇帝下旨逮捕教宗。但是，意大利的东罗马将士拒绝奉诏，反而攻击奉旨前来逮捕教宗的钦差。钦差走投无路，反要向塞尔吉乌斯一世寻求庇护。后来，刚愎自用的查士丁尼二世遭遇兵变，被劓鼻流放，逮捕罗马教宗之事才算是不了了之。

三年后，查士丁尼二世依靠保加利亚人卷土重来，杀回君士坦丁堡，诛杀了篡位者。他一直将与他同名的前朝皇帝视为榜样，复辟后更一心要复兴罗马。就连皇后的名字也被改为狄奥多拉。但是，查士丁尼二世残忍好杀，复辟后的六年中，血雨腥风席卷了东罗马，就连君士坦丁堡教宗也被剜去双眼。接着，这位没鼻子皇帝又开始谋划要对付罗马教宗和西方教会。忍无可忍的军队再次哗变，反戈一击，杀死查士丁尼二世。罗马教宗逃过一场弥天大祸。可教廷还是无法得到朝廷的任何支持，自然不敢反对手握重兵，声望如日中天的查理。

五年后，尤多公爵去世。查理提兵南下，吞并了阿基坦。接着，他在罗讷河谷再一次击败大食人。至此，伊斯兰教教徒绝迹比利牛斯山脉以北。

741年10月15日，铁锤查理溘然长逝。终其一生，他都只是宫相，但这不妨碍许多史书尊其为王。

只有基督教教士们对查理剥夺寺院地产怀恨在心。很多年后，他们还宣扬一个神话：说圣徒打开了查理的陵墓，看见一头吐火的恶龙张牙舞爪，怒声咆哮。在熊熊火光中，依稀可以看见查理的灵魂与肉体就在地狱深处，忍受着永恒之火的煎熬……

无冕之王查理将他的地盘均分给了两个儿子。长子卡洛曼得到了奥斯特里西亚、图林根和阿勒曼尼；绰号“矮子”的次子丕平食邑是纽斯特里亚、勃艮第和普罗旺斯。查理还未能彻底控制的阿基坦和巴伐利亚归两人共治。

铁锤查理还有一个儿子，叫格里夫。法兰克最有声望的教士卜尼法斯大主教支持他享有继承人地位。但是，卡洛曼和矮子丕平联手禁锢了同父异母的弟弟。

格里夫的母族是阿吉洛尔夫氏。前面提到，他们本是奥斯特里西亚豪门，后被加洛林氏两位肇基之祖丕平和阿努尔夫联手压制，在奥斯特里西亚的势力渐趋式微。但是，阿吉洛尔夫氏一直拥有巴伐利亚公爵之位。铁锤查理对这个家族颇为警惕，一方面百般打压，一方面又用联姻方式拉拢。他迎娶巴伐利亚公爵奥迪洛的姐姐为续弦，也就是格里夫的母亲；女儿又嫁给了奥迪洛。两大家族结为双重姻亲。

现在，查理不在了。奥迪洛意识到格里夫被囚对他来说是分裂法兰克，让巴伐利亚分离出去的良机。所以，他对外甥的遭遇表示愤慨，联手弟弟士瓦本公爵特德伯特，挑战加洛林氏。

在铁锤查理薨殁前四年，法兰克王位空缺。但查理一直没有按照惯例，从墨洛温氏中挑选新王。也许，他希望人们能渐渐习惯没有法兰克王的生活，最终忘记墨洛温王室。潜伏的政敌慑于铁锤查理的赫赫威势，噤若寒蝉。等到他下世，很多人就不甘寂寞了。不立新王，给了阿吉洛尔夫氏攻击卡洛曼昆仲的口实。对失去阿基坦，尤多诸子早就心怀不满，也趁势而起，桴鼓相应。素来敌视法兰克的萨克森更是蠢蠢欲动。一时间，法兰克王国危机四伏。

面对奥迪洛咄咄逼人的挑战，卡洛曼昆仲不得不同意墨洛温氏的希尔德里克三世继任法兰克王。奥迪洛没有罢手，通过罗马教宗提出巴伐利亚独立的要求。这一回，卡洛曼昆仲拒绝教廷的斡旋。奥迪洛在巴伐利亚悍然兴兵，士瓦本、萨克森，甚至斯拉夫人都出兵声援。他们都不愿意看到一个强邻崛起于西方。但是，卡洛曼昆仲同心勠力，打败了拼凑起来的敌军。战败的奥迪洛保住了爵位，但拱手交出原本控制的萨尔斯堡。他的兄弟特德伯特就没那么幸运，身死国灭。阿基坦的叛乱也偃旗息鼓。卡洛曼乘胜率军攻打萨克森，连连获胜。这样，查理之子终于稳住了局势。

风起云涌的叛乱也使卡洛曼昆仲意识到：枭雄克洛维和二百年统治带给墨洛温氏的光环虽然已经支离破碎，可毕竟还在闪光。拥有强悍实力后，加洛林氏必须为自己添附上神圣光环，才能成为西欧真正的王者。谁能为新崛起的强者带来光环？

答案是：神圣罗马——血缘、法律和历史无法给予的，就以神的名义去占有。

742 年起，卡洛曼连续两年集结奥斯特里西亚教士，宣布按不列颠模式改组法兰克教会；第三年，纽斯特里亚教士也应卡洛曼的要求，进行集结；等到 745 年，全法兰克的主教们会聚一堂……集结教士，向来是罗马皇帝的权力。加洛林氏要借助神圣罗马的影响力，突出自己的地位。不承想，卡洛曼浸淫教义太久、太深，竟然看破红尘，出家为僧。

法兰克王国，落入了矮子丕平手中。

就在卡洛曼落发为僧的同一年，被囚禁的异母幼弟格里夫获释，受封伯爵。但他也是心高气傲之辈，岂甘屈居人下？当时，矮子丕平用兵北士瓦本，接着又北上攻击未被征服的萨克森诸部。已被征服的东萨克森人暗地里支持格里夫潜入巴伐利亚，意图以此分裂法兰克福，围魏救赵，声援自己的同胞。舅父奥迪洛公爵已死，格里夫轻松击败了表弟塔西洛。他要利用巴伐利亚和母族阿吉洛尔夫氏

东罗马火攻大食水师

的力量，和兄长一争高下。但是，矮子丕平果断出击，打败了格里夫。在法兰克武力的支持下，流亡的塔西洛被迎回巴伐利亚。格里夫再次沦为阶下囚。四年后，他从流放地阿基坦逃逸，试图潜入意大利，结果殒命阿尔卑斯山。

内乱消弭，使丕平终于有时间考虑如何将墨洛温氏的王冠戴到自己头上。

在历史上，格里莫阿德是借助收养，拟制血缘来转移王统，结果一败涂地。卡洛曼和丕平兄弟则希望借助神圣罗马的权威改朝换代。但是，过去的几十年中，铁锤查理时常剥夺基督教教士的田产，犒赏跟随自己南征北战的勇士，所以，加洛林氏与神圣罗马的领袖罗马教宗关系平平。如果不是查理能用宝剑支持教士们向蛮荒之地传教，也许他们早就交恶了。在加洛林氏与阿吉洛尔夫氏的争斗中，心存芥蒂的罗马教宗总是偏向后者。

因此，丕平必须拉拢使徒彼得的传人。

此时，罗马教宗正如枯鱼涸辙。伦巴第人一直在觊觎罗马城。王族阿吉洛尔夫氏信仰尼西亚宗，可多数伦巴第人还顽固地信仰着阿里乌斯宗，对攻击罗马教宗，他们没有心理压力和宗教顾忌。要抗衡伦巴第，罗马教宗只能仰仗东罗马皇帝。不过，君士坦丁堡从不放弃干涉西方教会的企图。

此时的东罗马皇帝是开创伊苏里亚朝的利奥三世。

利奥三世的赫赫武功，绝不在铁锤查理之下。大食战舰一千八，因为利奥三世的“希腊火”，樯橹灰飞烟灭。接着，他又趁大食陆路大军被寒流与瘟疫袭击，果断出击，连战连胜。两支增援水师也先后被击败。这样一位不世出的雄主，以复兴罗马帝国为己任，在他的霸业宏图中，帝国的故土旧都自然是经略的重点。

导致皇帝和神圣罗马决裂的，是“破坏偶像运动”。

《旧约·出埃及记》中有一段话：“不可跪拜那些像，也不可侍奉它，因为我耶和华，你的神，是嫉邪的神。恨我的，我必追讨他的罪，自父及子，直到三四代。”禁止将神明、人类和动物雕塑成像，本是源自耶路撒冷的一神系宗教，如犹太教、基督教和伊斯兰教的共同戒律。《米兰敕令》颁布后，基督教教士们将经典中的这段告诫置诸脑后，借口修造耶稣像和寺院，供奉所谓圣人骨骸，接受大量信徒馈赠。多年巧取豪夺，滚滚金银流入寺院，被铸造为偶像和神龛，加剧了通货紧缩。大量人丁出家为僧，又使税源和兵源双双锐减。大食侵夺东罗马在亚洲的大片领土，许多基督教教士逃回欧洲和小亚细亚半岛，使教俗矛盾趋向尖锐。

利奥三世发迹于小亚细亚半岛，身边的勋臣悍将也多出自此地。这里诸教流行，互相渗透。利奥三世君臣受犹太教、伊斯兰教影响颇深，反感偶像崇拜。同铁锤查理一样，他需要土地来奖赏麾下的战士。可是，土地多为寺院所有。从726年起，利奥三世两度下旨禁止供奉神像和骨骸，逼令违旨教士还俗，大肆籍没寺院田产，史称“破坏偶像运动”。

731年，教宗格里高利二世为捍卫教会的财富，宣布对利奥三世和全体偶像破坏者施以破门罚，也就是剥夺基督徒身份。同时，教廷号召信众抵制破坏偶像运动。自罗马时代起，意大利信众久已习惯偶像崇拜。利奥三世针锋相对，剥夺罗马教宗在半岛征收拾一税的权力，没收财产，还将本归罗马教廷管辖的伊利里亚划归君士坦丁堡教会。双方剑拔弩张。同年，格里高利二世病故，格里高利三世当选新教宗。但情况并没有缓和。737年，东罗马驻军倒向罗马教宗。驻拉文纳的意大利州牧保罗死于兵变。局势一片混乱。此时，伦巴第王卢乌特普兰德进兵拉文纳和彭塔波利，逼近罗马城，意图吞并这座旧都。

罗马教宗陷入了两线作战的窘境。

比起远在君士坦丁堡的东帝利奥三世，伦巴第王卢乌特普兰德近在肘腋，对教宗的威胁更大。两害相权取其轻，格里高利三世不得不摒弃成见，号召民众忠于东罗马朝廷，共击伦巴第。伦巴第诸侯中，斯波莱托公爵和贝内文托公爵自恃实力雄厚，不肯臣服于卢乌特普兰德。罗马教宗拉拢他们，逼迫卢乌特普兰德吐出刚刚占领的苏特里。不过，教会抢在意大利州牧欧蒂基奥之前，接管了这块失而复得的土地。欧蒂基奥认为格里高利三世僭越太过，愤然与卢乌特普兰德联手，围困罗马城。兵临城下的压力，逼迫罗马教宗承诺不再勾结斯波莱托公爵和贝内文托公爵。卢乌特普兰德得以腾出手来，制伏了这两大反叛诸侯。

但是，伦巴第人顿兵罗马城下，徘徊不去。到底是把罗马教宗还是东罗马皇帝列为首要对手，他们摇摆不定。同样的难题也摆在罗马教宗面前。直到伦巴第最终决定攻击东罗马时，罗马教宗才决心搁置前嫌，说服听命于教廷的威尼斯派出水师援救拉文纳。原因无他：比起远在君士坦丁堡的朝廷，试图统治整个意大利的伦巴第王才是罗马教廷真正的敌人。

教宗格里高利三世和皇帝利奥三世都在 741 年辞世。继承东罗马皇位的是利奥三世之子君士坦丁五世。他出生受洗时，便溺污染了圣水，故绰号“臭虫”。君士坦丁五世一面继续坚持破坏偶像运动，一面南征北战，赫赫武功直追其父。他的经略重心在亚洲，对意大利兴趣缺缺。当时的伦巴第王阿斯托尔福在 751 年攻陷了东罗马州牧治所拉文纳，也没有让臭虫把视线西移。新的罗马教宗扎迦利与君士坦丁五世私交甚笃。不过，东罗马还是没有派兵援救饱受伦巴第骚扰的教廷。对扎迦利来说，这可谓喜忧参半：皇帝无心和他争夺西方教权；但离开了东罗马的剑，他和他的教廷又如何对抗野心勃勃的伦巴第人呢?

早在格里高利三世还在世的时候，罗马教廷就试图引入法兰克，压制伦巴第。他曾向铁锤查理发出过试探，但没有得到回应。但是，现在情况不同了。矮子丕平对来自罗马教会的呼唤很感兴趣。

也恰是在 751 年，法兰克特使拜会罗马教宗时，带来了矮子丕平的一个问题：“谁是法兰克的王者？”

扎迦利教宗对矮子丕平的用意心领神会，给出的回答是：“谁为法兰克人操劳，谁就是他们的王。”

矮子丕平非常满意，在苏瓦松城召开大会，公布了罗马教宗的回答。在场贵族和民众当场将他抬了起来，放在一面巨大的盾牌上，一边敲打着武器，一边山呼万岁。大主教卜尼法斯为丕平行了膏礼，象征着丕平蒙受神恩，受命为王。

这就是未来千年中君权神授观的滥觞。

两百多年前，克洛维在苏瓦松为了一个花瓶砍下了反抗者的脑袋，树立起墨洛温氏的王者之威。两百多年后，矮子丕平在同一座城终结了这个王朝，开创了加洛林朝。

末代君王希尔德里克三世步履蹒跚地走过祖先留下的土地，走远了。克洛维的子孙被迫削发为僧。“二百年来霸王业，可知今日是丘墟”——墨洛温朝的霸业已成往事。

占据拉文纳城的伦巴第王阿斯托尔福扫清了东罗马在北意大利的残余力量后，再次对罗马城提出了主权要求。他要罗马教宗屈膝马前，向他进贡。继扎迦利后成为罗马教宗的，是斯蒂芬二世。与阿斯托尔福谈判未果后，他只好冒着漫

矮子丕平加冕

天风雪，亲赴法兰克，向矮子丕平求援。

斯蒂芬二世是历史上第一位北出阿尔卑斯山的罗马教宗。

故老相传，耶稣诞生时，有三位擅观星相的贤王自东方而来，朝见救世主。后来，这一天，也就是每年1月6日被定为“三王来朝节”。754年的三王来朝节，矮子丕平前往斯蒂芬二世下榻的蓬提昂城，会见教宗。斯蒂芬二世依照古犹太人习俗，头撒尘土，身披麻衣，以示自己有罪过，蒙受神谴，恳请丕平和法兰克的诸位英雄们出手相救。见罗马教宗姿态如此之低，丕平上前行过叩首礼后，扶他上马，亲自牵着缰绳走了一段，才扶斯蒂芬二世下马。两人相谈甚欢。丕平当场慷慨允诺出兵。

不久，斯蒂芬二世在巴黎的圣德尼寺为丕平和他的两个儿子查理、卡洛曼行膏礼，重申丕平的王位受命于神，是罗马之王。

所谓“膏礼”，本是古代以色列祭司在诸王继位时举行的仪式，将油膏涂抹在新王额头，以示祝福。在边远的不列颠岛和伊比利亚半岛，基督教教士也曾为当地公侯举行过这种典礼。但是，为帝王行膏礼，史无前例。

就在此时，另一位重要来客也来到了巴黎。他就是丕平的兄长卡洛曼。这位前法兰克王隐世多年，不问世事。他再度出山，是受伦巴第王阿斯托尔福所迫。矮子丕平的两个儿子受了膏礼，被立为储，而卡洛曼的几个儿子同为铁锤查理的嫡传孙辈，却无缘王座。卡洛曼希望兄弟对自己的子嗣一视同仁，分茅裂土。阿斯托尔福想借此挑起法兰克的内乱。丕平并未让他的阴谋得逞，坚持将侄子排除在继承人之外。

就在这一年，矮子丕平如约率军征伐伦巴第——此后千年里，阿尔卑斯山北神圣罗马帝国的王者们追随矮子丕平的脚步，一次次南征意大利，构成了中世纪一大历史景观。

阿斯托尔福不敌法兰克虎狼之师，被围困在都城帕维亚，不得不放弃对罗马城的领土要求。丕平收兵，返回法兰克。不承想，阿斯托尔福不甘就此放弃一统意大利的霸业，于756年再度挑起战端，剑指罗马。斯蒂芬二世无奈之下，第二次向法兰克请援。同年，丕平父子再度劳师远征，进兵伦巴第，逼他们签署《帕维亚和约》。这份和约中，阿斯托尔福被迫承认拉文纳、罗马城、威尼斯和伊斯特拉半岛均归罗马教宗，史称“丕平献土”。

本来，东帝君士坦丁五世希望丕平能将这些土地交还朝廷，但遭到拒绝。丕平告诉钦差，自己出兵南征，是出于仰慕使徒彼得，而非仰慕皇帝。

后来，有一个故事在西罗马的故地上流传开来。

故事的主角，就是四百年前那位颁布《米兰敕令》，使基督教合法化的君士坦丁大帝。故事开始时，他和历代罗马皇帝一样，信奉古罗马的万神教，视基督教为邪教异端，还残忍地下旨，要将整个罗马城的基督徒杀死，献祭于诸天神灵。面对死亡的威胁，当时的罗马主教西尔维斯特不得不率教士们逃出城去，藏身索拉克特山——矮子丕平的兄长卡洛曼就是因这个传说，选择在此出家修行。

就在这危急时刻，君士坦丁突然身罹恶疾。

万神教的祭司在诊断病情后，提议用童男童女的血液来洗浴病体。饱受病痛折磨的皇帝立刻命人四处搜索婴儿，还在神庙前放置了一个浴盆。顿时，满城陷入悲伤，失去了孩子的母亲哭声震天。罗马恍如末日降临。就连皇帝也被哀哀哭声所感染，迟迟下不了决心，杀戮童男童女。

那一夜，病中的君士坦丁沉沉睡去，在梦中见到了使徒彼得和保罗。他们告

君士坦丁将罗马城赐予教会

诉皇帝，西尔维斯特主教可以治愈他的痼疾。醒来后，君士坦丁立刻命人出城，到索拉克特山中寻到了避难的主教。斋戒祈祷一周后，西尔维斯特就用那只本要盛满童子鲜血的浴盆为皇帝受洗。只不过，圣水代替了童男童女的鲜血。君士坦丁沐浴三次后，一只巨手从天而降，轻抚御体。当他从洗礼盆里站起时，恶疾霍然而愈。

据说，君士坦丁从此皈依基督教，成为一名虔诚的信徒。就在治愈君士坦丁恶疾后不久，西尔维斯特还大发神威，打败了一头进犯罗马城的恶龙。皇帝相信，法力无边的主教一定能成为罗马城和西罗马的庇护者。当他决意离开罗马城，迁都东方的新罗马君士坦丁堡时，下旨将拉特兰宫、罗马城和整个西罗马都奉献给基督教会，奉献给使徒彼得的传人。

所有这一切，被写进了一道御旨——《君士坦丁惠赐书》。

这个故事是真实的么？我们很容易找到纰漏。早在313年，君士坦丁就颁布《米兰敕令》，停止了对基督教的迫害，而西尔维斯特是314年才登上罗马主教法座。他怎么可能逃亡索拉克特山？这个故事的另一处纰漏是，它称君士坦丁皇帝受洗是在驻跸罗马城后不久，也就是312年左右。但是，几乎所有人都知道皇帝是在临死前才受洗的；为他施洗的，就是大名鼎鼎的尼科米底亚主教尤西比乌——那已经是

不平献土

337年了。还有，君士坦丁将都城东迁到君士坦丁堡，却没有放弃过西方。按照他的旨意，西罗马的莱茵河以西、西班牙和不列颠留给长子君士坦丁二世，而意大利和北非归幼子君士坦斯。何曾有过半分献给教会之意?

除了一纸文书，再没有任何东西可以佐证“君士坦丁献土”。将罗马城一带交给罗马教廷的，只能是矮子丕平。就算是他，也只是将罗马教宗视为这些领地的占有者，并不否认它们在名义上是属于罗马帝国。东罗马皇帝仍是这些领土的最高统治者。无论是矮子丕平，还是后来继承他王位的查理，都没有提到所谓的“君士坦丁献土”或《君士坦丁惠赐书》。

就算是罗马教宗自己，在772年的文书中也不否认这一点。

但是，教宗对直隶领地的统治受到了两方面挑战。原东罗马的意大利州牧直辖的拉文纳一带，也就是狭义上的罗马尼亚，拉文纳大主教一心想确立宗教上的绝对权威。在北意大利，他和米兰大主教在西方教会中都拥有仅次于罗马教宗的威望。在罗马城，许多世俗贵族也不愿意让罗马教宗这样一位教士来统治。

所以，阿斯托尔福死后即位的新伦巴第王德西德里乌斯找了种种借口，不愿意爽快地履行《帕维亚和约》。只是，他的手腕比较高明，将女儿婕尔蓓克嫁给矮子丕平的儿子卡洛曼，缓和同法兰克的紧张关系。

法兰克与伦巴第两国缔结秦晋之好，使罗马教宗无法像上次一样，借力打力。斯蒂芬二世的继任者教宗保罗一世也无可奈何。

《君士坦丁惠赐书》可能就是伪造于这时候。关于它的传说，不过是教廷的自说自话。他们似乎忘记了《旧约·箴言》的警示：“作假见证的、必不免受罚，吐出谎言的、终不能逃脱……”

如今的神圣罗马，只能靠谎言来维系信仰，用谎言来标榜独立了。不，彼得的传人不惜撒谎，不过是图谋七丘之城罢了。可是，使徒彼得在刑场上祝福和告别这个城和这个世界的时候，从未想过占有脚下这片即将被自己的鲜血浸润的土地——这是七百年前的旧事，早已被遗忘。

第九章

chapter nine

一剑乘时帝业成

查理大帝在西方再造帝国

对伦巴第王德西德里乌斯来说，774年的冬天格外寒冷。

就在数日前，一个震动王国的消息传到了都城帕维亚：法兰克王查理来了！漫天风雪和巍巍阿尔卑斯山没有能阻挡这位北方强者的脚步。他率领着麾下的百战雄师，裹挟着寒流，滚滚向南，很快就要杀过来了。

此刻，德西德里乌斯面无表情地站在高高的塔楼上，极目远眺，表面上看起来显得还很平静。陪同在他身边的奥特克尔就没有那么镇定了。如果你留意，不难发觉他的身躯止不住地轻颤，如晚秋的黄叶。奥特克尔出身法兰克世家，本可以锦衣玉食、安享富贵。可他得罪了查理，在几年前不得不背井离乡，南投伦巴第。奥特克尔还是没有能躲过命定的对头。

此时，天际烟尘滚滚，很快就可以看见烟尘中车如流水马如龙，涌向帕维亚方向。速度之快，恐怕连波斯名王大流士或罗马无冕帝王恺撒的车驾都比不上。德西德里乌斯转头问奥特克尔："查理是在那支大军之中吗？"

奥特克尔对法兰克行军布阵情形非常熟稔，很肯定地说："还不是。"

这是查理的辎重队伍。跟在他们后面的，是生龙活虎的一排排甲士。他们肤色、发色各异，相貌身材差距很大，有红发的凯尔特人、黑发的拉丁人，也有黄发或白发的日耳曼诸族，有东方的斯拉夫人，还有来自伊比利亚的大食人和非洲的摩尔人……铺天盖地而来。德西德里乌斯喃喃地说道："查理一定是在这支大军的簇拥下扬扬自得地走来。"

没想到，奥特克尔依然给出了否定的答案。

伦巴第王终于开始慌张了："如果还有更为庞大的兵力随他前来，我们如何抵挡呢？"

"等查理驾临时，大王就可以看见他的尊容了。"奥特克尔沮丧地说，"至于我们将面临什么，我可无法预测。"

就在两人交谈时，羽林、虎贲走进了他们的视线。德西德里乌斯惶恐地喊道："查理在那里！"

可奥特克尔的回答更让人恐慌："还不是，还不是。"

跟在羽林、虎贲后面的，是大批的基督教教士和他们的仆从。此时，德西德里乌斯已经快要崩溃了。他带着哭腔，结结巴巴地发出了哀号：“让我们藏到暗无天日的地底去，躲开如此恐怖的劲敌吧！”

对不可战胜的查理，奥特克尔可谓知之甚深。他绝望地向伦巴第王描述自己所知道的一切：“当殿下看到在旷野上密植一片铁的庄稼，又如波河和提契诺河波涛般冲击城墙，水面因钢铁泛光而变成黑色，那就是查理驾临。”

话音未落，从西面涌来一片黑潮，使天地为之一暗。直到车驾临近时，白刃青光转瞬又将黑夜变为白昼。对坐困愁城的伦巴第守军来说，这个白昼比起任何黑夜还要黑暗。此时，他们已经可以看见那位威名赫赫、坚强如铁的查理了。

是的，就是铁——这是法兰克王给人留下的观感。

查理身躯伟岸，大眼高鼻，铁兜鍪下露出几缕浅色头发。比起颀长的身形，他脖颈略略显短，但并不显得比例失调。铁甲胄下是坚实胸膛、宽阔肩膀。左手铁马槊，右手永远放在铁剑的剑柄上。他胯下鞍鞯边上还挂着一个铁盾。胯下乌骓如铁塑的一般冷峻。在查理的身前身后，是无数身披铁甲的勇士，装备着同样的铁盾铁槊。苍天下、大地上，铁流汹涌，把阳光都反射回去。如此强大的视觉冲击力，使人如堕地狱。不！这比被铁色填满的空间地狱更恐怖。

帕维亚城墙上，目睹汹汹铁流的伦巴第人爆发出了一阵绝望的哀号。

德西德里乌斯知道，臣民们坚守孤城的信心已然瓦解。不，包括他，伦巴第王，也不例外。此时，耳畔传来奥特克尔磕磕巴巴的话：“大王希望看到的查理就在那里。”

德西德里乌斯回头一看，说话人已经软瘫在地。

不过，帕维亚的城门依然对钢铁般的查理紧闭着。谁也不知道，到底是希望还是疯狂支撑着他们拒绝如此强大的力量。不过，查理并不在意，淡淡地对扈从说：“为了不让世人指责我们虚掷一日时光，建一座小小的祷告室吧。如果他们不肯早些开门迎驾，我们可以礼拜神明。”

法兰克王身边的人如奉纶音，立刻四散奔忙。短短几个时辰，一座雕梁画栋的殿堂已经矗立在帕维亚城外。谁能相信它竟是一日内建成的。目睹这一奇迹，全城轰动，有些人已经开始公然讨论向查理称臣之事——人心浮动的帕维亚，没有一丝坚守的可能。

这就是查理，战无不胜的王者。

尽管《查理本纪》的这段描述已经被无数人引用过无数遍，我还是决定用它来作为这一章节的开头。我对查理的印象，最初就来自这段描述。它是我对法兰克王记忆的起点。那么，当我们追寻他的足迹，走过那据说能环绕地球两圈的漫漫长路后，这神一般的形象是会屹立不倒，还是颓然倾塌？

查理大帝身躯伟岸，大眼高鼻

查理的王者之路始于努瓦永城。在那里，他惊悉父亲矮子丕平薨殁的噩耗。按照传统，法兰克召开了大会，也就是“三月校场”，选举查理和他的弟弟卡洛曼为王。768 年 10 月 1 日，查理、卡洛曼分别在努瓦永城和苏瓦松城登基。查理分得北奥斯特里西亚、北纽斯特里亚和西阿基坦，卡洛曼得到了南奥斯特里西亚、南纽斯特里亚和东阿基坦，还有勃艮第。这一幕，也曾在他们的祖父铁锤查理下世时上演过。当时，矮子丕平分到的领土，就是今天查理所得。卡洛曼分得的领地原本是分给了他们的伯父，名字也是卡洛曼，在索拉克特山出家修行。

矮子丕平还给儿子遗留下了一场未曾结束的战争。这场战争的对手，是阿基坦公爵魏法尔。

多年以来，阿基坦一直试图与北方的法兰克人分庭抗礼。他们的公爵是墨洛温王室硕果仅存的势力了。野心勃勃的尤多公爵曾几次与铁锤查理兵戎相见。直到大食人北犯，他才被迫向法兰克宫相妥协。借尤多去世的机会，铁锤查理一度牢牢地控制了阿基坦。可等他身殁，这块土地又开始蠢蠢欲动了。格里夫被矮子丕平逐出巴伐利亚后，曾向阿基坦求援。公爵魏法尔并不想为他开罪丕平，坐视格里夫事败身死。

不过，矮子丕平依然视阿基坦为心腹之患。760 年，他借口魏法尔霸占寺院产业，兴兵讨伐。仓促应战的魏法尔自知不敌，遣使纳质求和。见对手服软，丕平同意退兵，还大度地表示不索要人质。但是，魏法尔厉兵秣马，积极备战，在第二年自毁誓约，悍然进兵法兰克。正在杜拉别墅召开宗教会议的丕平闻报，立刻携查理出兵应战，连挫魏法尔。到丕平去世时，他先后四征阿基坦。764年，魏法尔伏诛。丕平举行凯旋典礼后班师回朝，在途中病殁。

恰在此时，阿基坦再起烽烟。为首的，是魏法尔之父胡诺尔德。惊悉爱子兵败身死的噩耗后，这位出家避世多年的老公爵，重披战衣，反抗法兰克。

战争本该由卡洛曼来继续，因为阿基坦大部都被父亲划归他所有。卡洛曼在多阿斯迪维斯与兄长会面，但无意出兵，自行北返法兰克。查理自率大军南征阿基坦。兄弟俩关系隐现裂痕。他们的母亲贝特拉达从中斡旋，也没有能弥合。

对查理来说，这场战争远算不上苦战。卡洛曼作壁上观，也不影响他轻松地击败对手。眼见大势已去，胡诺尔德仓皇出逃，流亡加斯科尼。

加斯科尼在比利牛斯山脉北麓，毗邻阿基坦，地势崎岖，易守难攻。当地土著心性固执、桀骜不驯，对扩张的法兰克势力怀有敌意。阿基坦的覆灭更让加斯科尼人深感唇亡齿寒。查理挥师渡过加龙河，步步紧逼，丝毫不给胡诺尔德喘息之机。他的使臣很快出现在加斯科尼首府，给公爵卢普斯两个选择：开战，或者交出流亡者。

加斯科尼屈服了。

征服阿基坦，对崛起中的法兰克来说不算什么。真正值得注意的，是这场战争暴露了查理和卡洛曼兄弟关系的裂痕。在墨洛温朝，手足参商引发了多少喋血事件。难道加洛林氏也无法避免？

卡洛曼的妻子婕尔蓓克是伦巴第王德西德里乌斯之女。为了弥合兄弟间的裂痕，母亲贝特拉达力主查理迎娶德西德里乌斯的另一个女儿德西德拉塔。这样，他们就以兄弟而为连襟，亲上加亲。但是，此举适得其反。卡洛曼自觉陷入孤立，怀疑查理是否和德西德里乌斯达成某种默契。因为他的领地正好夹在伦巴第和查理的领地之间。

法兰克兄弟阋墙，恰好给了德西德里乌斯可乘之机，在意大利扩张势力。罗马教廷中，他扶植的亲伦巴第派大肆排挤亲法兰克派。这触及了卡洛曼的利益。因为他的食邑勃艮第与意大利仅一山之隔，半岛始终是他重点经略之地，罗马更是重中之重。卡洛曼的使者多方奔走，收效甚微，重要的原因就是查理的态度暧昧。

771年10月14日，卡洛曼薨殁。局势就此反转。查理取得卡洛曼旧臣的拥戴，接管了兄弟的领地。从此，法兰克只有一个王者。卡洛曼的儿子不敌伯父，奉母后婕尔蓓克仓皇南走伦巴第，去投奔外祖父德西德里乌斯。法兰克和伦巴第的裂痕继续扩大。为了反击法兰克人，德西德里乌斯请求新教宗哈德良一世为卡洛曼之子加冕。但是，哈德良一世不为所动，决心习历代教宗故智，远交近攻，引法兰克牵制伦巴第。未能如愿的德西德里乌斯悍然入侵罗马，意图武力震慑哈德良一世。

查理岂能坐视伦巴第人的计谋得逞。加洛林氏的冠冕来自罗马教宗之手，如果让侄儿获得教宗加冕，他称王的合法性就被大大削弱。

查理于773年取道苏萨山谷，绕过了伦巴第防线，杀入波河平原。于是，出现了我们花费很多笔墨来描绘的那一幕。面对法兰克人神兵天降，伦巴第大军未战先溃。德西德里乌斯狼狈地退守帕维亚城。在外无援兵的情况下，他于次年献城投降，保住了性命。伦巴第废王的余生只能在寺院中了却。卡洛曼的遗孀、子嗣也悉数落网，从此再未见诸史书。此时，德西德里乌斯之子阿代尔基还在维罗纳城负隅顽抗。见大势已去，他弃城而走，东奔君士坦丁堡。

查理以德西德里乌斯的东床快婿身份，将伦巴第世代相传的铁冠堂而皇之戴到了头上，傲然宣布："神以之赐吾，谁敢亵渎！"

可查理转眼又抛弃伦巴第公主德西德拉塔。因为，他已经得到了自己想要的东西。

此后，意大利就不再是法兰克用兵的重点方向。查理留下次子丕平坐镇帕维亚，代行伦巴第王权。直到十五年后，查理才二次进军意大利，目标是半岛南方的贝内文托公国。这个公国和斯波莱托公国在名义上一直是伦巴第王国的附庸，但它们从来不服从帕维亚。这一次，查理取道罗马城，南进卡普亚。贝内文托公爵阿拉吉斯派他两个儿子鲁莫尔德和格里莫阿德赶赴查理的行营。除了不敢亲身谒见法兰克王外，公爵愿意接受任何条件。查理也无意在南方大动干戈，接受了阿拉吉斯送来的财物。格里莫阿德留在法兰克宫廷为质，鲁莫尔德获允回国。随后，查理的使者赶到贝内文托，代表他接受阿拉吉斯的效忠誓言。

贝内文托的归顺非常及时。此时东西方关系急剧恶化，高潮就是查理长女与东罗马帝国的君士坦丁六世解除婚约。流亡东方的德西德里乌斯之子阿代尔基奉东罗马皇帝旨意西征，在南意大利发起攻势，要夺回失落的伦巴第铁冠。

为了复国，阿代尔基甚至向阿瓦尔人求援。

阿瓦尔人素来与伦巴第国交好。接到阿代尔基的求援要求后，立刻起兵西侵，要趁机掠夺意大利。但是，法兰克人连败阿瓦尔人，扭转了局势。接着，查理联合贝内文托和斯波莱托两大公爵，粉碎了阿代尔基的复国迷梦。

意大利的暖风微醺，软化了钢铁般的罗马军团，也软化了曾经称雄多瑙河中游的伦巴第人。他们丧失了祖先的雄风，再兴不起抗衡法兰克的半点意思。

伦巴第国祚移转使阿尔卑斯山北的局势发生了微妙变化。

山北的巴伐利亚高地，是公爵塔西洛的领地。他的夫人丽特佩嘉，是德西德里乌斯的另外一个女儿。父亲被废，兄长逃亡，两个姐姐一个被查理休弃，一个被擒，让这位巴伐利亚公爵夫人对查理怀有刻骨仇恨。在她的唆使下，塔西洛开始图谋脱离法兰克王国。

塔西洛之母，是矮子丕平的妹妹。所以，他与查理是姑表兄弟。当年，格里夫只身入巴伐利亚。塔西洛无力抗衡，拱手让出巴伐利亚。是矮子丕平帮他夺回了江山。丕平不愿看到格里夫坐大，便扶植塔西洛为新公爵，巴伐利亚也成了法兰克王国的附庸。最初，塔西洛对舅父感恩戴德，多次发誓效忠。直到763年，也就是矮子丕平第四次进军阿基坦的那年，本来扈从出征的塔西洛找了一个借口，脱离大营，潜回巴伐利亚。

从此，巴伐利亚事实上摆脱了法兰克国的羁系。查理的母亲贝特拉达再次充当了调停人。塔西洛勉强同意尊奉查理为王。但是，他不甘永远臣服。阿吉洛尔夫氏和加洛林氏这两大豪门有太多的恩怨纠葛。

塔西洛建寺兴教，利用巴伐利亚高地东邻多瑙河中游盆地、北邻中欧平原的地缘优势，不遗余力地支持基督教东传、北传，得到了教士们的颂扬。在某些教士口中，他甚至有新君士坦丁的美誉。

这种言过其实的阿谀奉承使塔西洛一直怀有帝王梦想，要仿效君士坦丁大帝，一统天下。他最大的对手，自然是查理。在阿吉洛尔夫氏这样的钟鸣鼎食之家看来，加洛林氏不过是近几十年才崭露头角的新贵，缺乏根基。塔西洛的母亲来自加洛林氏，妻子出身伦巴第王族，身份均高于查理的母亲和妻子。在他看来，自己比法兰克王更有资格问鼎天下。

但是，帝王冠冕又岂是仅靠家世就能得到的？

对塔西洛的狼子野心，查理了然于胸。由于连年用兵，他无暇腾出手来对付野心勃勃的塔西洛。但是，查理从来都没有放松过警惕。781 年，罗马教廷与法兰克联合使团造访巴伐利亚，要求塔西洛发誓效忠查理。当这位巴伐利亚公爵想集结力量，对查理进行反击时，才惊觉自己的软弱无力。

巴伐利亚本土门阀对塔西洛很冷淡。在他们看来，一个强势的公爵会对自己构成莫大威胁。支持查理，削弱塔西洛更符合这些世家的利益。失去他们的支持，塔西洛只能屈服。但是，他尚不甘心，暗地里勾结贝内文托公爵阿拉吉斯、盘踞南意大利的东罗马，再加上多瑙河中游盆地游牧的阿瓦尔人，意图构建反法兰克的铁三角，静候时机，要同查理一决雌雄。按塔西洛的如意算盘，几方在时机成熟后同时发难，让查理陷入三面受敌的窘境。等到查理败亡后，谁能收拾残局呢？贝内文托国偏居一隅，无心逐鹿天下；东罗马虽强，却只是擅于操舟，对远离沧海的阿尔卑斯山北诸郡鞭长莫及；阿瓦尔人兵强马壮，但毕竟是化外蛮夷，无法得到西方诸族的认同；只有他出身望族，在教士中也深孚众望，自然是问鼎天下的不二人选。

但是，查理的铁蹄无情地粉碎了塔西洛的黄粱迷梦。

法兰克大军二进意大利，逼降贝内文托，击败东罗马扶植的阿代尔基。查理乘胜传檄西方，声讨塔西洛。很快，他就召集大军，亲征巴伐利亚。塔西洛急忙恳请罗马教宗出面斡旋，但没有下文。迫于压力，他不得不将儿子提奥多送到查理身边为质，同时重申自己效忠于查理。就在此时，塔西洛勾结阿瓦尔一事败露，朝野一片哗然。此事已经触及法兰克的底线，堂堂巴伐利亚公爵顷刻间众叛亲离，不得不在 788 年自首。查理赦免了塔西洛的死罪，将他幽禁在寺院中。

塔西洛内有家世、外有强援，也不乏声望人脉，却缺少真正属于自己的力量。最重要的是，他缺少一颗勇敢的心。

塔西洛面对查理咄咄逼人的姿态，他从没有破釜沉舟，奋起搏杀，反倒是一次又一次地选择了屈服。巴伐利亚和法兰克甚至没有发生过一次像样的沙场争锋。如果塔西洛甘于平庸，安心当一个富贵闲人，阿吉洛尔夫氏也许还能在查理的羽翼下延续他们对巴伐利亚的统治。但是，塔西洛偏偏沉湎于一个与他的真实力量不匹配的幻梦，最终，他被曾经拥戴过自己的人无情地遗弃了，只能惶惶如丧家犬，跪倒在查理脚下。

巴伐利亚成为法兰克新的州郡。查理妻子希尔迪加尔德的兄弟格洛德出任首任太守，也就是伯爵。就这样，阿吉洛尔夫氏结束了对这块高地近三百年的统治，黯然退出一流豪门之列。

巴伐利亚臣服后，查理驻跸于此，吟鞭东指。789 年，他率法兰克军跨易北河作战，逼降斯拉夫人，接着就从巴伐利亚出兵，攻击阿瓦尔人。791 年秋，查理的儿子丕平从意大利出发，与父亲南北夹击。阿瓦尔人被意大利的法兰克军击败，兵败如山倒。惨败打破了阿瓦尔人原有的平衡，他们随即发生内讧，两位可汗先后丧命。四年后，阿瓦尔一部在首领图顿的率领下抵达法兰克京城亚琛，向查理献上降表，接受教会的洗礼，从此皈依基督教。

同时，法兰克军深入多瑙河和蒂萨河一带，攻陷可汗的王庭，掠走了阿瓦尔人囤积的财物。第二年，阿瓦尔新可汗也向意大利的丕平投降。此后，阿瓦尔人时降时叛，反复不定，巴伐利亚太守格洛德就死于一场叛乱。不过，阿瓦尔已不能给法兰克造成什么威胁了。原本臣服于他们的西斯拉夫人纷纷反戈相向，阿瓦尔人反而需要依靠查理来震慑斯拉夫人。

在西南方向上，查理同样战绩彪炳。

从加斯科尼南越比利牛斯山脉，就是大食控制下的伊比利亚半岛。750 年，白衣大食为黑衣大食所取代，倭马亚宗室几乎被屠戮一空。只有阿卜杜勒·拉赫曼逃出生天，孑然一身，西走伊比利亚半岛。白衣大食的遗臣旧将拥戴他为王，定都科尔多瓦城。大食分裂为黑衣大食、白衣大食，还有后来的绿衣大食，争斗不休。不过，阿卜杜勒·拉赫曼之后的白衣大食主暗臣愚，内乱迭起，竟然向法兰克国求援。

查理早就觊觎伊比利亚半岛。接到科尔多瓦的求救信后，他在778年远征伊比利亚半岛，所向披靡。查理的从侄罗兰时任护不列颠将军，本驻防在卢瓦尔河河口以北的沿海地带，防御不列颠岛方向的入侵。这次出征，他战功赫赫。大军班师途中，取道朗塞瓦尔谷。没想到，巴斯克人竟然在这里进行了一场伏击。

巴斯克人是栖息在西欧的古老民族，日薄西山，先后为凯尔特人、罗马人和日耳曼诸族所破，仅有的残部退入比利牛斯山深处，凭借险峻地势苟延残喘。

朗塞瓦尔谷一带，山高林密，视野受到很大限制。加上法兰克的斥候多少有些大意，没有及时发现伏兵。遭到袭击的时候，大军一字长蛇，正鱼贯穿过狭窄的隘口。巴斯克伏兵奇兵突起，从山上俯冲。法兰克的辎重营被劫。在地形复杂的山间作战，对披重铠的法兰克人来说非常不利，轻装疾进的巴斯克人很快就占据了上风。殿后的人马首先崩溃，接着法兰克军也溃败了，再也组织不起坚固的防守和有力的反击。最终，这支法兰克远征军全军覆没。获胜的巴斯克人在夜色的掩护下，消失在莽莽群山中。

罗兰阵亡，他的故事则写进了传唱千年的《罗兰之歌》。

兵败噩耗传来，西方为之震动。法兰克战败，已多年未见。加斯科尼本就对当年不战而降耿耿于怀，觉得这是重振雄风的良机。叛乱此起彼伏，甚至波及了阿基坦。但是，他们小觑了查理。

朗塞瓦尔谷之役，只是查理辉煌胜利中一段哀婉的插曲，很快就结束了。没有什么能阻止他征服西方的脚步。799年，加斯科尼试图独立。查理果断地撤换了镇压不力的图卢兹公爵乔叟。宗室威廉临危受命，扭转了战局。801年和812年，加斯科尼因抗税两次叛乱，均遭查理铁腕镇压。在西南方向上，继阿基坦和加斯科尼之后，整个比利牛斯山脉也被他征服。接着，查理跨越崇山峻岭，杀入伊比利亚半岛。埃布罗河流域是整个半岛最肥沃的地方，名城巴塞罗那就屹立于此。法兰克大举南征，兵马在皇子路易率领下，横扫半岛东北，一举攻克巴塞罗那，还洗劫了达莱星达城。无数城镇和田园化为火海，法兰克人掳掠大量财物后，将无法带走的都付之一炬。不过，西南方向的扩张也就到此为止，法兰克人没有渡埃布罗河南下，白衣大食才避免了亡国之祸。

为什么我要以帕维亚城外那熟悉的围城场面开始这段故事的讲述？

就是因为我觉得，只有对查理的滔天权势和骇人武力有直观的认识，你才能明白为什么加斯科尼公爵卢普斯、伦巴第王德西德里乌斯、贝内文托公爵阿拉吉斯和巴伐利亚公爵塔西洛，都要低下他们曾经高昂的头颅，甚至没有一战的勇气。不是什么人都能从容面对滚滚铁流、铮铮铁蹄，犹自从容。桀骜不驯的阿瓦尔人也不例外。

难道苍茫大地，查理竟觅不到一位值得尊重的对手么？

不，真正敢于面对鲜血和刀锋的英雄在北方。在风急雪冷的莽莽林间，有那个时代最无畏的生命。我说的就是萨克森人。

和法兰克人一样，萨克森也属西日耳曼族。三百多年前，他们与朱特部、盎格鲁部从斯堪的纳维亚南下：一部渡海西走不列颠，与稍早登陆的盎格鲁人逐渐融合成“盎格鲁 - 撒克逊人”，东行的萨克森另一部辗转来到了易北河、威悉河与美因河一带。

此时，日耳曼诸部已先后皈依基督教，连西渡不列颠岛的萨克森（撒克逊）人也改奉基督为神，放弃了古老宗教。他们甚至成了最狂热的传道者，足迹遍布西方。只有东边的萨克森人依旧坚持祖先的信仰。许多盎格鲁 - 撒克逊教士从低地出发，溯莱茵河而上，深入萨克森传道。他们劝说顽固的同胞：如果改信基督教，查理就不能以神的名义发动征伐。但是，萨克森人拒绝了他们。于是，这些教士转身变成了最狂热的战争鼓吹者，不断鼓动查理用刀剑去消灭冥顽不化的异教徒，哪怕他们与自己同文同种。

随着伦巴第王国被灭，阿尔卑斯山南侧烽烟渐熄，查理将目光投向了北方。772 年，法兰克大军在埃雷斯堡摧毁了用于祭祀古代神明的神殿，还推倒了神殿的石柱。也许，他们以为石柱上的雕像是北方蛮族所崇拜的异教主神伊尔明苏神。这是个误解。矗立在石柱上的，是希尔曼·阿耳米纽斯。公元 14 年，正是他率领日耳曼群雄在距此不远的条顿堡森林中全歼瓦卢斯率领的四个罗马军团。当时，奥古斯都曾为如此惨痛的失败发出了哀号："瓦卢斯，把军团还给朕！"——罗马的开国皇帝最终不得不接受现实，放弃了这块土地。可以说，没有希尔曼·阿耳米纽斯，没有条顿堡之役的胜利，就没有日耳曼诸部，包括萨克森人，也包括查理出身的法兰克人的自由。

具有讽刺意味的是，七百多年后查理摧毁了捍卫自己民族自由与信仰的英雄雕像，因为，他要当皇帝，要奴役另一群珍视自由与信仰的同胞。千年以后，人们还可以听到一首歌谣在这片土地上传唱：

希尔曼，鼓声在响，
皇帝将临，
他用锤和杖，
将希尔曼吊起来。

这是查理第一次对萨克森用兵。趁他南征伦巴第的机会，萨克森人入侵黑森。法兰克王在775年兵临鲁尔河，接着又越过威悉河，强迫萨克森的威斯特法伦、奥斯特法伦和恩格尔恩三部臣服。同时，他还在毗邻萨克森的疆土上大兴土木，建城修路，为下一步用兵做准备。

在帕德博恩召开的会议上，查理宣布将萨克森分为若干教区，强推基督教。这引起了萨克森人的强烈不满。恰在此时，罗兰将军兵败朗塞瓦尔谷，导致西南动荡。下层萨克森人在维杜金德的号召下，揭竿而起，反抗查理强加于他们的信仰。但是，许多萨克森门阀爱惜眼前富贵，不愿意与查理为敌。上下离心，注定了这场起义的结局。仅仅一年时间，查理就重新控制了局势。三年后，他强行推广法兰克的政体，臣服于他的萨克森权贵被任命为太守，替他牧守一方。同时，查理颁布了《萨克森异教区法》。

不肯受洗的人被屠杀！

不肯恪守斋戒的人被屠杀！

不肯接受基督教式葬礼的人被挫骨扬灰，灭绝子孙！

严刑酷法并没有吓倒萨克森。维杜金德率领义军卷土重来，在辛特尔歼灭了法兰克驻军。查理不得不御驾亲征。他还没有抵达战场，归顺法兰克的萨克森权贵就与法兰克大军联兵镇压了这场起义。不过，维杜金德侥幸逃脱。被激怒的查理丧失理智，竟然下令对手无寸铁的萨克森人发动屠杀。这场惨无人道的杀戮导致至少四千五百人丧生。汩汩鲜血，染红了阿勒尔河，也激起了潜藏在萨克森人血脉中的血性。维杜金德登高一呼，应者如云。北方大地上，狼烟再起。到784年，战争已经超出萨克森，波及东弗里斯兰。这一年的冬天，查理率领虎狼之师，冒着漫天风雪，在萨克森境内烧杀抢掠。所过之处，生灵涂炭，大地上一片废墟。他就是要用这种末日般的恐怖来压垮萨克森人对自由之信仰的渴望。

最终，查理得逞了。

萨克森起义又一次失败。这一回，连维杜金德都屈服了。在洗礼仪式上，这位坚毅的萨克森英雄指着面前无数饱受战争创伤的贫民，对查理说：

“你们的基督，生活在他们中间。”

看着这些衣衫褴褛、面黄肌瘦的人，不可一世的查理羞愧地低下了头颅。耳畔传来维杜金德的呼喊：“我是在向被您侮辱的人屈服！”

是的，真的英雄从不向刀剑屈服。可真的英雄未必不能屈服。在接受洗礼后，维杜金德和女婿阿比奥获得了赦免。多年后，他们的后裔成为颇有地位的基督教教士。先人对信仰的坚守、自由的渴望，终成历史天空中的烟云，转眼消散得无影无踪。

维杜金德低下了头，而萨克森就此屈服了么？没有。

792年，查理与阿瓦尔人鏖战，北方兵力空虚。北萨克森人在时隔七年后从泥土里重拾被践踏的祖先信仰，再次发出了震天怒吼。顷刻间，萨克森的天空风起云涌。可惜，查理又一次显示出了他强横的实力。短短一年时间，已经饱浸鲜血的土地重新被鲜血灌溉了一遍。

为了彻底压服萨克森，查理将举国的军力、财力东移。

自794年后，莱茵河右岸的亚琛城才是法兰克真正的都城。在那里的王宫中，矗立着东哥特王狄奥多里克的骑马塑像。这尊塑像是作为战利品从拉文纳城拖来的。在查理看来，他将继续狄奥多里克未竟的霸业，并最终达到这位东哥特王未曾达到的高度，一统日耳曼诸部，成为西方真正的主宰。彪悍的萨克森人，不能阻挡他的脚步。

到 795 年，只剩下威悉河与易北河口、萨克森祖居地还在坚持抗争。查理年年用兵萨克森，手段依然是用最血腥的屠杀来恫吓最后的抗争者，直到 799 年才告一段落。加冕称帝后，查理又在 802 年和 804 年先后两次出征萨克森。经过多年杀戮，不屈者大多从肉体上被消灭。到最后，查理发觉即使有意和谈，也觅不到合适的对象，萨克森王室与旧族几乎被查理屠戮殆尽。

所以，史家赞美查理为“萨克森人的使徒”，可谓荒唐。对萨克森人来说，他是不折不扣的魔鬼。五万多劫后余生的萨克森残部被强行从祖先栖息的土地上迁徙走，背井离乡，流放到法兰克人早年居住的莱茵河下游。查理要用这种方式，铲除萨克森人深植在北方大地中的根。

萨克森人的浴血奋战并非徒劳无功，至少，它让不可一世的查理开始反思自己的强硬。最终，一部由精研律法的萨克森宿耆编撰的《萨克森敕令》取代了法兰克人强加的《萨克森法》，它为这个不屈的部族多少保留了自由和尊严。

大规模的强迫改宗，说明萨克森人并未真正从内心信仰耶和华，但是，基督教毕竟开始传入，两个对后世影响深远的大主教区美因茨和科隆也在这片土地上建立起来。后人评论查理的征服“用十字架多于用剑，寺院成为堡垒，洗礼就是投降的标志”。

如果我们是站在查理身后百年的时间点上再来回顾这段历史，就会发现他历经三十年厮杀才征服的萨克森人，最后竟然成了他盖世功业真正的衣钵传人。在查理的苗裔泯然众人后，萨克森的柳道尔夫氏脱颖而出，建立了神圣罗马帝国。尸积如山、流血漂橹的萨克森之战所具有的悲壮色彩，因这一缕讥讽意味的尾声余绪而消解许多。

对萨克森的野蛮征服，以查理摧毁自己的先辈英雄希尔曼石像开始，以被征服的萨克森人传承征服者查理的帝国结束。

——这是历史所独有的幽默。

在查理的一生中，征阿基坦、征加斯科尼、征伦巴第、征伊比利亚半岛、征布列尼塔、征图林根、征阿瓦尔人、征盎格鲁萨克森人、征巴伐利亚、征易北河外的西斯拉夫人、征南意大利的大食、征东罗马帝国……再加上八征萨克森，查理在三十多年时间里发动了五十三次征伐，留下的又何止十大武功——整整百万生命为查理的旷世霸业献祭。

正是这尸山血海，构成了史家津津乐道的宏大叙事。

法兰克古老王冠和伦巴第铁冠已经配不上如此恢宏的篇章。查理需要的，是奥古斯都、图拉真和马可·奥勒里乌斯的紫袍金冠。

也许，矮子丕平利用神圣罗马来证明王位合法性的思路，也可以用于皇位。

在废黜伦巴第王德西德里乌斯后，查理在当年复活节前往罗马，向教宗哈德良一世再次确认了丕平献土。

但是，哈德良一世目睹伦巴第被查理虎踞鲸吞后，对法兰克人的看法出现了微妙的变化。当时，查理指派自己的儿子丕平坐镇帕维亚，暂摄伦巴第王权。伦巴第人对罗马城的威胁固然消失，可更为强大的法兰克人在教宗的卧榻之侧鼾睡。这怎能不让哈德良一世寝食难安，怀疑自己是不是前门驱狼，后门迎虎。778年，

查理与教宗哈德良会面

哈德良一世就希望查理能重申“丕平献土”的效力。但是，查理一直虚与委蛇，直到三年后才认可了罗马教宗对中意大利的统治，面积比父亲承诺的大大缩水。这更加深了哈德良一世的疑虑。

为了遏制查理，罗马教宗开始有意结好君士坦丁堡。

此时，东罗马朝廷牝鸡司晨、女主天下，权力掌握在伊琳娜手中。这个名字是希腊神话中的和平女神。她出生在雅典，自幼父母双亡。今天，已经没有人能说清为什么臭虫君士坦丁五世会选择一个孤女，来做皇储利奥四世的配偶。婚后，伊琳娜诞下了皇孙君士坦丁六世。狂热地破坏偶像的皇帝没有想到，他的儿媳竟然是一位同样狂热的偶像崇拜者。有人说，利奥四世与伊琳娜琴瑟和鸣，夫妻恩爱，也有人说那只维持了很短暂的一段时光——自从丈夫无意中发现妻子私藏于闺阁的神像后，就拒绝与她同床共枕。利奥四世自幼体弱多病，在父亲驾崩后几年也一病不起，最终驾崩于 780 年。大渐之时，他指定伊琳娜为爱子君士坦丁六世唯一的监护人和摄政，并效法当年的狄奥多拉，加女皇尊号。伊琳娜最引人瞩目的举措就是一反伊索里亚朝诸帝毁灭偶像的立场，恢复偶像崇拜。786 年，她试图在君士坦丁堡集结教士，弥合东、西教会因破坏偶像运动而生的裂痕。不过，曾支持过君士坦丁五世毁灭偶像的军中宿将出手阻挠。女皇不屈不挠，两年后在尼西亚集结教士，宣布接受偶像崇拜。

这使东罗马帝室重新赢得了西方教士的好感，也给了罗马教宗亲近朝廷的机会。

恰在此时，民间开始流传一种说法，称法兰克王要为法兰克的教会指定一名新的宗主教，从而削弱甚至颠覆罗马教宗在西方的崇高地位。这个说法从来没有被证实，但也从未被否认过。法兰克王就是要利用这种说法，来要挟罗马教宗。794 年，西方主教们在美茵河畔的法兰克福城集结。席间，查理就曾几次隐晦地提到这个传言。他显然是在敲打罗马教宗，不要公然倒向君士坦丁堡。

就在双方关系越来越僵的时候，哈德良一世辞世了。这位教宗生前不遗余力地提携侄子，擢升高位，有意让他接位。不过，教廷的教士们最后推举的新教宗是利奥三世。他是靠阴谋诡计换得支持的，再加上出身寒门，为豪门所轻。罗马城暗流汹涌。见势不妙，利奥三世立刻派出专使，将罗马城的旗帜、庙宇的钥匙和使徒彼得的信仰声明书献给查理，要换取法兰克的武力支持。他恳请查理派遣官员前来罗马城，接受人民对罗马王的效忠宣誓：“虽然我们看到罗马人的国家已告覆灭，但只要掌握罗马帝国的法兰克王继续执政，罗马帝国的尊荣就不会全部灭亡，因为它将存在于它的王身上。”

比起多数前任来说，这位教宗是弱势的。偏偏他的对手是上一位教宗哈德良一世的侄子，靠着叔父余荫，在教廷中颇有势力。但是，利奥三世知道谁是西方世界真正的强者，知道如何赢得其欢心。

原来，罗马教廷的文件是按当时教宗在位时间来标注日期的，利奥三世则增加了一种方式，按查理在位时间来标注日期。这反映了他对查理的臣服姿态。查理被教宗吹捧为“新大卫”——《旧约》中的圣王再现。

后来，利奥三世还把这一幕绘成一幅镶嵌的彩画，放在拉特兰宫里。在这幅画中，使徒彼得把教士的绶带赠予利奥三世本人，把罗马帝国的旗帜送给查理。在祷文中写道：“圣彼得把生命赐给教宗利奥，把胜利赠予王者查理。”——显然，利奥三世意图靠查理抬高自己的身价。

凭借这一点手段，利奥三世高坐罗马教宗的法座。

799 年 4 月的一日，正逢庆典。罗马教宗在僧众的簇拥下，巡游罗马城，接受信众的欢呼。突然，不知从什么地方杀出一群凶徒，直扑利奥三世。一时间，现场大乱，手无寸铁的信徒们四散逃窜，只剩下身中数刀的教宗躺在血泊中。凶徒以为他已经毙命，岂料，利奥三世只是失血过多，昏厥过去，不久就悠悠醒转。

幕后的主谋其实呼之欲出，就是哈德良一世那位失意的侄子。罗马城危机四伏，不可能有人出面来追查凶手。大难不死的利奥三世仓皇出逃，投奔查理。

罗马教宗出奔，给了查理一个展现自己权威的绝佳机会。他立刻派出僧、俗两界名流组成使团，护送利奥三世重返拉特兰宫。翌年，查理亲临罗马城。这是第四次，也是最后一次。

但是，查理并没有立刻站在利奥三世一边，而是组织了一场审判。被审判者，恰是贵为罗马教宗的利奥三世。他被控犯出卖圣职罪、淫乱罪和假誓罪。这场会审已经持续了三个星期。会审此案的，有萨尔斯堡大主教、科隆大主教这样的教士，也有来自法兰克的世俗权贵。但他们都无法为这惊天大案定谳。第二天，查理在罗马权贵们翘首以待的目光中，踏进圣彼得大教堂。他才是最终的裁决者。

在法兰克王面前，利奥三世俯首听命，认可了自己被审者的身份。他以神的名义发誓自己是清白的。对查理来说，这就够了。他不过是要通过一场审判，来证明自己位在罗马教宗之上，有权审判使徒彼得的传人。至于利奥三世是否犯有被控罪行，并不重要。查理选择了相信誓言的神圣，宣布利奥三世无罪。哈德良一世的侄子心有不甘地闭上了嘴。查理也无心穷究他的谋杀重罪，只是从轻判处流刑。

查理的强势介入，使利奥三世在摇摇欲坠的法座上继续坐了下去。从此，他的命运紧紧和这个法兰克强者联系在一起。利奥三世的懦弱几乎葬送了历代罗马主教在皇帝那里争取到的一切。查理可以乾纲独断，任命主教和修道院院长，授予爵位，馈赠给他们田产，把他们变成自己的封臣。只有皇帝举行授职礼后，教士们才能得到教职。这样的教士，只听命于皇帝御旨，而不是罗马教宗的法旨。许多查理麾下的有功将士，摇身一变，成了教士，哪怕他们对经文一无所知。这些新贵看中的，只是教士的权势和土地。

查理一生共十六次主持宗教会议，将帝国扩增为二十一个大主教区。对教义，他也有自己的坚持。虽然查理没有像伊索里亚朝诸帝那样破坏偶像，却也不赞成在寺庙中敬拜基督的图像。他的国度中没有破坏偶像运动，但抑制了偶像的存在。所以，秉持查理遗风的德意志和受其文化熏陶的捷克、波兰、匈牙利诸国在艺术上均长于无形的音乐，而拙于有形的绘画与雕塑。

查理可以按自己的意愿，为教会定下规矩，比如：主教每年都要巡视自己的教区；教士必须参加朝廷举行的考试；大到“和子句”这样的教义，小到洗礼的受洗者不需要全身浸泡在水中，而只是在身上喷一点水——查理的意志不容置疑。为此，他向各个州郡派出两名刺史，一名巡查政务，一名巡查教务。

总之，利奥三世将神圣罗马的一切都拱手相让。

这位罗马教宗要讨好查理，要不惜一切代价让他变得更强大，用他的宝剑来捍卫自己在拉特兰宫的地位。可是，此时的查理手握雄兵十万，脚下沃土万里，头顶法兰克王、伦巴第王和罗马王三顶冠冕。他还缺少什么？

缺少罗马皇帝的冠冕！

此时，这顶冠冕正戴在一个女性头上，她就是远在君士坦丁堡的东罗马女皇伊琳娜。为了密切同西方的关系，伊琳娜早在即位之初，就为君士坦丁六世定下一门亲事。当时，她中意的儿媳，就是查理的爱女赫罗特鲁德公主。

因为君士坦丁六世年幼，伊琳娜女皇实际上是独掌权柄。随着儿子成年，她很快就陷入了东哥特太后阿玛拉珊萨曾经的困境——母子争权。伊琳娜害怕君士坦丁六世因为婚姻，在政治斗争中得到查理的援手，竟然不惜违背自己结好西方的既定战略，撕毁了儿子与赫罗特鲁德公主的婚约。790 年，君士坦丁六世试图发动政变，将母亲流放到西西里岛去。殊不知，伊琳娜久历风波，手腕老辣岂是君士坦丁这样的青涩少年所能比。她先发制人，使儿子的阴谋胎死腹中。君士坦丁六世惨遭母亲鞭笞。原本，他作为东罗马共治的双皇之一，名在前列。风波甫平，伊琳娜就急切地将名字列在儿子之前，以显示自己的至尊地位。崇拜偶像的欧洲臣民服从了女皇的旨意；破坏偶像的亚洲拒绝臣服于崇拜偶像的伊琳娜。东罗马分裂。很快，叛乱就在小亚细亚各地蔓延开来。拱卫京城的南军多来自亚美尼亚，是破坏偶像运动的主力，他们废黜了女皇。

不过，宫中的宦官多是伊琳娜的党羽，基督教教士更是倾心支持她。在他们的斡旋下，君士坦丁六世迎母亲回銮，将女皇尊号也还给了她。从表面上看，宫廷中母慈子孝，风波暂时平息，实际上暗流汹涌。沉默许久的伊琳娜突然发动雷霆一击。在教士们的帮助下，她迅速控制了京城局势。君士坦丁六世仓皇出逃，身边的侍卫竟然在关键时刻变节，导致他落入母亲手中。797 年 8 月 15 日，君士坦丁六世在自己降生的宫殿中被母亲派来的行刑者剜去双眼。传说，太阳在那一瞬间失去了光芒，日食所带来的恐怖气氛笼罩着京城。此后连续十七日，君士坦丁堡完全被黑暗笼罩，看不到一缕阳光。

对所谓上天示警，伊琳娜女皇视若无睹。不，现在不应该称她为“女皇”，伊琳娜已经不满足于这个称呼，“皇帝”才是她新的尊号。

教廷赞赏伊琳娜崇拜偶像立场，但是教宗利奥三世意识到这个野心勃勃的女人攫取王位给自己带来了一个意想不到的机会：册立皇帝的机会。于是，他断然拒绝承认伊琳娜的帝王身份。直到 785 年，罗马教宗还在文书中尊伊琳娜女皇和君士坦丁六世为自己的君主，但此后，东罗马帝国皇帝的名讳从西方钱币和教廷文书中消失了。利奥三世的举动，立刻激怒了伊琳娜，也引起了东方教会的不满。当时的君士坦丁堡宗主教，本就是皇帝的宠臣，自然要迎合伊琳娜。但是，利奥三世不肯低头。

因为，罗马教宗要借此机会，把这顶皇冠戴到那位真正能保护他的强者头上。

此时，已经是 800 年了。在这个世纪的最后一个耶诞节，查理缓步走入彼得大教堂。八百年前的这一天，传说耶稣降生在伯利恒的马厩；三百零四年前的这一天，法兰克人在克洛维的率领下皈依基督教；今夜，青史将为又一个法兰克人铭记下这个耶诞节。

当子夜弥撒进行到尾声，查理还双膝跪在神坛前。最重要的一幕上演了。教宗利奥三世突然站起身来，快步走过来，将一顶闪闪发光的金冠戴到了查理头上。冠冕上的罗马之鹰睥睨苍生。

整个教堂欢声雷动，到处回响着欢呼声："胜利的查理万岁！神为最虔诚的皇帝加冕！成为伟大与和平的罗马皇帝！"

自 476 年 9 月 4 日，罗慕路斯·奥古斯都摘下了帝王冠冕后，整整三百二十四年弹指一挥间——王者归来。

罗马，你往何处去？查理也就在这一刻，给出了自己的答案。

未来一千年里，从奥托到霍亨斯陶芬，再到哈布斯堡，后世神圣罗马帝国的君王们南下意大利，从罗马教宗手上接过皇冠。在罗马城加冕前，他们都只是罗马王。只有完成这个仪式，罗马王们才能堂而皇之地使用皇帝尊号。这个传统，就发端于 800 年的查理加冕。

后来，尚书令艾因哈德在他的著作中回忆道，查理曾在私下说，假如当初预见到罗马教宗的意图，他那天是不会进教堂的。

这不过是一则屡见不鲜的帝王谎言：欲拒还迎。

耶诞节前，利奥三世已经为举行一个隆重而盛大的加冕礼忙碌多时，身在罗马城的查理岂能不知？当他走进圣彼得大教堂时，细心的人们会发现，法兰克王没有像往常那样身着旧式法兰克袍服，而是换上了紫袍。是的，这是罗马皇帝的紫袍。

加冕礼后，查理立刻赐予教会银桌、金花瓶、金餐盘、金餐杯、镶有蓝宝石的金十字架和嵌有各色宝石的金吊灯……礼单足足写满了两页羊皮纸，还不算他施舍给罗马百姓的三千镑白银。这样一份厚礼，绝不是仓促间能拿得出手的。但是，法兰克史家的记载却是查理没有颁赐出任何礼物，直到三王来朝节，他才赐给罗马教宗三只金杯，一只镌刻着他本人的名字，另外两只是他儿子的名字。

几年前，教士阿尔昆就与法兰克最有名望的几位学者联名呈文劝进，要查理登基称帝。这份呈文不仅送给了欧洲各方诸侯，也分送罗马教宗和各地最显赫的教士。800 年耶诞节之夜发生的一幕，不过是将他提出的方案付诸实施罢了。要知道，阿尔昆是最受查理器重的御用学者，他领导了当时的加洛林文艺复兴。这一年秋，查理前往罗马的途中，曾特意登门造访阿尔昆，密谈多时。查理加冕后，阿尔昆是最先道贺之人。他的献礼，是一部手抄的经书。难道阿尔昆不是早从查理的话语中得知罗马城将要发生什么？查理翻越阿尔卑斯山，亲临罗马，就是为梦想中的加冕礼而来。

罗马教宗为之加冕，其实并不是查理获得皇位、复兴西罗马的最佳方式。

在欧洲，父子先传或兄终弟及外，帝位传承还可以靠收养，如安东尼朝的五明君，还有查士丁尼传查士丁二世，再传提比略二世；靠联姻帝室也很常见，如我们前面提到过的君士坦提乌斯三世娶普拉西蒂娅公主、阿纳斯塔西乌斯娶先帝齐诺的遗孀艾丽娅——她也是利奥一世之女。此时，距离西罗马灭亡已有三百多年了，瓦伦提尼安朝和狄奥多西朝皇室的男系血胤早已断绝，女系也湮没于岁月烟尘中，不可考证。查理无法通过联姻，以驸马身份入继大统。

元老院推举也可以合法产生皇帝。但是，西罗马的元老院早成了历史陈迹。

传承帝位的另外一种方式，就是弑君自立，改朝换代。查士丁尼朝的末期，福卡斯弑莫里斯，接着自己又亡于希拉克略，就是例证。对查理来说，这同样不现实。他虽然纵横西欧，但尚不具备染指东方、兵临君士坦丁堡的实力。

从法理上说，东罗马皇帝的册立才是查理获得皇位的理想方式。身为绝代英豪，查理不可能屈身给君士坦丁六世当养子。伊琳娜居孀，但嫁给查理同样困难重重。君士坦丁六世绝不愿母亲出嫁，使自己多一个父皇帝，自然是不用说的。他的叔父，伊琳娜的宠臣埃迪奥斯同样反对这桩婚姻。就是伊琳娜，恐怕也不愿意有人分享自己手中的皇权。

罗马两分后，东、西罗马皇帝互为皇位合法性的见证人，如果能得到对方的承认，即使不是宗室、外戚，也勉强可以践祚称帝。但是，这同样希望渺茫。症结就在意大利半岛的归属。自利奥三世开始，伊索里亚朝诸帝多为雄主，坚持要将意大利收入囊中。在他们看来，这方能证明自己是罗马帝统无可争议的传人。丕平献土，已经让东罗马诸帝对加洛林氏心存芥蒂。问题是，查理对意大利同样志在必得。没有西京罗马城、没有拉文纳和米兰两大陪都，就算得到东罗马帝国的承认，他的皇位恐怕也难以为后世认可。

伊琳娜皇帝曾考虑与查理成婚

得不到东罗马皇帝的认可，就只好否定他。

早在五年前，查理就唆使罗马教宗以支持破坏偶像运动的罪名，拒绝承认君士坦丁六世为罗马皇帝。等到东罗马皇帝换成反对破坏偶像的伊琳娜，性别又成了他和利奥三世拒不承认东罗马皇帝的新借口。但是，查理在内心深处还是非常在意君士坦丁堡的态度，因为它代表了正统，代表了根植于历史和文化中的观念，根深蒂固。

遗憾的是，东罗马不肯承认 800 年耶诞节的加冕，称其为“一个野蛮人骗取的油膏”。他们的太史令视查理加冕为沐猴而冠，在史书中以戏谑的笔触记录下那一夜发生的事：“为了报答查理，利奥在圣彼得教堂为他从头到脚涂满了油膏。”

查理开始重新考虑与伊琳娜缔结婚姻。时过境迁，君士坦丁六世已经失去了皇位，皇叔埃迪奥斯失宠，而伊琳娜也在认真评估下嫁查理的可能性。身为虔诚信徒，她并不希望同罗马教廷闹僵。伊琳娜知道查理能左右罗马教宗的态度，如果与他结为秦晋之好，西方教会就不会质疑伊琳娜称帝的合法性。

一段婚姻，可以使两个人的帝位合法化，并弥合东西方的裂痕。

801年，来自君士坦丁堡的使臣抵达罗马，觐见查理。双方就两位皇帝的婚姻进行了密谈。

查理一生有过四次婚姻。来自士瓦本的希尔德加德先后为他生下三子三女。她曾陪伴查理度过多少倥偬岁月，不过此时希尔德加德已经亡故。如果这次婚姻能缔结，无疑是历史上最重要的一次。欧洲将重新回到大一统时代。可惜，法兰克使臣在802年回访君士坦丁堡，正好赶上一场宫变。伊琳娜被推翻。此时，距离她废黜君士坦丁六世不过五年时光。伊索里亚朝寿终正寝。取代伊琳娜的，是她一手提拔起来的大司徒尼基弗鲁斯。伊琳娜被流放到孤岛，在织机边度过了生命的最后时光。803年8月9日，曾经翻手为云覆手为雨的一代女皇病故。她那失去双眼的独子君士坦丁六世在两年后亡故。

多年以来，威尼斯一直在名义上臣服于东罗马。随着法兰克人击败伦巴第人，统治北意大利，威尼斯公爵的态度悄然转变。他和君士坦丁堡宗主教矛盾尖锐，日渐亲法兰克。为了震慑威尼斯，尼基弗鲁斯一世派出水师。查理之子丕平奉父命驻守意大利，立刻出兵。双方剑拔弩张。

就在此时，尼基弗鲁斯一世皇帝阵亡的消息传来。

杀死皇帝的，是保加利亚人。他们与东罗马帝国时战时和，纠缠不休。臭虫君士坦丁五世曾大败保加利亚人，前后在京城的大竞技场处决了数万战俘，故有“保加利亚屠夫”之名。直到他驾崩，保加利亚人才徐徐恢复元气。新王克鲁姆与法兰克的查理结盟，打败威胁其侧翼多年的阿瓦尔人，势力大张，终于引起了东罗马的警觉。尼基弗鲁斯一世御驾亲征，两破保加利亚都城。但是，他在归途中遭到了克鲁姆伏击。811年7月26日，东罗马的北征军几乎全军覆没，皇帝的骷髅被克鲁姆镶银后，制成了酒觥。尼基弗鲁斯一世之子斯达乌拉西乌斯侥幸逃出生天，继承了父亲遗留下的皇位。但是，他伤势沉重，无法临朝视事，不得不在10月2日禅位于迈克尔一世。

迈克尔一世是尼基弗鲁斯一世的驸马，这一次也从驾北征，在兵败后成了保加利亚人的战俘，被剜去双眼后释放。迈克尔一世的当务之急是坐稳帝位，无心与法兰克人在意大利争霸。因此，双方议和。

本来，查理完全可以乘人之危，在谈判桌上攫取可观的利益，没想到，最终的条约内容却是法兰克拱手交出已经占领的达尔马提亚。威尼斯本屈服于丕平的武力，现在查理却承认其为东罗马帝国的附庸。此外，他还同意东罗马继续统治南意大利。只要不是罗马城、拉文纳和米兰城，查理都能忍痛割爱。

查理唯一的条件，就是东罗马同意他在诏书中使用“皇帝”称号——两国结为兄弟之国。

我觉得，这恰恰说明查理配不上罗马皇帝的尊号。真正的罗马皇帝何须割地千里，去换取虚名。查理内心深藏的自卑，因为这样一份和约而暴露无遗。

如此之大的代价换来的承认并没有维持多长时间。

保加利亚王克鲁姆在大破东罗马军后，挥师南下。外敌兵临城下，东罗马却陷入内讧。迈克尔一世登基是崇拜偶像一派人马的支持，所以，破坏偶像派不愿接受他，掀起叛乱。等迈克尔一世平定内乱后，仓促出兵，先胜后败，于 813 年 6 月 22 日再遭全军覆灭的厄运。战败的主要原因，就是安纳托利亚将军利奥五世突然率部退出战斗序列。迈克尔一世逃回君士坦丁堡后旋即被推翻。利奥五世篡位称帝。站在这位利奥五世身后的，就是破坏偶像运动派。迈克尔一世和他的一个儿子遁入寺院，这个儿子就是后来摄政的君士坦丁宗主教尼古拉斯。其他儿子惨遭宫刑，成了宦寺。利奥五世皇帝用这种残忍的方式根绝了废帝家族复辟的可能。

凡迈克尔一世所为，利奥五世必定反其道而行之。因此，他拒不承认查理为西罗马皇帝。就这样，查理的心愿到底是镜花水月。

就算东帝利奥五世承认查理，又能如何？在某种意义上说，查理的帝业不过是查士丁尼的西方翻版。表面上的武功赫赫，又怎能掩盖凋零气象？

法兰克的兵制要求将士按自身财力自我装备。除了三个月口粮，器械、马匹无不是沉重负担。财力按牛的价值计算：两头牛者自备长矛、盾牌；六头牛者自

备头盔、胫甲和长剑；十二头牛者就要备马一匹；就算是阖家财产不足两头牛的贫民，也要与邻居合伙。如果是对外作战，将士们可以靠劫掠弥补损失；如果是内战，查理禁止掳掠，他们就无利可图了。

唯一值得庆幸的，是查理战无不胜。否则，一朝战败足以让万千家庭陷入极端贫困。

后人曾批评道："天下苍生分裂为大土地占有者、臣仆和农奴——这就是查理为建立他的新罗马帝国所付出的代价。普通的自由人消亡，旧的军制也就瓦解了，接着就轮到王权崩溃。查理把他自身统治的唯一基础破坏了。他还能勉强支撑下去；可是一到了他的后继者们的手里，实际上由他亲手造成的东西，却明显地暴露出来了。"

查理在有生之年，恐怕就已经意识到这一点了。811 年，这位号称复兴西罗马的皇帝惊讶地发现自己的子民生活在水火之中。无穷尽的战争，消耗掉了他们全部的积蓄。雪上加霜的是，胥吏、恶僧以朝廷征召为借口，逼穷苦百姓没完没了地服兵役和徭役，还借此机会大肆盘剥贫民，侵吞他们的田产房舍和牛羊牲畜。达不到目的，这些蠹虫就罗织罪名，逼百姓交出最后的财产。就这样，无数平民沦为大小权贵的部曲和附庸。这反过来动摇了前线的军心士气，士兵逃亡越来越多，各地骚乱此起彼伏，宫闱中也是动荡不止。查理最赏识的伦巴第史学家保罗就曾三次谋反。皇帝还是宽恕了他。当大臣们要给保罗定罪时，查理忧郁地说："可谁能给我这样一位历史学家？谁能再给我这样一位诗人？"

如此优柔寡断的老人，谁还能认出他是乾纲独断的帝王么——只因英雄迟暮。

查理想要停下他的脚步，才发觉不由自己。在丹麦王哥特里克率领下，来自北方的诺曼人登陆萨克森。他们对这片土地觊觎多时。数年前，哥特里克就曾暗中支持维杜金德，以阻挠查理征服萨克森。此次出击，他的目标是整个莱茵河东岸。查理一边修建萨克森长城，一边出兵迎击。哥特里克已经深入内陆，进驻摩泽尔河地。

就在此时，发生了一件意外。哥特里克趁战事闲暇，外出行猎。他的猎鹰很快就擒住了一只苍鹭。哥特里克大喜，上前抓住猎物，要把它从鹰爪下扯出。正当丹麦王的全副精神都放在猎鹰身上时，腰间突然一痛。他猛然回头，看见自己的儿子凶狠的眼睛。一把剑插在他身上，直至没柄。就在不久前，哥特里克刚刚抛弃了发妻，另娶新妇，不忿的孩子用手中的利剑替母亲报复了负心郎。

丹麦入侵者顿时作鸟兽散。

查理听说后，说了一句："神认为我不配看到我这基督徒的双手沾染上这帮狗头恶魔的鲜血，我真伤心！"

也许，这只是在大喜过望之余的故作姿态。他在掩盖自己的老态。如果不是哥特里克意外身亡，恐怕查理和他的法兰克又要陷入苦战。

迎击哥特里克途中，发生了一起事故。当时，正是日出前最黑暗的时刻，查理同往常一样，早早走出帐幄，认镫上马。突然，一只火球从右向左扫过天穹，耀眼光焰惊了御马，将猝不及防的查理重重地摔倒在地上。当执戟郎们慌忙奔上前时，看见查理斗篷的系带扯断了，连剑带也从身上滑落。堂堂帝王，盔零甲落、衣散襟开地躺倒在荒草丛中，毫无生气，一双无力的眼眸凝视着苍穹，手里的马槊被扔出二十余步之远。

人们突然发现，他们心目中无所不能的盖世英主显得如此苍老。从二十五岁起直到晚年，查理骑马行程加起来，足以绕地球两圈多。史家说，他经常出其不意地出现在帝国的任何一个地方。谁能想象在马背上度过一生的帝王，竟然会有那么一刻，跌下马来，竟无法自己站起来。正如诗人在一首写给查理的诗中说道："歌唱和赞美令一位老人烦恼……一切美好的生活都已离开。这个世界在衰老，昔日的强壮已一去不返。"

是到查理考虑继承人的时候了。

查理的结发妻子是赫罗特鲁德。但是，这段婚姻后来被宣布无效。他的第二任妻子，就是伦巴第王德西德里乌斯之女德西德拉塔。法兰克与伦巴第反目成仇，两人劳燕分飞。来自士瓦本的希尔迪加尔德走进了查理的生命。她才是法兰克真正的王后，陪伴查理度过了戎马倥偬的岁月。两人共育有九位子女，查理的三位嫡子小查理、意大利的丕平和虔诚者路易都是希尔迪加尔德所出。783 年 4 月 30 日，也就是耶稣升天节当晚，她在查理的行营中一瞑不视。

第二年，查理迎娶了法斯特拉达。

785 年冬，查理东征斯拉夫人，回师途经巴伐利亚。一日深夜，他已经脱衣就寝，突然，寝宫的大门传来一阵"咚咚"的叩门声，把法兰克王从梦中惊醒。谁敢夜半惊驾呢？查理命身边的女官去探看究竟。

女官们开门后，只看见一个衣冠不整的教士匍匐在地上，瑟瑟发抖。她们盘问了两句，那叩门的可怜家伙紧张得磕磕巴巴，连句囫囵话都说不完整。女官们嗤笑不已，摇着头阖上了门，浑没有放在心上。在她们看来，门前的教士不过是个想要觐见查理，讨要一官半职的小人物。但是，查理却嗅出了一丝异常来。见主公如此慎重，女官们赶紧收起轻佻表情，把门前看到的情形描述了一遍。夜叩宫门的人是个半傻半疯的无赖？查理可不相信女官们的说法，立刻召见不速之客。果不其然，他带来了一个惊天消息。

这个教士在圣彼得堂修行。就在不久前，他独自在神龛前祷告，一群不速之客借着夜色潜入堂内。这个教士躲避不及，慌不择路，只好闪身藏在神龛下。结果，他无意中洞悉了一场阴谋。

阴谋的策划者，竟然是查理的庶出之子，也叫丕平。

丕平的母亲是查理的原配赫罗特鲁德。父母婚姻被认定无效，他才被当成庶子。丕平容貌俊美、才华出众，却天生佝偻，故绰号“驼子”。按西方旧俗，他不是嫡子，本无继位之望。但驼子丕平胸有丘壑。遥想当年，铁锤查理也是庶出，却凭一时无双的文韬武略，成为加洛林氏肇基之祖。这激励了驼子丕平。更何况，他自视是查理的嫡长子，处心积虑，培植党羽，只为一举夺嫡。此次东行，驼子丕平也在随驾扈从之列，他发觉行宫防卫松弛，是发动政变的绝佳时机。那一夜，驼子丕平秘密召集党羽到圣彼得堂聚会，密谋弑父自立。

密议很快就结束了。众人正要离去，不知怎地，驼子丕平忽然心有所感，命随从四下搜索，以防有人窃听。结果，这位藏身神龛下的教士被逮了个正着。

驼子丕平虽然大逆不道，却是虔诚的基督教徒，不愿意杀害教士，所以，他只是强迫窃听者指天发誓，决不泄露他们的阴谋，就把他给放了。等驼子丕平前脚刚走，这位教士就直奔行宫。他历尽波折，才被允许穿过七重门，叩响了查理寝宫的门……

天亮后，所有卷入这场未遂政变的人悉数落网。驼子丕平痛遭鞭笞，被迫在以戒律森严闻名的圣高尔寺落发为僧。

肘腋生变的危险并未消除。查理很快就获悉，不少法兰克权贵正在酝酿新的政变。但是，查理有些犹豫。如果断然下手诛戮这帮谋逆者，会令政局动荡，整个法兰克也将大伤元气。突然，他想到了圣高尔寺里的驼子丕平，尽管自己的庶子狼子野心，但谋略出众，也许有什么良策。

当查理的使臣走进圣高尔寺的后园时，看到驼子丕平正在锄草。听来客说明来意后，他长叹一声：“要是父皇认为我的意见值得采纳，又何必如此苛待于我。我并无良策，回去后就把你们所见如实禀告即可。”

使臣踌躇再三，觉得就这样回禀，恐怕无法向法兰克王交差，所以还是低声下气地再三询问，要驼子丕平务必有所建言。最后，丕平只得明言：“除了我手上的农活，无话可说！你们也看到了，掘除稗草，菽麦才能自由生长。”

见再问不出什么，使臣们只好悻悻离去。见到查理后，他们自请有罪，千里跋涉，却没有能带回一个明白的答复。但是，查理耐心地盘问使臣们在圣高尔寺见到的一切，听到他们转述的驼子丕平的简短回答后，法兰克王摸摸耳朵，擤擤鼻子，轻松地说："你们带回来了一个很有道理的答复。"

驼子丕平的一句话，让查理痛下决心，以雷霆手段镇压谋逆者。三个谋逆者因持械拒捕，被当场格杀。其余人束手就擒，或被烫瞎双目，或被施刵刑，然后流放边鄙之地。他们的党魁曾妄言要踏上法兰克最高的山，将目光所及之地据为己有，于是，查理下旨在山巅竖起高高的绞架，让他面对着无限江山，永远地闭上眼睛。

前后两次祸起萧墙，有一位相同的幕后教唆者，她就是查理的继后法斯特拉达。在世人眼中，她蛇蝎心肠，是真正的红颜祸水，但一向精明的查理却浑然无知。所以，人们纷纷传说，他们的婚戒上铭刻有"永不分离"的魔咒，才让查理的灵魂迷失。794 年，法斯特拉达死去，查理伤心欲绝，竟然听任尸身腐臭也不愿下葬。最后，教士们在法斯特拉达的舌下找到了他们的婚戒，沉入湖底，查理才从婚戒的魔咒中解脱。

查理已然老去

法斯特拉达死后，查理迎娶了最后一位妻子，来自阿勒曼尼的柳特加尔德。不过两人没有子嗣。

本来，查理已经为身后事做了一些安排：次子丕平封意大利王；三子虔诚者路易封阿基坦王，坐镇西南一隅；皇冠和帝国的其他疆土，是留给嫡长子纽斯特里亚王小查理的。可上苍似乎要用一连串的打击，摧垮查理留恋红尘的心。810年，意大利的丕平亡故，给了查理沉重打击。

自受命出镇拉文纳以来，丕平的表现可圈可点。在帝国诸郡国中，北意大利局势最为错综复杂。东罗马帝国、大食、罗马教宗、伦巴第诸侯等各种势力在此合众连横，钩心斗角。同时，丕平还要北防巴伐利亚、东讨阿瓦尔人，可谓重任在肩。但他游刃有余，表现可圈可点。丕平是查理诸子中最惊才艳艳的一位。可惜，天不假年，他竟然先父亲弃世。丕平身后，留下一子五女，独子伯纳德继承父位，成为新意大利王。女儿们则被查理收养。

但这仅仅是开始。没过多久，查理的长女赫罗特鲁德公主也薨殁了。她早年曾同东罗马皇帝君士坦丁六世定亲，但这桩婚姻最终没有实现。从此，赫罗特鲁德公主就一直陪伴在父亲身边，直至香消玉殒。

接着，查理再一次体会到白发人送黑发人的痛楚。这一回，轮到了皇储小查理。除了阿基坦王虔诚者路易，他已无嫡子。两年后，驼子丕平也在圣高尔寺死去。不到四年时间，皇家连续经历了四次丧事。一向健壮的皇帝时常高烧不退，有条腿不良于行，龙体堪忧。人们开始意识到，下一场葬礼，也许就是为查理举行的。

很多异兆都在暗示着这一天即将到来。

查理生命的最后三年中，天空中时有月食和日食。连接皇宫和寺院间的走廊在基督升天节突然倒塌，连房基都垮塌掉了；花费十年修造的莱茵河大桥也毁了，毁于一场莫名其妙的大火。亚琛皇宫屡屡地震，让人惶惶不安。接着，天降雷霆，击中了查理未来的陵寝所在寺院，屋顶的金苹果被劈下。在这座寺院中，有上下两座拱门，两门之间，有一圈环形空壁，镌有铭文，最后一行写着“查理君王”字样，在查理逝世前，人们发现“君王”这个字忽然变得十分模糊。

东方的圣人曾因麒麟之死反袂拭面，在两年后黯然离世。查理没有遇到麒麟，却有一头心爱的大象，曾陪他周游全国，巡视军营，更重要的是，这头象是黑衣大食的一代雄主诃伦·拉希德所赠。

就在加冕称帝前不久，查理在彼得大教堂附近的永恒城接见了从东方千里迢迢赶来的耶路撒冷宗主教。这座圣城早在一百多年前就落入了大食人之手。不过，当时的大食胸襟广阔，兼容并包，没有在他们的疆域内取缔基督教。耶路撒冷宗主教是以黑衣大食之主诃伦·拉希德使节的身份，回到使徒彼得和保罗传道和殉教的地方。他转达了远在巴格达城的诃伦·拉希德对查理的敬意，并将圣墓护卫书、圣城钥匙和城旗呈献给查理。这是查理第一次同东方的至尊打交道。他非常珍惜这段经历，因为，这意味着查理与世间区区二三人一道，跻身世界巅峰。

查理身边的史官喜欢强调他和诃伦·拉希德交情深厚。但是，大食史书对此却没有记载。这反映了双方不同的态度。诃伦·拉希德的至尊地位无须查理的友谊来做证，但查理却不然。初到欧洲时，巨象曾引起万人空巷的热潮。它象征着出身边鄙之地的法兰克王有资格与世间最具声望的君主平等论交，因此也就暗示着查理的帝王之尊——这正是他一生孜孜以求的。现在，这头来自东方的瑞兽也死了。

麟亡象殁，都象征着一个时代的结束。

第十章

chapter ten

两分天下指鸿沟

加洛林的帝国分崩离析

“不睹皇居壮，安知天子尊。”

查理大帝定都亚琛后，大兴土木，为自己的新罗马营造宫室、寺院。整座皇宫依山而建，画栋雕梁，气象万千，与坡下的玛利亚堂遥相呼应。拥有十六角穹顶的玛利亚堂是仿拉文纳城的圣维塔尔堂而建，就连大理石也是经罗马教宗哈德良特许，从意大利千里迢迢，越阿尔卑斯山运到亚琛的。这一切，无不在炫耀查理的皇朝与罗马帝国的渊源。当他撒手人寰后，壮丽宫室和皇朝命运，都留给了皇子路易。

宫殿与玛利亚堂之间，亭台耸翠，长廊相连，围出了一片中庭。东哥特王狄奥多里克的骑马塑像就矗立在此，静观人世间的风云变幻。

今天，路易在群臣的簇拥下，缓缓走过长廊。

突然，一阵不寻常的震动从脚底传来。路易的耳畔传来一阵咯吱声。没等他反应过来，就听轰隆一声巨响，半条长廊突然垮塌。烟尘散去，现出一派凄惨景象。伴驾的臣工们死伤累累，声声哀号不绝于耳。闻声奔来的侍卫们慌忙在尸体和伤者中翻找皇帝。片刻工夫，面无人色的路易被从废墟中抬了出来。他身上的伤不算重，只不过是惊吓过度。

就在几年前，这座长廊也曾垮塌过。不久，查理大帝龙驭上宾。难道眼前这一幕，又是一个凶兆？路易忧心忡忡，凝望着宫室上空的漫天阴霾，许久才打破沉默：“把这件异事记录下来吧，要写清日期。”

随驾的大臣随口答应：“好的，今天是 4 月 2 日。”

细心的人会注意到，路易的脸一僵，瞬间如同头顶的天空，霾色不散：“4 月 2 日？七百八十四年前的今天，耶稣和他的门徒们在吃最后的晚餐……”

此后的许多天，皇帝都是在玛利亚堂的祈祷中度过的。我想象着那一个个暮色四阖的黄昏里，路易跪倒在神龛前，满脸虔诚神情地枯对着十字架受难的耶稣；留给世界的，却只是一个背影。这就是查理大帝继承人的历史形象——虔诚者路易。

我想，这绝不是钢铁一般的查理所希望的。可是，他别无选择。

路易出生于 778 年 4 月 16 日，是双胞胎中的一个。不过，另一个出生不久就夭折了。他的名字源自法兰克历史上最伟大的王者，墨洛温朝的克洛维，是“克洛维”的转音。由于是嫡子，路易三岁时被册封为阿基坦王。同龄的孩子还在牙牙学语时，他便在一群王府掾属簇拥下，前往阿基坦就藩。也许因为身边多为饱学的教士，路易从幼年时起就虔诚地信奉基督。就藩后，他在阿基坦大肆兴建寺院。路易厚待教士，赐予他们许多豁免权，对寺产免征赋税。当时，寺院戒律五花八门，各各不同，据说不下五百种。许多戒律漏洞百出，甚至互相矛盾，让教士和信徒们无所适从。寺院也是各行其是，良莠不齐。路易最大的愿望，是为整个基督教制定共同的戒律。正是在他的努力下，阿基坦诸寺戒律初步统一。

十六岁时，路易按父皇的意思，迎娶安格拉姆伯爵的女儿埃门嘉德为妻。这位王妃同样是虔诚的信徒。婚后，夫妻俩鹣鲽情深，五个孩子相继呱呱坠地。看起来，路易对自己的生活非常满意。此时，没有谁会觉得他有朝一日会君临天下。

路易有两位一母同胞的兄长：小查理和意大利的丕平。按立嫡以长的古制，小查理早被朝野视为皇储。就算有什么意外，皇冠也将戴到意大利王丕平的头上。他手腕灵活，能征惯战，是几位皇子中最有才华的一位。相比之下，路易不仅排行末尾，也一无所长。对这个幼子，查理大帝似乎也不够重视。他巡行各地，却从未驾临阿基坦。800 年，銮驾经过图尔时，路易奏请皇帝南巡阿基坦。查理没有俯允，只是召幼子到图尔觐见。在皇帝眼中，这个儿子身上最可称道的地方，就是忠诚。他曾多次夸赞路易的品性。很显然，忠诚并非帝王之资。

如果没有什么意外，这位阿基坦王将在西南一隅度过平淡人生。

但是，意外竟然接二连三地发生了。意大利丕平、小查理相继去世。查理的庶长子驼子丕平又因谋逆被流放。他膝下只剩下一子。查理大帝别无选择，只能将万里江山托付给路易了。

王府掾属杰瑞克斯入京奏事，回到阿基坦时，告诉路易，不少朝臣认为路易应自请回京，为未来继承皇位做准备。王府的谋臣也表示认同。但路易不敢轻举妄动。他觉得此时奏请回朝，可能会引起父皇猜忌，一动不如一静。直到此时，路易依然小心翼翼。不过，年迈的皇帝确实需要把他召回身边，学习如何掌控江山社稷。路易到了亚琛后，查理召集教俗两界的权贵，问他们是否愿意拥戴路易为帝。王公贵族们齐声欢呼：

“这是神的旨意！”

813 年 9 月，老皇帝拖着病体，在玛利亚堂为爱子举行加冕礼。遵照父亲的嘱咐，路易亲手从神龛上取下皇冠。尽管查理大帝的冠冕是 800 年的耶诞节那一夜，由罗马教宗利奥三世戴上去的，可他却绝对不肯让这一幕重演。查理大帝生怕这样的仪式会暗示神圣罗马凌驾于罗马帝国之上。路易加冕，他甚至不愿意事前知会罗马教宗。父亲也没有亲手为儿子加冕。查理大帝坚持让虔诚者路易用自己的手，把皇冠戴到头上。是的，用自己的手！

我命由我不由天——一个为自我加冕的强硬形象、独立姿态，才是查理大帝所希望看到的。

查理大帝本来希望自己为罗马何去何从给出的答案，能在虔诚者路易手上被证明是正确的。可他终归要失望的。

成为共治皇帝后，路易返回阿基坦。第二年，亚琛传来消息：查理大帝龙驭上宾。不过，路易并没有立即动身回京。他为父亲诵经四日后，才启程上路。不明真相的人多被路易的孝顺所感动，只有少数人才知道，新皇外松内紧，羽檄交驰，正利用这段时间，紧急召集人马。种种迹象表明，亚琛或许并不像表面看起来的那么宁静。路易的堂叔瓦拉备受老皇帝信赖，是宗室中举足轻重的人物。对路易继位，他态度不明朗。所以，新皇离开阿基坦时，扈从如云。

不祥预感并没有变为现实。未到亚琛，路易就遇到前来迎驾的瓦拉。这位权臣在路边参拜了新皇帝。见瓦拉臣服，王公贵族虽不乏心怀鬼胎之辈，最终还是接受了路易。路易的长子洛泰尔也受封巴伐利亚王。不久，各地王公和重臣纷纷遣使来贺。就连远在南意大利的贝内文托公爵也派出专使，称臣纳贡，并表示要年年来朝。

登基后的第一年中，虔诚者路易颁布的诏令不下四十道，几乎是先帝最后十三年诏令总数的两倍。他也想塑造一个勤政的形象。可是，只要我们研读这些诏令，就会发现多与百姓福祉、先朝弊政没有多少关系。

抵京后，路易颁下的第一道旨意，是将姐妹遣入寺院。除了大公主赫罗特鲁德曾许给东罗马皇帝君士坦丁六世外，查理的众多女儿无一出嫁。这种不同寻常的情况给加洛林朝的宫廷招来不少流言蜚语。在艾因哈德的名著《查理本纪》中毫不隐讳地写道："在其他一切方面伴随着他的鸿运，在这方面却被丑闻秽事和品德有亏的瑕疵给破坏了。"现在，这些金枝玉叶终于告别宫廷，在清冷寺院中度过后半生。与她们一道离开的，还有许多宫中女官。笃信宗教的路易不需要那么多尤物来装点宫廷，查理晚年宫廷的淫秽气息扫荡一空。

接着，路易颁布了《道德整肃敕》，取缔娼妓，还驱逐京畿一带的市井无赖。按他的旨意，任何人都有义务将招蜂引蝶、耽于享乐的女人拉到闹市鞭笞；否则，他就应该受到鞭笞——这就是新皇帝眼中最紧迫的大事。

肃整风气外，路易念念在兹之事，就是将阿基坦寺院的统一戒律在天下推行。他几乎把所有精力都投入其中。

816 年秋，虔诚者路易将教俗两界名流召至亚琛，齐聚一堂。会后，他颁布法典，规定各地寺院必须奉行本笃戒律。路易宣称，他将派出刺史，巡行各地，进行督查，严惩阳奉阴违之徒。第二年，路易再次召开大会，对教士的衣食住行、祈祷劳作、研习经文等都做了详尽规定，甚至睡眠、洗澡等细节也不曾放过，巨细靡遗。接着，是 818 年和 819 年大会……我们发现，路易比罗马教宗更像神圣罗马的领袖。当时有人说："对陛下来说，修行如此具有吸引力；若非受到神佑而君临天下，他可能已经踏入寺院。"

虔诚者路易有道德洁癖

就在长廊崩塌的前一年 6 月，继利奥三世之后当选教宗的斯蒂芬四世来到兰斯。路易仿效祖父矮子丕平，亲自出城迎接。皇帝像一位谦卑的侍从般，搀扶斯蒂芬四世下马，还行三跪大礼。四日后，虔诚者路易重申了"丕平献土"，没有附加任何条件。可以说，查理大帝处心积虑，压制罗马教宗所争取到的一切，四日之内就被自己的儿子拱手交出。最具有象征意义的，是斯蒂芬四世应虔诚者路易的要求，为他和皇后埃门嘉德重新举行加冕礼。

这意味着，查理大帝生前刻意安排的加冕礼丧失了所有的意义。虔诚者路易完全无法领会父皇的良苦用心，以帝王之尊，匍匐在教宗的脚下。也许，命运将虔诚者路易推上帝王宝座本身就是一场天大的玩笑。像伯祖父卡洛曼那样遁入寺院，才是最适合他的人生之路。

斯蒂芬四世于817年返回罗马，不久就去世了。路易向新教宗帕斯克一世承诺，“无论什么纠纷或阴谋，帝室绝不损害教廷利益；除应罗马教宗要求外，绝对不干涉教廷。”他还同意，罗马教宗去世后，教廷可以自行选举继任者，自己绝不干预。唯一的附加条件，仅仅是选举结果应知会皇帝。自君士坦丁大帝以来，罗马皇帝一直拥有罗马主教任命权。现在，路易弃之如敝履。

教廷、朝廷分掌教俗两界的格局滥觞于此。

真正能左右宫廷的，不是查理遗留下来的辅政重臣，而是教士。比如赫尔斯卡，早在阿基坦的潜邸时就备受路易器重，引为心腹，是真正的从龙之臣。还有阿尼亚纳寺的教士本笃，路易对他言听计从。本笃死后，来自科尔比寺的阿德拉德权倾一时。正是在这些教士的指导下，皇帝亲手将神圣罗马置于罗马帝国之上。

更重要的是，被压低的罗马帝国即将在虔诚者路易手上走向瓦解。

长廊垮塌后，皇帝一直心神不宁，坐立不安，总觉得自己去日无多，决定要安排一下身后事。这一年，他颁布《授权诏书》，册封长子巴伐利亚王洛泰尔为共治皇帝；次子丕平封阿基坦公爵；三子路易，绰号“日耳曼人”，封巴伐利亚公爵；加上先帝于813年册封虔诚者路易亡兄丕平之子伯纳德为意大利王。他们可以在食邑内征税治民，但应每年纳贡，且不允许拥兵自重。没有皇帝首肯，几位王公不能结交外邦，甚至联姻也不行。如果他们薨殁，可以子袭父爵，绝嗣除国。

这就是所谓“路易裂土”。

当时，许多权贵对路易裂土心存疑虑。在他们看来，一个大一统的帝国更符合法兰克的利益。宗室元老瓦拉就直言不讳地劝谏皇帝：“陛下这是把帝国推向火坑，推向分裂！陛下将成为一切灾祸的罪魁祸首！”

虔诚者路易不肯纳谏：“朕的所作作为，都是维护法兰克的传统与罗马帝国的荣誉。朕绝对不能背叛先皇！”

也许，虔诚者路易说的没有错。

法兰克，乃至日耳曼诸部一向奉行诸子分封。所以，墨洛温朝的克洛维将法兰克一分为四，他的儿子克洛泰尔巧取豪夺，从兄弟子侄手里夺取了法兰克的全部土地后，转眼又是一分为四，诸子分封……加洛林朝也是如此。铁锤查理将奥斯特里西亚和纽斯特里亚分别交给两个儿子卡洛曼、矮子丕平；矮子丕平也是让自己的儿子查理和卡洛曼对分领土。只不过，两代人中的卡洛曼，一位英年早逝，一位出家避位，才使得矮子丕平父子大权独揽。等到查理大帝自己安排身后事的时候，本来也是诸子分封，结果人算不如天算，他驾崩时只剩一子。加洛林朝之所以连续三代大权操于一人之手，实属天意，并非有意识地中央集权。

现在，虔诚者路易的《授权诏书》不过是因循旧例。

可是，瓦拉等元老重臣不这么认为。他们憧憬的是一个集权帝国。只有朝廷集权，以重驭轻，他们这些没有食邑却把持朝政的大臣才具有举足轻重的地位。所以，瓦拉等人将路易裂土视为取乱之道。仿佛要验证他们的看法似的，一场叛乱在意大利爆发，从此揭开了一个动荡时代。

叛乱的起因就在于《授权诏书》另一条款：若洛泰尔无嗣，两位皇子丕平、日耳曼人路易有资格竞选，胜出者将登基称帝。这就把虔诚者路易的侄子意大利王伯纳德排除在继承人之外。他悍然起兵作乱。

聚集在伯纳德身边的，是许多对虔诚者路易心怀不满的人物。

在意大利，米兰主教的地位仅次于罗马教宗，与拉文纳主教同为北方教会的领袖。克雷默纳主教亦极有影响力。在他们看来，意大利教士素养、学识，无不冠绝当时。但是，虔诚者路易只倚重阿基坦教士，对他们十分冷淡。诗人狄奥多夫来自伊比利亚半岛，是当时诗坛巨擘，连千年后的威尔·杜兰亦称许他的诗。这位诗人同样对虔诚者路易冷落自己愤愤不平。正是他们推波助澜，酿成了伯纳德之乱。

听说意大利有变，虔诚者路易在当年秋御驾亲征。各地勤王人马也陆续汇聚到阿尔卑斯山一线。仓促起事的伯纳德师出无名，处处被动，很快就陷入众叛亲离的境地。眼见麾下人马纷纷倒戈，他只得自缚请罪。虔诚者路易并未心慈手软，于 818 年 4 月公审皇侄。伯纳德及世俗贵族出身的党羽被以谋反罪判处死刑。考虑到他们系贵族出身，路易按罗马帝国旧俗，改由行刑者烫瞎罪犯的双眼。当年，东罗马的伊琳娜皇帝就是对儿子君士坦丁六世施以此种酷刑。伯纳德没有能熬过痛楚，挣扎了两天后伤重不治，年仅二十。他的同父异母兄弟尽管没有参与叛乱，也被迫出家为僧，永远圈禁。作为藩国的意大利亦不复存在。

卷入叛乱的教士按当时惯例不宜处死，交教会审判，多被流放或圈禁。这加

洛泰尔颁布《罗马建制诏》

深了意大利教士对朝廷的怨望。在 821 年 5 月，虔诚者路易对教会做了诸多让步，以换取教士们对他制定的统一戒律的认可。大功告成后，皇帝特赦了卷入伯纳德之乱的教士，归还籍没的私产，以缓和镇压叛乱带来的紧张气氛。

但是，伯纳德的死亡已经成了虔诚者路易一生挥之不去的心魔。

按照法兰克旧俗，像伯纳德这样的天潢贵胄即使犯下弥天大罪，最多就是削发出家，永远圈禁。对宗室，乃至皇帝施以肉刑，被视为东罗马的陋习恶例。就在伯纳德受刑的那一年，皇后埃门嘉德病故。很快，就有一种流言满天传播，说这是神对虔诚者路易杀害宗室亲贵的报应。沉浸在丧偶之痛中的路易信以为真。为了减轻自己的罪恶感，皇帝当众对自己伤害伯纳德和支持他的教士表示忏悔。

相比之下，共治皇帝洛泰尔对教会的态度要强硬得多。他奉父亲之命出镇意大利，收拾伯纳德之乱后的残局。罗马教廷极力拉拢洛泰尔。当时的教宗帕斯克一世为他举行了盛大的加冕礼。不过，洛泰尔没有投桃报李。加冕之后，他驻跸罗马城，开始直接插手教宗直隶领地的政务。虔诚者路易曾再三确认罗马教宗在教宗直隶领地的权力，现在成了一句空话。这引起了许多教士的愤懑。当洛泰尔因故离开意大利后，他们突然逮捕了两名官吏，并在罗马教宗驻锡的拉特兰堂判处两人死刑，罪名竟然是勾结洛泰尔！

罗马教廷要用这种方式彰显他们的权力。

支持洛泰尔的朝中重臣愤然指责罗马教宗犯上作乱。这一回，就连虔诚者路易也不能坐视，派遣两名钦差奔赴意大利查案。在他们动身前，两名红衣主教从罗马风尘仆仆地赶往亚琛，带来了罗马教宗帕斯克一世的无罪声明。虔诚者路易竟然撤回钦差，决定不再追究教廷僭越之罪。

平心而论，擅诛元老院官吏多半不是教宗帕斯克一世的意思。教廷中某些强硬势力才是真正的肇事者。但是，他们到处宣扬这是教宗旨意，把帕斯克一世推到风口浪尖上。这些心怀叵测之徒就是要将整个教廷推到朝廷的对立面。他们相信，软弱的虔诚者路易会屈服的。这样，教廷就能收回被洛泰尔剥夺的权力。

这些人猜对了一半：虔诚者路易屈服了。但他们没有猜中另一半。

擅诛元老院官吏一案，令罗马教廷在道义舆论上陷入被动。这个机会被洛泰尔敏锐地抓住了。同年，他颁布了《罗马建制诏》。这道诏令赦免了教士擅诛官吏的罪行，只是对遇害官员进行了赔偿。这都不重要。最重要的是，诏令规定教会必须置于刺史团的监督之下；刺史们有的由皇帝指派，有的由罗马教宗指派，但只能对皇帝负责；事涉高阶教士的案件可以由罗马教宗审理，但终审权归皇帝的钦差；还有，对罗马教宗领地内的法兰克人不适用教会法，而适用法兰克人的日耳曼法……

更为引人瞩目的是，《罗马建制诏》改变了罗马教宗的选举方式。罗马教宗不是由教廷教士选举，而是由罗马僧、俗两界权贵决定。教宗领地的全体子民要宣誓效忠皇帝，而当选的新罗马教宗必须在钦差面前宣誓。

可以说，《罗马建制诏》将教廷利用虔诚者路易的虔诚与软弱所颠倒的一切，又重新颠倒回去。甚至，失去了更多。

这是教廷始料未及的。因为擅诛官吏一案，他们居于下风，暂时无力反击。不过，这只是暂时蛰伏。神圣罗马与罗马帝国的较量将持续下去。教士们在黑暗中静待反击的机会。

这个机会，就隐藏在加洛林氏宗室里。

埃门嘉德皇后去世的第二年，虔诚者路易续弦。新皇后朱迪斯来自巴伐利亚的韦尔夫氏。这个家族因此攀龙附凤，从地方豪强跻身一流门阀。在未来的几百年中，韦尔夫氏叱咤风云，是中世纪不容忽视的力量。相传，朱迪斯皇后有沉鱼落雁之貌。当时的文人墨客称她的“美貌在我所知的皇后中艳压群芳”。但是，多数史书将朱迪斯描写成祸国殃民的尤物，甚至将未来几十年的动荡，都归咎于红颜祸水。

朱迪斯入宫后，很快就赢得了虔诚者路易的宠爱。823 年 6 月 13 日，她诞下一子。路易大喜过望，决定把自己英武盖世的父亲之名赐给这个襁褓中的婴儿。后世称朱迪斯之子为“秃头查理”。

幼子呱呱坠地后，虔诚者路易急急地将长子洛泰尔召回京城来，商议查理封国之事。洛泰尔表面上同意将阿尔卑斯山北麓的士瓦本作为秃头查理的封国。毕竟这个新生婴儿身为嫡子，同样具有裂土分茅的资格。作为回报，虔诚者路易欣然同意洛泰尔的众多心腹进入中枢。

皇室看起来父慈子孝，皆大欢喜。

按照法兰克旧俗，封王的程序是先由君主提名，然后举行名为“三月校场”的大会，民众欢呼通过，最后举行加冕典礼。皇权强化使三月校场往往流于形式。没想到，829年在沃尔姆斯城召开的大会上，册封秃头查理的提案竟然未获通过。

虔诚者路易终于嗅到了一丝阴谋的气味。

在幕后操纵一切的，自然是洛泰尔。路易裂土使他不得不面对两位兄弟割据一方的现实。聊以自慰的是，《授权诏书》分封给丕平的阿基坦和分封给日耳曼人路易的巴伐利亚地方都不大，偏居一隅。他们到底是洛泰尔的同母兄弟，并且只是他的附庸。等到父亲续弦，并想再次分割帝国，将士瓦本割给秃头查理做食邑时，洛泰尔忍无可忍。就这样，他走上了同父亲对抗的道路。

虔诚者路易这才发觉，尚书台已经被洛泰尔一党所控制，自己有大权旁落之虞。他立刻从巴塞罗那召回了心腹伯纳德伯爵，出任尚书令。接着，虔诚者路易再次命洛泰尔出镇意大利。等他一走，就对尚书省展开了大清洗。虔诚者路易罢黜了洛泰尔的谋臣瓦拉，将他圈禁在科尔比寺。他们留下来的位置被伯纳德伯爵和皇后朱迪斯的党羽所占据。

第二年4月，虔诚者路易征召战士，准备平定布列尼塔人的叛乱。但是，那时正是复活节前的大斋期，按照基督教习惯，信徒们要虔诚默想耶稣苦难、死亡和复活的真义，迎接复活，不应出征。圣旨一下，朝野一片哗然。不少人认为虔诚者路易不可能破坏斋戒，一定是权臣的过错。一时间，伯纳德伯爵成为千夫所指。近来屡受打击的洛泰尔一党意识到民心可用，立刻起兵“清君侧”，要把虔诚者路易从朱迪斯皇后和伯纳德伯爵手中“解救”出来，制止暴政。洛泰尔的两位兄弟阿基坦的丕平、日耳曼人路易也起兵响应。

御驾亲征布列塔尼的虔诚者路易听闻后方有变，仓促班师。此时，阿基坦公爵丕平在巴黎城北百里外的贡比涅森林布下了天罗地网……毫无防备的皇帝就这样沦为儿子的俘虏。皇后朱迪斯被囚禁在普瓦捷的寺院中，而伯纳德伯爵出逃巴塞罗那。

身陷囹圄的虔诚者路易被迫同意重新起用瓦拉为首的洛泰尔一党，并重申自己将恪守817年的《授权诏书》。可是，他不甘心就这样屈服。对虔诚者路易威胁最大的，自然是共治皇帝洛泰尔，所以，他决定对埃门嘉德皇后留下的三个儿子进行分化。皇帝悄悄联络上阿基坦的丕平和日耳曼人路易。知道父皇要增加他们的食邑后，两位皇子欣然接受，决定转而支持父皇。对此，还沉浸在胜利喜悦中的洛泰尔一无所知。

结果，在朝会上形势逆转。虔诚者路易突然发难，要求严惩叛乱者。瓦拉被逐回科尔比寺。洛泰尔的另一心腹圣丹尼寺住持被流放。洛泰尔本人则成了虔诚者路易的阶下囚。

831年2月，洛泰尔被迫承认自己参与叛乱，黯然离开京城亚琛，返回意大利。瓦拉流放日内瓦湖。洛泰尔在这一轮角力中落败。根据新的诏令，洛泰尔只得到了阿尔卑斯山南的意大利；山北诸州由他的三位兄弟瓜分；另外，等到虔诚者路易驾崩后，各王分立，洛泰尔只享有罗马皇帝虚衔，不能干预山北三国。

这是墨洛温朝四分法兰克的重演。

表面上看，虔诚者路易扭转乾坤，重掌大权。可是，阿基坦的丕平和日耳曼人路易才是最大赢家。他们不仅扩大了食邑，还摆脱了附庸地位，从公爵变成了王爵。日耳曼人路易甚至不满足巴伐利亚王的称号，称自己的封国为东法兰克国。

两年后，丕平在阿基坦兴兵作乱。教唆他叛乱的，竟然是当年虔诚者路易的心腹伯纳德伯爵。逃回巴塞罗那后，伯纳德伯爵处心积虑，要重掌大权。再三权衡后，他把赌注押在了毗邻的丕平身上。接着，日耳曼人路易率巴伐利亚大军，趁秃头查理年幼，无法就藩的时机，悍然入侵他的食邑，占领士瓦本，与丕平一东一西，遥相呼应。

这一回，虔诚者路易倒是临危不乱，迅速东进，以迅雷不及掩耳之势，击败了巴伐利亚。为了争取时间应对丕平在阿基坦发动的叛乱，他果断宽恕了日耳曼人路易，结束东方战事。王师掉头西进，兵锋直指阿基坦。丕平没有想到父皇能在如此短时间内打垮日耳曼人路易，仓促应战，溃不成军。曾在贡比涅森林生擒虔诚者路易的丕平这一次反过来当了俘虏。他被削爵除国，囚禁在特里尔城。

阿基坦的新主人，是秃头查理。

没过多久，丕平越狱——一场新的内战又在酝酿当中。

阿基坦的丕平发誓要夺回自己的食邑。日耳曼人路易的食邑巴伐利亚偏居东境，他欲壑难填，要把莱茵河东诸州都收入囊中。洛泰尔又岂甘就此蛰伏意大利？埃门嘉德皇后的三个儿子都需要在父亲身上取得一场胜利，来赢得自己所要的一切。

833 年 4 月，三位皇子在阿尔萨斯聚首，再一次结盟。他们高举的旗帜，就是捍卫 817 年的《授权诏书》，将异母幼弟秃头查理排挤出诸侯之列。

无情最是帝王家，父子又将兵戎相见。

史书称虔诚者路易为孱弱之主，这使他留给后人手无缚鸡之力的印象。其实，这是一种误读。虔诚者路易登基前的食邑阿基坦多年来动荡不安，加斯科尼人和巴斯克人桀骜不驯，数次反抗法兰克的统治。就藩后的三十三年中，路易曾多次领兵平叛，斩获颇多。793 年，他随兄长丕平在意大利作战。799 年残冬，虔诚者路易随驾远征萨克森。五年后，他又一次接到征召出战的旨意，只不过人在半途，就接到萨克森人归降的消息。查理在世的时候，虔诚者路易还曾多次南征伊比利亚半岛。最辉煌的战绩，就是破巴塞罗那，兵临埃布罗河。由于查理时代的扩张已经达到当时国力所能承受的极限，帝国在虔诚者路易即位后施行战略收缩。在北方，他扶植哈拉尔德，来牵制故丹麦王哥特里格的几个儿子，使丹麦人陷入内讧泥潭，无法自拔，再无南下侵扰的余力。除了布列尼塔的疥癣之疾，朝廷真正的心腹之患是皇室内讧。在应对伯纳德、日耳曼人路易和阿基坦的丕平叛乱时，虔诚者路易表现不俗，两线作战依然游刃有余。在贡比涅森林遭遇的唯一败绩，也是因为他低估了皇子们的狼子野心。虔诚者路易的软弱，更多是表现在应对罗马教廷的挑战，而不是鼓角争鸣的战场。

所以，当虔诚者路易同皇子们的联军在科尔玛对阵时，很多人相信戎马半生的皇帝将再一次击败他那些年少轻狂的儿子们。但是，罗马教宗格里高利四世的出场使局势发生了惊天逆转。

《罗马建制诏》后，教廷的权势被遏制。但是，他们无力对抗朝廷，只得选择暂时隐忍。此次，洛泰尔北上前秘密联络了教廷。洛泰尔并不像父皇是虔诚的教徒，还屡屡削弱教廷的权力。但是，罗马教宗经过仔细权衡，决意支持洛泰尔。格里高利四世相信，一个大一统的王朝绝不会容忍教廷扩张势力，哪怕主宰王朝的，是一个绰号叫“虔诚者”的皇帝。只有在一个四分五裂的罗马帝国，各方势力才会争相结好神圣罗马。在从洛泰尔手中榨取了足够的利益后，罗马教宗亲临前线，去调解父子间的矛盾。

目睹格里高利四世出现在皇子一方的阵营中，虔诚者路易麾下将士们感到了疑惑：难道教廷也认为皇帝是错误的？这时，谣言四起，说罗马教宗此行是为了对虔诚者路易和他的追随者们处以破门罚，开革教籍。

6 月 24 日，双方剑拔弩张。大战一触即发之际，格里高利四世突然觐见虔诚者路易。五日后，他才离开。接着，许许多多将士随之出走。他们中有很多人转投到了洛泰尔的阵营中。

一夜之间，虔诚者路易发现自己被将士抛弃了。

绝望之下，皇帝只好带着朱迪斯皇后和秃头查理，向洛泰尔兄弟投降。随后，他被带到苏瓦松的一间寺院软禁，朱迪斯母子也被隔离关押。五个月后，兰斯主教埃博在苏瓦松的圣玛丽堂主持召开了宗教会议，将亵渎圣物罪、杀人罪、破坏和平、背誓等八大罪状强加给虔诚者路易。皇帝被迫交出长剑，脱下紫袍，跪倒在神龛前，当着教俗两界名流之面，向神明忏悔。可是，教士们并没有放过虔诚者路易，逼他归隐托尔托纳的寺院，做永久忏悔。在受尽侮辱后，退位的皇帝步履蹒跚地离开了圣玛丽堂。洛泰尔的党羽们甚至不允许任何人同他交谈。

虔诚者路易退位，洛泰尔成为唯一的皇帝。

显然，扭转乾坤的是罗马教宗格里高利四世，这使他可以高调地宣扬所谓的“教权高于皇权”。在教廷看来，灵魂的支配归属于教宗，这比皇帝对世俗的统治更为重要。千言万语，归为一句话：皇帝必须受制于教士。

难道洛泰尔能容忍罗马帝国就此屈服于神圣罗马么?

新帝暂时还无暇理会格里高利四世。如何同两位兄弟瓜分帝国，才是他要面对的首要问题。洛泰尔想得到的，当然是一个完整的帝国，就如同他祖、父所统治的一样。可是，同为胜利者的丕平和日耳曼人路易却不可能满足于817年的食邑：前者不仅要收回被父亲剥夺的阿基坦，还希望将食邑北扩到塞纳河南岸；后者则在巴伐利亚外，索要图林根、萨克森和奥斯特里西亚，连秃头查理的旧时食邑士瓦本也被他视为囊中之物……洛泰尔隐隐后悔：当年为了秃头查理的士瓦本，同父亲反目；可今天失去的又何止士瓦本。早知今日，何必当初。

兄弟阋于墙不可避免。洛泰尔拥有帝王尊号，这使他占有大义；而日耳曼人路易对抗他的借口竟然是虐待老父。

饶有意味的情节是，唯一有能力调停纠纷的罗马教宗格里高利四世悄然南归。局势越乱，越能凸显他的重要性。罗马教宗就是要让洛泰尔深刻地认识到，离开教廷的支持，他的皇位摇摇欲坠。

日耳曼人路易与丕平两路夹击洛泰尔，依然忠于虔诚者路易的奥斯特里西亚和萨克森诸侯也纷纷起兵响应。结果，洛泰尔还没领略到大权独揽的滋味，就被逐出了京城亚琛。

834年4月5日，虔诚者路易携皇后朱迪斯、秃头查理重返京城亚琛，用最盛大的典礼来欢庆这一年的复活节。不过，政局依然雾浓霜重。洛泰尔与心腹爱将马特弗雷德企图联兵进犯，纽斯特里亚的诸侯也蠢蠢欲动。虔诚者路易轻装快骑，直取布洛瓦堡，出其不意地切断了洛泰尔与马特弗雷德的后路，实施包围。此时，格里高利四世恐怕要为自己过早返回意大利追悔莫及。大战爆发时，他鞭长莫及，无法像科尔玛之役，瓦解虔诚者路易的阵营。沙场争雄，洛泰尔根本不是父皇的对手。他见大势已去，不得不匍匐在虔诚者路易脚下。

在洛泰尔对天发誓要忠于虔诚者路易后，父亲再一次原谅了忤逆的儿子。洛泰尔带着马特弗雷德返回意大利半岛。曾逼皇帝当众忏悔的兰斯主教埃博就没那么幸运了。他同样被逼当众忏悔，并丢掉了教职，囚禁在寺院中。

不过，虔诚者路易最终还是宽恕了教士们。教士们也从皇帝东山再起一事中领会到皇权的力量暂时无法撼动，行事低调了许多，避免触怒朝廷。

837年，虔诚者路易征服了布列尼塔。10月，皇帝在亚琛举行的大朝会上，将北起弗里兰斯、塞纳河和马斯河河口，南到巴黎的广袤土地分封给了秃头查理。

这道旨意，使帝室内讧再起。838年4月，日耳曼人路易兵谏。不过，虔诚者路易严阵以待，接连获胜。到第二年年初，日耳曼人路易丢掉了先前占据的莱茵河东诸州，狼狈退回最初的封地巴伐利亚。

就在此时，阿基坦的丕平病故。他的儿子丕平二世被王府掾属拥立为新王。但虔诚者路易拒绝接受，反而把阿基坦也划入秃头查理的食邑。这一回，洛泰尔没有敢反对父亲的决定。839年5月30日，皇帝在沃尔姆斯颁布旨意，将巴伐利亚留给日耳曼人路易；剩余的疆域由洛泰尔和秃头查理平分。两人宣誓接受父亲的安排。

840年，王师征伐自立为王的皇孙丕平二世。阿基坦诸侯不得不屈服，接受了秃头查理的统治。丕平二世被废黜。历时十年的内战大幕落下。虔诚者路易几经起落，最终还是赢得了胜利。

最重要的使团，是839年来到亚琛的东罗马帝国使节。

我们曾说过，迈克尔一世在位时，东罗马曾正式承认查理大帝的皇位。随着利奥五世篡位自立，君士坦丁堡改弦更张，推翻前议。无论是查理大帝，还是虔诚者路易，在东罗马眼中都是僭号的伪帝。820年，君士坦丁堡上演了极具戏剧性的一幕。当时，利奥五世以谋反罪名，下旨处决君士坦丁六世的驸马卫尉迈克尔。没想到，迈克尔的部曲暴起发难，弑君救主。逆转翻盘的迈克尔被推上皇位，后传位于其子狄奥菲罗。由于庇护波斯流亡者，东罗马与黑衣大食交恶。两国大动干戈，战火绵延。听闻虔诚者路易复辟后，狄奥菲罗于839年遣使来贺。

虔诚者路易能得到东罗马的认可，是因为君士坦丁堡倾力东向，抵御黑衣大食，只能结好西方的加洛林朝，避免腹背受敌。另一个很重要的原因是，虔诚者路易只谋求皇帝尊号，却不坚持一定是罗马皇帝。这与他父亲不同。查理大帝始终希望成为西罗马皇帝，将自己的帝业视为罗马帝国在西方的复兴。在他看来，罗马与正统是画等号的。但是，虔诚者路易因宗教上的虔诚，将他梦想中的帝国理解为：一个神明、一个教会、一个皇帝。至于这个皇帝是罗马皇帝，还是法兰克皇帝，他并不十分在乎。在虔诚者路易看来，证明自己天命有归，不靠“罗马”之名，全赖神恩。所以，他在给东罗马皇帝的文书中，用“新法兰克”代替了“新罗马”，来称呼自己的帝国。

亚琛不再与君士坦丁堡争夺罗马正统名分，狄奥菲罗自然投桃报李，很乐意承认虔诚者路易为王，并勉强承认他自封法兰克人和伦巴第人的皇帝——就这样，查理大帝在驾崩前一年失去的，他的儿子终于又得到了，虽然名号略有不同。

此时，虔诚者路易也走到了自己生命的尽头。

840 年 6 月 20 日，皇帝在莱茵河中的一个岛屿上驾崩。在他的遗旨中，指定长子洛泰尔继承皇位，同时也宽恕了几度背叛自己的另一个儿子日耳曼人路易。父子间多少年的恩怨情仇，如同舞台上的情节，一幕幕——终于到了曲终人散的时刻。

史书指责虔诚者路易一手葬送了他父亲查理大帝的千古帝业，是西方世界分裂的祸首。但这种指责多少有些牵强。

查理的帝国原本就远谈不上江山一统。早在墨洛温朝，法兰克的核心领土已分裂成两块。纽斯特里亚所在的高卢早在数百年前就归化罗马，语言、风俗与意大利几无区别。法兰克人统治此地后，深受罗马古风熏陶，连法兰克语也深具罗马古语之风。奥斯特里西亚东部，是日耳曼诸族的故地。条顿堡之败后，罗马帝国就放弃了对此地的征服，把疆界定在了莱茵河一带。终罗马之世，莱茵河东岸的奥斯特里西亚都是化外之地。以语言为例，通行的是条顿语。语言如此，风俗、律法、文艺也迥异其趣。

墨洛温朝二百多年，没有消弭这种鸿沟。相反，纽、奥倾轧不断，纷争相继。分封诸子本来就是法兰克旧俗。墨洛温氏也总是将两地分封不同的王子。最后，奥斯特里西亚在加洛林氏的带领下，压倒纽斯特里亚。但加洛林氏也跳不出窠臼。正是考虑到地域差异，加洛林朝一直坚持诸王幼年就藩，熟习当地语言礼仪，乃至习惯衣冠饮食，避免日后被属下臣民视为异端。

应该说，虔诚者路易比祖、父更具有大一统意识。在文书上落款时，这一点就体现得很清楚。查理大帝习惯保留法兰克王、伦巴第王和皇帝三个头衔，但他的儿子却只提皇帝名号。

817 年的《授权诏书》中，纽、奥两大核心板块，都是要留给洛泰尔，作为未来帝国的主体。无论是阿基坦公爵丕平还是巴伐利亚公爵日耳曼人路易，本来扮演的角色不过是偏居一隅的诸侯。哪怕秃头查理的降生，也只是多了一位诸侯而已。如非洛泰尔唆使朝臣在沃尔姆斯大朝会上否决对秃头查理的册封，可能不会有后来骨肉戕贼、手足参商的厮杀。

把分裂归咎于虔诚者路易，有失偏颇。更何况，他最终浴血百战，打败了挑战自己的三个儿子：洛泰尔龟缩北意大利；丕平早亡，丕平二世兵败国灭；日耳曼人路易更是靠父亲的宽恕才保住了最后的食邑。不仅如此，虔诚者路易还出兵北伐丹麦、东征斯拉夫，战绩不俗。肃清了维京人的海盗后，北方商路大开。商队和朝贡人马纷纷南来，给帝国带来了近几十年来最繁华的时代。唯有如此帝业，才能赢得东罗马的尊重。

在虔诚者路易归天时，他遗留下来的帝国依然完整。

比起父亲，虔诚者路易在拓土开疆方面逊色不少。但这是当时形势所定。以法兰克的国力，查理大帝的征服已近极限。如果罔顾现实，一味扩张，恐怕祸不旋踵。虔诚者路易选择战略收缩，并不算错。要说有什么遗憾，就是伊比利亚半岛。如果能肃清比利牛斯山脉的巴斯克人和加斯科尼人，法兰克人就不必担心后路安危，可以在半岛有更大的作为。皇室内讧，牵扯了虔诚者路易太多精力，无力拓土西南。

虔诚者路易最大的软肋，是对教士软弱。从铁锤查理到查理大帝，加洛林氏几代英主对待教士都极有分寸。他们利用教廷的声望来强化王权和皇权，又不让教士染指大权，有非分之想。他们还剥夺寺院从信众手中巧取豪夺来的土地，赐予战士，以鼓励士气，也防止了土地兼并。但是，虔诚者路易却纵容阿基坦的教士把持朝政、玩弄权术，弄得朝廷乌烟瘴气。剥夺寺院田产，更是他想都不敢想的事。这也导致虔诚者路易对立功将士无田可赏。教廷更是利用加洛林皇室相争的机会，上下其手，煽风点火。格里高利四世在 833 年 6 月的表演，几乎将虔诚者路易推入万劫不复的深渊。

比起父皇，洛泰尔更具有权力欲。为了唯我独尊的帝王梦想，他可以强悍地颁布《罗马建制诏》，打压教廷，也可以对父亲阳奉阴违，阻止秃头查理封爵。

洛泰尔几度与父亲刀兵相向，却一败涂地。在战场上，他的表现远不如朝堂。不过，那个打败他又宽恕他的父皇已经驾崩了。两位兄弟同他一样，不是能征惯战的将领。似乎已经没有人能阻止洛泰尔独揽大权了。洛泰尔决定违背沃尔姆斯宣誓，拒绝与秃头查理平分阿尔卑斯山北的疆域。

这一年，秃头查理已经十九岁了，不再是乳臭未干的孩子。他决定联手退守巴伐利亚的日耳曼人路易，向这个比他年长二十八岁的长兄发起新一轮挑战。842 年，秃头查理与日耳曼人路易在莱茵河畔的重镇斯特拉斯堡会盟。双方立下誓言：

“为了上帝与基督之爱和我们共同的拯救，今日以降，追神明赐予我智慧与力量，我将竭力保护我的兄弟，双方竭力保护对方，我永不故意与洛泰尔达成会伤害我的兄弟的任何协议……”

后来，秃头查理与日耳曼人路易都违背了自己的神圣誓言。但是，斯特拉斯堡誓言依然值得史书浓墨重彩地书写。因为日耳曼人路易面对秃头查理麾下诸将发誓，用的是查理领地所流行的古法语；而秃头查理面对日耳曼人路易的大军，操古高地德语发誓，因为路易的军队只懂这种语言。

两位君主、两种语言，显示了难以消除的文化分野——这才是加洛林帝业成空的真正原因，而非虔诚者路易。

从条顿堡之败开始，莱茵河东、西两岸因一个游离于罗马文明外，一个归化罗马而分道扬镳。纽斯特里亚与奥斯特里西亚的争斗加剧了两岸的分化。在查理大帝时代，莱茵河以东的人就自称“德意志”，意即“我们百姓”，以区别于莱茵河以西的人。莱茵河以西的人，则更为强调自己的法兰克身份，也就是“法兰西”。这种差异最终以“斯特拉斯堡誓言”这种形式定型。

“虎倦龙疲白刃秋，两分天下指鸿沟”。

——在两种语言的朗朗誓言声中，欧洲大一统的迷梦渐渐醒来。

面对两个弟弟的步步进逼，洛泰尔亦决定要放手一搏。他也有自己的底气。朝中权贵支持他执掌一个集权的帝国，只有大一统，才能彰显他们的权势。尽管《罗马建制诏》令阿尔卑斯山南保守的意大利教士对洛泰尔十分不满，但山北的改革派教士却支持他。这些教士梦想在强大皇权的支持下，挣脱罗马教廷的桎梏，放手推行宗教改革。但是，自834年败给日耳曼人路易和阿基坦的丕平后，洛泰尔的势力就被压制到阿尔卑斯山南。福无双降，祸不单行，一场突如其来的瘟疫在836年到837年这两年中横扫意大利，夺走了洛泰尔许多心腹的性命；有人甚至说“他们的死使帝国的知识阶层遭到了毁灭”。如果不是丕平亡故、秃头查理年幼，而日耳曼人路易又与父皇反目成仇，皇位未必能轮到洛泰尔。

在最近几年中，日耳曼人路易屡战屡败，几乎被父亲逼到山穷水尽的地步。不过，巴伐利亚始终对他不离不弃。这片高地直到塔西洛事败才被并入帝国，还有很强大的离心力，巴伐利亚门阀奉日耳曼人路易为主，是为了图谋自立。

秃头查理的势力同样不容小觑。虔诚者路易宠爱幼子，将法兰克大半个核心地域赐给他。受先帝影响，整个尚书台的大臣们几乎都站在秃头查理一边。曾经在中枢拥有很强影响力的洛泰尔现在失去了这个优势，隐隐然被架空。

但是，洛泰尔仍在幻想一战击败日耳曼人路易和秃头查理，实现自己一统江山的梦想。他宣布，除非效命于他，否则无论何地的诸侯都会被剥夺食邑。可是，我们看到的依然是一片混乱。诸侯、门阀、教士都出于一切个人利益或地方观念，选择支持洛泰尔，或者路易和查理的同盟。在巴伐利亚，不乏保皇派；同样，反洛泰尔的势力在意大利势力强大。两派的分布实际上是你中有我，我中有你，呈现犬牙交错的态势，很难甄别。

为了牵制秃头查理，洛泰尔扶植侄儿丕平二世。阿基坦的丕平死后，丕平二世本指望子承父位。但虔诚者路易剥夺了他的继承权，将阿基坦留给秃头查理。这使丕平二世毫不犹豫地调动自己在阿基坦的残余势力，来支持洛泰尔

——查理的帝国一地碎片。

如水光阴，催人老去。当年意气风发、威震罗马城的少年皇子如今已是年近半百，华发早生。如果再不一搏，恐怕就没有机会了。

开战之初，洛泰尔气势如虹，一举将日耳曼人路易逐出沃尔姆斯。接着，他转头西进，要同丕平二世夹击秃头查理。战争的转折点发生在韦尔尼茨河畔。退回巴伐利亚休整的日耳曼人路易再次出击，打败了洛泰尔留下来牵制他的士瓦本

伯爵，乘胜西进，驰援秃头查理。这下，洛泰尔反倒陷入腹背受敌的不利境地。841 年 6 月 25 日，血战在封特内展开。

结果，洛泰尔兵败。

对日耳曼人路易和秃头查理来说，封特内之战是一场皮洛士式的胜利。双方损失惨重。法兰克多年来积攒下的百战精锐丧失殆尽。香槟一带的贵族男子几乎全部战死，才留下女系继承的独特习俗。封特内之战惨烈可见一斑。

新败的洛泰尔接连犯下错误。

在东萨克森，当时爆发“古法之子”起义。许多萨克森农民不堪忍受教俗两界权贵的盘剥欺压，揭竿而起，要求恢复古老宗教，抵制基督教，声势颇大。洛泰尔病急乱投医，竟然向“古法之子”求援，把原本支持他的教士和东部诸郡豪门推到了日耳曼人路易一方。更致命的是，洛泰尔还以割让伐尔赫伦岛为代价，请求诺曼人出兵助战——他犯了众怒。

“诺曼”的本意是北方人，又称维京人，也就是峡湾来者，因为他们原本栖息在冰天雪地的峡湾一带，属北日耳曼人。诺曼人与日耳曼人的一支丹人融合后，在斯堪的纳维亚半岛的南部建国，称“丹麦”，即丹人之国。789 年，诺曼人出现在不列颠岛，被当地税吏误为商人，要向他们征税。结果，这些化外之人杀死了税吏。这是他们第一次出现在史书中。接着是 793 年……诺曼海人袭击寺院、村镇的记载不绝于书。通常，他们先占据一个近海岛屿，或滨海要塞，作为基地。接着，诺曼人就驾龙首舰沿河溯流而上，登陆后抢夺马匹，向途经的村庄城邑勒索钱财，稍不如意就屠村、屠城。血腥手段，让人谈虎色变。

当年，查理大帝御驾巡游南方，驻跸于地中海的一个港口。忽然，正在从容进餐的皇帝被海面上扬帆疾行的数艘船只给吸引住了。随驾的大臣和扈从们议论纷纷，有人说这是长袖善舞的犹太人载满货物的商船，也有人猜测它们从阿非利加或不列颠驶来。查理大帝摇了摇头，面色凝重地说：“这些船只装载的不是货物，而是我们最凶狠的敌人！”

查理大帝视野中的船舶船身细窄，两侧布满划桨洞，吃水不深，但操纵灵活。最高大笔直的橡树被制成龙骨；天然弯曲的橡树则制成结实的船肋；一寸厚的箍

秃头查理得到了西法兰克

板相互交叠，用铆钉固定在船肋上，最后用杉木根制成的缆索捆缚；船板间的空隙用由动物毫毛和植物纤维制成的线索填塞。只有如此结实的战船，才能横行沧海。最引人瞩目的，是用一整块完整的橡木雕成的弯曲船首，迎着万里长风高高昂起……这就是西方人二百年挥之不去的梦魇

——龙首舰。

侍卫们闻言色变，纷纷拔出刀剑，奔向海岸。带火的长箭已从龙首舰上腾空而起，接着长矛呼啸着破空而至。如果不出意外，让人闻风丧胆的狂战士很快就要踏着船板强行登陆了。他们是传说中的嗜血恶魔，每次厮杀都赤裸上身，状如疯犬。狂战士们挥刀如风，吼声震天，悍勇无伦，不死不休……

不过，这样的近身搏杀并没有发生。龙首舰突然停了下来，紧接着如行云流水般掉头转向，飞也似的驶离了近海，很快就消失在天际线。显然，这些海寇绝不是有勇无谋之辈。长年的厮杀、冒险，使他们对潜在危险有着灵敏的嗅觉，很快就感受到羽林、虎贲的存在。他们离去的速度，甚至比来攻时还快。

这才是残酷竞争淘汰后，留下的真正强者。

护驾臣仆们大多长出一口气，转头却看见查理大帝静静地伫立在东窗下，泪流满面。整间房间顿时陷入死寂。没有人敢惊扰沉思中的皇帝。不知过了多久，查理才自己打破了沉默："忠实的臣仆们，你们知道朕为什么这样悲伤地哭泣吗？朕并不害怕这些微不足道的凶徒伤害朕。但是一想到朕还在世，他们就敢于侵犯这片海岸的时候，真是悲从中来；预想到他们对我的子孙和臣民会造成何等灾害，就更使我忧伤欲绝了。"

后来的历史证明，查理大帝一语成谶。

朝廷在河流、海港造城驻军，还在高卢伐木造船，兴建水师。即使如此，也没有阻止丹麦王哥特里克兴兵犯境。不过，终查理大帝之世，诺曼人尚属癣疥之患。等到虔诚者路易在位时，诺曼人利用他与皇子们斗争之机，频频深入内陆。龙首舰幽灵般地出没在河、海中，袭击岸上的村舍。等到虔诚者路易平定诸子纷争后，腾出手来对付这些海寇。他一面与丹麦王哈拉尔德结盟，一方面又扶植丹麦王族的其他成员，分化拉拢，同样在王族中制造矛盾，有力地抑制了来自丹麦的诺曼海寇。在他生命的最后几年中，诺曼人暂时淡出了法兰克的视野。

现在，洛泰尔忘记了祖父的泪水，勾结诺曼人。引狼入室之举激怒了饱受来自丹麦的诺曼海寇蹂躏的西部诸郡，他们转而支持秃头查理。

等到洛泰尔醒悟过来，为时晚矣。

843 年 8 月，精疲力竭的兄弟三人在凡尔登议和。《凡尔登条约》规定，日耳曼人路易为东法兰克王，拥有莱茵河东的土地，外加河西的美因茨、沃尔姆斯等重镇；埃斯科河、马斯河、索恩河和罗讷河以西的广袤土地，归西法兰克王秃头查理；皇帝洛泰尔统治意大利，在阿尔卑斯山北还保有埃斯科河、马斯河、索恩河与罗讷河以东、莱茵河以西的土地。

在法兰克两大核心板块纽斯特里亚和奥斯特里西亚中，洛泰尔的领地只占有奥斯特里西亚的一块，这使他无力整合法兰克核心力量，再次重建统一的新罗马，即使罗马城、米兰城、拉文纳城、特里尔城这样的西罗马旧都，加上查理大帝的新罗马亚琛都归洛泰尔，也无济于事。

查理大帝的帝国从此鼎足三分，被分为东法兰克王国、西法兰克王国和中法兰克王国。

恰在此时，入侵的诺曼人杀死了维特大主教，天下为之震动。要知道，西哥特、汪达尔两破罗马城，都没有杀戮过教士；就连穷凶极恶的匈人阿提拉，也要手下留情、刀下留人。诺曼人竟然敢残杀高阶教士。两年后，名城巴黎又被龙首舰洗劫。在四十年的时间里，诺曼海寇四次围攻巴黎，三次洗劫，二次纵火焚烧。北到萨克森，南至阿基坦，整个西方寇贼纵横，道路断绝。连当时的祷文里都有一句："全能的主啊，请把我们从狂暴的北方人手里解放出来吧。"

日耳曼人路易得到了东法兰克

在秃头查理与洛泰尔交战的时候，西法兰克诸侯纷纷出兵相助。等到他坐稳王位，却对抵御诺曼人束手无策，除了用赎金贿买诺曼人，西法兰克王什么也没有做。不满情绪在整个王国蔓延开来。

洛泰尔和日耳曼人路易抵御外侮的表现

诺曼人驾龙首舰泛海而来

同样乏善可陈。

在签订《凡尔登条约》后，洛泰尔把山南都交给了长子路易二世，自己再也没有回到意大利半岛。他还没有死心，一度谋划让心腹梅斯大主教德罗格代行罗马教宗之权，以便借助神圣罗马的权威控制东、西法兰克。但他的举动只能逼两个弟弟走得更近。斯特拉斯堡会盟所奠定的格局，也就是秃头查理与日耳曼人路易联手对抗皇帝洛泰尔，没有变化。

直到 855 年，阿基坦地方豪强想推举日耳曼人路易的次子少年路易为王。可是，秃头查理早将阿基坦视为禁脔，岂容他人染指，于是，他转头结好洛泰尔。东、西法兰克联手的局面才被打破。不过，洛泰尔已无法改变什么了。距离他驾崩，只剩下不到一年时光。

洛泰尔的长子路易二世倒是颇思有一番作为。自父亲北上同两位叔父争雄后，他坐镇意大利。《凡尔登条约》后，路易二世晋封意大利王，在山南代父行使《罗马建制诏》所规定的皇权。

此时的意大利形势复杂，比半个世纪前更甚。东罗马残余势力依然控制着南意大利的卡拉布里亚，无所作为。那不勒斯名义上臣服于它，实际上自行其是。为争夺坎帕尼亚平原，贝内文托与那不勒斯明争暗斗。自阿拉吉斯向查理屈服后，贝内文托公国休养生息，国势日盛。等他死后，留在查理大帝身边为质的次子格里莫阿尔德袭爵，也还能掌握局势。但是，此后这个公国就江河日下，国公渐渐被地方势力架空，无力压制那不勒斯。839 年，贝内文托公爵去世，西科诺尔菲和拉德尔基为争夺权柄同室操戈。至于西西里岛，已经被大食占据了。

就在查理加冕称帝的那一年，在北非的阿特拉斯山麓也出现了一个新的政权。曾赠送大象给查理的黑衣大食之主诃伦·拉希德封大将阿格拉布为王，在凯鲁万城开府。817 年起，阿格拉布频频北犯，东起希腊半岛、西到普罗旺斯的海岸不堪其扰。东罗马皇帝提奥菲罗与黑衣大食在东方鏖战，无力西顾。西西里岛重镇巴勒莫在 831 年沦陷。后来，马耳他岛、撒丁岛相继沦陷。阿格拉布以地中海三岛为依托，一面派出传教者北传伊斯兰教，一面大肆掳掠基督教徒的船舶，甚至洗劫城邑村庄。最嚣张时，他们还深入阿尔卑斯山，绑架到罗马城朝拜的基督徒。东方的黑衣大食、伊比利亚半岛的白衣大食中的草莽英雄，再加上北非彪悍的摩尔人纷至沓来，一时间，西西里岛成了强梁聚集之地。大食海寇与诺曼海寇成为困扰帝国的两大难题。

为了对抗贝内文托，那不勒斯人从岛上招募佣兵。此后，南意大利各大势力纷纷效仿。贝内文托内讧，西科诺尔菲和拉德尔基也招募了不少大食盗贼助战。

这无疑是开门揖盗。大食海寇借此机会登陆半岛，大肆蹂躏第勒尼安海沿岸诸城。那不勒斯被迫同周围的小城结盟，试图将他们驱逐出第勒尼安海，却力不从心，只能勉强守卫那不勒斯湾。大食海寇转向西北，蹂躏半岛西海岸，于 846 年进逼罗马城。城墙外的圣彼得堂和圣保罗堂均遭洗劫。罗马教宗利奥四世不得不修建城墙，也就是“利奥之墙”。

847 年，路易二世奉旨南征，经过苦战，击败了大食海寇。这使他在南方赢得了民心人望。挟此战之威，路易二世强势插手贝内文托内战。在他的斡旋下，拉德尔基和西科诺尔菲只好停战，各分一块领地，卡普亚则从贝内文托独立出去。这样，昔日的南意大利强藩被一分为三。

路易二世在南意大利的表现，洛泰尔亦相当满意。等到 850 年，他索性逊位，让路易二世登基称帝。

生命的最后光阴，洛泰尔是在潜修中消磨掉的。天下纷扰、生灵涂炭，与一个失落了理想的人有什么关系？一代帝王枯坐在神龛前，坐等死亡来临。

855年9月29日，洛泰尔驾崩。在他临终前，将中法兰克国一分为三，史称“普吕姆裂土”：从汝拉山脉一直延伸到北海的莱茵河中下游封给了次子洛泰尔二世，称“洛林”，也就是洛泰尔封地之意；罗讷河流域则分封给幼子查理，建立勃艮第王国；路易二世只得到了意大利中北部。从地缘角度看，普吕姆裂土几乎是必然的。巍峨的阿尔卑斯山和汝拉山隔绝南北，使中法兰克整合为一体，几乎是不可能的。

路易二世空有皇帝名号，真正的领地被局限在阿尔卑斯山南，在山北没有什么势力。正是因为这样的安排，他只能将精力放在意大利。

查理大帝被视为西罗马中兴雄主，但许多史家不以为然。众所周知，古罗马的疆域在莱茵河以西和阿尔卑斯山、多瑙河以南。莱茵河东、阿尔卑斯山北就是化外之地。亚平宁半岛更是罗马龙兴之地和王畿所在。查理大帝只满足于征服半岛北方的伦巴第，震慑半岛中部的贝内文托，浅尝辄止。如果他愿意移兵南征，意大利必将被收入囊中。可查理大帝宁可穷三十年工夫，去征服罗马人眼中的蛮荒之地萨克森，也不肯规复意大利、伊比利亚半岛和北非这样的西罗马旧地，原因就在于，查理大帝尽管自诩西罗马皇帝，实际上只是日耳曼王。在他眼中，打败萨克森，统一日耳曼诸部远比收复罗马故土重要。

现在，终于有一位皇帝将意大利放在首位。从这个意义上说，路易二世比查理大帝更像罗马皇帝。

但是，路易二世处境十分艰难。他空有帝王之名，实际统治的地域不出阿尔卑斯山，这使路易二世的实力远逊色于祖、父，更遑论查理大帝。波河流域号称富庶，也还不足以支撑他的雄心和伟业。更糟的是，路易二世要面对百余年来最强势的罗马教宗。

洛泰尔驾崩前两个月，“利奥之墙”的修建者教宗利奥四世去世。他属意的继任者是本笃三世。但是，加洛林皇室却支持另一位教士达西三世。罗马城陷入动荡，双方在城里大打出手。本笃三世被达西三世推翻，遭到关押。随着洛泰尔大渐，朝廷无暇他顾，达西三世没能得到进一步支持，本笃三世的拥趸才扭转局势，把他解救出来。就在洛泰尔驾崩当日，本笃三世升座。加洛林皇室与罗马教廷的关系也因这段风波疏远许多。

真正深刻地改变罗马帝国与神圣罗马关系的，是本笃三世的继任者尼古拉一世。和本笃三世一样，他也反对皇帝路易二世干预神圣罗马，鼓吹帝国与神圣罗马“各有所得，各安所荣”。双方的矛盾很快就因洛泰尔二世休妻案而爆发。

洛泰尔二世是路易二世之弟，食邑在洛林。他于856年迎娶勃艮第的一位伯爵之女特贝尔吉，次年休妻，还公然与情人瓦尔德拉达同居。他加诸妻子的罪名骇人听闻：乱伦。特贝尔吉被丈夫指控红杏出墙，奸夫就是她的兄弟，还是一名教士。特贝尔吉拒绝承认罪名，向洛林教会申辩。高阶教士们意识到这是一个扩张自己权力的绝好机会。当年，查理大帝就是以审判利奥三世的方式，表明自己的权力凌驾于神圣罗马之上。现在，他们也可以借审判这起婚姻纠纷，反过来将神圣罗马置于罗马帝国之上。

教士决定用热汤审来判明是非。所谓热汤审，就是犯罪嫌疑人将手伸入沸腾的热水中，捞取一个神环；然后当着裁判者之面，用布将手包裹起来。三天后再打开，如果手有烫伤痕迹，则表示神明认为嫌疑人有罪；反之就是清白的。

在东西方都有类似的做法，也是法兰克人法典中唯一的神判法。为了证明审判不是遵照世俗法典，而是秉持神明的旨意，主持审理的教士还煞有其事地论证了一番，说水是鸿蒙开辟之初的大洪水，火是末日审判的火焰，水火两元素的结合就是沸汤，最能代表神意。

858年，这起轰动天下的案件开始审理。特贝尔吉身份高贵，不必亲自捞取神环。她指定的勇士在教士面前把手伸入了沸汤中……三天后，白布揭开，这双手上没有伤痕。就这样，洛泰尔二世败诉，不得不迎回了妻子。

就在所有人以为这起纷争尘埃落定时，事情却出现了戏剧性的变化：不知是迫于压力，还是真相如此，特贝尔吉竟然认罪了。

舆论一片哗然。

接着，刚刚在前一年升座的尼古拉一世收到特贝尔吉的申诉，再次否认自己犯有乱伦重罪。不知何故，罗马教宗没有立即派人调查此案。

860 年到 862 年，洛林教士三次在亚琛集结。这件离奇的案件都成了焦点。最终，特贝尔吉被判有罪。她与洛泰尔二世的婚姻宣告无效。教会还同意洛泰尔二世与瓦尔德拉达成婚。

这起案件，也成了加洛林皇室内斗的新战场。为了取得宗室诸王的支持，洛泰尔二世不惜割让土地给弟弟勃艮第王查理，还答应在死后将阿尔萨斯赠予叔父东法兰克王日耳曼人路易。没想到，这却惹怒了西法兰克王秃头查理。他对阿尔萨斯早就垂涎三尺了。在秃头查理的指示下，兰斯大主教辛克马尔出面指责洛泰尔二世以卑鄙手段强迫特贝尔吉认罪。

消息传到罗马城后，尼古拉一世派出特使调查真相。863 年的梅斯大会上，罗马教宗特使在没有请示尼古拉一世的情况下，追认了前几次会议的决议。这可不是罗马教廷想要的结局。尼古拉一世在给梅斯主教的信中写道："王公若想治理民众，首先自身须行得端正，才能统治他人；如果不能根据法律来统治，他们就是暴君，反抗他们是一种权利和义务。"

罗马教宗居高临下，指责所有与会僧众身具奴性，畏惧洛泰尔二世的权力，还收受了重金贿赂。主持梅斯大会的科隆大主教和特里尔大主教被免职，此举震惊天下。

历史上强势的罗马教宗也曾主张自己对高阶教士的案件拥有裁决权，但只流于口头声明。在此之前，权势赫赫的兰斯大主教辛克马尔整顿本地教务时，将手下的洛塔德主教免职。洛塔德不服，向教廷申诉。辛克马尔认为这是自己教区的内务，外人无权干涉。但尼古拉一世坚持罗马教宗高于众僧的地位，下令对辛克马尔进行调查，还决定让洛塔德复职，形成了一个先例：不经教廷批准，不得罢免或选举主教。

这大大地扩张了罗马教宗的权力。基督教在各地的主教起初都是由信徒口头选举产生的。《米兰敕令》颁布后，教会公开选举主教。只有宗主教或某些特殊的主教，才由皇帝任命。对主教人选，罗马教宗有影响力，但没有真正意义上的任命权。像米兰大主教、拉文纳大主教这样在意大利享有崇高地位的教士，并不把罗马教宗放在眼里。但尼古拉一世却坚持所有主教是基于罗马教宗而存在的，所以，他直接干预了洛塔德的任免。

在洛泰尔休妻案中，特里尔大主教和科隆大主教并非当事人，他们在阿尔卑斯山北的地位仅次于美因茨大主教和梅斯大主教，深孚众望。尼古拉一世一纸文书，就将两位大主教撤掉，这是以两位大主教的上司自居，而非居中裁决者。就这样，尼古拉一世又开创了罗马教宗任免意大利以外高阶教士的先例。

特里尔大主教和科隆大主教不敢反抗，那么加洛林皇室呢？

听说尼古拉一世悍然翻案后，皇帝路易二世震怒。他认为，“婚姻不可解除”的教规不能约束皇室，罗马教宗此举冒犯了皇室。对一心恢复古罗马帝国皇权的路易二世来说，这是不可容忍的。他召集人马，进军罗马，想依靠武力逼迫尼古拉一世就范。但是，路易二世麾下的将士不愿意冒着被绝罚的风险同教廷开战，纷纷消极避战。这次进军虎头蛇尾，不了了之。

864 年，路易二世的幼弟勃艮第王查理薨殁。如何瓜分他的食邑，才是路易二世和洛泰尔二世最关心的，他们都无心为这桩离婚案同尼古拉一世继续对抗下去。在习惯上，罗讷河下游称“下勃艮第”，即普罗旺斯；罗讷河上游称“上勃艮第”，二者以里昂为界。经过谈判，路易二世得到下勃艮第，洛泰尔二世则分得上勃艮第。

见尼古拉一世占上风后，日耳曼人路易立刻改变了原先支持洛泰尔二世的立场。由于特贝尔吉的王妃身份得到认可，洛泰尔二世与瓦尔德拉达所生之子雨果就成了私生子，不享有继承权。特贝尔吉与丈夫的裂痕已无法弥合，两人不可能有子嗣，这样，洛泰尔二世很有可能绝嗣。日耳曼人路易与秃头查理迅速就今后瓜分洛林达成密约。

865 年 8 月，洛泰尔二世灰溜溜地将特贝尔吉接回王府。直到尼古拉一世去世，他才偷偷买通新教宗哈德良二世，结束了这段波折不断的婚姻。

路易二世的虎头蛇尾、洛泰尔二世的猥琐、日耳曼人路易和秃头查理的贪婪，让尼古拉一世更为轻视皇室和世俗王权，信心十足地谋求扩张教廷权力。有这样一位强势的罗马教宗在，路易二世想要一统意大利，谈何容易。

在清剿大食海寇方面，皇帝同样一筹莫展。谁都知道，如果无法在海战中取胜，就不能彻底肃清海寇。可称雄大陆的法兰克人并不擅长海战。地中海最强大的水师，掌握在东罗马手中，只有与东方水师联手，才能彻底解决大食海寇。

教宗尼古拉一世趁加洛林皇权衰微，极力扩张教廷权力

所以，路易二世多次遣使出访君士坦丁堡，均无下文。究其原因，是东、西方关系在这些年中急剧恶化，再没有虔诚者路易与提奥菲罗在位时的和睦景象。

对此，教宗尼古拉一世难辞其咎。

虔诚者路易驾崩后两年，东帝提奥菲罗也因痢疾驾崩。他的儿子迈克尔三世继位称帝。858年，博学多才的宗室佛提乌奉旨取代伊格纳修斯，升座就任君士坦丁堡宗主教。此前，他在朝中任尚书令，并非教士。罗马教宗尼古拉一世以此为由，拒绝承认佛提乌。这本不是理由。大名鼎鼎的安布罗斯被推举为米兰主教前，也是疆臣，不是教士。当年，东帝利奥三世将原本属于西方教会的西西里岛划入君士坦丁堡宗主教的教区。尼古拉一世是想借此机会，索还西西里岛，作为他承认佛提乌的先决条件。东罗马皇帝岂能受一个主教的要挟，迈克尔三世断然拒绝罗马教廷的要求。尼古拉一世遂站在了伊格纳修斯一方，宣布迈克尔三世撤换君士坦丁堡宗主教的旨意无效，并对佛提乌施以绝罚。佛提乌毫不示弱，致函东方教会的宗主教和高阶教士，指责罗马教廷的教士在保加利亚传教时擅改教义。他也宣布对尼古拉一世处以绝罚。

东西方因“佛提乌裂教”隔阂渐深，渐行渐远。联手清剿大食海寇，也就成了一句空话。

直到867年，情况才出现了转变。11月13日，尼古拉一世去世。就在四十天前，东罗马皇帝迈克尔三世被弑。弗里吉亚朝灭亡。弑君者巴西尔开创了马其顿王朝。改朝换代，使佛提乌失去最大依仗。

冲突双方一死一废，佛提乌裂教落幕。

巴西尔一世是继利奥三世之后，东罗马帝国又一雄主。登基当年，他就派出水师西渡沧海，在亚得里亚海清剿大食海寇，收复了达尔马提亚。对与路易二世联手，巴西尔一世表现出浓厚兴趣。他对佛提乌本无恶感，但还是废黜了这位君士坦丁堡宗主教。伊格纳修斯得以复职。这番运作，就是为了向罗马教廷示好，以免其破坏东西结盟。在君士坦丁堡召开的第八次普世大会上，尼古拉一世的继任者教宗哈德良二世遣使到会，十分满意地看到佛提乌被课以绝罚。

东西方关系的好转，给路易二世南下剿灭大食海寇创造了良机，他在 867 年再次出兵南意大利。此次征伐最初十分顺利，法兰克人连战告捷，夺取普利亚的许多要塞，还封锁了巴里。

但是，路易二世借剿匪之机，干预地方。南意大利诸侯怕他假道伐虢，普遍怀有敌意。贝内文托突然发难，路易二世猝不及防，沦为阶下囚。在对天发誓不予报复后，他才得以获释。但堂堂帝王受此委屈，岂能咽下这口恶气。

回到北意大利后，路易二世先是请罗马教宗解除自己誓言的效力，随后就召集人马，大举南下，连破大食海寇，于 871 年攻取了巴里。接着，王师进逼贝内文托。为了抵抗路易二世，贝内文托转而宣布效忠东罗马。东罗马水师的斗舰楼橹横波，游弋海上，声援贝内文托。最后，路易二世苦战所获的巴里落入了巴西尔一世手中，为他人作嫁衣裳。

贝内文托的反叛和东西方再次对立，注定了路易二世的失败结局。缺少了他的策应，巴西尔一世同样无法克竟全功。到 878 年，西西里岛重镇叙拉古被大食人攻占，不久全岛沦陷。东罗马丢掉了地中海上最重要的岛屿。大食海寇依旧横行沧海，肆掠南欧。山南百姓饱受兵燹之厄蹂躏，苦不堪言，可他们的庇护者加洛林皇族正忙于内斗。

就在 869 年，洛泰尔二世病殁。

趁路易二世南下征战之机，西法兰克王秃头查理和东法兰克王日耳曼人路易抢占了洛林和上勃艮第。教廷为了让路易二世心无旁骛地征剿大食海寇，出面干预，试图让皇帝取得洛泰尔二世的封地。但是，兰斯主教辛克马尔以秃头查理的名义，旁征博引，激烈抨击罗马教宗干预皇室家务。

眼见洛泰尔二世遗留的封地将被东、西法兰克瓜分，路易二世无心恋战，匆匆北上应对两位皇叔的挑衅。可他在山北的势力太过弱小，无力回天。秃头查理和日耳曼人路易按东西方位瓜分了洛泰尔二世的遗产。870年，《梅森条约》签订。东法兰克得到了两个大主教区、四个主教区、四十三所寺院、三十一个郡和四个“半郡”，西法兰克获得了三个大主教区、六个主教区、三十三所寺院、三十个郡和四个“半郡”。路易二世两手空空。条约仅仅重申了皇帝占有下勃艮第。

从《凡尔登条约》，经普吕姆裂土，再到《梅森条约》，后世西欧大陆三强德意志、法兰西和意大利的版图已经隐约可见。

875年，路易二世驾崩，身后无子。这样，加洛林的中法兰克房绝嗣。

秃头查理闻讯，立即出兵抢占下勃艮第。不过，他还有另一个目标，路易二世留下的皇冠。

秃头查理的对手，依然是他的异母兄长日耳曼人路易。

在古罗马时代，东法兰克的疆域还是蛮荒之地。直到近几百年，士瓦本、巴伐利亚才逐渐发展起来，萨克森更是晚至查理大帝时才并入帝国疆域。与中、西法兰克相比，东法兰克十分落后。不过，这里的教俗两界权贵也较为弱势，无法对王权构成太大威胁。日耳曼人路易遇到的阻力小于秃头查理，他本人的才干也在弟弟之上。

为了巩固自己的权力，日耳曼人路易与东法兰克豪门缔结了多门亲事：长子卡洛曼娶巴伐利亚公爵斯特恩之女；次子少年路易的妻子柳德嘉德出自东萨克森名门柳多尔夫氏——未来神圣罗马帝国第一王朝萨克森朝的缔造者；胥人查理的岳家亦是士瓦本的伯爵——要知道，当时士瓦本还隶属中法兰克。日耳曼人路易在这里布局已久，就是为了夺取了士瓦本。现在，他终于如愿以偿。日耳曼人路易的亲信萨尔氏取代了鲁佩氏和哈托氏，控制莱茵河中游一带。后来，这个家族开创了神圣罗马帝国的第二王朝法兰克尼亚朝。原先盘踞于此的另一位伯爵，绰号“强者”的罗伯特见状不妙，南奔西法兰克去投奔秃头查理。后来，他的子孙在那里成就了一番王者之业，法兰西诸朝王室都来自这个家族……

查理大帝所置刺史已经形同虚设，但铁腕的日耳曼人路易依旧牢牢掌控着东法兰克。许多诸侯或被褫夺食邑，或被打压，就连卡洛曼的岳父巴伐利亚公爵斯特恩也遭削爵。被压制的，还有秃头查理的母系外戚韦尔夫氏。在东法兰克，这个新兴家族始终蠖屈不伸，谁也看不出，韦尔夫氏后来会跻身顶级门阀，甚至觊觎皇位。

比起日耳曼人路易，秃头查理就逊色许多。在他的纵容和迁就下，西法兰克门阀林立，豪强并起，大肆兼并土地，扩张势力，西法兰克王形同虚设。859 年，以阿达尔哈德氏为首的臣子对秃头查理就已经失望透顶，吁请日耳曼人路易入主西法兰克。如果不是韦尔夫氏作梗，导致东法兰克兵败，秃头查理已被废黜了。

862 年，一个名叫鲍德温的强梁甚至绑架了秃头查理的爱女朱迪斯公主——在低地一带，此人颇有勇名。传说，曾有凶猛的巨熊在森林中拦住了鲍德温前行道路，他挥矛上前，当场格杀了这头孽畜，从此，“铁臂”鲍德温声震四方——堂堂西法兰克王竟然束手无策，眼睁睁地看着女儿被强娶。在罗马教宗的斡旋下，他只能违心地接受了这门亲事，封鲍德温为弗里斯兰伯爵——后世的比利时与荷兰的历史，可以从他身上说起。

所幸，鲍德温对岳父还算忠诚，再加上秃头查理笼络住巴黎伯爵强者罗伯特，才勉强保住了王位。

早在 872 年，路易二世自知子嗣无望，曾通过皇后安吉尔贝加，向东法兰克提出，希望日耳曼人路易的长子卡洛曼入继大统。875 年，渐成不起之势的皇帝又向叔父重申欲望，如果真能如此，大统将从加洛林的中法兰克房转入东法兰克房。

秃头查理颟顸透顶，野心却不小，岂甘坐视皇位与自己失之交臂。为了赢得罗马教宗的支持，他不仅承诺放弃朝廷对教廷直隶领地的权力，可能还暗地里对罗马教宗约翰八世做出许诺，将南意大利和斯波莱托公国也划归教廷。

路易二世皇帝没有子嗣，唯一的女儿伊尔明嘉德公主下嫁勃艮第贵族波索。按照旧例，驸马也有入继大统的资格。更重要的是，从阿尔卑斯山北的高卢通往山南的意大利，有两条通道，都掌握在波索的手上，这使他角逐帝位和意大利王位时，拥有很突出的地缘优势。同时，波索的姐姐黎契尔德还是西法兰克王后。为了安抚内弟，秃头查理将利奥纳、韦恩等城，还有圣摩里士·恩·瓦雷寺送给波索，并许诺自己登基后，会把整个下勃艮第分封给波索。

毫不吝惜地牺牲了如此之多的土地后，秃头查理终于为自己赢得了皇帝虚名。

此时，日耳曼人路易的长子卡洛曼和幼子胄人查理已率军越阿尔卑斯山南下。但秃头查理连哄带骗，让两个侄儿悻然回师。

875 年的耶诞节，约翰八世在罗马城为秃头查理举行了加冕礼。

相同的节日、相同的地点、相同的仪式……甚至连加冕者的名字也是相同的——七十五年光阴弹指一挥间，让人徒生物是人非的感觉。

但是，此查理非彼查理，他根本没有能力驾驭诸侯和教士，更不用提庇护芸芸众生。教宗约翰八世很快就发现，反对自己的罗马贵族，还有站在他们身后的斯波莱托公爵根本无视秃头查理的存在，新皇帝交出斯波莱托和教廷直隶领地不过是句空话。为了安抚和结好意大利本土豪强，秃头查理大肆封爵，结果，意大利诸侯林立，多如牛毛，政治版图比西法兰克还要破碎。

被路易二世驱逐的大食海寇卷土重来，疯狂蹂躏罗马郊野。秃头查理束手无策。海寇更为猖狂，竟然占领了加里利亚诺。

秃头查理的拙劣表现，让约翰八世失望之极。这位罗马教宗才具平平，远不如尼古拉一世，但是他勇于任事，将保护意大利视为己任，甚至还筹办了教廷历史上第一支水师，以抵御大食海寇。决胜阵前毕竟不是教士所长。这一点，约翰八世也是清楚的，他本寄希望于秃头查理，后来只能向东帝巴西尔一世求助了。

伊格纳修斯亡故后，巴西尔一世不仅恢复了佛提乌的教籍，还让他再次出任君士坦丁堡宗主教。这一次，教廷没有底气反对。约翰八世上表巴西尔一世，称“我们承认最最尊敬的佛提乌为宗主教，并向他声明我们愿与之交往”。

罗马教廷在佛提乌裂教问题上的妥协，就是要换取东罗马水师参战剿匪。

但是，巴西尔一世只关心扩张疆土，恢复查士丁尼时代的版图，对秃头查理将南意大利献给罗马教廷，他根本不予认可。东罗马先后占据了卡拉布里亚和普利亚，分置两郡。对此，教廷没敢异议，而加洛林氏诸王也听之任之。

876年8月28日，日耳曼人路易薨殁。

死前的几个月，这位东法兰克王一直厉兵秣马，积极备战，要同弟弟秃头查理决一死战，替儿子讨还皇冠。日耳曼人路易一死，秃头查理竟然趁东法兰克新丧，举兵东犯，要全取洛林，甚至吞并东法兰克。但是，他实在是太无能了，在10月8日被日耳曼人路易的次子少年路易轻松击败。东法兰克由日耳曼人路易的三个儿子瓜分：被叔父夺去皇冠的长子卡洛曼得到父亲初封之地巴伐利亚；次子少年路易继承了萨克森；幼子胥人查理得到士瓦本。

又过一年，秃头查理驾崩。这样，虔诚者路易的儿子悉数下世——

随着这一代人凋零殆尽，加洛林氏不再关心山南之地。以意大利为根基的中法兰克一房男系血胤已经断绝。东、西两房的根基都在阿尔卑斯山北，在古罗马人眼中的化外之地。查理大帝试图将自己的家族从法兰克王族转变为罗马皇族，在他死后六十年，加洛林氏诸王的拙劣表现证明他们还配不上这个身份。

秃头查理之子结舌者路易对皇冠的态度就是最好的证明。

因为自幼说话期期艾艾，路易不为父亲所喜。弟弟孺子查理年方六岁就被册封为阿基坦王。由于查理大帝曾将这个王爵授予虔诚者路易，宫廷里的人猜测，秃头查理是用这种方式暗示他会废长立幼。绰号“结舌者”的路易年长三岁，却没有任何头衔。孺子查理早夭，也没有留下后嗣，结舌者路易才继弟弟之后，受封阿基坦王。秃头查理驾崩，结舌者路易世袭西法兰克王。第二年9月，罗马教宗约翰八世在特鲁瓦城为他举行了加冕礼。

一个值得注意的细节是，约翰八世本来想戴到结舌者路易头上的，还有皇冠。但是，结舌者路易拒绝了。

父子相承，本是天经地义之事，但结舌者路易放弃了唾手可得的皇帝尊号。为了这顶皇冠，查理大帝殚精竭虑，谋划多年；虔诚者路易与洛泰尔父子反目成仇；秃头查理也不惜代价结好教廷——现在被结舌者路易弃之如敝履。他就是要用这种方式告诉天下，自己不愿意为了帝王虚名，承担双肩所不能承受之重。

史称结舌者路易为“一个单纯而和蔼的人，和平、公正和信仰的爱好者”。他才具平庸、身体孱弱，这样一个人，确实不是帝王之选。放弃皇冠，对加洛林氏来说是气运衰竭的明证；对他自己来说，却不失为有“自知之明”。又过了一年，结舌者路易病殁在讨伐诺曼海寇的征途中，享年三十三岁。

也许，史家对结舌者路易过于苛刻了，甚至用生理缺陷来做他的绰号。马革裹尸的结局应该可以洗刷加之于这位西法兰克王的污名。

无论如何，教宗约翰八世只能意兴阑珊地离开特鲁瓦城，踏上归途。本来，罗马教宗还游说路易二世皇帝的驸马波索，希望他能接受皇冠。但波索对皇帝虚名同样没有兴趣，他仅仅满足于继承岳父的下勃艮第。

西方的加洛林诸位王公心有余而力不足，无力南顾；东罗马皇帝视饱受大食海寇侵扰的罗马城，如秦人之视越。罗马教廷要孤独地面对如狼似虎的贼寇么?

也许，加洛林的东法兰克房能挺身而出?

此时，卡洛曼中风瘫痪，眼看命不久矣。他将东法兰克王位，连同巴伐利亚留给了弟弟萨克森王少年路易。不过，少年路易的精力放在了抵御北方的诺曼海寇，无心他顾。另一个弟弟胔人查理得到卡洛曼授权，南越阿尔卑斯山脉，去争夺意大利。880 年 1 月，胔人查理由罗马教宗约翰八世加冕，成为意大利王。

秃头查理滥封爵位，使意大利豪强势力空前膨胀。拉文纳大主教没有将约翰八世放在眼里，处处掣肘；米兰大主教安斯佩尔托对罗马教宗也充满敌意。约翰八世苦心经营的意大利诸城联盟十分孱弱，根本无法抵御大食海寇。就算胔人查理入主意大利，也改变不了什么。882 年，心力交瘁的约翰八世遇刺身亡。教廷，连同整个意大利缓缓滑向低谷。

西法兰克也在堕入深渊。

结舌者路易驾崩后，就谁来继承王位西法兰克权贵们出现了分歧。西法兰克王与原配生有两个儿子：长子与他同名，十五岁了；次子名叫卡洛曼，才十岁。另外，结舌者路易离世时，他的续弦阿德莱德身怀六甲。科隆大主教、巴黎主教等教士主张由年龄居长的路易继位。在这样一个乱世，缺少武力的寺院外受诺曼人骚扰，内遭地方豪强欺凌，迫切需要一个强大的王权来为自己提供庇护。但是，各地豪强图谋削弱王权，自行其是，他们希望路易与兄弟卡洛曼共治。最终，豪强压倒了教士，西法兰克出现了路易三世与卡洛曼二世两王共治的局面。

还有一些西法兰克门阀拥戴东法兰克王少年路易。在听说结舌者路易的两个儿子共治后，少年路易才临时改变主意，退而谋求占有洛林。

结舌者路易是在迎战诺曼人的征途中倒下的。路易三世与卡洛曼二世继位之初，就不得不接过父亲的长剑，走上战场。所幸，西法兰克军在 879 年 11 月 30 日战胜诺曼人，赢得了喘息之机。接着，路易三世昆仲两分西法兰克。路易三世得到北方的纽斯特里亚，南方的阿基坦和下勃艮第分给了卡洛曼二世。只不过，下勃艮第被先帝路易二世的驸马波索视为禁脔，受当地豪强拥戴，他已僭号称王，没有将卡洛曼二世放在眼里。

与此同时，少年路易从亡兄卡洛曼处继承东法兰克王位，还有东洛林。对西洛林，他也虎视眈眈。如果得偿所愿，整个洛林都将成为他囊中之物。对西法兰克双王来说，最可怕的事情就是驸马波索与少年路易携手，则西法兰克东疆将成糜烂之势。鉴于局势严峻，路易三世昆仲被迫割让西洛林，以换取少年路易中立。双方于 880 年初签订了《利贝蒙条约》。这样，洛林被东法兰克兼并。

觊觎洛林的不只少年路易，洛泰尔二世与瓦尔德拉达的私生子雨果野心勃勃，试图夺回父亲的旧日封国。西法兰克双王与少年路易的萨克森军携手出兵镇压，挫败了雨果的企图。

接着，路易三世昆仲联兵南征下勃艮第。此次，他们得到了意大利王胥人查理的支持。

意大利本属于加洛林氏的中法兰克房。路易二世在世时苦心经营，影响力犹存。胥人查理最害怕的事，是路易二世皇帝的遗孀安吉尔贝加皇后会支持女婿波索同他争夺意大利。所以，胥人查理想把安吉尔贝加流放到自己原先的食邑士瓦本，控制起来。教廷出面干预，此事才不了了之。这让胥人查理对波索更加忌惮。所以，他出兵协助西法兰克双王。

但是，波索的顽强防守令西法兰克军顿兵于维埃纳坚城之下。时至严冬，路易三世昆仲只能解围而去。

881 年夏，路易三世在索库尔之役斩杀八千诺曼人。第二年夏，他挟大胜余威再次南征，终于攻取了下勃艮第首府维埃纳城。但是，路易三世没有能全取下勃艮第，就撒手人寰：8月5日，他与情人日尔蒙在圣但尼城并辔出游，一时不察，头颅撞上一道低矮的门梁，伤重不治，年仅十九。

加洛林氏的西法兰克一房厄运还没有结束。两年后，也就是884年，十八岁的卡洛曼二世在贝祖森林狩猎时，被臣下误伤，当日薨殁。

法兰西双王都葬在圣但尼堂。结舌者路易只剩下一个遗腹子，即愚者查理。

索库尔的胜利只是缓解了诺曼人的祸患。不过几年时间，这些来自北方的海寇为祸更烈。就连各怀鬼胎的西法兰克诸侯也意识到，需要团结在一位强大君主麾下，抵御外侮。尚在冲龄的愚者查理显然不是合适人选，加洛林的中法兰克房没有男性后裔，他们只好将目光转向东法兰克。

膏人查理以无能闻名

东法兰克王少年路易也已于882年弃世了。他的萨克森、巴伐利亚，还有洛林，都转归幼弟膏人查理。查理大帝合法的成年苗裔，只剩下他了。

长兄卡洛曼去世，膏人查理得到了意大利。881年，罗马教宗约翰八世为他加冕。自秃头路易去世后，皇位虚悬三年，现在终于有了新帝。西法兰克诸侯也推举膏人查理为王。只有盘踞下勃艮第的波索不服膏人查理，结果遭到王师征伐。率军征讨的，是波索的兄弟理查德。887年，被困维埃纳城的波索一命呜呼。理查因功受封欧坦伯爵，分得了勃艮第的部分土地为食邑。波索的遗孀，也就是路易二世皇帝之女伊尔明嘉德公主带着幼子路易向膏人查理称臣——不过几年时间，这个幸运儿从加洛林宗室地盘最小的士瓦本王，一跃成为天下共主。这是第三位名讳为查理的皇帝，所以也称“查理三世”。不过，他的历史形象颟顸无能，后人多以绰号“膏人”称呼。

膏人查理得到了查理大帝留下的全部疆土。但是，他让天下人感到了深深的失望。

洛林人失望，因为胖子查理在阿斯克洛阿虎头蛇尾的表现。过去几年中，海寇们依托此地，骚扰莱茵河两岸，让洛林人苦不堪言。胖子查理倾东法兰克和意大利的兵力，将最彪悍的诺曼海寇围困在阿斯克洛阿。就在人们期盼一场酣畅淋漓的大胜时，他却以纳贡、割地换取诺曼海寇撤军。金银玉帛和弗里斯兰的土地没有带来和平，诺曼海寇很快就卷土重来，所到之处府寺焚毁，邑野萧条。举国一片哗然，到处是对皇帝的谴责之声。幸好，巴本堡氏的亨利伯爵杀死了诺曼寇首哥特弗里德，收复弗里斯兰，才为胖子查理挽回了一点声誉。

罗马教宗约翰八世失望，因为他外御大食海寇，内斗斯波莱托，几乎焦头烂额，却没有从胖子查理那里得到丝毫帮助。最后，这位教宗喋血罗马城，含恨辞世。

巴伐利亚门阀失望，因为毗邻的摩拉维亚屡屡寇边，大肆劫掠人口玉帛。这是斯拉夫人的第一个国家。在匈人湮灭、东日耳曼三部和西日耳曼的伦巴第部相继内迁罗马帝国境内之后，源自维斯瓦河中游的斯拉夫人填补了喀尔巴阡盆地的真空。在喀尔巴阡山与阿尔卑斯山之间的莫拉瓦河流域，他们建立了摩拉维亚，还西扩到与巴伐利亚高地一山之隔的波西米亚高地，开始频频骚扰东法兰克。胖子查理不追究摩拉维亚王斯瓦托布卢克的罪行，还封爵赐官，想要息事宁人。更让巴伐利亚门阀气愤的是，朝廷没有能阻止罗马教宗收斯瓦托布卢克为教子，这样，他们就不能以圣战之名讨伐摩拉维亚。

西法兰克人也失望了。当他们血战诺曼海寇，保卫巴黎的时候，胖子查理竟然慷慨地把勃艮第的冬季宿营地让给了海寇，再次支付巨额赔款，只求海寇早早离去。更糟糕的是，他还同意对诺曼人开放塞纳河的航行权，这样，海寇们更可以肆无忌惮地沿河骚扰。巴黎将永无宁日。

失望、失望，还是失望……最后叠加为绝望。

胖子查理关心的，是如何让私生子伯纳德合法地继承他的皇位。885 年，这一企图受挫后，他仍不死心，四处拉拢权贵。胖子查理没有弄清楚，自己的权力是建立在世人对强者的渴望之上的。在这样一个乱世，西方需要一个英雄，来率领他们在南北两个方向上抵御穷凶极恶的海寇，在东方扼制不断侵入的游牧民族，捍卫帝国，还有神圣罗马。

如果胥人查理做不到，人们很快就会抛弃他。自己的权力尚且是沙滩上的宫殿，选择继承人就更是空谈了。在只重嫡子的西方，要让私生子继位，困难是难以想象的，但并非不可能。别忘了，铁锤查理就不是嫡出之子，可他的盖世功业足以杜绝任何争议。胥人查理以为收买朝臣、拉拢门阀，就能让伯纳德如愿，这实在是错得离谱。要实现父子俩的帝王梦，只有一条途径：像铁锤查理那样——

胜利。

胥人查理从来就没有意识到这一点。在阿斯克洛阿、在勃艮第，他曾有机会赢得胜利，却选择了绥靖。胥人查理不敢攻坚，不敢奔袭，最终失去了本该属于他的胜利。望着臃肿的身影，我们预感到了一个王朝无可挽回的结局。还记得多少年前查理大帝的泪水么？正是为今日而流。

可是，胥人查理到底犯了什么不可饶恕的错误？我又深感疑惑。在戴上了东、中、西三顶王冠的同时，他也继承了三顶王冠的敌人：游牧人的铁骑蹂躏着东法兰克，西法兰克对此没有切肤之痛，诺曼人神出鬼没的龙首舰才是他们的心头大患；反过来，东法兰克可以不在意诺曼海寇偶然骚扰，却要时时提防游牧民族大举入寇和斯拉夫人的肆扰；中法兰克更关切来自北非和西西里的大食海寇。胥人查理的帝国就如同看守地狱之门的三头怪喀吕俄涅乌斯，三个头分别朝着不同的方向。

如果帝国倾尽全力，击败任何一个敌人都不成问题。但是，这可能么？

当龙首舰出没在大西洋沿岸和塞纳河上，西法兰克骑士肯定要守在家乡，拒绝劳师远征，去东方抵御游牧民族；同样，清剿大食海寇对中法兰克和教廷来说迫在眉睫，怎么可能强求他们调集兵力北上？ 胥人查理能调动东法兰克和意大利兵力，远征洛林的阿斯克洛阿，已经是他的极限了。当人们责怪胥人查理缺乏破釜沉舟，与诺曼海寇决一死战的勇气时，考虑过皇帝麾下东法兰克和意大利将士是否肯为洛林和西法兰克的安危抛头颅、洒热血呢？如果胥人查理毕其功于一役，人心不齐将使战局前景堪忧。他用金银来换取和平，自有不得已的苦衷。貌似强大的帝国在每一个战略方向上都捉襟见肘。如果说胥人查理有什么错，也只是不像查理大帝，是钢铁铸就、人心所向的千古一帝。

平心而论，胖人查理所面对的难题远远超过了他那伟大的曾祖父。

查理在位时，恰好是西欧外患最小的时候。诺曼海寇、大食海寇尚在蛰伏，东方铁流阿瓦尔已是强弩之末。查理大帝才能致力于武力统一日耳曼诸部。战略进攻时，无论将士来自何方，都可以从攻城略地所得战利品中分一杯羹，法兰克内部更容易形成合力。等到胖人查理践祚，法兰克的扩张早已达到当时国力的极限，而自然转入战略防守。以何地作为防守重点，对来自天南海北的将士们意义迥异——保卫本土本乡的将士们自然三军用命；调防异地，则军心士气堪忧，特别是自己的乡土同样灾难深重时。

要胖人查理将喀吕俄涅乌斯的三颗头颅强扭向同一个方向，实在是强人所难。西罗马灭亡已逾四百年了，可大一统迷梦依然缠绕心头，挥之不去。所有人都没有意识到，帝国已经不适合新的时代了。

也许，胖人查理以为自己还有时间，因为加洛林氏硕果仅存的嫡系子孙还未成年，不足以取而代之。其实，推翻他的人已悄悄登上了历史舞台。

这就是阿努尔夫，胖人查理的长兄卡洛曼之子——也是庶出子。

正因庶出的缘故，阿努尔夫最初只是小小的卡林西亚伯爵，偏居巴伐利亚东南一隅。难怪胖人查理没有将他放在眼里。不过，卡洛曼治理巴伐利亚多年，使阿努尔夫赢得了不少当地贵族的支持。胖人查理的无能，又让这种影响力得以扩张到整个莱茵河东岸。对皇帝大失所望的东法兰克贵族纷纷聚集到阿努尔夫身边，逐渐形成一支足以颠覆政局的势力。可是，胖人查理依然懵懵懂懂，丝毫没有发觉脚下的土地早已暗流汹涌。887年，阿努尔夫突然发难，废黜了叔叔。第二年初，胖人查理在囹圄之中凄然离世。

加洛林氏最后一位英雄阿努尔夫

阿努尔夫被拥立为东法兰克王。

胥人查理初封的食邑是士瓦本，岳父是当地颇有势力的伯爵。登基之后，他将早年就跟随自己的士瓦本籍大臣视为心腹。正是在他们的鼓动下，皇帝罢免了柳特瓦尔德的太常卿之职，改用美因茨大主教柳特贝特。后来，柳特瓦尔德南走卡林西亚，成了阿努尔夫的幕僚，联络莱茵河东的诸侯，废黜胥人查理。阿努尔夫得到王位后，从龙有功的卡林西亚和巴伐利亚籍大臣成为新贵。失意的士瓦本门阀转而支持废帝胥人查理的庶出子伯纳德，试图与新的东法兰克王分庭抗礼。结果，阿努尔夫铁腕镇压了这场叛乱。

在法兰克尼亚，阿努尔夫极力扶植妻党康拉德氏。当时，这一带最显赫的门阀首推巴本堡氏。他们世袭马奇伯爵，还控制着法兰克尼亚东边的索布都护府，统御西斯拉夫的索布人，上一代家主亨利还被推为法兰克尼亚公爵。不过，他已在 886 年同诺曼海寇作战时阵亡。袭封马奇伯爵的珀波是亨利的弟弟，892 年被阿努尔夫寻了个罪名削爵。受此打击，巴本堡氏声势低落了不少。阿努尔夫扶植的康拉德氏趁机控制了法兰克尼亚。

阿努尔夫在巴伐利亚的手法同法兰克尼亚如出一辙，任用与加洛林皇室关系亲密的利奥波德，打压势力最强的恩吉尔德奥。阿努尔夫称王后，重用巴伐利亚籍大臣。尽管美因茨大主教哈托是他的密友，但阿努尔夫还是让巴伐利亚的萨尔斯堡大主教取代他，出任太常卿。这是为了让巴伐利亚门阀满意。在他们的支持下，阿努尔夫的势力还渗透进毗邻的东士瓦本。

萨克森最强势的门阀是柳多尔夫氏。自柳德嘉德嫁给少年路易后，他们与加洛林氏东房支就关系密切。柳多尔夫伯爵在东萨克森拥有无与伦比的影响力。他去世后，儿子布鲁诺袭爵。880 年，布鲁诺在抵御诺曼海寇时阵亡。但柳多尔夫氏崛起的势头并未受挫折。他的弟弟奥托，绰号“贵人”，手腕心机比父兄有过之而无不及。阿努尔夫对柳多尔夫氏百般笼络，还为自己的庶出子温提伯德求亲，迎娶柳多尔夫氏的奥达。双重婚姻，使这个门阀成为阿努尔夫在北方最有力的支持者。

原本属于中法兰克国的洛林几经波折，被少年路易并入东法兰克，但是，这里的诸侯并未参与拥立阿努尔夫的政变。直到 888 年，洛林诸侯才奉他为主。萨克森归心，也使阿努尔夫在毗邻的洛林游刃有余。895 年，他立庶出子温提伯德为洛林公爵。

这样，河东四州法兰克尼亚、萨克森、巴伐利亚、士瓦本，再加上地跨莱茵河两岸的洛林，经过阿努尔夫煞费苦心的运作，都已臣服。不过，他未能得到河西、山南诸侯的拥戴，也没来得及奔赴罗马城，谋求教廷的支持，暂时无法戴上皇冠。就这样，帝位再次虚悬。

西法兰克的诸侯推举了加洛林皇室之外的巴黎伯爵厄德为王。

就在两年前的 885 年 11 月 24 日清晨，七百多艘龙首舰突然出现在塞纳河上。诺曼海寇迅速登陆，包围了巴黎城。快马飞奔出城，向当时的皇帝膏人查理求救。可是，援军迟迟不到。虏箭如沙，狂战士的身影在巴黎城外影影绰绰。是投降，接受被掳掠的命运；还是奋起抵抗，迎接胜利，或者死亡？

生死关头，终于有人挺身而出。那就是厄德。

厄德的祖父罗伯特原本封爵荷斯巴耶伯爵，隶属于东法兰克。当年，膏人查理之父东法兰克王日耳曼人路易为了实现集权，大肆清洗异己。罗伯特率众南走，投奔西法兰克王秃头查理。他英武过人，受命抵御诺曼海寇后屡立战功，博得秃头查理的赏识，受封巴黎伯爵。866 年，诺曼人大肆进犯西法兰克。深受其苦的秃头查理将抵御海寇的重任托付给罗伯特，还赐给他纽斯特里亚王的空衔。罗伯特感念秃头查理的恩德，身先士卒，奋勇杀敌。可惜，同年 9 月星陨沙场。

西方人起名好用先人的名字，所以重名极多，不得不以绰号来区别。罗伯特虽不是天皇贵胄，却凭借勇武气质，以“强者”之号留名青史。反观加洛林氏诸王，多被冠以“秃头”“结舌”“愚者”或“膏人”一类的蔑称。贤与不贤，可谓一目了然。

强者罗伯特殉国，其子厄德本该子袭父爵。秃头查理觉得罗伯特一门孤寡，起了过河拆桥之心，绝口不提袭封之事，罗伯特的旧有食邑也被他趁机剥夺。直到厄德年长，刻薄寡恩的秃头查理才勉强同意他继承巴黎伯爵。

面对诺曼海寇的汹汹攻势，身怀国仇家恨的厄德拍案而起，率领将士誓死守卫巴黎，在敌强我弱、力量悬殊的情况下，坚守了整整一年。直到第二年 9 月，膏人查理的援军才姗姗来迟。更让人失望的是，他们在诺曼海寇的攻击下一触即溃。膏人查理只好派人求和，同意支付赎金，来换取海寇退兵。这笔巨额赎金，最后还是要由巴黎人来支付。

巴黎一役，使西法兰克对朝廷离心离德，却让厄德声名鹊起，一时间成了人人敬仰的英雄。为了拉拢他，膏人查理不吝封赏。厄德一跃成为西法兰克最强的诸侯。887 年，从东法兰克传来了膏人查理被逼退位的消息。西法兰克诸侯不愿意像东法兰克人那样，奉阿努尔夫为主。次年 2 月 29 日，他们共推厄德为王。同年夏天，西法兰克新王就再一次击败入侵的诺曼海寇，证明人们的选择并没有错。

厄德身上毫无加洛林血胤，这让他的即位受到不少权贵的质疑。此时，加洛林氏的西法兰克房尚未断绝，结舌者路易的遗腹子愚者查理已经成年。忠诚于加洛林氏皇室的权贵认为他才有资格继承王位。厄德饱谙世事，深知自己根基尚浅，十分低调。

894 年，愚者查理兴兵争位。次年，阿努尔夫召集西法兰克王的两位竞争者。这俨然是将自己摆在霸主的位置上。本来，他想支持同出自加洛林氏的愚者查理。结果，愚者查理没有来，反倒是厄德欣然前往。阿努尔夫自己也不是宗室嫡子，并不关心加洛林氏的王位落入谁人之手，他不过是想借此扩大自己在西法兰克的影响力罢了。见厄德对自己的态度毕恭毕敬，阿努尔夫非常满意，转而支持他。厄德则投桃报李，宣誓效忠阿努尔夫。厄德的恭顺，也使阿努尔夫成为无可争议的诸王之首。

小心谨慎的厄德也知道加洛林氏气数未绝，并未因阿努尔夫的支持而得意忘形，宣布自己身后将把王位交给愚者查理。这一退让，令双方媾和。西法兰克王位之争暂告一段落。这也避免了阿努尔夫渔翁得利，染指西法兰克。隐忍和明智，使厄德和他的家族罗贝尔氏能坐稳西法兰克江山。当加洛林的辉煌化为一江春水，罗贝尔氏却衍生出法兰西诸王朝，如卡佩朝、瓦卢瓦朝、波旁朝，气运不衰千余年。

愚者查理的父亲结舌者路易薨殁后，他即位前的封地阿基坦从王国降为公国。

西南方最强大的三个诸侯普瓦图伯爵、奥维涅伯爵和图卢兹伯爵曾先后拥有阿基坦公爵之衔。等到胥人查理被废黜，普瓦图伯爵拉努尔夫二世割据一方。他的祖母是虔诚者路易之女希德嘉德公主，所以，拉努尔夫母系血胤源自加洛林皇族。他自封阿基坦王，底气十足。在厄德任西法兰克王的那段时间里，愚者查理一直寄居在阿基坦。有了这位加洛林氏西房的嫡系子孙，拉努尔夫更可以理直气壮地拒绝西法兰克王厄德吞并阿基坦。对这片偏居西南的土地，东法兰克王阿努尔夫更是鞭长莫及，索性顺水推舟，表态支持拉努尔夫。

对下勃艮第，阿努尔夫也持同样态度。

盘踞此地的驸马波索是最早称王的异姓诸侯，但他已在 887 年病故。此后，波索之子路易三世取消王号，臣服于胥人查理。胥人查理还收他为养子。所以，朝野传言路易三世将入继大统。不过，胥人查理被废，此事也就不了了之。889 年 5 月，伊尔明嘉德公主携路易三世谒见阿努尔夫，称将效忠于这位新东法兰克王。次年，下勃艮第教俗权贵在路易三世的叔父欧坦伯爵理查德的召集下，齐聚瓦伦斯，公推路易三世为下勃艮第王。894 年，路易三世再次到东法兰克，重申效忠誓言。所以，阿努尔夫也认可了他的地位。作为酬劳，理查德晋位公爵，分得勃艮第西北，称勃艮第公爵，为西法兰克的封臣。

在上勃艮第称王的，是韦尔夫氏的欧塞尔伯爵鲁道夫一世。自虔诚者路易立朱迪斯为后，这个家族就跻身一流豪门。朱迪斯的妹妹嫁给了日耳曼人路易。她们的兄弟康拉德封欧塞尔伯爵，食邑在上勃艮第。康拉德的次子在东法兰克的士瓦本扎根，开创韦尔夫氏的士瓦本房。康拉德的长子，就是鲁道夫一世，是韦尔夫勃艮第房的始祖。

有人说，鲁道夫一世的外祖父是矮子丕平的外甥；还有人说，他的外祖母是虔诚者路易之女。但可信度都不高。几乎可以肯定，鲁道夫一世身上没有加洛林血脉。关于他拥有加洛林母系血胤的种种传说，不过是有心人的杜撰罢了。鲁道夫一世野心勃勃，借胥人查理被废的机会，在上勃艮第自立为王，还想争夺被阿努尔夫视为禁脔的洛林。两人矛盾颇深。

山川形胜，已非畴昔。阿尔卑斯山北分为五大王国。

这种格局，可以视为四百多年前西罗马崩溃后蛮族五国分立的重现。阿努尔夫则扮演了东哥特王狄奥多里克曾经扮演的角色，在诸王中执牛耳。

无论是强势的阿努尔夫，还是弱势的厄德、拉努尔夫、路易三世或鲁道夫一世，都无法完全掌控自己的王国。他们或为身份低微的庶出子，或母系出自帝室，能称孤道寡，都是靠诸侯拥戴。王府的权威，远不能同日耳曼人路易的王府相提并论，更遑论加洛林朝鼎盛时的尚书台。大小诸侯割据一方，自行其是，不过是在名义上尊奉诸王。

曾几何时，查理大帝挟百战归来的赫赫武功，来回答“罗马，你往何处去”。他以为，自己用铁和血书写了一个终极答案：新罗马帝国。可是，我们知道，此帝国非彼帝国：食邑取代了州郡；封臣取代了官吏；宗室取代了元老院；最重要的是，罗马空余名号，以至于史书多称之为“法兰克帝国”“加洛林帝国”，甚至是“查理帝国”。虔诚者路易继承了父亲的帝国，没有证明父亲的答案是对的。相反，他和他的子孙们完成了证伪。

英雄乘时务割据，几度战血流寒潮——就这样，加洛林氏的帝国化为了一地碎片，再也没有人能将它拼凑起来。

尾声

ending

更变千年如走马

帝国瓦解、神圣泯灭

悲风成阵，寒鸦翻飞，拉特兰宫隐没在无疆黑暗中——视野中的景象形同鬼域。

这座故宫曾属于四君共治时代的西帝马克西米利安。他的爱女福斯塔公主嫁给君士坦丁时，拉特兰宫是嫁妆。后来，君士坦丁在米里维桥杀死福斯塔的兄长马克森提乌斯，夺取罗马城后，才真正成为拉特兰宫的主人。传说，君士坦丁大帝曾身罹恶疾，被罗马主教西尔维斯特治愈。在他离开罗马城，迁都君士坦丁堡时，颁下了那道真伪莫辨的《君士坦丁惠赐书》。拉特兰宫改宫为寺，称为圣约翰大教堂。历代罗马主教多驻锡于此：利奥一世、格里高利一世、斯蒂芬三世、利奥三世……拉特兰宫几乎串起了我们所讲述的大半部历史。

今天，我们走入黑暗的拉特兰宫，去见证神圣罗马近千年历史中最诡异的一幕。

一场貌似庄严的审判正在这里举行。罗马教会的主教、司铎和教士们峨冠博带，端坐在大殿中。教宗斯蒂芬六世金冠朱幞，身披华丽的法衣，傲然伫立，以高亢的语调发出严厉的讯问。在他对面的座位上，端坐着被审判者，同样是金冠朱幞，身披华丽的教宗法衣——前教宗福尔摩苏斯。不过，他是一具开始腐烂的尸体。

是的，一场教宗对教宗的审判，一场活人对死尸的审判！

为什么要审判一具腐尸？就要从胥人查理被废黜后的意大利局势说起。从法理上说，胥人查理的头上有三顶冠冕：皇冠、法兰克王冠和伦巴第铁冠。其中，法兰克王冠又一分为三：中、东、西各一。象征着意大利王权的伦巴第铁冠，最后戴到了弗留利侯爵贝伦加尔头上。

这位新意大利王出身本地豪门安罗奇氏，母亲是虔诚者路易与朱迪斯之女，所以，他是秃头查理的嫡亲外甥。贝伦加尔是次子，本无袭爵之望。长兄夭亡，他才得以继承弗留利侯爵。当时，帝国的内地只有公爵、伯爵。在边陲，朝廷才会册封侯爵，镇抚四夷。弗留利侯爵封地在亚平宁半岛东北，毗邻巴尔干半岛和喀尔巴阡盆地，扼守意大利的东方门户，防范斯拉夫人入侵。弗留利大肆扩张势力，成为一方雄藩。贝伦加尔与秃头查理有甥舅之亲，他自然亲近加洛林宗室的西法兰克房支。同时，弗留利毗邻东法兰克的巴伐利亚，贝伦加尔与宗室东房关系同样亲厚。所以，他被视为加洛林宗室在阿尔卑斯山南的代表。卡洛曼和胥人查理兄弟南下意大利时，贝伦加尔率军从征。

山南的反加洛林势力以伦巴第的斯波莱托公爵为首。自贝内文托公国被皇帝路易二世肢解后，斯波莱托公国成了中、南意大利无可争议的第一强藩。他野心勃勃，要将被查理大帝夺走的伦巴第铁冠重新夺回来。罗马教廷曾将抵御大食海寇和伊斯兰教的希望寄托在斯波莱托公爵身上，纵容其扩张势力。可是，斯波莱托却借机侵夺教廷直隶领地。罗马教宗约翰八世不堪骚扰，几次向朝廷求援。883 年 5 月底，刚刚袭封斯波莱托公爵的奎多三世勾结大食海寇，事情败露后，他竟密谋反叛。奉胥人查理的旨意，贝伦加尔出兵击败奎多。可惜，瘟疫爆发使他被迫撤军，未能克竟全功。

到了 886 年，贝伦加尔与朝廷的亲密关系出现了裂痕。

起因是贝伦加尔袭击维切利主教柳特瓦尔德。在当时，此举可谓骇人听闻。寺院一向不容武力侵犯，就连蛮夷也尊重这一习俗，更不用说自视甚高的皇亲国戚了。

柳特瓦尔德愤然向朝廷控诉这一暴行。他不仅是主教，还在朝廷任太常卿，居诸卿之首。贝伦加尔袭击维切利主教，被看成对朝廷的冒犯。但是，贝伦加尔反过来指控柳特瓦尔德派人强行闯入圣萨尔瓦多寺，绑架他出家修行的姐姐。如果这是真的，同样是令人发指的暴行。双方各执一词，官司打到了御前。是非曲直到底如何，我们已无从知晓。不过，柳特瓦尔德和贝伦加尔在审判前选择了体面的和解。这一风波令贝伦加尔失去了胥人查理的宠幸，为了挽回圣眷，他于 887 年亲赴魏布林根朝见皇帝。

当时，胥人查理已身染沉疴，立储迫在眉睫。传说，皇帝挽留贝伦加尔，希望他能帮助自己立庶子伯纳德为皇储。但是，罗马教廷坚决反对庶子继位，此事不了了之。最终，下勃艮第的路易三世被胥人查理收养。他父亲是波索，而母亲伊尔明嘉德公主是先帝路易二世的女儿。如无意外，路易三世将成为皇储。这令贝伦加尔起了异心。

安罗奇氏与加洛林氏的东、西两房都有渊源，唯独跟路易二世、伊尔明嘉德公主父女出身的中法兰克房比较疏远。路易三世入继大统，贝伦加尔心中不服。他的外祖父可是虔诚者路易，血胤毫不逊色。贝伦加尔从5月到7月都滞留魏布林根，久久不去，传言就是图谋大位。

不管如何，阿努尔夫废黜膏人查理，使路易三世和贝伦加尔的帝王梦都化为镜花水月。

888年，失意归来的贝伦加尔在帕维亚自立为意大利王。能与他角逐这一头衔的，只有斯波莱托公爵奎多三世。奎多没有加洛林血胤，不过他在中、南意大利经营日久，势力根深蒂固。加冕之前，贝伦加尔同奎多三世达成密约，支持他角逐西法兰克王，换取奎多放弃伦巴第铁冠。

奎多三世染指西法兰克，最大的依仗是他的亲戚兰斯大主教富尔克。如果说东法兰克教士以美因茨大主教为首，那么兰斯大主教就是西法兰克教士当仁不让的领袖。有他为奥援，奎多三世对西法兰克王志在必得。既然罗马教宗可以为皇帝加冕，兰斯大主教把西法兰克的冠冕戴到斯波莱托公爵头上，也合乎情理。前提是奎多三世的实力足以媲美加洛林氏。可是，巴黎伯爵厄德父子击败了他。斯波莱托在意大利堪称一霸，比起力敌诺曼海寇的巴黎将士还是相形见绌，铩羽而归。

为了让奎多三世彻底放弃争夺西法兰克的企图，老谋深算的厄德反过来支持他角逐意大利王位。就这样，西法兰克王之争尘埃落定后，空手而归的奎多三世召集人马，悍然撕毁密约，要同贝伦加尔一决高下。布雷西亚一战，奎多三世再次败北。

贝伦加尔没来得及享受胜利的喜悦，就不得不面对一个更严峻的挑战：东法兰克王阿努尔夫挥师南下，要征服意大利。毗邻巴伐利亚的弗留利正当要冲。

东法兰克兵强马壮，贝伦加尔心知不敌，屈膝自请附庸。意大利并非阿努尔夫的战略方向，但他不愿意看到反加洛林氏势力的领袖奎多三世占据意大利，特别是奎多三世的背后还站着加洛林氏在西法兰克最大的对手厄德。所以，阿努尔夫欣然接纳。阿尔卑斯山南、北两王在弗留利共度耶诞节，相谈甚欢。

等到东法兰克班师北归，斯波莱托公爵奎多三世卷土重来。这一次，他在特雷比亚河畔击败贝伦加尔，报了一箭之仇。同年，奎多三世自立为王，地点就是一年前贝伦加尔加冕的帕维亚城。

这样，山南出现了两位意大利王。

一位强势意大利王，势必要插手教廷直隶领地，甚至控制罗马教宗，所以，历代教宗交替使用远交近攻和锄强扶弱之策，以保住自己的超然地位。胥人查理在位时，加洛林宗室强势，教宗斯蒂芬五世就支持弱势的斯波莱托。在贝伦加尔与奎多三世角力时，这一立场没有改变。当贝伦加尔被奎多三世击败，退回了意大利东北一隅，中、南意大利都笼罩在奎多三世的阴影下，教廷的态度悄然发生了变化。891 年，得意忘形的斯波莱托公爵冒天下之大不韪，逼迫教宗斯蒂芬五世为自己举行膏礼，加冕称帝。伦巴第铁冠，则转授他的儿子兰伯特。

恰在此时，斯蒂芬五世辞世。他的继任者，就是后来尸身受审的福尔摩苏斯。

福尔摩苏斯是意大利教士，曾奉命北上保加利亚，传播基督教。不过，当时的教宗约翰八世对福尔摩苏斯十分反感，指责他败坏教义，腐化同在保加利亚传教的教士。后来，福尔摩苏斯又被控阴谋推翻教宗，一度遭驱逐出教会的严惩。在如此逆境中，他竟然能东山再起，先是出任波尔多主教，最后被推举为教宗。

奎多三世称帝，让福尔摩苏斯如坐针毡。按罗马故例，皇帝有权任免教宗，《罗马建制诏》更是赋予了皇帝干预教廷的权柄。胥人查理在位的时候，皇帝的势力和目光都在阿尔卑斯山北，对罗马教宗威胁不大。斯波莱托就不同了，它毗邻教廷直隶领地。卧榻之侧，他人酣睡。如果奎多三世拥有皇帝名号，教廷恐怕岌岌可危了。更让福尔摩苏斯愤怒的是，他不得不在奎多三世的威胁下为兰伯特加冕。这样，这对斯波莱托父子以共治皇帝自居。

一个没有实力夺取西法兰克王的诸侯，竟然堂而皇之地戴上皇冠，这显然是窃号自娱。

新败的弗留利侯爵贝伦加尔不足以牵制斯波莱托，福尔摩苏斯想到了远在阿尔卑斯山北的东法兰克王阿努尔夫，就像斯蒂芬二世想到了矮子丕平，利奥三世想到了查理。此后的数百年中，这一幕还要发生多次。

遗憾的是，阿努尔夫暂时无法抽身。

由于西法兰克王厄德骁勇善战，诺曼海寇不敢撄其锋，转战东法兰克，长驱直入，一度深入到莱茵河畔的波恩。几年前，胖人查理就是因为抵御海寇不力，失去民心的。殷鉴不远，阿努尔夫岂敢怠慢，火速召集军队，重创入寇的诺曼人，逼使他们转向不列颠岛。同时，东方局势趋紧，原本臣服于法兰克的摩拉维亚王斯瓦托普卢克拒绝效忠阿努尔夫。东法兰克联手保加利亚，大兵压境，也未能征服对方。直到894年，斯瓦托普卢克亡故，他的儿子们才屈膝求和。大约就在此时，摩拉维亚的附庸波希米亚脱离旧主，转投东法兰克。从此，波希米亚成为东法兰克及后来的德意志最重要的诸侯之一。

阿尔卑斯山北风起云涌，牵扯了阿努尔夫太多精力，暂时无暇南顾，只能婉拒福尔摩苏斯的请求。

此时，以阿努尔夫为首，贝伦加尔、下勃艮第的路易，还有西法兰克的愚者查理隐隐有结盟之势。将他们凝聚在一起的纽带，就是加洛林皇室血胤。他们的对立面，则是毫无加洛林血胤的奎多三世、西法兰克王厄德，还有上勃艮第的鲁道夫一世。实力平平，又非皇室出身的奎多父子僭号称帝，对加洛林宗室来说是可忍孰不可忍。所以，阿努尔夫无法抽身，还是命他的庶子温提伯德于893年提一旅偏师南下，讨伐斯波莱托。贝伦加尔希望借刀杀人，利用东法兰克的兵马击败宿敌奎多三世。教宗福尔摩苏斯更是雀跃不已，盼望就此解除斯波莱托对教廷的威胁。

温提伯德与贝伦加尔联兵围困帕维亚。本来，奎多三世凭借坚城，顶住了攻势。第二年，他贸然出城反击时，遭到重创，最后弃城而走，退守斯波莱托。受此沉重打击，奎多三世含恨离世，只留下儿子兰伯特独自面对困境。

不过，东法兰克的强势也使意大利诸侯们心中寒意油然而生。割据亚平宁半岛西侧的托斯卡纳侯爵阿达尔贝特二世不愿坐视斯波莱托覆灭，出兵扼住了北意大利南下罗马城的道路。但是，他也只能暂时阻挡温提伯德与贝伦加尔南进的步伐。因为，东法兰克王阿努尔夫在稳定山北局势后，亲率大军，南越关山。他的实力冠绝西欧诸王，决意追寻查理大帝的脚步，问鼎之轻重。

895 年，东法兰克人马以雷霆万钧之势击破斯波莱托军，进入罗马城。教宗福尔摩苏斯随即宣布废去兰伯特的帝号。他没有想到，此举最终将导致自己身后不宁，被掘墓曝尸，接受一场诡异的审判。

896 年 2 月，阿努尔夫紫袍加身，成为加洛林朝的又一位帝王。为他行膏礼的，就是福尔摩苏斯。但是，东法兰克的气运也就此盛极而衰，迅速低落下去。

加冕后的阿努尔夫自恃兵强马壮，乾纲独断，根本没有将贝伦加尔放在眼中，他甚至册封贝伦加尔麾下大将威尔弗雷德为新的弗留利侯爵。贝伦加尔懊悔不已，自觉引狼入室。就在联军与托斯卡纳人马紧张对峙的时刻，他悄然北上，去对付威尔弗雷德。祖传封地弗留利不容有失。据说，他已经秘密联络托斯卡纳侯爵阿达尔贝特二世，要给东法兰克致命一击。

就在此时，刚刚加冕称帝的阿努尔夫突发风疾，拖着病体匆匆北返。自知去日无多的皇帝必须赶回东法兰克安排身后事。此时，温提伯德已被父亲册封为洛林公爵，奔赴自己的封邑了。本来，阿努尔夫还留下另一位庶出子拉托德镇守意大利。但是，拉托德的心早已追随父皇回到北方了。东法兰克才是他们父子的根本之地，权力更迭在即的微妙时刻，意大利无足轻重。

不能不说，贝伦加尔时来运转。与他争夺弗留利侯爵的威尔弗雷德恰在此时病死。贝伦加尔兵不血刃，收回了弗留利。等到拉托德率断后的东法兰克人马北返，他立刻重新控制了东意大利。贝伦加尔知道自己无法独力击败斯波莱托，明智地选择和解，将女儿吉塞拉许配给兰伯特。翁婿两人一东一西，平分意大利。罗马城被纳入兰伯特的势力范围中。

为阿努尔夫加冕后仅两个月，教宗福尔摩苏斯就去世了。继任者卜尼法斯六世声名狼藉。他曾因乱伦两度被逐出教会，直到教廷选举新教宗时，都没有恢复教职。不过，这竟然不妨碍卜尼法斯六世当选。教廷乌烟瘴气，可见一斑。他刚刚升座，兰伯特就率斯波莱托将士们杀入罗马城。卜尼法斯六世在位两周，就神秘地死去。有人说他死于痛风，也有人说这是一场谋杀。真相已无从考究。反正，再怎么惊心动魄的案情最后都落为史籍中平淡无奇的文字。兰伯特扶植自己的族人阿纳尼主教斯蒂芬六世入主教廷，当选新教宗。

此时，福尔摩苏斯去世已有九个月了。

兰伯特对这位前教宗深恶痛绝。福尔摩苏斯亲手将皇冠戴到他头上，又亲自宣布废黜他。如果没有福尔摩苏斯搬请阿努尔夫出兵南下意大利，父亲奎多三世就不会含恨离世。为了迎合兰伯特，乖僻邪谬的新教宗斯蒂芬六世悍然下令，将福尔摩苏斯的尸体掘出，穿戴好教宗华丽的法袍，捆绑在法座上，接受审判。

就这样，基督教历史上最荒诞的一幕在拉特兰宫上演了。

在挥之不去的尸臭味中，斯蒂芬六世慷慨激昂地数说着福尔摩苏斯的滔天罪行，煞有介事地质问这位永远不能开口的前教宗。一位十八岁的教士被指令站在腐尸边上，替福尔摩苏斯承认所有的指控。

最后，斯蒂芬六世庄严宣布，福尔摩苏斯所犯叛国罪、伪证罪、亵渎神明罪，还有……全部成立。不过，教廷没有对一个死人判处死刑，而是决定斩下他的三根指头。因为这几根指头是福尔摩苏斯生前用来行祝圣礼的。斯蒂芬六世称，凡是由福尔摩苏斯祝圣而出任教职的教士一律被褫夺职务。这显然也是违背前例的。我们记得，凯西里安和马约里努斯争夺迦太基主教一案中，朝廷和教会都确认，

荒唐的审尸闹剧在拉特兰宫上演

祝圣是否有效，在于参加者的身份是否为主教，与个人道德品质无关。斯蒂芬六世本想褫夺他人教职，安插自己的党羽，他甘冒天下之大不韪，却把众多由福尔摩苏斯祝圣而出任教职的教士推到了自己的对立面。

身着黑袍的教士将从尸体上斩下的三根手指交给了一位丰容盛鬋的妇人。她的名字叫狄奥多拉——罗马城黑暗中的主宰。

名义上，教宗斯蒂芬六世和狄奥多拉的丈夫狄奥菲拉特伯爵是罗马城僧、俗两界领袖，可他们都是狄奥多拉的傀儡而已。当这个女人从黑袍教士手中接过三根断指，饶有兴趣地欣赏的时候，依偎在她身边的五岁女童炯炯有神地注视着这一幕。她的名字叫玛洛齐娅。这对母女出身罗马城望族克雷蒂申氏。当时谁能想到，使徒彼得的传人、神圣罗马的领袖后来会被这样一个女童操纵命运，长达几十年。

福尔摩苏斯遗骸被绑在马车上拖着，游走在大街通衢，把充斥着拉特兰宫的尸臭洒向这座七丘之城。最后，疯狂的教士们将残缺的尸体抛入了台伯河。

在我看来，审尸闹剧所蕴含的历史意味超过了我们曾浓墨重彩地描绘过的任何一个历史场面：尼禄焚城、阿拉里克破罗马、沙隆大战，甚至是查理大帝加冕……在历史上，曾有不止一位罗马主教遭到传唤和审判，比如教难时期殉难的诸多罗马主教、狄奥多里克统治时的西马库斯、查士丁尼时的西尔维留斯和被查理大帝审判的利奥三世。我们可以为信仰在强权面前的不屈而击节，也可以探讨审判是否合法。可这一次，是罗马教宗把罗马教宗推上了审判席，将彼得的传人置于被审判的地位。难道他们不知道，这世间只有一次审判，可以裁判死去的人——那是基督在世界末日进行的。

回首数百年历史，罗马主教一点点地攫取了官吏、皇帝的审判权，最后他竟然狂妄地要染指属于基督的权力。我心中的感慨归结起来，只有两个字：僭越。

被审判的是福尔摩苏斯么？不，被审判的是罗马，以神圣之名存在的罗马，也是以帝国的实体存在过的罗马。我想起《你往何处去》里的那段感慨：“像这样一个建立在强权之上的世界，建立在连野蛮人都想象不出的暴虐无道之上，建立在罪恶和淫佚放荡之上的世界是维持不了多久的。罗马是世界的统治者，也是世界身上的毒瘤，从这里散发出腐尸的恶臭。在这个腐臭的生命上已经投下了死亡的阴影……”现在，我就站在死亡的阴影里，嗅到了浓浓的尸臭。

兰伯特和斯蒂芬六世倒行逆施激怒了众多罗马教士和信众。尽管神圣罗马早没有了神圣气息，可如此明目张胆地践踏使徒彼得传人、动摇基督在尘世的磐石，还是第一次。贝伦加尔觉得民心可用，撕毁与兰伯特的密约，再度兴兵。

没有东法兰克的虎狼之师助阵，贝伦加尔到底不敌斯波莱托人，兵败被俘。只是，好运再一次不可思议地光顾了他。仅过了数日，兰伯特遇刺身亡。他没有子嗣，所谓“斯波莱托皇朝”二世而终。身陷囹圄的贝伦加尔立刻被释放。

接着，福尔摩苏斯的党羽在罗马城起事。本来，他们也要刺杀斯蒂芬六世。不过，有人认为应当让这位热衷于审判腐尸的教宗接受一次真正的审判，罪名是滥用教宗职权。最后，斯蒂芬六世没有能坐上福尔摩苏斯的尸骸曾坐过的审判席。在审讯即将开始的时候，他被人掐死在大狱中。

教廷分裂为壁垒森严的两派：福尔摩苏斯派尊奉加洛林皇室，而亲近兰伯特的斯蒂芬派大多参加过审尸闹剧，是意大利本土势力。这次分裂的焦点，就是如何看待神圣罗马与罗马帝国。福尔摩苏斯派希望依靠强大的罗马帝国，来支撑神圣罗马，走的是教宗利奥三世的旧路；斯蒂芬派却要瓦解罗马帝国，以抬高由意大利本土势力控制的神圣罗马。

在接下的选举中，福尔摩苏斯派教士占据上风，推举罗马努斯为教宗。升座后，罗马努斯立即派人从台伯河中捞起福尔摩苏斯的尸身，盛殓下葬。斯蒂芬六世的拥趸也针锋相对，废黜升座未满百日的罗马努斯。但是，新教宗狄奥多尔二世与罗马努斯立场相同，坚持要为福尔摩苏斯昭雪，举行厚葬。很快，他又遇刺身亡，在任仅二十多天。

在历史上，教会曾有过多次分裂：从尼西亚宗与阿里乌斯宗，到一性论与二性论，再到破坏偶像运动与它的反对派……无论各方的观点背后隐藏着什么样的利益诉求，都需要将党同伐异隐藏在堂皇的教义之争中。只有这次分裂，两派教士以腐尸和审尸恶徒为名，揎拳捋袖，开始了一场尸臭扑鼻的恶斗。

不到十年的短短时光里，罗马教廷更换了七位教宗。这让拉特兰宫的仆从兴高采烈。每一次教宗更迭之时，他们靠盗卖器物就可以大发横财。因为新教宗是不可能知道旧教宗在位时拉特兰宫到底有多少珍品。

刺杀狄奥多尔二世的斯蒂芬派企图拥戴塞尔吉乌斯。他就是那个将福尔摩苏斯三根断指交给狄奥多西的黑袍教士。塞尔吉乌斯是斯蒂芬六世的爪牙，因当年积极参与审尸而臭名昭著。福尔摩苏斯派不屈不挠，推出约翰九世。他曾受福尔摩苏斯提携，晋升罗马司铎。最重要的是，约翰九世是狄奥多拉的面首。依靠情妇的鼎力支持，他得意扬扬地升座，成为新教宗。塞尔吉乌斯不愿承认失败，暗中纠结力量，企图反扑。狄奥多拉悍然出手，将塞尔吉乌斯逐出罗马。紧接着，约翰九世宣布对他实施绝罚。

坐稳法座的约翰九世在罗马和拉文纳接连召集教士，再次为福尔摩苏斯洗雪罪名，并宣布审尸非法，撤销各项决议。被斯蒂芬六世罢黜的教士都复职了。约翰九世还宣布接受当年洛泰尔颁布的《罗马建制诏》，罗马教宗宣誓效忠皇帝。此举，是为了赢得皇帝阿努尔夫的支持，争取在这场旷日持久的教廷内讧中胜出。

可惜，阿努尔夫时日无多了。

生命的最后几年，皇帝是在病榻上度过的。锦绣河山，要托付何人呢？阿努尔夫膝下三子。嫡子路易生于 893 年。阿努尔夫中风病倒时，他还不到三岁。黄口小儿，自然不足以领袖群雄。不过，阿努尔夫还是在 897 年立他为嗣，要求臣工、诸侯宣誓效忠于路易。

如果路易夭折，皇位将落入他的两位庶出兄长之手。拉托德是籍籍无名之辈。他受命镇守意大利，却弃之不顾，可见不堪造就。本来，阿努尔夫对温提伯德寄予厚望，将洛林交给他。为此，他还安排温提伯德与萨克森豪门柳多尔夫氏联姻，就是为了让这个庶出子统治洛林时能得到岳家的鼎力支持。

温提伯德的表现却让人失望。他不顾西法兰克的厄德刚刚得到父亲首肯，鼓动洛林当地的雷吉纳伯爵去争夺西法兰克王位。温提伯德的本意是要挑起西法兰克王位之争，好坐收渔翁之利。

这完全是不切实际的幻想。厄德在剿灭诺曼海寇时屡有战功，民心、士气都对他有利，地位难以撼动。反倒是温提伯德违背父皇旨意，蓄意挑起争斗，失去了民心。同厄德相比，雷吉纳伯爵名分、实力、人望都不占上风。见夺位无望，他索性抬出结舌者路易的遗腹子愚者查理，试图借助其宗室嫡系背景，杯葛厄德。同西法兰克冲突，不符合洛林的利益，温提伯德的冒失举动令当地世家豪强十分不满。更可悲的是，雷吉纳伯爵见扳倒厄德无望，反过来觊觎洛林公爵头衔。温提伯德是庶出子，本来就先天不足，现在又得罪了西法兰克王厄德。他在洛林的地位摇摇欲坠。

眼看洛林有丢失之虞，阿努尔夫只好拖着病体，出面调停，使温提伯德勉强保住了洛林。但是，得到愚者查理支持的雷吉纳伯爵已成尾大不掉之势。

898 年，西法兰克王厄德薨殁。按先前的安排，愚者查理接过王冠。西法兰克自罗贝尔氏之手，重归加洛林氏。从绰号“愚者”就可以看出，这个查理不过是加洛林宗室又一位无能之辈。他能名留史册，全赖《圣克莱尔条约》。因为无力抵御诺曼海寇的侵扰，愚者查理被迫在埃普特河畔签订条约，封海寇首领罗洛为诺曼底公爵，封邑为塞纳河下游及河口以北的沿海地带，外加英吉利海峡中的岛屿。在未来几百年中，诺曼底一直是西方最强大的诸侯。后来，他们跨海征服了不列颠岛南部的英格兰。

厄德病殁次年年底，缠绵病榻多年的阿努尔夫一瞑不视。接下来，将是一个没有英雄活跃在视线中的年代。

阿尔卑斯山北，东、西法兰克强者同时离世，使得盘踞山南的贝伦加尔骤然成为呼声最高的皇帝候选人。他的宿敌斯波莱托在奎多三世、兰伯特父子死后，一蹶不振，暂时无法构成威胁。以托斯卡纳侯爵阿达尔贝托二世和伊夫雷亚侯爵阿达尔贝托为首的意大利诸侯却不愿意看到弗留利侯爵一家独大。他们处处掣肘，令贝伦加尔这个意大利王依然有名无实。想要号令诸侯，他就需要用胜利来证明自己。

此时，意大利，乃至整个西方世界依然危机深重。

《圣克莱尔条约》签订后，诺曼海寇之患暂时消弭。但是，南方的大食海寇猖獗如故。在东方，马扎尔人狂飙突进，成为最有威胁的外患。

在虔诚者路易晚年，这个部族还游荡在遥远的顿河和第聂伯河之间。后来，他们被突厥人逐出原先游牧的草原，大约在 880 年逃至多瑙河三角洲。当时，东罗马与保加利亚战事不断。马扎尔人应东罗马之邀，南渡多瑙河助战。保加利亚人转而向突厥人求救。结果，马扎尔人再遭重创，逃到特兰瓦尼西亚的山地中。阿努尔夫与斯拉夫人的摩拉维亚交战时，也仿效东罗马，邀马扎尔人助战。摩拉维亚王斯维雅托波尔克不敌马扎尔人的快马长刀，惨遭败绩。他死后，几个儿子臣服于东法兰克。但是，阿努尔夫此举不啻开门揖盗。摩拉维亚解体后，东法兰克没有能兼并其故地，喀尔巴阡盆地出现了真空。这个盆地群山环绕，腹地却极为平坦，土肥草长，大河蜿蜒，最适合游牧族群驻牧。历史上，上帝之鞭阿提拉、阿瓦尔人都将王廷设置于此。现在，马扎尔人成了喀尔巴阡盆地的新主宰，并依托盆地，不断西侵。他们的轻骑和箭阵，成了东法兰克和意大利的梦魇。

沧海横流，方显英雄本色。谁能像铁锤查理那样，脱颖而出，成为拯救时代的英雄？

本来，这个英雄角色可以由阿努尔夫来扮演的。他虽出身加洛林宗室，却只是个身份低微的庶出子。数年时间，小小的卡林西亚伯爵结好河东诸侯，废黜皇帝，扶摇直上。被推为东法兰克王后，阿努尔夫外御海寇，内定诸侯，在河西、山南更是纵横捭阖，尽显枭雄本色。一时间，诸王俯首，群雄听命。阿努尔夫意气风发地在罗马城加冕时，又怎能想到自己会被病魔击败。他驾崩后，尚在冲龄的儿子路易继承了东法兰克王爵，绰号“孺子”。两年后，东法兰克军在奥格斯堡附近的莱西费尔德迎战马扎尔铁骑，大败而走。受到惊吓的孺子路易于次年病死。加洛林的东法兰克房就此绝嗣。

罗贝尔氏的厄德同样具备成为英雄的潜质。虽然与加洛林氏非亲非故，血胤上没任何优势，可他凭借自己对诺曼海寇的累累胜绩，赢得了河西诸侯的认可。可厄德也亡故了。

直到此时，好运一直伴随着贝伦加尔。从奎多、兰伯特父子，到威尔弗雷德，乃至皇帝阿努尔夫，死神一再地帮助他击败最强劲的对手。显赫的父系家世、更加显赫的母系家世，还有妻子的背景，再加上不可思议的运气，我们是否能见证又一个强者崛起在山南？

运气？家世？不，真的英雄能依靠的只有自己。

899年，马扎尔人大举入寇，越过阿尔卑斯山南下。在空前的危机面前，意大利诸侯摒弃纷争，聚集在贝伦加尔的旗帜下，共抗强敌。此时，这位意大利王可谓踌躇满志。他挥师东进，要同马扎尔人正面决战。残酷的现实粉碎了贝伦加尔的迷梦。马扎尔人的彪悍远超他的想象。布伦塔河一役，贝伦加尔麾下两万将士殒命沙场，还有大量随行的教士。如此惨败，在人烟并不稠密的西方简直是一场灭顶之灾。获胜后的马扎尔轻骑势不可当，突入亚平宁半岛，大肆掳掠。新败的意大利诸侯根本不敢同他们野战，只能退守城邑，凭借高墙深壕抵挡敌寇的攻势。

布伦塔河惨败，使贝伦加尔的声望跌到了谷底。原本就蠢蠢欲动的诸侯纷纷斥责他无力保境安民。但是，贝伦加尔母系血胤毕竟源自加洛林宗室，在民众中依然被视为正统。为了抵消加洛林血胤的影响，几大诸侯决定邀请下勃艮第王路易三世南下。他的外祖父路易二世皇帝经营意大利几十年，在山南同样拥有巨大影响力，在名分上足以抗衡贝伦加尔。路易三世本人也差点被胥人查理选为继承人。另外，他的食邑下勃艮第南临地中海，饱受大食海寇之扰，与意大利可谓同仇敌忾。从896年起，路易三世就屡屡率军进剿海寇。所以，教廷和意大利诸侯一度都将剿灭大食海寇的希望寄托在他身上。

900年，路易三世率军翻越阿尔卑斯山，击败贝伦加尔。10月12日，他在帕维亚戴上了伦巴第铁冠。意大利再次出现两王对峙的局面。此时，教宗约翰九世已经病故。罗马教宗本笃四世为路易二世的外孙加冕。

整整一百年前，查理大帝南征意大利，在罗马加冕。历史会重演么？

可惜，路易三世不是查理大帝。902年，他败给了贝伦加尔，被迫立誓不再回意大利。在意大利诸侯的教唆下，路易三世后来又违背誓言，于905年再次南下逐鹿，兵败被俘。这一回，贝伦加尔按古罗马施于天潢贵胄的刑罚，烫瞎了他的双眼。东罗马的伊琳娜皇帝就曾对她的儿子用过这一酷刑。失去了双眼的路易三世因此得到绰号“瞽者”。获释后，瞽者路易心灰意冷，于911年将下勃艮第王的权柄交给了阿尔勒伯爵雨果，还将妹妹嫁给了他，自己黯然隐退，直至去世。

教廷狐争鼠啮，也不逊色于路易三世与贝伦加尔的蜗角之争。

本笃四世的继任者利奥五世，在位四十日就被推翻，锒铛入狱。他的对手克里斯托弗也未能坐稳法座。觊觎教宗权柄的，就是与约翰九世争夺教宗之位的塞尔吉乌斯。当年，他是被克雷蒂申氏的狄奥多拉逐出罗马的，现在却勾搭上了狄奥多拉的女儿玛洛齐娅。相传，玛洛齐娅的父亲不是克雷蒂申氏的狄奥菲拉特伯爵，而是前任教宗约翰九世。目睹审尸闹剧的时候，这个尤物才五岁。十年后，花信之年的玛洛齐娅就与约翰九世的宿敌塞尔吉乌斯姘居。他们的私生子，后来成为教宗约翰十一世。

在玛洛齐娅的运作下，斯波莱托公爵阿尔贝里克一世出兵护送塞尔吉乌斯进入罗马，强行登上法座。接着，克里斯托弗和利奥五世这两位前教宗为了教廷大权争得你死我活，最后在狱中双双被诛。塞尔吉乌斯再次清洗福尔摩苏斯派，大力提携斯蒂芬派。罗马教廷，竟是一番斗鼠上堂蝙蝠出的破落景象。

玛洛齐娅操纵教廷数十年

等到塞尔吉乌斯三世死去，克雷蒂申氏又将傀儡阿纳斯塔斯三世和兰铎先后推上法座。两位教宗也只是过渡性人物。914年，狄奥多拉多方运作，使自己的另一位情夫当选新教宗，称约翰十世。为了防止势力越来越大的女儿玛洛齐娅从中作梗，他不惜匆匆嫁女。玛洛齐娅的夫婿，就是护送塞尔吉乌斯三世回罗马的斯波莱托公爵阿尔贝里克一世。

虽是靠裙带上位，罗马教宗约翰十世倒还想有一番作为。915年初，他试图将意大利地方豪强组织起来，共同抵御大食海寇。瞽者路易退出后，贝伦加尔终于坐稳了意大利王位。此后的十多年，他依旧碌碌无为。为了使贝伦加尔坚持清剿大食海寇，教宗约翰十世为他加冕，结束了十多年皇位虚悬的状态。皇帝登基前的称号“罗马王”则转授玛洛齐娅的丈夫阿尔贝里克一世。

贝伦加尔同样配不上帝王紫袍。加冕后，他立刻抽身北归弗留利，根本无意留在南方征讨大食海寇。在约翰十世的请求下，贝伦加尔从斯波莱托和安科纳拼凑了一支人马，交给了阿尔贝里克一世，驰援被大食海寇蹂躏的南意大利。

贝伦加尔热衷于依靠权术来赢得认可，扩张势力。在生命的最后几年中，他又想迎娶瞽者路易的女儿安妮为妻。贝伦加尔之母与加洛林西房支同出于朱迪斯皇后，他自己又引加洛林东房为奥援。在皇室三大房支中，只有中法兰克与贝伦加尔比较疏远。瞽者路易的母亲伊尔明嘉德公主恰恰出自这一房支。贝伦加尔自以为这门亲事可以让他赢得加洛林氏三房的一致支持。

联姻最大的障碍，是贝伦加尔的糟糠之妻贝提拉。基督教徒是不允许休妻再娶的，除非女方犯罪。于是，贝伦加尔指责贝提拉与人通奸，并将她囚禁起来。与安妮成婚，改善了贝伦加尔的处境了么？没有。意大利诸侯本来就对他心存畏惧，现在更加担心下勃艮第会支持贝伦加尔。他们暗自联合起来，对抗贝伦加尔与瞽者路易的同盟。其实，这个同盟根本就不存在。此时，下勃艮第的权柄掌握在阿尔勒伯爵雨果手中，瞽者路易早已隐退。

终其一生，贝伦加尔始终没有意识到，自己无法令人信服地成为王者，真正的原因不在家世与婚姻，不在权术与手段，而在于抵御外敌时的拙劣表现。弗留利是意大利的东方门户。坐镇此地的贝伦加尔没有能击败马扎尔人，保卫整个半岛，反而软弱地向穷凶极恶的敌寇缴纳贡金，换取退兵。

越来越多的诸侯聚集在一起，酝酿如何推翻这个无能的皇帝，就如当年阿努尔夫推翻膏人查理一样。教宗约翰十世自然乐观其成。对贝伦加尔戴上皇冠，却不履行保境安民的天职，他早怀不满。

世袭伊夫雷亚侯爵位的安斯卡氏一直是贝伦加尔的反对者。为了弥合双方的关系，贝伦加尔将原本许配给兰伯特的长女吉塞拉嫁给了伊夫雷亚侯爵阿达尔贝托一世。但是，吉塞拉在913年病故。鼓动瞽者路易南下争位的诸侯中，就有阿达尔贝托一世。瞽者路易战败后，他又唆使在下勃艮第掌权的阿尔勒伯爵雨果同贝伦加尔争夺伦巴第铁冠。因为，阿达尔贝托一世继娶的妻子就是雨果的妹妹埃门嘉德。意大利另一强藩托斯卡纳侯爵奎多则是雨果同父异母的兄弟。

在阿达尔贝托一世的鼓动下，雨果和兄弟波索兵进帕维亚，最终因粮草不继，被贝伦加尔迫降。

下勃艮第的瞽者路易和雨果先后失败后，意大利诸侯又将目光转向了韦尔夫氏统治的上勃艮第。鲁道夫一世已亡故，此时的上勃艮第王是他的儿子鲁道夫二世。他控制着出入阿尔卑斯山最重要的隘口大圣伯纳德山口，同样对意大利虎视眈眈。

在鲁道夫二世的诱导下，吉塞拉与阿达尔贝特一世所生之子贝伦加尔二世也竖起反旗。外孙的倒戈，令贝伦加尔腹背受敌，不得不选择守势。接着，意大利王的传统加冕地帕维亚也失守了。当地的主教约翰献城投降。伦巴第铁冠戴到了鲁道夫二世头上。

923年，上勃艮第王鲁道夫二世、斯波莱托公爵阿尔贝里克一世和伊夫雷亚侯爵贝伦加尔二世在阿尔达河畔的费洛伦佐联手取得了决定性的胜利。穷途末路的贝伦加尔竟然开门揖盗，勾结马扎尔人，要以毁灭意大利的代价，跟对手同归于尽。获此良机，马扎尔轻骑从喀尔巴阡盆地一泻而下，如狂飙般席卷整个亚平宁半岛，一路烧杀掳掠，杀向富庶的南意大利。至于贝伦加尔，早被他们给遗忘了。924年，坐困维罗纳的贝伦加尔被麾下将领杀害，身后无嗣。

贝伦加尔败亡后，反贝伦加尔同盟随即破裂。

先是玛洛齐娅唆使丈夫斯波莱托公爵阿尔贝里克一世，要废黜罗马教宗。对她的毒辣手段，约翰十世可谓知之甚深，先下手为强，暗杀了阿尔贝里克一世。不过，他顾忌玛洛齐娅背后的罗马门阀克雷蒂申氏，不敢斩尽杀绝。不管怎么说，约翰十世毕竟是靠他们的力量才成为罗马教宗的。但是，他还是把玛洛齐娅召至凶案现场，让她目睹丈夫横尸的惨状：显赫一时的斯波莱托公爵尸身被大卸八块，血流了一地。

约翰十世希望血淋淋的景象能震慑住这个无法无天的女人。然而，他失算了。玛洛齐娅是这个芜杂、糜烂的时代里分娩的一个怪物，迷恋而不是惧怕鲜血的滋味。她很快就嫁给了托斯卡纳侯爵奎多。

意大利王位之争在托斯卡纳侯爵奎多、伊夫雷亚侯爵夫人埃门嘉德这些意大利本土诸侯与上勃艮第王鲁道夫二世之间展开。面对鲁道夫二世和他的上勃艮第大军咄咄逼人的攻势，本土诸侯难以招架。埃门嘉德的娘家兄弟雨果掌控着下勃艮第，接到姐姐求援后，他于 926 年率军东进意大利，对阵上勃艮第。鲁道夫二世孤军深入，有后路被断之虞。当教宗约翰十世站到他的对立面后，鲁道夫力有不逮，只能悻然北返。

雨果伯爵在帕维亚接过了伦巴第铁冠，成为意大利王。但是，鲁道夫二世几经苦战，才打败贝伦加尔，岂甘为他人作嫁衣裳。他在上勃艮第厉兵秣马，等待战机重返意大利。928 年，早已退隐多年的瞽者路易病故。下勃艮第完全落入了雨果伯爵手中。可是，无伦在意大利，还是下勃艮第，他的统治都不稳固。前思后想，雨果决定同鲁道夫二世媾和。鲁道夫二世放弃意大利王冠；作为回报，雨果将下勃艮第交给他。

这样，雨果坐稳了意大利王位；上下勃艮第则合二为一，奉鲁道夫二世为王，定都阿尔——从奎多、贝伦加尔到阿尔贝里克一世、瞽者路易……阅读这段历史。感觉恐怕就是凌乱。历史的时间性仿佛就此失落。雨果和鲁道夫的交换就意味着结束么？不，这终是一场无休无止的权力轮盘赌。这些主角的平庸，使这段历史无可救药地变成堆积尘土的记忆死角。

为了强化自己的王权，雨果在意大利大肆安插自己从下勃艮第带来的亲信。当时，托斯卡纳侯爵奎多已身亡，本由他的弟弟兰伯特袭爵。结果，雨果从同父异母兄弟手中强夺托斯卡纳。这样，他实力大增，就有把握控制罗马城，赢得梦寐以求的皇位。

为了实现这个梦想，雨果需要取得罗马城门阀的支持。最好的方式就是联姻。他的原配，是瞽者路易的妹妹，已经亡故。雨果这次选中的续弦，正是臭名昭著的玛洛齐娅。托斯卡纳侯爵奎多死后，她再一次成为孀妇。母亲狄奥多拉去世，玛洛齐娅在家族无人掣肘。她与罗马教宗约翰十世矛盾激化。有了雨果的武力为后盾，她毫不犹豫地下手，废黜约翰十世，并在狱中绞死了这位命运多舛的教宗。

新教宗利奥六世升座后六个月，一命呜呼。接替他的斯蒂芬七世甘当玛洛齐娅裙下傀儡。就算如此，这个荡妇还是派人在 931 年 2 月谋杀了斯蒂芬七世。因为玛洛齐娅心目中有一个更合适的教宗人选——她与情夫前教宗塞尔吉乌斯三世的私生子。这个人选跟肮脏淫佚的教廷搭配，堪称天衣无缝。

就这样，年方二十一的约翰十一世升座。

这位教宗做过的事，只有一件值得书写，就是主持自己母亲的婚礼。

此时的玛洛齐娅权势滔天，不可一世，决心嫁给前夫的兄长意大利王雨果。这样，她就可以名正言顺地把持大权。这个荡妇忽略了一个事实：她能在罗马城呼风唤雨，得益于克雷蒂申氏为首的本土门阀的鼎力支持。可是，雨果和他背后的下勃艮第势力在意大利扩张，严重威胁到这些门阀。玛洛齐娅红鸾星动，被这些城狐社鼠视为背叛。

再说，如果这个荡妇与雨果好事得偕，就意味着她有一个头戴伦巴第铁冠的丈夫和一个身披教宗法袍的儿子，再加上自身出身一流门阀克雷蒂申氏，意大利还有谁能制约玛洛齐娅?

所以，诸侯和门阀必须有所动作。他们选定了玛洛齐娅与首任丈夫斯波莱托公爵阿尔贝里克一世之子。他与父亲同名，称阿尔贝里克二世。

932 年，罗马城为玛洛齐娅与雨果的结合举行庆典时，阿尔贝里克二世突然发难。雨果仓皇出逃。罗马教宗约翰十一世被同母异父兄弟废黜，不久就毙命于暗无天日的黑狱。

阿尔贝里克二世将母亲幽禁在圣安基罗堡的地窖。此后的五十四年，无论意大利风云如何变幻，再没有人将玛洛齐娅释放，唯恐这个祸国殃民的尤物再掀风浪。“春风还有花千树，往事都如梦一场”——等到教宗约翰十五世赐死玛洛齐娅时，这个女人已过鲐背之年。在一个人们普遍短命的年代，她的寿命如同妖孽。

这就是荡妇时代——“连天使都害怕在彼得的法座上，高踞的不是教宗，而是那荒淫无耻的娼妓安置在那里的恶魔。他们支配着主教的职位，他们践踏所有古老的习俗，所有的法规和法令。基督已沉睡于彼得之舟，竟然没有一个使徒将其唤醒。”

帝国已经瓦解，神圣看起来也要泯灭了。

回想千年前那个黄昏，如火如球的夕阳西下，暮天中绽放出万道红光。即将受刑的彼得伫立高处，用右手画了个十字，以祝福和告别的口吻说出“这个城和这个世界”时，他要告别的就是这座城和这个世界么？

在最黑暗的黑夜里，西方悄悄地挣脱了帝国的枷锁。

这条枷锁，在历史上的具体形象是马可·奥勒里乌斯。是的，没有听错，就是他。在西方圣哲柏拉图的《理想国》中，王者与智者的结合，才是最完美的政治存在。身为斯多葛派哲学家的马可·奥勒里乌斯就实现了这种理想。他和他所处的五明君时代，被认为是罗马的黄金岁月。在近千年时光里，人们梦想着一个马可·奥勒里乌斯式的人物高踞帝座，将福祉带给芸芸众生，重现罗马帝国。五明君时代以前的卡里古拉、尼禄、图密善，五明君时代之后的康茂德、卡拉卡拉、马克西米努斯，还有众多我们记得住或者记不住名字的昏君、暴君和僭主却被璀璨金光掩盖了——可他们也是罗马帝国！

马可·奥勒里乌斯和五明君时代的温和大气，只是罗马帝国的例外。暴虐无明，才是帝国的常态。就算是马可·奥勒里乌斯本人，也远不是尤里安皇帝在《恺撒》这部戏中描绘的那样完美无缺。他的美德与睿智，实际上没有给臣民带来多少福祉。马可·奥勒里乌斯在位时，瘟疫横行、蛮族入侵，隐隐然山雨欲来。他殚精竭虑，收效甚微。皇帝克勤克俭，却纵容罗马城在纸醉金迷中堕落。最堕落的一位，就是皇后福斯蒂娜。在她死后，因夫君的坚持晋位神祇。哲人皇的表现，实际上比贝利萨里乌斯等而下之。后者容忍淫荡的安东妮娜，毕竟有难言苦衷。福斯蒂娜封神，就是对罗马帝国最大的讽刺。这也是一个阳光下面洒满阴影的世界。罗马帝国的衰弱，肇始于马可·奥勒里乌斯。吉本的鸿篇巨制《罗马帝国衰亡史》开篇于这位皇帝，不为无因。他自私地将整个帝国的命运托付给了耽于享乐、勇于角斗的儿子康茂德，拉开了乱世序幕。

所有这些，都被选择性遗忘了。

罗马复兴，被一次次地误读为帝国复兴。结果，一个又一个帝王你方

被视为完美帝王的马可·奥勒里乌斯是一条枷锁

唱罢我登场，你争我夺，搅闹得好端端一个人世间纷乱如麻。屈膝匍匐的臣民们憧憬着高高在上的皇帝会是马可·奥勒里乌斯，到头来却发现也许下一位才是……从戴克里先到君士坦丁、狄奥多西、查士丁尼和查理大帝，越是强悍的帝王带给罗马的灾难越是深重。无论他们是否在口头上推崇马可·奥勒里乌斯，事实上都是以他为楷模，既掌控权力，又掌握话语：戴克里先掀起教难，而君士坦丁和狄奥多西尊奉基督教；查士丁尼醉心神学，查理大帝控制教会，引领加洛林文艺复兴……本质并无不同，都是试图以帝王之尊，兼为圣哲。如果说有谁为罗马带来

我又看见一位天使从天降下……

真正福祉，反倒是被视为蛮夷的东哥特人狄奥多里克。他不强求帝王冠冕，也没有统一天下或者统一日耳曼的野心，更不会因自己信仰阿里乌斯宗就镇压尼西亚宗。

西方用一千年的挣扎来证明：帝国，是世间最恶的存在。

南下的诺曼海寇、北上的大食海寇和西侵的马扎尔铁骑能惊破那千年不醒的帝国梦么？我们在一个千年即将结束的时候，看到了罗马帝国、神圣罗马和西方人的整个天下共同沉沦黑暗。

尽管一个名叫奥托的萨克森英雄将在奥格斯堡缔造所谓的“神圣罗马帝国”。谁都知道，它既不神圣，也不罗马，更不是帝国。在罗马的废墟上，没有帝国，只有一些新的邦国如芽初长，弱小、愚昧，看起来简直可怜之极，远不能同马可·奥勒里乌斯的罗马帝国相提并论。可是，他们生气勃勃——寒冷的西方荒原上“万类霜天竞自由”。

还有神圣罗马，在神光消散、圣人隐匿后，挣扎着摆脱了罗马帝国的桎梏。

此时，距离基督降生一千年，也就是第一个千禧年，只剩下几十年时间了。在这个群魔乱舞、妖姬蹁跹的时代，人们心生绝望，却又心怀希望。能给芸芸众生以希望的，在肮脏的尘世，还是在《新约·启示录》：“我又看见一位天使从天降下，手里拿着无底坑的钥匙和一条大链子。他捉住那龙，就是古蛇，又叫魔鬼，也叫撒旦，把它捆绑一千年，扔在无底坑里，将无底坑关闭，用印封上，使他不得再迷惑列国……”

本书所涉大事记

（自公元元年起）

时间	事件
元年	耶稣诞生（源自君士坦丁大帝钦定，实际时间疑是公元前4年）
33年	耶稣殉难
64年	罗马大火，使徒彼得殉难，使徒保罗殉难，尼禄掀起首次教难
235年至238年	罗马帝国首位蛮族皇帝马克西米努斯再掀教难
249年至251年	德西乌斯皇帝掀起教难，罗马主教法比亚努斯和安条克主教巴比拉先后殉难
257年至260年	瓦勒良皇帝掀起教难，罗马主教西克斯都斯二世殉难
292年至293年	戴克里先等四君共治，君士坦提乌斯与海伦娜离异，君士坦丁到戴克里先帐下服役
303年至305年	在戴克里先主导下，罗马帝国四位君主共同掀起最后一次教难
306年	君士坦提乌斯驾崩，三军拥戴君士坦丁为西帝，马克森提乌斯自立为帝
311年	凯西里安当选迦太基主教，遭多纳图等教士反对。阿里乌斯被亚历山大里亚主教彼得革除教职
312年	君士坦丁在米里维桥击败马克森提乌斯
313年	西帝君士坦丁与东帝李锡尼共同颁布《米兰敕令》，基督教合法化。阿里乌斯恢复教职。亚历山大就任亚历山大里亚主教
319年	阿里乌斯再次被革除教职
324年	君士坦丁击败李锡尼，统一罗马帝国
325年	第一次尼西亚普世大会召开，阿里乌斯宗被宣布为异端，尼西亚宗形成；罗马主教、亚历山大里亚主教和安条克主教被尊为宗主教
326年	君士坦丁处决皇储克里斯普斯
328年	亚历山大病殁，阿塔纳西乌斯接任亚历山大里亚宗主教。尤西比乌重新出任尼科米底亚主教
330年	君士坦丁将都城自罗马迁至新罗马，即君士坦丁堡
335年	阿塔纳西乌斯被流放到特里尔
336年	阿里乌斯在君士坦丁堡去世
337年	君士坦丁驾崩，临终前接受尤西比乌主教洗礼，皈依基督教 君士坦丁的两位异母兄弟弗拉维乌斯及尤里乌斯和他们的七位子嗣罹难，仅有尤里乌斯两个年幼的儿子尤里安兄弟幸免于难。政变后，君士坦丁之子君士坦丁二世、君士坦提乌斯二世和君士坦斯三分罗马
339年	尤西比乌就任君士坦丁堡主教。格里高利就任亚历山大里亚宗主教。阿塔纳西乌斯逃到罗马城

续表

时 间	事 件
340 年	君士坦丁二世征讨君士坦斯，兵败身死
341 年	乌尔菲拉主教开始在西哥特传播基督教阿里乌斯宗教义，诸蛮族纷纷皈依。尤西比乌主教去世
343 年	萨迪卡大会召开，但未能调和阿里乌斯宗与尼西亚宗之争。罗马主教取得解职裁判权
346 年	阿塔纳西乌斯得到君士坦斯一世赦免，重返亚历山大里亚
350 年	君士坦斯一世被部将马格嫩里努斯所弑。君士坦提乌斯二世击败马格嫩里努斯，一统罗马
355 年	君士坦提乌斯二世在米兰集结主教，阿里乌斯宗获得胜利
356 年	阿塔纳西乌斯逃入沙漠。乔治成为亚历山大里亚宗主教
360 年	君士坦提乌斯二世在京城召集教士，尼西亚信经按阿里乌斯宗的意见进行了删改
361 年	君士坦提乌斯二世驾崩，堂弟尤里安继位，重振万神教
362 年	阿塔纳西乌斯返回亚历山大里亚，新尼西亚宗形成
363 年	阿塔纳西乌斯第四次被流放。尤里安亲征波斯，负伤驾崩。卫尉约维安称帝，赦回阿塔纳西乌斯
364 年	约维安驾崩。瓦伦提尼安被拥立为皇帝，东西分治，其弟瓦伦斯为东帝，自己统治西罗马
365 年	阿塔纳西乌斯被东帝瓦伦斯流放。阿塔纳西乌斯被东帝瓦伦斯赦免，回到亚历山大里亚
373 年	阿塔纳西乌斯去世
374 年	匈人进攻东哥特，东日耳曼诸部及阿兰人西奔，掀开民族迁徙大幕；安布罗斯当选米兰主教
375 年	瓦伦提尼安驾崩。其子格拉提安任西帝，瓦伦提尼安二世共治
378 年	东帝瓦伦斯镇压内附西哥特的暴乱，兵败哈德良堡，被杀。西帝格拉提安册封狄奥多西为东帝
379 年	狄奥多西平定西哥特之乱，同年受洗
381 年	第一次君士坦丁堡普世大会召开，重申尼西亚信经，驱逐阿里乌斯宗，确定君士坦丁堡主教为宗主教，地位仅次于罗马宗主教
383 年	西帝格拉提安被弑
384 年	米兰主教安布罗斯与京兆尹就基督教与万神教矛盾展开论战
385 年	安布罗斯与信仰阿里乌斯宗的太后查士丁娜发生激烈冲突
388 年	狄奥多西前往罗马，推动元老院禁止万神教
390 年	塞萨洛尼基发生动乱，朝廷在平乱时杀了七千人。安布罗斯主教要求狄奥多西忏悔。皇帝屈服
392 年	瓦伦提尼安二世因动乱东奔，途中驾崩

续表

时间	事件
393 年	奥林匹克竞技大会被狄奥多西停办
395 年	狄奥多西大帝驾崩，罗马帝国东西两分。其子阿尔卡狄乌斯为东帝，霍诺里乌斯为西帝
397 年	金口约翰成为君士坦丁堡主教
402 年	西罗马大将军斯提里科两败西哥特王阿拉里克，保卫罗马城
403 年	亚历山大里亚宗主教提阿非罗在橡树庄召集教士，意图审判金口约翰。东罗马的尤多西娅皇后下旨流放金口约翰，京城陷入混乱，并发生地震，皇后随即挽留金口约翰
404 年	尤多西娅皇后流放金口约翰，杀戮其追随者，稍晚时皇后病故
406 年	蛮族大举入侵高卢
407 年	金口约翰被东帝阿尔卡狄乌斯流放至黑海之滨的沙漠，途中病故
408 年	西帝霍诺里乌斯杀害斯提里科。西哥特兵围罗马。东帝阿尔卡狄乌斯驾崩，狄奥多西二世继位，其姊普喀丽娅成为共治女皇
410 年	西哥特破罗马城，普拉西蒂娅公主被掳走。后阿拉里克病殁，阿道尔夫继任西哥特王。
411 年	汪达尔、士瓦本和阿兰人瓜分伊比利亚半岛。次年，西哥特攻入伊比利亚半岛
412 年	亚历山大里亚宗主教提阿非罗去世，西里尔接任
414 年	西哥特王阿道尔夫与普拉西蒂娅公主成亲
415 年	阿道尔夫遇刺身亡。瓦里亚继任西哥特王。普拉西蒂娅公主回罗马，两年后与大将君士坦提乌斯成亲。希帕提娅被狂热基督徒所害
421 年	君士坦提乌斯成为西罗马共治皇帝，同年驾崩。普拉西蒂娅携子女出走东罗马
423 年	西帝霍诺里乌斯驾崩
425 年	瓦伦提尼安三世回西罗马登基，其母普拉西蒂娅垂帘听政
428 年	东帝狄奥多西二世任命聂斯托利为君士坦丁堡宗主教
429 年	迦太基州牧波尼法提乌斯与朝廷决裂，引汪达尔人入北非
430 年	奥古斯丁主教去世
431 年	以弗所大会召开，聂斯托利不敌亚历山大里亚宗主教西里尔，黯然辞去教职
435 年	前君士坦丁堡宗主教聂斯托利被流放至埃及沙漠
438 年	东帝狄奥多西二世将金口约翰的遗骸迎回京城
439 年	汪达尔全取北非
444 年	亚历山大里亚宗主教西里尔去世，狄奥斯克鲁斯继任
445 年	匈王布勒达暴毙，阿提拉继任；罗马教宗利奥一世怂恿西帝瓦伦提尼安三世下诏，赋予罗马宗主教传召其他主教和制定戒律的权力
449 年	第二次以弗所大会召开，亚历山大里亚宗主教狄奥斯克鲁斯殴打君士坦丁堡宗主教弗拉维安，禁止传播《利奥大卷》

续表

时 间	事 件
450 年	普拉西蒂娅太后去世，匈王阿提拉求娶霍诺里娅公主，被拒。东帝狄奥多西二世驾崩，普喀丽娅女皇与马尔西安元老结婚，后者登基
451 年	匈王阿提拉西侵高卢。西罗马大将军埃提乌斯与西哥特联手，在沙隆会战击败匈人联军。前君士坦丁堡宗主教聂斯托利去世；卡尔西顿普世大会召开，制定信经，试图调和一性论与二性论的矛盾，同时将君士坦丁堡宗主教的地位与罗马宗主教并列
452 年	匈王阿提拉入侵意大利，相传经罗马教宗利奥一世劝诫后退兵
453 年	匈王阿提拉暴毙，长子埃拉克继位
454 年	西帝瓦伦提尼安三世刺杀大将军埃提乌斯
455 年	日耳曼三藩击败埃拉克，匈人亡国。瓦伦提尼安三世遇刺，元老马克西穆斯称帝，旋即被杀。汪达尔攻破罗马，洗劫全城
457 年	东帝马尔西安去世，狄奥多西朝终结。利奥一世被选为东帝
459 年	东哥特世子狄奥多里克赴君士坦丁堡，充当质任
467 年	东哥特王瓦拉米尔与斯基尔王埃迪卡在两部争斗中先后阵亡。埃迪卡之子奥多亚克出奔西罗马
471 年	汪达尔在墨丘利角火烧罗马水师，大获全胜
473 年	狄奥多里克成为东哥特王
474 年	东帝利奥一世驾崩，外孙利奥二世继位，同年夭折。利奥二世之父齐诺登基
475 年	东帝齐诺被逐，巴西里斯库斯篡位，并下旨谴责《利奥大卷》
476 年	奥多亚克废黜西帝罗慕路斯·奥古斯都，西罗马灭亡。东帝齐诺复辟
481 年	克洛维成为法兰克王
482 年	君士坦丁堡教宗阿卡西乌斯鼓动东帝齐诺颁布《合一通谕》
484 年	罗马教会宣布对阿卡西乌斯绝罚，东、西教会分裂
486 年	克洛维占领巴黎，定都于此
488 年至 493 年	狄奥多里克率东哥特人杀入意大利，击败奥多亚克
491 年	齐诺驾崩，阿纳斯塔西乌斯登基
494 年	教宗格拉西乌斯一世公然宣称罗马教会在宗教上的权威高于皇帝
496 年	克洛维击败阿勒曼尼部
497 年	克洛维受洗。法兰克皈依基督教，信奉尼西亚宗；阿纳斯塔西乌斯承认狄奥多里克的地位
498 年	西马库斯与劳伦斯争夺罗马教宗之位，罗马教会分裂
500 年	东哥特王狄奥多里克造访罗马城，霸业达到巅峰
507 年	法兰克击败西哥特，夺取高卢大部；西哥特退入伊比利亚半岛
508 年	东罗马水师袭击意大利海岸
511 年	狄奥多里克成为东、西哥特共主。法兰克王克洛维去世，法兰克被其四子平分

续表

时 间	事 件
513 年	阿纳斯塔西乌斯被指责为一性论异端，东罗马陷入动荡
514 年	西马库斯病死，罗马教会分裂结束。何尔米斯达就任罗马教宗
518 年	阿纳斯塔西乌斯驾崩，查士丁登基。罗马教宗何尔米斯达造访君士坦丁堡，东、西教会分裂结束
523 年	查士丁的外甥查士丁尼与狄奥多拉结婚
525 年	汪达尔王希尔德里克杀狄奥多里克之妹，汪达尔与东哥特决裂
526 年	学者波伊西乌斯被杀。东哥特王狄奥多里克薨殁，外孙阿塔拉里克接任东哥特王
527 年	东帝查士丁驾崩。查士丁尼登基，狄奥多拉被立为共治女皇
532 年	尼卡之乱爆发
533 年	东帝查士丁尼派贝利萨里乌斯南征汪达尔
534 年	法兰克灭勃艮第。东哥特王阿塔拉里克亡故。狄奥达图斯与阿玛拉珊萨成亲，并成为东哥特王
535 年	阿玛拉珊萨被狄奥达图斯所害。东罗马发动哥特战争
536 年	狄奥达图斯被杀，维吉提斯自立为东哥特王
537 年	罗马教宗西尔维留斯被狄奥多拉女皇放逐
540 年	维吉提斯归降东罗马。东哥特立伊尔德巴德为王
541 年	伊尔德巴德遇刺，托提拉成为新东哥特王，扭转战局。大瘟疫从北非开始，在此后数年肆虐
548 年	狄奥多拉女皇去世
550 年	托提拉控制意大利大部
552 年	宦官纳尔西斯在塔吉纳之役击败东哥特，托提拉阵亡
553 年	东哥特末王泰亚斯战死，东哥特灭亡。查士丁尼在君士坦丁堡召开第五次普世大会，谴责反一性论的三位教士的论点为“异端”，罗马教宗维吉里被迫同意，但随即反悔，被囚禁
554 年	趁西哥特内乱，东罗马夺取伊比利亚半岛东南
555 年	罗马教宗维吉里屈服后，被释放，在回罗马途中去世。佩拉吉一世成为新教宗，但未得到米兰和阿奎莱亚承认。西方教会出现分裂
558 年	克洛维之子克洛泰尔统一法兰克
559 年	贝利萨里乌斯击败保加利亚，保卫君士坦丁堡
560 年	阿尔伯因任伦巴第王
561 年	克洛泰尔薨殁，法兰克分裂为纽斯特里亚、奥斯特里西亚、勃艮第
565 年	贝利萨里乌斯与查士丁尼先后辞世
567 年	伦巴第灭格皮德
568 年	伦巴第入侵意大利，东罗马仅能控制拉文纳一带

续表

时 间	事 件
590 年	格里高利一世当选为罗马教宗，开始教会改革
639 年	墨洛温朝最后一位有作为的法兰克王达戈伯特一世薨殁，此后墨洛温诸王大权旁落，进入“懒王时代”
655 年	罗马教宗马丁一世因批驳东罗马朝廷的宗教观点，死于流放地
656 年	加洛林氏的宫相格里莫阿德立其子希尔德伯特为奥斯特里西亚王
661 年	希尔德伯特去世，格里莫阿德稍晚被杀，加洛林氏势力受创
680 年	格里莫阿德的外甥赫斯塔尔的丕平成为奥斯特里西亚宫相，加洛林崛起
687 年	赫斯塔尔的丕平击败纽斯特里亚，成为法兰克的主宰
713 年	大食灭西哥特
714 年	赫斯塔尔的丕平去世，遗孀普莱特克鲁伊斯以孙子的名义垂帘听政，囚禁了丕平的庶出子铁锤查理。查理后越狱
717 年	查理击败纽斯特里亚，成为奥斯特里西亚宫相
718 年	东罗马皇帝利奥三世击败大食水师
719 年	查理在苏瓦松击败阿基坦的尤多
726 年	东罗马皇帝利奥三世颁布敕令，禁止偶像崇拜，开始偶像破坏运动
732 年	铁锤查理在普瓦提埃击败大食
741 年	铁锤查理去世。长子卡洛曼和绰号“矮子”的次子丕平平分法兰克
747 年	卡洛曼隐世出家，矮子丕平成为法兰克宫相
751 年	矮子丕平由大主教卜尼法斯行膏礼，成为法兰克王，墨洛温朝终结，加洛林朝建立
753 年	受伦巴第人威胁，教宗斯蒂芬二世北上向矮子丕平求助
754 年	斯蒂芬二世为矮子丕平和他的两个儿子查理、卡洛曼行膏礼，再次确认加洛林的王位。丕平南下，击败伦巴第
756 年	丕平献土
768 年	丕平去世，其子查理、卡洛曼平分法兰克
771 年	卡洛曼去世，查理成为法兰克唯一的王
772 至 804 年	查理征服萨克森
773 年	查理征服伦巴第
778 年	查理南征伊比利亚半岛，回程军队受巴斯克人袭击。罗马教宗哈德良希望查理能重申“丕平献土”，未能实现
788 年	查理击败贝内文托，吞并巴伐利亚
789 年	查理逼降斯拉夫人，进攻阿瓦尔人
791 年	查理击垮阿瓦尔人
799 年	罗马教宗利奥三世被殴打，北逃法兰克，寻求查理支持

续表

时 间	事 件
800 年	罗马教宗利奥三世在罗马为法兰克王查理加冕，在西欧重建帝国
801 年	东罗马使臣抵达罗马，觐见查理，商谈其与伊琳娜皇帝联姻
802 年	法兰克使臣回访君士坦丁堡，但伊琳娜被推翻
812 年	皇子虔诚者路易南征伊比利亚半岛
813 年	查理为虔诚者路易举行加冕礼
814 年	查理大帝驾崩
817 年	虔诚者路易颁布《授权诏书》，册封长子巴伐利亚王洛泰尔为共治皇帝；次子丕平封阿基坦公爵；三子路易，绰号“日耳曼人”，封巴伐利亚公爵。大食在北非的诸侯阿格拉布王国频频北犯
824 年	洛泰尔颁布《罗马建制诏》，确定皇帝对罗马城的宗主权，并要求教皇对皇帝宣誓效忠
829 年	虔诚者路易在沃尔姆斯大朝会上册封幼子秃头查理为士瓦本王的提议被否决，虔诚者路易清洗洛泰尔势力
830 年至 839 年	洛泰尔与阿基坦的丕平、日耳曼人路易起兵，同父亲虔诚者路易展开内战，几经波折，最终虔诚者路易获胜。在沃尔姆斯颁布旨意，将巴伐利亚留给日耳曼人路易；剩余的疆域由洛泰尔和秃头查理平分。两人宣誓接受父亲的安排
839 年	东罗马承认虔诚者路易为享有皇帝尊号
840 年	虔诚者路易驾崩
840 年至 843 年	秃头查理与日耳曼人路易联手，同洛泰尔进行内战
842 年	秃头查理与日耳曼人路易在斯特拉斯堡会盟，标志德法分离
843 年	内战结束，三方签订《凡尔登条约》，东法兰克王国、西法兰克王国和中法兰克王国鼎足三分
855 年	洛泰尔驾崩，将中法兰克国一分为三：长子路易二世得到意大利，并继承皇位；次子洛泰尔二世得到洛林；三子查理得到勃艮第
858 年至 865 年	特贝尔吉与洛林王洛泰尔二世离婚案几经反复，罗马教宗尼古拉一世乘机扩张势力
858 年	东罗马尚书令佛提乌任君士坦丁堡宗主教
862 年	尼古拉一世不承认佛提乌为宗主教
864 年	勃艮第王查理薨殁，路易二世得到下勃艮第，洛泰尔二世分得上勃艮第
866 年	诺曼人大肆进犯西法兰克，罗伯特迎敌，不幸阵亡
867 年	佛提乌对尼古拉一世处以绝罚，东西教会再度分裂。同年，尼古拉一世去世，佛提乌因弗里吉亚朝灭亡也失势，最终去职。路易二世南征大食海寇，未能建功
869 年	洛林王洛泰尔二世病殁
870 年	《梅森条约》签订，东、西法兰克瓜分洛林
875 年	皇帝路易二世驾崩，身后无子；西法兰克王秃头查理登基

续表

时 间	事 件
876 年	东法兰克王日耳曼人路易薨殁，长子卡洛曼得到巴伐利亚；次子少年路易继承了萨克森；幼子胥人查理得到士瓦本
877 年	秃头查理驾崩，结舌者路易继承西法兰克王位，但放弃皇帝尊号
879 年	结舌者路易薨殁，其子路易三世与卡洛曼二世两王共治，他们击败诺曼海寇
880 年	东法兰克的卡洛曼去世。胥人查理成为意大利王。西法兰克双王与萨克森王少年路易签订《利贝蒙条约》，洛林归后者
881 年	胥人查理加冕称帝。西法兰克王路易三世再度击败诺曼海寇
882 年	萨克森王少年路易去世，胥人查理取得其封地。西法兰克王路易三世去世
883 年	奉胥人查理的旨意，弗留利侯爵贝伦加尔出兵击败勾结大食海寇的斯波莱托公爵奎多三世
884 年	西法兰克王卡洛曼二世去世。后西法兰克奉胥人查理为主
886 年	罗贝尔氏的厄德率西法兰克人抗击诺曼海寇，保卫巴黎。胥人查理表现拙劣。贝伦加尔袭击维切利主教柳特瓦尔德
887 年	盘踞下勃艮第的波索去世，其妻伊尔明嘉德公主携子路易臣服于胥人查理。胥人查理统一全法兰克。同年，胥人查理被侄子阿努尔夫废黜。东法兰克奉阿努尔夫为王
888 年	胥人查理驾崩。西法兰克立厄德为西法兰克王。洛林臣服于阿努尔夫。贝伦加尔自立为意大利王
889 年	下勃艮第的伊尔明嘉德公主及其子路易三世效忠阿努尔夫。斯波莱托公爵奎多三世自立为意大利王
891 年	斯波莱托公爵奎多三世逼迫教宗斯蒂芬五世为自己举行膏礼，加冕称帝。其子兰伯特称意大利王。斯蒂芬五世去世，福尔摩苏斯成为新教宗
893 年	阿努尔夫命庶子温提伯德讨伐斯波莱托
894 年	结舌者路易之子愚者查理兴兵，与厄德争夺西法兰克。奎多三世不敌温提伯德，败亡。兰伯特僭号称帝
895 年	东法兰克王阿努尔夫支持厄德，厄德效忠于阿努尔夫。东法兰克军进入罗马城。教宗福尔摩苏斯废去兰伯特的帝号
896 年	教宗福尔摩苏斯为阿努尔夫行膏礼。阿努尔夫加冕称帝，但突发风疾，匆匆北归。教宗福尔摩苏斯去世，卜尼法斯六世在位两周也去世。兰伯特扶植斯蒂芬六世继任教宗
897 年	斯蒂芬六世等审判福尔摩苏斯的尸体
898 年	兰伯特俘虏贝伦加尔，随即遇刺身亡。贝伦加尔获释。西法兰克王厄德薨殁，愚者查理接过王冠
899 年	马扎尔人大举入侵意大利，贝伦加尔在布伦塔河惨败。皇帝阿努尔夫驾崩
900 年	下勃艮第的路易三世南下意大利，击败贝伦加尔，加冕意大利王
902 年	路易三世被贝伦加尔逐出意大利
905 年	路易三世再度杀入意大利，被贝伦加尔俘虏，刺瞎双眼

续表

时 间	事 件
911年	路易将下勃艮第王让与阿尔勒伯爵雨果，自己隐退
915年	贝伦加尔称帝
917年	下勃艮第的雨果进军意大利，被贝伦加尔击败
922年	上勃艮第的鲁道夫二世进军意大利
923年	上勃艮第王鲁道夫二世、斯波莱托公爵阿尔贝里克一世和伊夫雷亚侯贝伦加尔二世在费洛伦佐击败贝伦加尔，鲁道夫二世成为意大利王
924年	贝伦加尔被弒
926年	下勃艮第的雨果伯爵进军意大利，鲁道夫二世退回上勃艮第
928年	下勃艮第的路易去世，下勃艮第完全归雨果伯爵
931年	玛洛齐娅立自己的私生子约翰十一世为罗马教宗
932年	雨果与玛洛齐娅结婚。斯波莱托公爵阿尔贝里克二世趁突然发难，囚禁母亲玛洛齐娅和同母异父兄弟罗马教宗约翰十一世。
933年	雨果将下勃艮第交给鲁道夫二世，换取其承认自己为意大利王。鲁道夫二世为勃艮第王
986年	罗马教宗约翰十五世赐死玛洛齐娅

附录 2

加洛林宗室世系

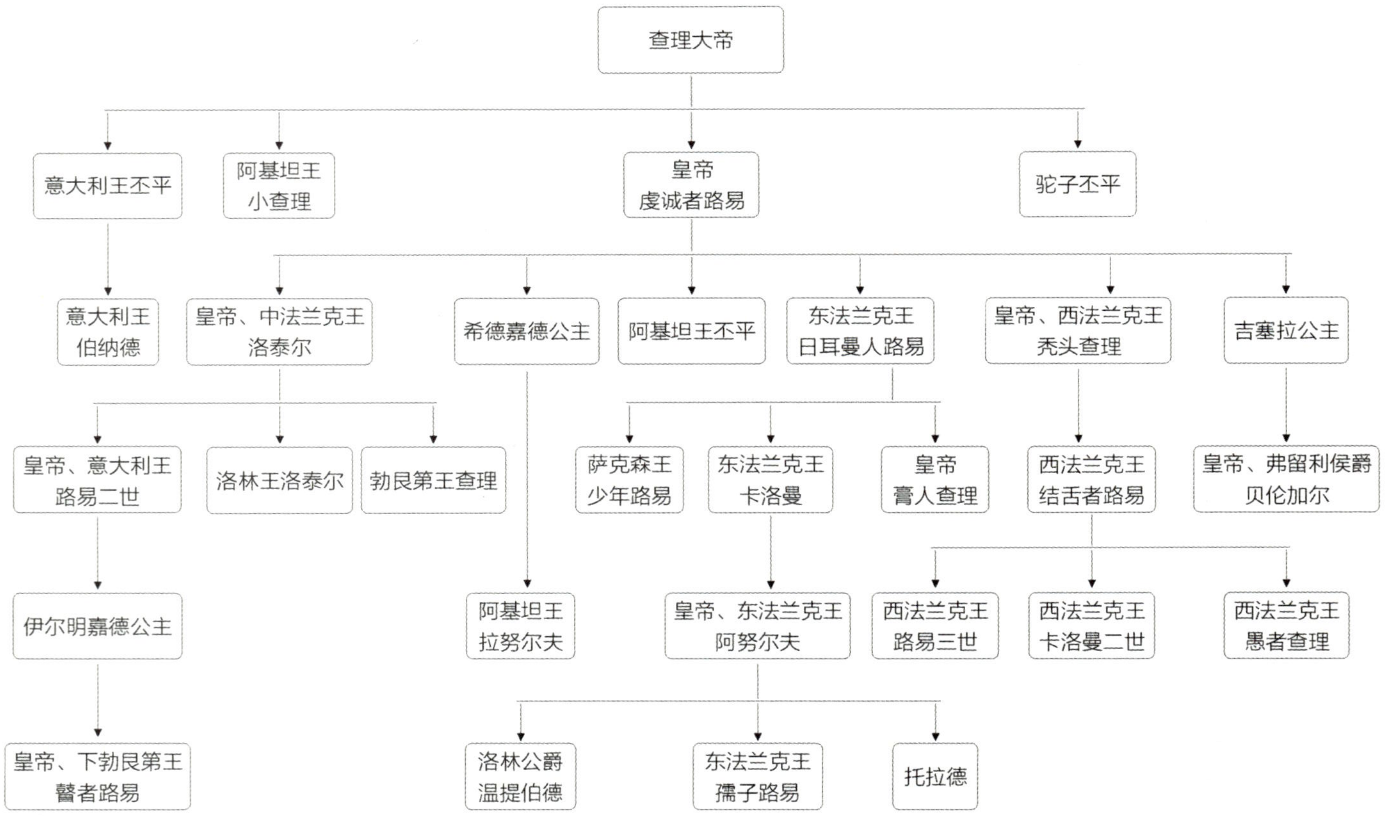
查理大帝
意大利王丕平
阿基坦王
小查理
皇帝
虔诚者路易
驼子丕平
意大利王
伯纳德
皇帝、中法兰克王
洛泰尔
希德嘉德公主
阿基坦王丕平
东法兰克王
日耳曼人路易
皇帝、西法兰克王
秃头查理
吉塞拉公主
皇帝、意大利王
路易二世
洛林王洛泰尔
勃艮第王查理
萨克森王
少年路易
东法兰克王
卡洛曼
皇帝
胖子查理
西法兰克王
结舌者路易
皇帝、弗留利侯爵
贝伦加尔
伊尔明嘉德公主
阿基坦王
拉努尔夫
皇帝、东法兰克王
阿努尔夫
西法兰克王
路易三世
西法兰克王
卡洛曼二世
西法兰克王
愚者查理
皇帝、下勃艮第王
瞽者路易
洛林公爵
温提伯德
东法兰克王
孺子路易
托拉德